U0154357

# 教育哲學
## 起源、內涵與問題的探究

梁福鎮　著

五南圖書出版公司 印行

# 前　言

「一杯香醇的咖啡，幾首古典的音樂，
讓我邀您同遊綺麗的哲學王國！」

　　「哲學」（Philosophy）起源於古希臘，當時人類眼見大自然的神奇奧祕，宇宙萬象的變幻莫測，內心深處感到無比的驚奇，為了探索宇宙萬物的根本道理，因而創立了哲學。「哲學」是一門愛智之學，主要在探討宇宙萬物的根本道理。「教育學」（Pädagogik）起源於1776年哲學家康德的倡議，「教育學」是一門從教育的觀點出發，探討教育理論和教育實際問題的學科。「教育學」成立之後，逐漸分為哲學教育學和科學教育學，哲學教育學就是教育哲學，在歐陸稱為「普通教育學」（Allgemeine Pädagogik）或「系統教育學」（Systematische Pädagogik）。「教育哲學」（Philosophy of Education）一詞的起源則要追溯到美國的教育學家布瑞克特（Anna Callendor Brackett），她將羅森克蘭茲（Karl Rosenkranz）的《系統教育學》翻譯成為英文，同時加上「教育哲學」這個名稱，因為這本書非常受歡迎，對美國的教育造成很大的影響，因此教育哲學的名稱逐漸確定下來，同時被許多國家沿用至今。「教育哲學」是一門介於「哲學」和「教育學」之間的學科，主要藉用哲學的觀點、理論與方法，來探討教育理論與教育實際的問題。因此，這些學科之間有相當密切的關係。

　　「教育哲學」的內涵主要包括：「教育形上學」、「教育認識論」、「教育倫理學」、「教育美學」、「教育心靈論」、「教育方法論」、「教育目的論」和「教育科學論」等八個部分。「教育形上學」（Educational Metaphysics）主要在探討教育本質的問題；「教育認識論」（Educational Epistemology）主要在探討教育現象認識的問題；「教育倫理學」（Educational Ethics）主要在探討教育倫理的問題；「教育美學」

（Educational Aesthetics）主要在探討審美教育的問題；「教育心靈論」（Educational Theory of Mind）主要在探討心靈教育的問題；「教育方法論」（Educational Methodology）主要在探討教育方法的問題；「教育目的論」（Educational Teleology）主要在探討教育目的的問題。「教育科學論」（Theory of Educational Science）主要在探討教育科學的基本假設、主要問題、學術性質及其與其他科學的關係。「教育哲學」在眾多的教育學科中，占著非常重要的地位。因為「教育哲學」是所有教育學科理論的基礎，不僅可以分析教育現象的問題，詮釋教育問題的意義，反思教育制度的缺失，而且能夠批判教育實踐的錯誤，提供哲學的洞見，發人之所未發，見人之所未見，以提供教育工作者，作為改善教育實際的參考。是以，不論教育科學如何發展，教育哲學依然有其價值。個人早年留學歐洲大陸，在德國的柏林洪保特大學求學，眼見各國對教育哲學的重視。在大學中不僅系所講座林立，課程規劃完整，教育學術蓬勃發展；而且教育理論推陳出新，人才鼎盛、百家爭鳴，對國家教育的貢獻很大。這一段留學歐洲的經歷，讓我確信文化的創新不能故步自封，教育的研究無法孤立於世界之外。過去，有些學者只注意到教育學術本土化的重要，殊不知偏頗的發展，適足以阻礙我國教育學術的進步。其次，也有些學者只強調國際化的重要，殊不知無根的理論，適足以摧毀我國傳統文化的命脈。因此，教育學術的發展必須兼顧本土化與國際化，才能瞭解歐美學術的動向，避免學術研究閉門造車，並且創造屬於我國的教育文化。目前我國正在進行十二年國教的改革，由於在教育政策制定的過程中，忽略教育哲學專家意見的徵詢，導致教育政策決策的失當，引起許多學生、教師、家長和社會人士的批評，足見教育改革的推動不能忽略哲學的思考。以往治標不治本的作法，應該徹底的改弦更張，才能符合教育的原理，因應國家社會的需要，提出合理可行的教育政策。

「教育哲學」在歐美是一門獨立自主的科學，具有完整的理論體系和獨特的探究方法。不僅在綜合大學中講座林立，而且在學術界受到其他科學的承認，享有崇高的學術地位。但是在我國，由於教育系所課程規劃不

善，加上受到功利思想的影響，教育哲學的研究向來不受重視。1997年我學成歸國之後，就致力於教育哲學相關問題的探討，希望能夠對具有歐洲文化特色的教育理論進行系統性的研究，提供我國作為推展教育活動的參考。在繁忙的教學之餘，歷經多年斷斷續續的構思與撰寫，終於完成這本《教育哲學》。本書從「辯證實踐學[1]」（Dialectical Praxeology）的立場出發，在國際觀點與本土觀點、歐陸取向與英美取向、現代主義與後現代主義、正義倫理與關懷倫理、教育本位與科際整合、教育理論與教育實踐、人類中心與生態中心、啟發陶冶與自我創化之間，尋求對立觀點的揚棄，達到哲學理念的綜合。全書總共分為十五章：第一章緒論：旨在說明教育哲學的意義、內容和性質；第二章教育形上學：探討杜威、涂爾幹、皮特斯和斯普朗格的教育形上學；第三章教育認識論：介紹教育研究中常用的傳統邏輯學、構成現象學、教育詮釋學、思維辯證學和教育傳記學方法；第四章教育目的論：研究阿多諾、德波拉夫、紀諾斯和柯瓦契克的教育目的論；第五章教育方法論：分析盧梭、佛雷勒、邊納爾和夏勒的教育方法論；第六章教育倫理學：說明教育倫理學的起源、意義、內涵和問題；第七章教育美學：探究席勒、尼采、奧圖和布勞第的教育美學；第八章教育心靈論：探討人類心靈在認知、道德、審美和宗教層面教育的問題；第九章教育科學論：分析赫爾巴特、斯普朗格、布瑞欽卡和邊納爾的教育科學論；第十章傳統教育哲學：論述傳統教育哲學的起源、內涵與人物；第十一章詮釋教育哲學：論述詮釋教育哲學的起源、內涵與人物；第十二章實證教育哲學：論述實證教育哲學的起源、內涵與人物；第十三章批判教育哲學：論述批判教育哲學的起源、內涵與人物；第十四章多元教育哲學：論述多元教育哲學的起源、內涵與人物；第十五章教育哲學的展望：

---

1 「辯證實踐學」（Dialectical Praxeology）來自中國易經哲學、亞里斯多德（Aristotle）實踐學、康德（Immanuel Kant）批判哲學、黑格爾（Georg Wilhelm Friedrich Hegel）辯證哲學、懷海德（Alfred North Whitehead）歷程哲學、李歐塔（Jean-François Lyotard）後現代主義和邊納爾（Dietrich Benner）實踐學的綜合，從理論、實踐與審美兼顧的觀點出發，主張宇宙自然和人類社會的現象都具有關聯性，而且在許多問題中偏頗與對立的觀點，可以經由辯證的思維來超越，找到圓滿解決的途徑。

分析教育哲學的特徵、功能、現況與展望。

　　本書的完成首先要感謝柏林洪保特大學第四哲學院院長邊納爾（Dietrich Benner, 1941-）博士和科隆大學普通教育學講座教授萊恩（Rolf Huschke-Rhein, 1937-）博士，他們贈送的教育哲學著作，非常具有參考的價值。其次，要感謝柏林洪保特大學哲學研究所所長格爾哈特（Volker Gerhardt, 1947-）博士，他精采絕倫的尼采演講課程，激發我對哲學探究的興趣。再次，要感謝臺灣師範大學賈馥茗教授、歐陽教教授、黃光雄教授和楊深坑教授的教誨和栽培，奠定我從事教育學術研究的基礎。又次，要感謝國立臺灣師範大學溫明麗博士和國立政治大學馮朝霖博士，他們對後學的鼓勵和提攜，提供我為學和做人的榜樣。接著，要感謝國立臺灣師範大學林建福教授、私立南華大學陳宏模教授和國立中正大學朱啓華教授，他們提供許多相關的文獻和寶貴的建議，對這本書的撰寫幫助很大。接著，我要感謝親愛的妻兒，要不是他們可愛的歡聲笑語，伴我渡過艱苦漫長的歲月，讓我悠遊自在的寫作，恐怕無法如此順利的完成本書。最後，我也要感謝五南圖書出版公司楊士清總經理慨允本書的出版。由於世界各國的教育學術千頭萬緒，觀點見解南轅北轍，個人才疏學淺，錯誤之處在所難免，敬請教育界先進不吝指教！

梁福鎮　謹誌

國立中興大學

2015年10月1日

前言

# 緒　論

「易與天地準，故能彌綸天地之道。仰以觀於天文，
俯以察於地理，是故知幽明之故。」——《易經》

　　雖然人類教育活動的起源很早，但是將它當作一門有系統的學問加以
研究，卻只有兩百多年的歷史。哲學家康德（Immanuel Kant, 1724-1804）
從1776年起，曾經數度[1]在寇尼斯堡大學哲學講座任內進行教育學講演，
主張設立教育學講座，把教育視為一門學術。一方面設立實驗學校，一方
面從事教育理論的研究，他是使教育學成為一門大學學科的第一人。1779
年，普魯士王國首先在哈勒大學（Universität Halle）設立教育學講座，聘

---

[1]　康德曾經於1776年冬季學期、1780年夏季學期、1783年和1786年冬季學期四度在寇尼
斯堡大學哲學講座任內，進行教育學的演講（Kant, 1982: 7）。

請泛愛主義[2]（Philanthropismus）教育運動學者特拉普（Ernst Christian Trapp, 1745-1818），擔任教育學講座教授（Hermann,1977: 425）。不久之後，日爾曼聯邦各大學爭相效尤，紛紛在哲學院中成立教育學部門，從此開啓德國大學系統研究教育理論的風潮，這是教育學術在歐洲起源發展的開端。大約經過一百年的演變之後，美利堅合眾國的哥倫比亞大學（Columbia University）才於1875年成立師範學院，將教育研究與師資的培育加以結合，教育學術的探討開始在美洲如火如荼的展開，這在教育學的發展中具有重要的意義。大英帝國教育學的發展則較晚，1876年蘇格蘭的愛丁堡大學（Edinburgh University）與聖‧安德魯大學（Saint Andrew University）才在教育運動家貝爾（Andrew Bell）的資助下成立教育講座，進行教育理論的研究（Gordon, 1980: X）。到了1882年地處歐洲的法蘭西帝國，受到這股教育學術風潮的影響，教育部長費瑞（Jules Ferry, 1832-1893）制定學校法，在巴黎大學（Université de Paris）設立教育學講座，研究教育學術和培育優良師資，以便改善其國民素質，達成強國富民的目標（Tröhler, 2006: 545）。

　　歐美先進國家在大學教育（學）講座中，最早開設的課程之一就是教育哲學。在歐陸稱爲「普通教育學」（Allgemeine Pädagogik）或「系統教育學」（Systematische Pädagogik）；在英美則稱爲「教育哲學」（Philosophy of Education）。因此，歐陸的「普通教育學」或「系統教育學」，其實就是英美的「教育哲學」。「教育哲學」主要的目的在於探究教育現象的普遍原理，以促進教育理論的研究與協助教育實踐的改善。教師不僅是教育理論應用的主角，同時也是教育實踐成敗的關鍵。因此，身爲教師必須致力於教育理論的學習與教育實踐的磨練，才能恰當的將教育理論與教育實踐加以聯結，達成「教育理想」（Bildungsideal）。因爲普通教育

---

2　「泛愛主義」（Philanthropismus）是十八世紀中期之後，在普魯士王國興起的一種教育思潮。這種教育思潮深受教育學家巴斯道（Johann Bernhard Basedow, 1723-1790）實驗概念和學校批判觀點的影響，是一種由巴斯道和薩爾茲曼（Christian Gotthilf Salzmann, 1744-1811）等人倡導，而興起的學校改革運動（梁福鎮，2004：67）。

學（教育哲學）是教育學科中非常重要的一門課程，它涉及教育領域中各種「後設理論」（Metatheorie）的探討，唯有澄清這些後設理論問題的意義，才能使教育科學在堅實的基礎上建立起來。所以，普通教育學（教育哲學）不僅是師資培育必修的基本課程，同時也是從事教育研究必要的理論基礎。教育學術的發展在日常生活中，往往受到政治、經濟、技術或科學觀點的影響，使得學科教學的方式和過程不是依照教育的規準，而是依照專業科學的觀點來決定（Benner, 1987: 15）。同時，教育研究在專業分工的情形下，逐漸形成一個龐大的領域，由於大量的借用其他學科的理論，許多教育學科不僅在後設理論上互相矛盾，同時也與教育實踐無法配合。如果想要將教育學作爲一門獨特的科學與教育實踐作爲一種獨特的活動，必須在教育領域中建立一門普通教育學（教育哲學），對教育學的研究對象、研究方法、理論內涵與學術性質系統地加以探究，方能建立教育科學，促進教育的研究，發展教育的理論與改善教育的實際。

## 第一節　哲學的起源、意義與內涵

　　「哲學」（Philosophy）起源於古希臘，當時人類眼見大自然的神奇奧祕，宇宙萬象的變幻莫測，內心深處感到無比的驚奇，爲了探索宇宙萬物的根本道理，因而創立了哲學。亞里斯多德（Aristotle, 384-322 B.C.）在《形上學》（*Metaphysics*）一書中，就主張人類最初由於「驚奇」（wonder）而開始有了哲學的思索，起先是「驚奇」於一些明顯可見的困惑；然後，對一些較大的事物也起了疑惑之心，例如：對於太陽和月亮的變化，對於星辰和宇宙的起源等提出問題（Aristotle, 1984: 1554）。其次，依照雅斯培（Karl Jaspers, 1883-1969）的看法，驚奇之心在獲得初步的滿足之後，又會對已獲得的知識產生懷疑。他說有方法的懷疑產生了對一切知識的批判檢討；而且我們若無徹底的懷疑，就難以產生眞正的哲學思想。法國哲學家笛卡爾（René Descartes, 1596-1650）雖然以懷疑一切作爲哲學的出發點，但是他不是爲了懷疑而懷疑；他是要以懷疑來追求一種確信無誤的確實性，藉此來建立思想體系，而不是以懷疑爲其目的。再次，杜威

（John Dewey, 1859-1952）認為人的生活或工作中，如果能以舊方法順利解決新問題時，大抵會趨向於因循舊有的思想和行為模式；但是遇到無法以舊方法解決問題時，人類就會開始檢討自身的處境，開始認真的思考，以求得解決問題的方案，這時就興起了真正哲學思考的動機（陳迺臣，1998：8-9），這些都是哲學起源可能的原因。總而言之，古代希臘哲學的發展，最早是對大自然現象產生了好奇與興趣，接著才轉變為對人事現象的反思。有了詭辯學家的興起，然後才出現了蘇格拉底（Socrates, 470-399 B.C.）、柏拉圖（Plato, 427-347 B.C.）和亞里斯多德等希臘三哲，駁斥詭辯學者的看法，提出人性和道德的主張，這就是哲學的起源。

　　「哲學」（philosophia）就希臘文的字義來說，是指對於「智慧」（Sophia）的熱愛（philein），希臘文中的sophas或sophia是指智慧，phileo或philio是指愛或愛好，所以哲學是指「智慧的愛好」，亦即「愛智之學」。「哲學」的內涵主要包括：「形上學」、「認識論」、「價值學」、「心靈論」等。「形上學」一詞，譯自英文的Metaphysics，這個字的希臘字字源為meta ta physika，意義為自然物體之後。中文的「形上學」是沿用日本人對此一字的翻譯，取自「形而上者謂之道，形而下者謂之器」的瞭解。傳統上，形上學是指討論存在論和有關宇宙問題的宇宙論，其中包含了神學、人類學、心靈論和宇宙論等。也有哲學家將形上學的討論範圍設定為本體論、宇宙論、人類學和神學等四個領域，或以心理學代替人類學。無論如何劃分，形上學都是在探究存在與宇宙萬象的根本原理，如事物的本質、現象的本體、宇宙的根源等，對這些問題古來哲學家都有各自的理論（郭實渝，1999：41-42）。

　　「認識論」（Epistemology）又稱為「知識論」，是指關於人類認識的來源、發展過程，以及認識與實踐關係的學說。「認識論」一直是哲學家們探討的主要任務，無論先於蘇格拉底或蘇格拉底以降的哲學家，都致力於分析物質的本質與其所包含的元素，希望透過對物質表象的解析，瞭解其內在的結構，並以找尋物質間的同質性與異質性，以區分各種物質，並賦予不同的名稱。「認識論」所應涵蓋的問題，大抵呈現於下列問題：例如：真知存在否？知識是早於人類而存在或是由人類所創生（知識因人

而存在）？何爲眞知？如何檢證知識的眞假（溫明麗，1999：64-67）？

「價值學」（Axiology）是哲學中對價值問題的分支學科，他探討像「何謂善？」與「何謂價值？」這類問題。一般科學都研究事實，嘗試回答實然問題或「是什麼？」的問題；哲學則對價值或規範做研究，它答覆應然問題或「是什麼？」的問題。價值學的相關領域，包括「倫理學」（Ethics）和「美學」（黃藿，2002a：10）。「倫理學」也稱爲「道德哲學」（Moral Philosophy）或「實踐哲學」（Practical Philosophy），「倫理學」是哲學的一門分支學科，以人類道德行爲的規範爲研究對象，其內容涵蓋了道德是非善惡標準的探討。「倫理學」（Ethika）爲希臘時代的亞里斯多德所創，並提出許多很有價值的內容。他花很長時間從事倫理學的研究，並受到柏拉圖思想的影響，使其不但集希臘倫理學之大成，而且將其推陳出新。他所建立的倫理學，成了永恆哲學的基礎與象徵（詹棟樑，1996：4）。

「美學」（Aesthetics）一字源於希臘文（aesthesis），意指「感官知覺」（Perception by Senses）；不過美學的研究對象並不是所有的感官知覺活動，而是以與美感知覺相關的活動或經驗爲對象。「美學」一詞1735年由德國哲學家包姆嘉頓（Alexander Baumgarten, 1714-1762）於一本名爲《詩的沉思》（*Meditationes philosophicae de nonnullis ad poema pertinentibus*）的著作中提出。包姆嘉頓於1750年正式以《美學》（*Aesthetica*）爲名，出版了探討審美經驗的專著。包姆嘉頓也因爲對美學的開創性建樹，而被尊稱爲「美學之父」（林逢祺，1999：123）。包姆嘉頓在1750年出版的《美學》一書中，對美學的意義作了以下三種規定（Carritt, 1931: 84）：㈠研究美的藝術的理論；㈡研究較低或感性知識的學問；㈢研究完滿地運用感性認識的學問；依此可知包姆嘉頓所謂的「美學」，是指一門研究藝術、感性和美的學問。

「心靈論」（Theory of Mind）也稱爲「哲學心理學」（Philosophical Psychology）或「心靈哲學」（Philosophy of Mind），是一門從哲學的角度來研究人的心理、行爲和行動的學科。哲學心理學和科學心理學研究的對象大體上是一樣的，例如：心理經驗的內容爲何？讓心理經驗產生的心

理結構是什麼？人的心理是如何的運作？人的心理與行為或行動的關係為何？心理與生理的關係是什麼？哲學心理學的主要研究對象是人的心靈，哲學心理學和科學心理學的差異，在於它們關懷的重點和研究的方法不同。哲學心理學關心的主題是：心靈是什麼？心靈的基本性質為何？心靈的結構和內容為何？心靈如何成長？而科學心理學關心的是：心理的生理基礎、感覺歷程、知覺歷程、意識狀態、學習歷程、身心發展、人格問題、心理異常和社會行為。哲學心理學採用邏輯思辨的方法，來探討人類心靈的問題；而科學心理學則採用觀察實驗的方法，來探討人類心靈的問題。因此，哲學心理學和科學心理學具有相輔相成和彼此競爭的關係（但昭偉，1999：147）。

總而言之，哲學是一門愛智之學，起源於古希臘時代，由於人類對大自然和宇宙奧祕的驚奇，為了解答人類的疑惑而興起。哲學的目的在探討宇宙萬事萬物的根本道理，哲學的內涵包括形上學、知識論、價值論、心靈論等。哲學在過去是百學之王，許多學科都從哲學領域獨立出來。雖然，十九世紀以來哲學探究的範圍逐漸縮小，但是仍然與其他學科的發展保持密切的聯繫，對各種學科持續發揮分析、反思、批判和建構的作用。

## 第二節　教育學的起源、意義與內涵

「教育學」（Pädagogik）的起源最早可以追溯到哲學家康德（Immanuel Kant, 1724-1804），從1776年起，康德曾經數度在寇尼斯堡大學作教育學演講，在普魯士王國開啟教育哲學和教育科學研究的風潮。但是，康德演講的教育學資料並未流傳下來，現在見到的《教育學演講錄》（Vorlesung über Pädagogik）是康德的學生林克（Friedrich Theodor Rink, 1770-1821）依據當時上課的講義和筆記修改而成，出版於1803年。康德在《教育學演講錄》中主張將教育視為一門學術，建立實驗學校從事教育研究，以改善教育的實際（Kant, 1968）。這項學術主張雖然非常可貴，但是並未在康德的有生之年得到實現。其後，歷經哲學講座教授克魯格（Wilhelm Traugott Krug, 1770-1842），到了赫爾巴特（Johann Friedrich Herbart, 1776-1841）接任哲學講座，才在寇尼斯堡大學成立教育學講座，致力於教育理論體系的建立；而且設立實驗學校，從事教育研究的工作，成為後來世界各國大學教育系所，附設實驗學校的範例。至此，康德倡議教育學術研究的心願，才真正獲得實現。赫爾巴特於1806年創立普通教育學，企圖從倫理學的觀點來決定教育的目的，並且以心理學的觀點來發展教育的方法，將普通教育學建立成為一門教育科學。因為赫爾巴特的教育學側重教育本質、教育目的與教育理想的探討，所以其教育學被歸類為一種陶冶理論（Benner & Schmied-Kowarzik, 1967: 53-54）。赫爾巴特也因為對於教育學的科學化貢獻很大，被尊稱為「教育科學之父」。接著，教育學家史萊爾瑪赫（Friedrich Ernst Daniel Schleiermacher, 1768-1834）於1826年出版《教育理論》（*Theorie der Erziehung*）一書。在這本書中，史萊爾瑪赫從歷史哲學的觀點出發，將教育學奠基於倫理學之上，希望經由教育學和政治學的合作來實現最高的善。史萊爾瑪赫認為教育學是一門實踐科學，教育理論應該建立於上一代對下一代理解的基礎之上。教育孩子不可使用積極的方式，而應當使用消極的方法。這樣才能使孩子主動的經驗外在的世界，養成反省思考的能力，避免教育活動淪為意識型態的灌輸。史萊爾瑪赫主張實踐先於理論，理論必須力爭上游方能獲得承認，使理論與實踐完全一致（Schleiermacher, 1957: 131）。因為史萊爾瑪赫的《教育理論》偏重教育方法的探討，所以其著作被許多教育學家定位為一種教育理論（Benner, 1991: 14）。在教育理論與陶冶理論形成之後，學者應用許多概念以詮釋教育的現象，為求這些思想內容得以成立，必須從教育哲學的觀點加以反思，才能將教育學建立成為一門嚴格的科學。柯瓦契克（Wolfdietrich Schmied-Kowarzik, 1939-）就認為教育學沒有先驗哲學的反思，其所有的理論知識、研究方法與學術性質等都將無法證立（Schmied-Kowarzik, 1995: 86）。因此，「科學理論」（Wissenschaftstheorie）的探討非常重要。前面所述這一段過程，就是教育學起源的經過。雖然很早就有學者談論教育問題，或是出版教育著作，但是康德卻是讓教育學成為大學講堂學科的第一人，對教育學的興起有很大的貢獻。所以，康德堪稱為「教育學之父」（Vater der Pädagogik）。

　　就教育學的意義而言，邊納爾（Dietrich Benner, 1941-）從實踐學[3]（Praxeologie）的觀點出發，認為教育學主要的課題在於發展一種基本思想，以說明教育思想和行動的結構、教育行動理論的待答問題，以及教育實際、教育行動理論和教育科學研究三者的關係（Benner, 1998: 117: Benner, 2001b: 9-10）。溫克勒（Michael Winkler, 1953-）受到詮釋教育學的影響，主張教育學必須澄清什麼是教育、陶冶和教學，說明真正的教育現象，以及這些概念如何形成，才能取得人們的信任（Winkler, 1998: 62）。柯魯格（Heinz-Hermann Krüger, 1947-）從實證教育學的觀點出發，認為教育學在於整合教育核心的學科，探討其具有普遍性的基本思想（Krüger, 1998: 107）。這種教育學必須探討下列五個任務（Krüger, 1998: 107-112）：㈠重新定義教育學的對象範圍；㈡在鄰近學科中進行理論辯論，聯繫教育學的學科，並且系統的加以關聯；㈢在教育學相關學科合作下，進行經驗的研究；㈣繼續進行科學研究，並且從事學科發展的自我觀察；㈤在科學研究環境中提出研究與訓練的問題，以促進教育學的進步。連琛（Dieter Lenzen, 1947-）受到後現代主義的影響，主張在教育學史中有兩種教育學的觀念：第一種觀念將教育學當作教育的部分學科，討論教育學的歷史、方向、基礎和研究方法。第二種觀念將教育學當作教育的主要學科，以表達教育行動的規準。連琛認為這兩種觀念今天已經過於狹隘，而且不能符合時代的需求了。他主張教育學是一種「生命科學」（Lebenswissenschaft）或「自傳科學」（Lebenslaufwissenschaft）。因為教育學已不再是教育規範的確定，或實施時特定規範條件的經驗研究；而是有關自我組織過程或自

---

3　實踐學（Praxeologie）是一種經驗法則的哲學學說，來自亞里斯多德的哲學，主要在描述人類如何能夠形成特定的行動方式和對其做倫理的辯護。這個概念在1890年受到法國社會學家艾斯皮納（Alfred Espinas）的影響，現在與奧地利經濟自由主義學派米塞斯（Ludwig von Mises）的作品和追隨者關聯在一起。凱薩（A. Kaiser）主張實踐學是一種社會理論，主要的目的在於從整合的觀點出發，深受社會系統各個實踐過程功能的興趣所影響（Kaiser, 1976: 68）。德波拉夫（Josef Derbolav）首先將實踐學引進教育學領域（Derbolav, 1969），邊納爾則批判的修正了德波拉夫實踐學的內涵。本文所謂的實踐學觀點是指從人類整體實踐的情境出發，以建立教育理論的方式。

我創化系統知識的生產和溝通，假設與結果或較佳實施的反思，以作爲有機體環境結構的教育準備（Lenzen, 1998b: 33-50）。總而言之，教育學是一門從教育的觀點出發，探討教育理論和教育實際問題的學科。

教育學的內涵包括：普通教育學、特殊教育學、學前教育學、家庭教育學、學校教育學、社會教育學、歷史教育學、比較教育學、人權教育學、道德教育學、改革教育學、治療教育學、教育心理學、宗教教育學、教育倫理學、教育人類學、教育社會學、媒體教育學、經濟教育學、職業教育學、成人教育學、藝術教育學、音樂教育學、博物館教育學、泛文化教育學、企業教育學、休閒教育學、文化教育學、交通教育學、環境教育學、和平教育學、性教育學、教育學史等（Lenzen, 1995: 38-39）。

## 第三節　教育哲學的起源、意義與內涵

歐陸哲學教育學的創立，就是教育哲學的起源。而英美教育哲學的起源則要追溯到德國的哲學教育學，自從哲學家康德倡議在大學從事教育學研究之後，歐陸相繼興起教育學探究的風潮。其中一部分學者從科學的觀點出發，造成科學教育學的興起；一部分學者則從哲學觀點出發，造成哲學教育學的興起。「哲學教育學」（Philosophische Pädagogik）在歐陸稱爲「普通教育學」或「系統教育學」，由於「哲學教育學」是一種「教育哲學」（Philosophy of Education）。所以，「普通教育學」就是「教育哲學」。自赫爾巴特在1806年創立普通教育學以來，已經有兩百多年的歷史。在英美等國稱爲「教育哲學」，這是受到美國教育學者布瑞克特（Anna Callender Brackett, 1836-1911）的影響。她將德國教育學家羅森克蘭茲[4]（Karl Rosenkranz, 1805-1879）1848年所著的《教育學作爲體系》（Die

---

[4]　羅森克蘭茲（Karl Rosenkranz, 1805-1879）1805年出生於德國的馬德堡（Magdeburg），1879年死於寇尼斯堡（Königsberg）。他曾經就讀於柏林大學、哈勒大學和海德堡大學。後來，成爲寇尼斯堡大學的哲學教授，終生擔任這項職務，一直到退休爲止。羅森克蘭茲早年受教於史萊爾瑪赫，他將黑格爾的方法應用在教育學、歷史學、

*Pädagogik als System*）譯成英文出版，而且還加上「教育哲學」這個副標題。因為這本書非常受歡迎，對美國的教育造成很大的影響，因此教育哲學的名稱逐漸確定下來，同時被許多國家沿用至今（詹棟樑，1995：38；伍振鷟，1998：9），這是教育哲學一詞的起源。

　　「教育哲學」是一門介於「哲學」和「教育學」之間的學科，它是由「哲學」和「教育學」整合而成的學科。「教育哲學」就是一門應用哲學的觀點、理論和方法，來探討教育理論和教育實際問題的學科。就歐陸普通教育學的內容而言，教育學家邊納爾經由普通教育學演進的歷史和當代教育發展的趨勢，提出普通教育學的內容。他認為普通教育學的內容包含：「教育理論」（Theorie der Erziehung）、「陶冶理論」（Theorie der Bildung）、「教育機構論」（Theorie pädagogischer Institution）與「教育學理論」（Theorie der Pädagogik）四部分（Benner, 1991: 9-10）。「教育理論」是一種教育情境建構與教育經驗的理論，致力於正確教育方式的確定、教育情境建構的指導與教育理論廣闊視野的形成。「陶冶理論」是一種教育任務與意義確定的理論，著重於探討教育影響措施的任務和教育目的的解釋（Benner, 1991: 14）。「教育機構論」主要的目的在於探討教育實踐的社會場所，以適當地聯結教育理論與陶冶理論（Benner, 1987: 166）。「教育學理論」強調一種教育實踐科學建立可能性的分析，它的重點不在於教育情境建構的指導，也不在於將教育行動導向教育目標。教育學理論的目的在於教育科學內容可能性條件的說明（Benner, 1991: 14）。事實上，普通教育學的探討雖然以這四部分的理論為主，但是作為一門教育學科的後設理論與普遍基礎，絕對不能以此自限，而應當全面的反思今日教育科學的問題，並且系統的規劃其研究的方向，以促進教育學術健全的發展。

　　從「實踐學觀點」（Praxeologischer Aspekt）來看，教育實踐的內涵並不限於邊納爾所提出的四個領域，而應該將人格教育理論也納入普通教

---

　　文學、神學和哲學之上，後來成為黑格爾哲學的發揚者，羅森克蘭茲的主要著作，除了《教育學作為體系》之外，尚有《黑格爾傳》（Aus Hegels Leben）等書（詹棟樑，1999：3）。

育學的範圍。因為，普通教育學的任務在於教育思想和行動結構的發展（Flitner, 1974: 9-10），而人格教育是教育學建構的核心，因此，普通教育學不能自外於人格教育的探討。從教育實際的分析來看，人格教育的範圍至少可以分為道德、認知、體格、審美和宗教五個領域。同時，必須面對教育機構中教師與學生，分析兩者之間的教育關係。從這種觀點來看，普通教育學的內容至少應當包含：「教育本質理論」（Theorie der Bildungssubstanz）、「教育目的理論」（Theorie der Bildungsziel）、「教育方法理論」（Theorie der Erziehungsmethode）、「教育關係理論」（Theorie der pädagogischen Bezug）、「教育機構理論」（Theorie pädagogischer Institution）、「人格教育理論」（Theorie der Persönlichkeitsbildung）與「教育科學理論」（Theorie der Erziehungswissenschaft）等七部分。「教育本質理論」分析教育的本質；「教育目的理論」闡述教育的目的與教育的理想；「教育方法理論」探討教育的方法與教育的材料；「教育關係理論」探討教育機構中存在的師生關係；「教育機構理論」研究教育理論與教育行動實踐的場所；「人格教育理論」闡述人格的意義、人格教育的內涵與完美人格教育的理想；「教育科學理論」論證教育理論與實踐的關係、教育科學的性質與教育科學的建立。

　　就英美教育哲學的內容而言，教育哲學與哲學類似，在內涵上至少包括：「教育形上學」、「教育認識論」、「教育倫理學」、「教育美學」、「教育心靈論」、「教育方法論」、「教育目的論」和「教育科學論」等八個部分。「教育形上學」（Educational Metaphysics）主要在探討教育本質的問題；「教育認識論」（Educational Epistemology）主要在探討教育現象認識的問題；「教育倫理學」（Educational Ethics）主要在探討教育倫理的問題；「教育美學」（Educational Aesthetics）主要在探討審美教育的問題；「教育心靈論」（Educational Theory of Mind）主要在探討心靈教育的問題；「教育方法論」（Educational Methodology）主要在探討教育方法的問題；「教育目的論」（Educational Teleology）主要在探討教育目的的問題。「教育科學論」（Theory of Educational Science）主要在探討教育科學的基本假設、主要問題、學術性質及其與其他科學的關係。教育哲

學由於受到各種哲學思潮的影響很大，因此有什麼樣的哲學思潮，就有什麼樣的教育哲學。當前英美教育哲學的主要派別包括：理性主義、經驗主義、實在主義、實用主義、新康德主義、存在主義、馬克斯主義、觀念分析學派、批判理論、新馬克斯主義、女性主義、新實用主義、後現代主義等。這種現象固然可以顯示出教育哲學與日俱進不斷更新的特性，但是也顯示出教育哲學完全籠罩在哲學思潮的陰影之下，學科主體性逐漸喪失的事實，這對於教育哲學日後的發展有不利的影響。所以，教育哲學的建立應該從綜合取向出發，融合英美、歐陸和我國的觀點，建立教育學術的主體性，提出明確的研究範圍和完整的理論架構，才能有效的改善教育實際，成為所有教育學科的後設理論。

## 第四節　教育哲學的模式、性質與發展

教育哲學自成立以來，因為學術文化的差異，已經逐漸形成各國自己的特色。根據個人對於教育學術演進的觀察，發現三種不同的教育哲學發展模式：第一種稱為教育本位模式（Model of Educational Base）：這種教育哲學的發展模式，可以「德國教育哲學」為代表。強調教育哲學是一門獨立的科學，它具有明確的研究對象、獨特的研究方法、系統的理論內涵與獨特的學術性格。兩百多年來，德國教育學者秉持這種觀點，已經在教育領域中建立相當龐大的教育理論。這種模式的優點在於能夠自教育的觀點出發，有系統的建立教育理論；同時這些理論在教育領域的類推能力較強。這種教育理論模式雖然有助於教育專業的發展，但是卻未能與其他相關的科學充分溝通，仍然有礙教育學術的發展。第二種稱為科際整合模式（Model of Interdisciplinary）：這種教育哲學的發展模式，可以「美國教育哲學」為代表。強調教育學是一門科際整合的學科（discipline），它沒有明確的研究對象、獨特的研究方法、自身的理論內涵與獨特的學術造型。一百多年來，美國教育學者已經將教育哲學建立為一門應用科學，其涉及的領域相當廣泛，有助於與其他相關科學溝通。但是這種模式因為向其他科學借用不同的觀點，因此其理論不但缺乏系統，而且適用的範圍不大，

有時甚至產生後設基礎相互矛盾的現象。這種模式下所建立的教育哲學對於其他科學過於依賴，容易使得教育哲學淪為次級科學，不僅傷害教育學術的尊嚴，而且不利於教育專業的發展。第三種稱為綜合發展模式（Model of Synthetic Development）：這種教育哲學的發展模式，可以「日本教育哲學」為代表。日本自明治維新以來，積極學習歐美的教育學術，因此能夠兼顧上述兩種教育哲學模式的發展。這種模式強調教育哲學是一門獨立自主的科學，教育學者不僅要自己積極地發展教育理論，同時也要與其他相關科學多作溝通，如此才能促進教育哲學的發展。目前大部分國家的教育哲學也朝這個方向邁進，但是大多僅止於將歐美兩種觀點生硬的加以拼湊，目前尚未有機地完全將其融合，從而建立自己獨特的教育哲學體系（梁福鎮，1999）。

歐陸的普通教育學就是英美的教育哲學，邊納爾認為普通教育學的性質，可以分為下列三種取向（Benner, 1995a: 1234-1235; Prondczynsky, 1993; Treml, 2000）：第一個取向是將普通教育學視為教育科學的「科學理論」或「後設理論」（Metatheorie），其中康德的《教育學演講錄》、赫爾巴特的《普通教育學》、史萊爾瑪赫的《教育理論》、狄爾泰的《論教育學的普效性》是典型的代表。他們從解釋教育學、知識理論、倫理學和政治學的關係中，建立教育思想與行動的自主性，促使教育學擺脫應用科學的性格，成為一門獨立的科學。英國教育家歐康諾（Daniel John O'Connor）在其教育理論中也持這種觀點，主張教育哲學是一門理論科學。第二個取向是將普通教育學看作教育實際的「行動理論」（Handlungstheorie），其中佛利特納（Wilhelm Flitner, 1889-1990）從哲學出發的《普通教育學》、朗格斐爾德（Martinus Jan Langeveld, 1905-1989）來自精神科學教育學的《理論教育學導論》、皮徹特（Alfred Petzelt, 1886-1967）奠基於新康德主義的《系統教育學基本特徵》、巴勞輔（Theodor Ballauff, 1911-1995）從海德格（Martin Heidegger, 1889-1976）存在本體論建構的《系統教育學》、芬克（Eugen Fink, 1905-1975）從存在哲學出發的《系統教育學基本問

題》、嘉姆[5]（Hans-Jochen Gamm, 1925-2012）建立於唯物論上的《普通教育學》和邊納爾（Dietrich Benner, 1941- ）從人類整體實踐提出的《普通教育學》，都是典型的代表。英國教育家赫斯特（Paul Hirst, 1947-2003）在其教育理論中也持這種觀點，主張教育理論是一門實踐理論。第三個取向是將普通教育學作爲科學理論和行動理論的聯結，德波拉夫的《教育科學範圍中教育人類學的問題與任務》、《綜合教育學大綱》、羅特（Heinrich Roth, 1906-1983）的《教育人類學》、柏克曼（Hans Bokelmann）的《教育學：教育、教育科學》、莫連豪爾（Klaus Mollenhauer, 1928-1998）的《教育過程理論》、邊納爾的《教育科學主要思潮》、柯瓦契克的《辯證教育學》、克拉夫基（Wolfgang Klafki, 1927- ）的《批判——建構教育科學的觀點》、布隆德欽斯基（Andreas von Prondczynsky）的《教育學與創作》和特雷姆（Alfred K. Treml, 1944- ）的《普通教育學》等都是著名的經典。除此之外，也有愈來愈多的學者提出不同的看法，他們將普通教育學作爲科學理論、行動理論和藝術學說的聯結，主張普通教育學是一門兼顧理論、實踐與審美的科學（梁福鎮，2001; Böhm, 1997; Gamm, 1991; Lenzen, 1996）。波姆（Winfried Böhm, 1937- ）的《人格教育學大綱》、嘉姆（Hans-Jochen Gamm, 1925-2012）的《教育學與詩歌》和連琛（Dieter Lenzen, 1947- ）的《行動與反思》都是這個取向的代表作。

　　皮特斯（Richard S. Peters, 1919-2011）則認爲教育哲學的性質，可以分爲下列幾種（李奉儒，2004b：13-19; Peters, 1966b: 62-69）：第一種是教育原理（Principles of education）取向，教育原理取向是指教育哲學爲建立教育的各種原理。這種思想或主張類似日常觀念中的「生活哲學」，即對於

---

5　嘉姆（Hans-Jochen Gamm, 1925-2012）1925年出生於梅肯堡的優恩斯道夫（Jornsdorf），是一位非常著名的普通教育學家。1943年在斯維林（Schwerin）通過成熟證書考試，1943年進入軍中服務，經歷過第二次世界大戰。1945年成爲美國、俄國和波蘭的戰俘，1949年返回故鄉，先後進入羅斯托克大學和漢堡大學就讀，主修精神科學和社會科學方面的學科。1953年在學校擔任教師的工作，1959年成爲漢堡大學教育研究所的講師。1961年榮膺歐登堡教育高等學校校長，1967年轉任達姆城技術高等學校教育學教授，2012年因病逝世於梅肯堡（Gamm, 1979: 1）。

生活意義的探究以指引美好的人生。其中最耳熟能詳的例子就是：「他的教育哲學是什麼？」這種取向的哲學大都是藉由思辨活動來建立規範性的原理。教育原理取向說明了教育雖然作為一種獨特的學術領域，但是仍在某些程度上受到哲學理念的影響。例如：柏拉圖（Plato, 424-347 B.C.）在《共和國》（*The Republic*）的對話中，主張哲學王才能作為他理想中社會的統治者。這種規範性的教育哲學根據偉大哲學家的雋語珠璣，來推薦教育的目的、原則、內容、方法和主題等，亦即教育原理就在說明哪些目的是可欲的，哪些原則是應該遵守的，或哪些內容、方法和主題是應該採用的等。第二種是教育理念史（history of educational ideas）取向，這種取向是將教育哲學視為有關各大教育家思想和理論的介紹。例如：從柏拉圖以降直到杜威等思想家相關的理念，嘗試將他們的著作應用到當代的教育問題上，以找出適當的答案。第三種取向是哲學與教育（philosophy and education）取向，這種取向主張由哲學信念可以直接導引出教育實務上的蘊義，也就是認為哲學上有某某主義或思想，然後教育上也就有某某主義或思想。這種取向一方面試著說明傳統裡純哲學的問題，例如：形上學、心靈論、人性論、認識論等學說與教育的關聯；另一方面從不同的哲學立場，例如：實在論、德國觀念論、實用主義或存在主義等，來檢查其理論在教育上的蘊義。第四種取向是教育分析哲學（analytical philosophy of education）取向，這種取向主張教育哲學最好是在教育實際上很有相關性，也在哲學上足堪勝任地處理問題。分析取向的教育哲學主張教育研究，必須以日常語言的哲學思考作為出發點，從事教育有關概念、理念、信念、證立和問題的哲學分析與論證。例如：皮特斯、歐康諾、謝富樂（Israel Scheffler, 1923- ）和赫斯特的教育理論，都是一種分析取向的教育哲學。

德國從康德倡議教育學的研究之後，就有許多教育家從事教育哲學的研究。1806年赫爾巴特創立「普通教育學」（Allgemeine Pädagogik），企圖從倫理學的觀點來決定教育的目的，並且以心理學的觀點來發展教育的方法，將「普通教育學」建立成為一門教育科學。1848年羅森克蘭茲出版《教育學作為體系》一書，主張教育是人對於人的影響，其影響視精神本質而決定。從廣義上講，則社會的精神影響到個人；從狹義上講，則世

界自然法則、國民的文化運動與命運的力量，則形成個人的生活。教育的形式是在自己的抽離，而自己的抽離是為了獲得新經驗，暫時捨棄自己，離開原來的習慣與行動，直到得到新經驗而復歸於新我，所以教育就是使自己的內在豐富的一種過程。羅森克蘭茲認為教育的理想是在獲得理性的自由，精神的本質原在於理性，而理性的本質又在於自由，發揮理性的自由就是目的。但是兒童的生活最初是搖擺於自然的與動物的生活當中，所以教育上為獲得真正的自我，即是達到理性的自由狀態（詹棟樑，1999：3-5；Rosenkranz, 1994）。其後，佛利塞仁—柯勒（Max Frischeisen-Köhler, 1878-1923）於1912年出版《哲學與教育》一書，他將狄爾泰（Wilhelm Dilthey, 1833-1911）的知識論作邏輯的綜合，精簡狄爾泰的「生命哲學」（Lebensphilosophie）作為知識的體驗基礎，將教育哲學視為觀念演繹的教育學。另一位是杜普—霍華德（Heinrich Döpp-Vorwald, 1902-1977），他在《教育科學與教育哲學》（*Erziehungswissenschaft und Philosophie der Erziehung*）一書中，主張教育哲學即是哲學人類學，因為教育哲學具有人類學的意義，無論從價值批判去分析、基本的心理結構去分析或目的的存在去分析，都可以發現教育哲學具有人類學的意義。

　　自從布瑞克特將羅森克蘭茲的《教育學作為體系》翻譯為英文傳到美國之後，就有學者開始從事教育哲學的探討。美國第一部教育哲學著作是賀恩（H. Horne）於1904年出版的《教育哲學》（*Philosophy of Education*）一書，從生物的、心理學、社會的和哲學的層面去探討教育的理論基礎。其後，馬克沃納（John A. MacVannel）於1912年出版《教育哲學大綱》一書，從哲學知識論和社會的觀點來探討教育的各種問題。1916年杜威出版《民主與教育》（*Democracy and Education*）一書，從實用主義的觀點出發，探討民主社會中的各種教育問題，深受學術界的好評。從此，開啟了美國實用主義教育哲學研究的風潮（詹棟樑，1999：10-12）。克伯屈（William Heard Kilpatrick, 1871-1965）是杜威教育哲學的支持者，篤信民主社會的價值，並闡揚教育是達到「良好生活」的最有利工具，主張教育目的是「良好生活」的達成。所謂「良好生活」是個人生存所欲，然而「良好生活」往往因人、因時、因地而易。他在其所著的《教育哲學》一書

中，揭示了「良好生活」所應包括的一些內容（詹棟樑，1999：10-12）。法國在設立教育學講座之後，就有學者從各種不同哲學的觀點，進行教育哲學的研究。法國教育哲學的發展深受笛卡爾、拉美特里（Julien Offray de La Mettrie, 1709-1751）和盧梭（Jean-Jacques Rousseau, 1712-1778）的影響，從傳統理性主義、唯物主義和自然主義的觀點，來探討教育相關的問題。其中，教育家雷里希（Edouard Raehrich）首先用「教育哲學」這個名詞，其所著的《教育哲學》（*Philosophie de l'education*）一書，主要內容在討論教育的目的、課程、訓育、教學方法的種種要素（詹棟樑，1999：10-15）。英國從教育講座設立之後，也有不少學者從事教育哲學的探討，早期從各種哲學的觀點來研究教育問題。洛克（John Locke, 1632-1704）在《教育漫談》一書中指出，國家的幸福與繁榮有賴於良好的教育，而紳士教育最為重要，洛克的教育理想，即在於培養紳士（gentleman），而作為一個紳士，必須具備體、德、智三育，注重身體的保健、道德的培養和文化的學習（Locke, 1996）。許多學者從洛克、柏克萊（George Berkeley, 1685-1753）和休姆（David Hume, 1711-1776）的傳統經驗論；彌爾（John Stuart Mill, 1806-1873）和邊沁（Jeremy Bentham, 1748-1832）的效益論出發，進行教育領域相關問題的探討，都對當時英國的教育哲學產生影響。綜合前述，普通教育學或教育哲學的性質各有四種取向，可以看出普通教育學或教育哲學，不僅強調教育科學理論的建立，注重教育實際行動理論的發展，同時也逐漸重視教育活動審美性質的追求。在教育哲學性質的探究中，不應該偏向單一的角度，而應該從多元的觀點來看。教育哲學的分析論證固然重要；教育美學的詩性沉思也有其價值。當然，也不能忽視教育倫理學的實踐智慧。因此，教育哲學是一門理論、實踐與審美兼顧的科學，其教育理論的建構不是來自於憑空的想像或是無中生有，而是以教育實際的事實為依據，逐漸發展起來的。在形成系統化的教育理論之後，進一步應用於教育實際的情境，以驗證教育理論的正確性，並且作為教育理論修改的參考。

# 教育形上學

> 「實際世界是由諸多實際事物所構成，
> 它們是構成實際世界最後的真實事物，
> 在實際事物的後面，
> 我們無法發現比它們更真實的事物。」
> ——懷海德（Alfred North Whitehead, 1861-1947）

　　哲學中的「形上學」（Metaphysics）是指針對人的存在與本質，而去探究宇宙萬物之終極根源、生發原理、本質結構與存在樣態等問題，以解釋人之所以存在與如何存在的學科。其中，依研究對象的不同，又可再細分為探討神與人之存在關聯的「神學」（Theology）、探討萬物與人之存在關聯的「宇宙論」（Cosmology）與探討人之存在歷程及其本質發展的「哲學人類學」（Philosophical Anthropology）三個部分。總結三個部

分的探究，而去深入探索作為一切存在物之終極根源與共同基礎的存有問題者，亦即探索「存有之所以為存有」者，即稱為「本體論」（Ontology）。奈特（George R. Knight, 1947-）就指出形上學是哲學的一個分支學科，它處理實體的本質這個問題。「終極的實體是什麼？」是形上學研究中所探討到的根本問題（Knight, 1998）。「教育形上學」（Educational Metaphysics）擷取形上學的涵義，主要在探討教育本質的問題。教育的本質究竟是什麼？自古以來學者之間爭論不休。但是教育本質的確定，確實可以指引教師選擇良好的方法，設計適當的課程，從事教育的活動，達成教育的理想。教師如果能夠瞭解教育的本質，就可以建立教育的專業知識和專業倫理，正確的指導教師的教育行動。相反的，倘若教師未能清楚的認識教育的本質，則可能將教育誤解成思想的灌輸，對學生造成嚴重的傷害。因此，教育本質的釐清非常重要。

　　邊納爾（Dietrich Benner, 1941-）在其所著的《普通教育學》（*Allgemeine Pädagogik*）中指出，人類必須工作，經由自然的利用和保護，投入經濟（Ökonomie）的活動，以創造和獲得其生活的基礎；必須對其相互理解的規範和法則提出問題，進行倫理（Ethik）道德的肯定和發展；必須規劃和擬定其社會的未來，參與國家的政治（Politik）活動；必須在美感的表達中超越現在，從事藝術（Kunst）的創作或鑑賞，以獲得自由；必須面對同類終結及其自身死亡的問題，尋求宗教（Religion）的慰藉和信仰；人類位於兩代關係中，必須經由教育（Erziehung）活動，從事文化傳承的工作。因此，政治、經濟、倫理、宗教、藝術與教育是人類存有的六大基本現象，這六大基本現象的關係是彼此平等，而相互關聯，但是並非彼此從屬，更無法相互化約（Benner, 1987: 20）。換言之，教育是一項非常重要的人類實踐，在人類社會中具有相當獨特的地位。教育本質的釐清不僅對於學校制度的建立、課程教材的選擇、教學活動的安排、教師行動的規範具有指引的作用，而且有助於教育理論的建立和教育實際的改善。所以，教育本質問題的探討，確實有其必要性。接著我們將從杜威、涂爾幹、皮特斯和斯普朗格等人的觀點，就教育本質這個主題深入地加以探討。

## 第一節　杜威的教育形上學

　　杜威（John Dewey, 1859-1952）1859年出生於維蒙特州布林頓鎮，1875年進入維蒙特州立大學攻讀哲學，1879年畢業之後，在賓州南石油城中學任教。大學期間深受其師陶雷（Henry Augustus Pearson Torrey, 1837-1902）哲學思想、英國生物學家赫胥黎（Thomas Henry Huxley, 1825-1895）生理學和法國哲學家孔德（Auguste Comte, 1798-1857）實證哲學觀點的影響。1882年進入約翰霍浦金斯大學，隨莫里斯（George S. Morris, 1840-1889）學習德國觀念論，黑格爾哲學對杜威產生很大的影響，1884年以〈康德心理學〉（The Psychology of Kant）一文獲得哲學博士學位。杜威在獲得哲學博士學位之後，經由其師莫里斯的介紹，進入密西根大學的哲學系任教。1886年與愛麗絲（Alice Chipman）小姐結婚，1894年出任芝加哥大學哲學系主任，1896年創辦「兒童中心」的實驗學校。其後，由於芝加哥大學將實驗學校收回，杜威與芝加哥大學校長意見不合，因而決意離開芝加哥大學，1904年轉到紐約哥倫比亞大學師範學院，擔任哲學教授。1905年杜威當選為「美國哲學會」會長，在《哲學雜誌》發表〈實用主義的唯實論〉（Realism of Pragmatism）和〈直接經驗主義的假定〉（The Postulate Empiricism）等重要論文，1919年在日本和中國講學，對中國教育學術界的影響很大。1930年杜威自哥倫比亞大學退休，其後仍然著述不輟。1948年參選美國總統，原來民意調查遙遙領先，不料最後卻敗給杜魯門（Harry S. Truman, 1884-1972）。1952年杜威因肺炎逝世，享年93歲。杜威一生發表超過700篇文章在140種期刊上，大約出版40本書，主要的著作有《心理學》（Psychology）、《思維術》（How We Think）、《民主與教育》（Democracy and Education）、《哲學的重建》（Reconstruction in Philosophy）、《經驗與教育》（Experience and Education）、《經驗與自然》（Experience and Nature）、《確定性的追求》（The quest for certainty）、《藝術即經驗》（Art as Experience）、《邏輯探究的理論》（Theory of logical Inquiry）和《認知與所知》（Knowing and the know）等（Johnson, 1949: 3-45）。

　　杜威主張教育要強調興趣，興趣成為重要的理論，因為興趣可以把它當成一種動機，它可以對人格發生作用，甚至自我也成為興趣系統的一部分。興趣的本質有三種理念：一是注意：注意為認知具有功能的嘗試。二是感情：專門把感情放在某一事物上。三是對象：把心靈集中在所欲達到的目標上。這三種理念有助於知識獲得活動的進行和附帶的感情，而且揉合了注意與追求目標的意志。興趣在做任何事情，動機在於為了做任何事情，興趣提供了行動可能的動機，兩者關係非常密切。杜威的教育理論非常重視兒童的興趣，因為興趣是動機的原動力。「自我興趣」的理念是值得考慮的理念，在有經驗的學校裡是強調這種理念的，因為它是人類唯一的動機，而且是任何有關運動推展的一種名稱（詹棟樑，1995：42-43）。杜威強調教育必須是活動的，教育施為的進行就是一種活動的狀態，這種活動是自我活動和社會活動的配合，它包括良好習慣的養成、道德教育與自由教育等。其中尤其是良好習慣的養成最為重要，因為人是習慣的創造者。教育需要的是習慣的形成，而習慣的形成需要更多的智慧、感性和遠見，並且瞭解到有關的事物，將其直接信實地反映在現在的生活裡。教育就是在協助忘記錯誤的習慣，自由地以技巧養成良好的習慣。假如人類還生活著和經驗著，就是其所隸屬世界中各種活動的參與者，而知識即是參與的一種方法。其價值的高低，因其效率的大小而定（詹棟樑，1995：42-43；Dewey, 1916: 393; Dewey, 1930: 123）。

　　杜威主張兒童還處在未成熟狀態，因為未成熟才有生長的可能性。這種未成熟狀態具有兩種重要的特性：一是依賴性：所謂依賴性係指生長的能力而言，並不是沒有能力去做，而是互相的依賴。二是可塑性：可塑性就是在養成傾向、習慣、人格等方面的能力，假如沒有這種能力，就不能養成各種習慣。這兩種特性應該將其看成積極的能力，也就是生長的能力。這種生長的能力，不需要從兒童內在抽出或引出積極的活動，如同某些教育學說所指出的，凡是有生活的地方，就有了熱望和激憤的活動。然而，有一個重要的概念，那就是生長並非外加的一些活動，而是由活動自身引發的（詹棟樑，1995：44-45；Dewey, 1916: 50-53）。杜威認為在道德上所以有動機論和結果論之爭，這是由於道德上的二元論看法不同所致。傳

統哲學的「二元論」（Dualism）是以心與物、靈魂與肉體對立，在道德
上乃有主內與主外之分。杜威以「聯結」（association）的觀念調和道德
二元論的對立，由具體的道德生活入手，以分析道德行為的因素。杜威
以為完全的道德行為，應兼顧內外各種因素，行為未發之前，有動機、慾
望、考慮等因素；行為出現之後，應有實際的結果。動機與結果在行為判
斷上，都是重要的決定因素，不容有所偏頗。杜威認為道德認知的發展有
三個階段：一是前成規期：這個時期兒童行為的動機，大多來自生理的或
社會的衝動。二是道德成規期：這個時期的個體行為，大多接受團體的規
範，少有批評或意義，也就是順從團體。三是自律期：這個時期個人行為
的善惡，完全由個人的思想與判斷來決定，而不再受制於團體的標準（伍
振鷟，1989：125-126；高廣孚，1995：12-13；詹棟樑，1995：44-45）。

　　從杜威的觀點來看，教育並不侷限於學生在學校中課業的學習、體
格的鍛鍊、品德的修養等，雖然這些都是教育的一部分，但是都不是教育
的整體，完整的教育與生活相同，乃是一種繼續不斷生長發展的歷程。所
以，杜威主張「教育即生活」（Education is life）、「教育即改造」（Edu-
cation as reconstruction）、「教育即發展」（Education as development）、「教
育即生長」（Education as growth）。首先就「教育即生活」的觀點而言，
所謂「生物」即是能夠征服與控制種種威脅自己的力量，以利自己繼續活
動者；而「生活」即是利用環境使自我更新的歷程（Dewey, 1916: 1）。杜
威認為教育是生活必須的活動，而生活是教育的內容。生活的形成乃是人
類與環境交互作用的結果。人類想要生存就會對環境作各種需求，在人類
與環境的交互作用中，自然會繼續不斷地重新適應環境。就生活的內涵而
言，生活包含人類全部的經驗，不限於個人生活的範圍，它還可以區分為
精神的生活和物質的生活兩方面。杜威的觀點認為：「生活包括風俗、制
度、信仰、成功、失敗、娛樂與職業」（Dewey, 1916: 2）。生活的範圍包
括人類社會和自然環境，個人在生活過程中會和各種環境發生密切關係，
進而產生不斷地交互作用，促使個體不斷地重新適應。因此，每一個環境
對人都有教育的作用，教育的內容包含人類全部的經驗，正式的教育並不
是教育的全部。杜威認為：「一個人離開學校之後，教育不應就此停止。

這句日常用語的意思是學校教育的目的，乃在養成促進繼續生長的能力，保證教育活動繼續不斷進行……使人人都能在生活歷程中學習，乃是學校教育最好的結果」（Dewey, 1916: 60）。

其次，就「教育即改造」的觀點而論，杜威主張：「教育即經驗的繼續重組或經驗的繼續改造，教育當前的目的無時不在，凡是教育性的活動，必能達成經驗改變的目的。嬰兒時代、青年時代和成人時代生活教育所以處於平等地位，就是因爲任何時期所眞正學到的事物，均能構成經驗的價值。每個時代生活所應有的主要任務，亦即使生活增加生活自身可見到的意義」（Dewey, 1916: 89）。凡是能夠增加指導或控制後來經驗能力的經驗，必然具有教育的功能。當我們說一個人能瞭解自己所從事的工作，或稱其立意能達到某一結果，是指其能預料將要發生的事件，因此而能預先準備，以求獲得有益的結果。因爲環境隨時改變，而人類的行爲也必須隨著改變，才能與其他環境事物保持平衡關係。依照杜威的觀點，這種經驗不是呆板的行爲，而是一種永恆的活動，經驗的內容不時的更新，經驗的意義因而隨時增加，這乃是一種利用過去以發展未來的歷程。再次，就「教育即發展」而論，因爲教育是經驗不斷重組改造的歷程，所以也是一種不斷發展的歷程。通常一個個體的發展，應當包括生理與心理兩方面，身體的發展與心理的發展必須同時並進，才是合理的發展。兒童的身體中蘊涵著生理與心理發展的潛能，這些蘊涵的潛能只有通過教育的力量，才能得到充分的發展。兒童與成人雖然發展的速度和重點不同，但是兩者均在生長，杜威認爲：「正常成人與正常兒童均向前生長，兩者不相同的地方，並不在於生長與否，而在兩者各有適合其情境的生長，在發展能力以應付特殊科學與經濟問題上，可以說兒童應向成人方面發展，關於同情的好奇心，公平無私的反應能力與虛心，則成人應與兒童一樣生長」（Dewey, 1916: 59）。從這個觀點來看，杜威所謂的「發展」，含有「圓滿生長的意義」。

最後，就「教育即生長」的觀點而言，教育的歷程即爲生長的歷程。杜威主張：「教育即養育的、撫育的、教養的歷程。所謂養育、撫育、教養等均含有注意生長的條件。我們時常談到栽培、教養、撫養等名詞，均

表示教育所要達到的各種程度。從英文字源學來看，教育的意義就是引導和教養的歷程」（Dewey, 1916: 12）。從「生長」觀點來看教育，教育即引導扶養的歷程；從教育的觀點來看生長，生長歷程中隨時有養育、撫育和教養的作用。依據杜威「教育即生長」的涵義，生長的歷程與教育的歷程類似，教育沒有其他的目的，教育本身即其目的。教育不是爲成人生活準備，而是爲目前生活準備，因此在教育上衍生出「兒童中心」的觀念，重視兒童的個性，啓發兒童的智慧，發展兒童的能力，在各種教育設施上，均以兒童爲考量。杜威認爲教育預備說有三項弊端：第一、不顧兒童本能或天賦的各種能力；第二、不能發展應付新奇情境的創造力；第三、強調操作和其他設計，不惜耗費兒童的知覺力，以求獲得無用的技能（Dewey, 1916: 60）。因此，教育活動不能以成人的標準，作爲兒童學習的依據。每一個時期的生活，有其固定的特性，教育的任務即在發展此種特性，不可以只注重成人的生活，而忽視兒童的生活。因此，作爲社會機構的學校，首要的任務就是提供一個簡化的環境，選擇一些基本的課程，排定一個漸進的順序，使未成年人運用先前學得的經驗，作爲更複雜事物的媒介。其次，學校應盡可能消除環境中無價值的事物，成爲淨化行爲的媒介。最後，學校應平衡社會中的種種要素，努力使每個人都有機會說出所屬社群的限制，而進入更寬廣環境的生活（Dewey, 1916: 20）。

## 第二節　涂爾幹的教育形上學

　　涂爾幹（Émile Durkheim, 1858-1917）1958年生於法國洛林州的伊比納爾（Epinal），父母信奉猶太教，從小就教他希伯來文，希望他成爲猶太教士，不過他卻立志作一位教師。涂爾幹首先進入依比納爾公立中學，畢業後轉入巴黎的國立路易中學（Lycee Louis-Grand），1879年考入高等師範學校，在學期間深受孔德著作的影響。1882年教授考試錄取後，涂爾幹就在深斯、聖匡登、特洛依等地的公立中學擔任哲學教授。1885年到德國研究社會學，先後在教育雜誌和哲學雜誌發表論文，這些論文深獲法國學術界的好評。因此，波爾多大學於1887年聘請涂爾幹擔任教育

學和社會學講師。1898年創辦《社會學年報》（*Annee Sociologique*），集結志同道合的社會學者，進行社會問題的研究，成爲法國知名的社會學派。1902年涂爾幹繼布壹松（Ferdinand Buisson）之後，接任巴黎大學「教育科學講座」教授的職位。愛子安德瑞（Andre Durkheim）不幸在第一次世界大戰喪生，這件人倫悲劇對涂爾幹的身心產生重大的傷害，使得涂爾幹於1917年病逝。涂爾幹主要著作有《社會學方法論》（*Roqkes de la methode Sociologique*）、《社會分工論》（*De la division du travail social*）、《宗教生活的基本形式》（*Les Formes elementaires de la Viereligieuse*）、《自殺論》（*Le Suicide*）、《社會學與哲學》（*Sociologie et Philosophie*）、《教育與社會學》（*Education et Sociologie*）、《道德教育論》（*L'Education Morale*）、《兒童期》（*Enfance*）、《性教育》（*Education Sexuelle*）、《盧梭教育學》（*La Pedagogie de Rousseau*）、《小學知識教育》（*Education intellectuele al' Ecole Primaire*）、《小學道德教育》（*Enseignement de la morale al' Ecole Primaire*）、《裴斯塔洛齊教育學》（*La Pedagogië de Pestalozzi*）、《教育學》（*Pedagogie*）、《赫爾巴特教育學》（*La Pedagogie de Herbart*）、《法國教育學的演進》（*Evolution Pedagogie en France*）等（吳俊升，1960：215-216）。

　　涂爾幹認爲要給教育下定義，必須考察過去和現在的各種教育現象，抽出它們所具有的共同性質，綜合這些共同的性質，以構成所要尋求的定義。依照這種程序觀察事實，他發現了兩種要素：第一、教育必須有一代的成人和一代的青年；第二、前一代必須對後一代施予一種作用，這種作用即教育，它兼具多樣性和統一性（Durkheim, 1956: 62）。根據涂爾幹的觀點，教育具有五項重要性質（韓景春，1966：86-89）：

## 一、強制性

　　涂爾幹認爲教育有一種強制的力量，使人不得不接受。教育乃基於一種繼續的努力，強迫兒童接受種種「看」、「感」和「行」的方式，這些方式不是兒童可以自動得到的。從兒童生活的初期開始，我們就強制他定時進食、飲水和睡眠，我們強制他注意清潔、安靜和服從；稍後我們強制

他注意別人的利益、尊重風俗習慣和從事工作。等到兒童長大之後，這種強制性逐漸不被知覺，那是因爲強制產生習慣和內心傾向，使強制作用不再必要的緣故，這些習慣和傾向所以能替代強制作用，只因爲它們是由強制產生的（Durkheim, 1956: 74-75）。

## 二、外在性

涂爾幹主張一種流行的教育，不是個人任意的創作，而是社會本身的產物。沒有一個人可以主張一個非社會組織本身所蘊涵的教育制度，正如沒有一個生物可以有非他本身所蘊涵的功能（Durkheim, 1956: 94）。因此，教育是一種外在於個人的一種事實。

## 三、變動性

涂爾幹以爲不論任何制度，都由兩種因素組成。一方面要有整套固定安排和既定方法，也就是要有機關。學校制度有教學機構，就如同法律、宗教與政治機關一樣，但是在這樣形成的有機體內，還要有觀念在裡面發生作用，使其發生變化，除非在這種制度的極盛時期，它可能是不變的，否則最良好的制度也是在變化的，它趨向一個或多或少更清楚的理想（Durkheim, 1956: 144）。

## 四、方法性

教育的方法性是非常明顯的，可以從教育的變動性中推演出來。先就教育的統一性來說，每一個社會都有共同的理想，想要達到這種共同的理想，必須要有統一的教育。再就教育的分化性來說，一個社會組成的環境不同，成員的來源不同，教育勢必採取分化的形式，否則其所教育的兒童，便不適合環境的需要。涂爾幹主張教育絕不以個人和個人利益爲唯一或主要目的，它是社會不斷更新自己生存的方法（Durkheim, 1956: 123）。

## 五、科學性

　　依據涂爾幹的分析，一般科學必須具備三種特性：第一、它的對象必須是已成的、實現的、可以觀察的事實；第二、這些事實必須有相當的一致性，可以歸於一類；第三、這些事實的研究，必須是完全客觀的，無所為的。雖然研究的結果，對於應用上有些幫助，可是在研究時，必須排除實際應用的考慮，純粹為研究而研究（吳俊升，1960：238）。

　　涂爾幹以為教育是一種確定可以觀察的事實，是前一代對下一代所施的一種作用，促使下一代適應他們將來生活的社會環境，所有教育措施都是這基本關係的不同形式。因此，他們屬於同一類的事實，屬於相同的理論範疇，可以作為相同科學的對象，這個科學就是教育科學（Durkheim, 1956: 95）。涂爾幹主張教育型態會隨著社會的環境而改變，因為教育制度和社會制度有非常密切的關係。例如：西方中世紀之前階級差異明顯，不同的階級接受不同的教育，現代社會階級逐漸消除，社會生活的型態比以前複雜，因此教育的多樣性也就更加顯著。然而教育型態的多樣性只是教育現象的一部分，何況社會不能單靠多樣性來維持，所以除了多樣性之外，還需要統一性，作為相互溝通的基礎。因此，涂爾幹認為任何社會儘管有種種的差異性，但是在差異中還存在著共同性，例如：共同的理想、信仰、風俗習慣、語言文字等。近代各個民族為促進國家統一，無不實施國民教育，這種教育便是一個社會的共同基礎。教育工作一方面必須在兒童的心中確定集體生活的共同點，以建立社會生活的統一性。另一方面教育要有分化的型態，才能維護各種差異性的存在，以避免個人的創造力受到埋沒（Durkheim, 1956: 119）。涂爾幹客觀分析各種教育事實，給教育的本質作出定義：「教育乃是成年人施於未成年人的一種作用，其目的在引導兒童的身體、心智和德行方面往社會生活方向成熟，而這些條件乃兒童將來生活的一般社會和不同職業環境所需要的。」（Durkheim, 1956: 71）

## 第三節 皮特斯的教育形上學

皮特斯（Richard S. Peters, 1919-2011）1919年出生於英國的布里斯托（Bristol），在傳統公學克利夫頓學院接受教育，1938年進入牛津大學攻讀古典文學，同時對宗教和哲學產生濃厚的興趣。二次大戰爆發以後，皮特斯加入教友派救護團。德軍空襲英國期間，他被派遣到倫敦照顧無家可歸的同胞。這段期間皮特斯大多從事社會解放工作，後來則利用餘暇到倫敦大學柏克白學院修習哲學。離開社會慈善工作後，到梭曼西一所中學裡教授古典文學。1946年考取柏克白學院兼任講師的資格。早年參與社會工作和實際教學的經驗，使皮特斯熱衷於教育，並將哲學與教育結合在一起。皮特斯從電臺廣播談論「權威」與「責任」主題開始，進入教育哲學研究的領域，後來有關教育問題的講稿，刊登於《聽眾》（Listener）雜誌，受到美國哈佛大學教育研究所教授謝富樂（Israel Scheffler, 1923-）的重視，而於1961年邀請皮特斯到哈佛大學訪問教學。1962年應聘擔任倫敦大學教育哲學講座教授，其後「倫敦學派」（London School）逐漸形成，一時菁英雲集，教育分析哲學的盛況如日中天。1964年皮特斯創立「英國教育哲學會」（The Philosophy of Education Society of Great Britain），1966年獲頒美國國家教育學術獎，1971年擔任倫敦大學教育學院院長，由於皮特斯的努力，使得教育哲學受到其他學科的認同。因此，各國教育機構爭相邀約講學，直到1983年，因健康情況不佳，所以才退休下來。倫敦大學為紀念其貢獻，特別授予名譽教授的榮銜。皮特斯的專長領域為政治理論、哲學心理學和教育哲學，2011年12月30日因病逝世於倫敦，主要著作有：《布雷特心理學史》（Brett's History of Psychology）、《霍布士》（Hobbes）、《動機的概念》（The Concept of Motivation）、《社會原則與民主國家》（Social Principles and the Democratic States）、《權威、責任與教育》（Authority, Responsibility and Education）、《教育即啟發》（Education as Initiation）、《倫理學與教育》（Ethics and Education）、《教育的概念》（The Concept of Education）、《教育的邏輯》（The Logic of Education）、

《教育與理性發展》（*Education and the Development of Reason*）、《理性、道德與宗教》（*Reason, Morality and Religion*）、《理性與熱情》（*Reason and Compassion*）、《心理學與倫理發展》（*Psychology and Ethical Development*）、《教育與師資培育》（*Education and the Education of Teachers*）、《論教育家》（*Essays on Education*）、《道德發展與道德教育》（*Moral Development and Moral Education*）、《教育、價值與心靈》（*Education, values and mind*）等（林逢祺，1988：3-12）。

　　皮特斯從分析哲學的觀點出發，主張要從教育的觀點出發，兼顧教育的意向性和特殊性，徹底釐清教育的概念，才能明瞭教育的本質。他認為教育活動有別於社會工作、心理治療或不動產投資，它不僅與其他事物完全不同，而且具有獨特性。「教育」這個概念並不像「訓練」或演講等活動那樣確定某種特殊活動的歷程，而是就各種活動歷程，提出應當依循的規準。教育活動的判定有三項規準（歐陽教，1973：190-193；Peters, 1966b: 41-57）：第一、教育的價值性規準：皮特斯認為教育乃是促使心靈朝可欲方向發展的過程，教育歷程所傳遞的必須是有價值的事物。教育活動必須將人類導向高價值的心靈狀態，意即成為「教育人」（Educated Person）所應具備的特質。根據這點，當我們在訓練某人的時候，或許可以達到「學習」的效果，但是不一定能達到「教育」的層次；第二、教育的自願性規準：皮特斯主張「教育」除了必須傳遞有價值的事物之外，還必須受教育的人關心施教者所傳遞給他的價值性內涵，進而希望達成相關的學習標準。根據這個觀點，若干訓練如果只是讓個人心不在焉地反覆練習一些刻板動作，就應當被排除在教育活動之外。一項教育活動必須是一種自願性的活動，如果違反自願性的規準，教育與訓練、催眠和洗腦無異；第三、教育的認知性規準：皮特斯認為教育意謂著以一種有意義的方式，引導受教者進入活動的主題，使他能夠真正瞭解自己正在從事什麼活動。教育必須傳遞價值性事物，注意傳遞的方式，同時兼顧教育內涵的認知層面。皮特斯強調「教育即啟發」（Education as Initiation），它是一種合乎認知性與自願性的方式，來傳遞價值事物的歷程，以培育一個具有理性和道德特質的教育人（Peters, 1974: 81-107）。

　　皮特斯在1970年發表《教育與教育人》（*Education and Educated Person*）和《教育的確證》，從教育分析哲學的觀點提出其「教育人」的概念。在皮特斯的概念中，「教育人」是能夠根據知識，加以理解分析，以便能感受世界的人。僅有技能或知識無法稱為「教育人」，他必須有一種「認知的觀點」（cognitive perspective），超越科學工作的束縛，與其生活型態相契合（簡成熙，1996：181-184；Peters, 1981: 32-52）。皮特斯認為「教育人」具有幾項特質：㈠能體認事物的內在價值：皮特斯強調「教育人」應該蘊涵著追求真理的愛好，從狹隘的工具性態度跳脫出來，正視生活事物的內在價值。㈡具備知識與理解的能力：皮特斯認為「教育人」應該具備知識與理解的能力，建立在這一規準下的教育「品質」涉及兩件事：一是鑑別和理解成就的層次；二是各種喚醒形式的能力，例如：尊重事實、無私、容忍、想像等。任何喚醒的形式都與這些共通性的「品質」規準有關。㈢擁有廣博性的學科知識：皮特斯認為「教育人」不僅具有專門技能，同時理解整個知識體系，對事物要知其所以然。教育人對知識的理解不是狹隘專家式的，他具有認知的觀點，能從不同的知識角度去詮釋其生活。㈣能從事物本身獲得樂趣：皮特斯主張「教育人」的所作所為是自發性的，他能從事物本身獲得樂趣。教育過程的價值就是教育人的培養，整個教育的過程不能視為一種手段目的的因果關係。

　　自從皮特斯等學者對「教育」（education）做種種分析後，「教育人」（educated person）就成為英語世界普遍接受的教育目的。當然也有來自世界各方的批評，主要包括下列四點（簡成熙，1996：198-208）：㈠教育人之理念過於保守：這是對皮特斯等教育觀最廣泛的批評。皮氏認為，教育是啟發下一代參與人類偉大思想傳統之形式；反對的人認為，這忽略了創造與革新。㈡教育人之理念過於精英：反對的人認為，「教育人」所珍視的知識，是代表人類傳統思想型態的知識，這些知識代代都被社會精英所掌握，正違反了平等的意義。㈢女性主義之批評：早期的「教育人」是用educated man，而不是用中性的person；「教育人」與社會文化中賦予男人之刻板印象相吻合，再者社會把「教育人」之性格歸於男人，因此女性若要達到「教育人」之理想，必須受到更多的束縛。㈣多元文化者之批

評：這是美國人對於「教育人」之批評，認為不夠多元化、不夠普遍性。前述的批評謝富樂均有回應，他認為都不是問題，只是其他學者用不同的角度來詮釋或是誤解「教育人」之真意。

　　皮特斯倡議的教育分析哲學到了晚期，也受到許多學者的批判，主要有下列幾點（簡成熙，1991：99-121；Broudy, 1961: 267-268; Chazan, 1971: 59-60; Kaplan, 1961: 58, 89-90; Soltis, 1971: 43-44; Wild, 1955: 10）：

## 一、過度窄化哲學的範圍

　　卡普蘭（Abraham Kaplan, 1918-1993）在《哲學新世界》一書中，指出純粹的理性目的與標準正廣泛全面的影響我們的科學、真理、信念、觀察和推論。而藝術、美感、道德、政治和宗教，被排斥在分析取向的觀點之外。對於二十世紀中葉以降哲學的發展，深深引以為憾。布勞第（Harry S. Broudy, 1905-1998）也在〈教育哲學的分析角色〉一文中，主張教育哲學有許多不同的類型，其基礎在於各自隸屬不同的哲學派別，所以有不同的概念、範疇與理論，這些都與特定的教育問題緊密相連。假如知識論、形上學、倫理學、美學與邏輯學都是哲學的寶庫，那分析只不過是邏輯學的一個環節。雖然我們不能低估分析具體的成果，但是太多的教育問題，其實不是由於語言的誤用或是邏輯的失當，而是由於價值觀念的衝突所造成的。

## 二、混淆目的與方法的關係

　　卡普蘭主張哲學精確的代價可能是哲學智慧的喪失。韋德（John Wild, 1904-1992）則有一個妙喻：「就好像一個人對於玻璃鏡片上的汙點塵埃很重視，卻不在乎從鏡片中可以看到什麼。」因為哲學家們沒有特別的專長，無法提供比各領域專家更好的答案，所以主張許多問題不應該由哲學家來回答。但是這種分析哲學的觀點，過度注重語言觀念的分析，混淆目的與方法的關係，以至於迴避了許多重要的人生問題。

## 三、強化了教育哲學的對立

崔琛（Barry Chazan）在〈教育哲學的限制〉一文中，指出分析哲學的語言限制（linguisitic limit）與方法論限制（methodological limit），兩者強化了傳統教育哲學與教育分析哲學的對立。他認爲「教育哲學」就應討論涉及正式教育的各種概念與假定，像是教學、學校、教材等。假如教育意謂著社會化或是品格發展，那教育哲學將或涉及另一些術語。由此看來，教育哲學的內容不似它一開始被假定的這麼單純。事實上，教育哲學有更多複雜的意義。各種哲學體系不應窄化的限定自己，而排除其他的哲學體系。思辨的教育哲學不必全然拒絕分析哲學的預設，我們也不須把分析視爲哲學上最神聖的客觀。

## 四、無法解決人類學習問題

梭提斯（Jonas F. Soltis）在〈教育哲學的分析與迷失〉一文中，主張教育分析哲學應用分析技術，澄清各種學習概念，有其內在的限制。一則是將人類動態的學習過程化約了，導致分析不能圓滿的配合人類學習的過程與結果。二則無法爲不同的學習類型的統合作出有效的建議。三則忽略了一種心靈概念的審視，這不僅在哲學上是根本的，而且在教育上也有助於人類學習的描繪。

### 第四節　斯普朗格的教育形上學

斯普朗格（Eduard Spranger, 1882-1963）是「文化教育學派」（Kulturpädagogischer Schule）重要的教育學家，「文化教育學」（Kulturpädagogik）是德國「改革教育運動」（Reformpädagogische Bewegung）的一種型態，這種運動在十九世紀末萌芽，在二十世紀初達到高峰，是德國教育史上一件大事。文化教育學家一方面受到德國觀念論、生命哲學、古典教育學者和新人文主義思想傳統的影響，另一方面熱烈檢討與批評當時教育的問題，而發展成爲獨特的文化教育學思想（鄭重信，1978：121）。1882年

出生於柏林的李希特斐爾德（Lichterfelde）。父親是一位玩具商人，母親是一位虔誠的基督教徒。1888年斯普朗格進入國民學校，1892年進入實科中學就讀，1894年轉入柏林古文中學就讀。斯普朗格於1900年進入柏林大學求學，主修哲學、心理學與教育學，是著名教育學家包爾生（Friedrich Paulsen, 1846-1908）、狄爾泰（Wilhelm Dilthey, 1833-1911）、斯密特（Erich Schmidt, 1853-1913）、史東富（Carl Stumpf, 1848-1936）和辛徹（Otto Hintze, 1861-1940）的學生。1905年在包爾生和史東富的指導之下，開始撰寫博士學位論文。1909年獲得柏林大學哲學博士學位，其後以〈洪保特與人道理念〉一文，通過大學教授備選資格審查。由於受到狄爾泰和李爾（Alois Riehl, 1844-1924）的賞識，應聘柏林大學擔任講師的工作。1911年轉到萊比錫大學哲學院，擔任哲學與教育學講座教授。因為教學與著作名聞遐邇，1920年被柏林大學哲學院禮聘，擔任哲學和教育學講座教授。1923年被推選為柏林大學哲學院院長，1925年被推選為普魯士皇家科學院的院士。1933年納粹黨取得執政權，斯普朗格被捲入激烈的論爭中。因為不滿政府的高等教育政策，他毅然辭去大學教授的職位。1936年受到德國駐日本大使的推薦，前往日本擔任交換教授。他在日本各大學作巡迴學術演講，到處受到熱烈的歡迎。1945年德國戰敗投降，俄國的軍隊進駐柏林。斯普朗格為了重建戰後殘破的母校，義不容辭的擔任柏林大學校長，進行柏林大學行政組織的革新。因為斯普朗格在柏林大學的改造上，與俄國占領區當局的想法不同而遭到罷黜。後來他遭到與納粹黨狼狽為奸的誤會，被美國的軍隊逮捕入獄。因為斯普朗格的確是無辜的，所以無罪獲得釋放。1946年應聘杜賓根大學哲學院，擔任哲學和教育學教授，一直到1952年退休為止。這段時間斯普朗格致力於有關國民教育與師資訓練的改革，以及創設新大學的顧問工作。他從1951年到1955年止擔任德國研究協會的副總裁、聯邦內政部所設政黨法令籌備委員會委員、巴登─烏騰堡邦教育顧問委員會委員等職務，1963年因病逝世於杜賓根（Tübingen）。主要著作有《教育精神》（*Geist der Erziehung*）、《哲學教育學》（*Philosophische Pädagogik*）、《學校與教師》（*Schule und Lehrerschaft*）、《精神與心靈》（*Geist und Seele*）、《文化哲學與文化批判》（*Kulturphilosophie* und Kulturkritik）、《精神科學的方法與基礎》（Grundlagen und Methoden der Geisteswissenschaften）、《精神事實與精神科學研究》（Die Wirklichkeit des Geistes und die geisteswissenschaftliche Forschung）、《國家、政策與政治教育》（Staat, Politik und politische Bildung）、《信仰與現代人類》（Der Glaube und der moderne Mensch）、《大學與高等學校改革》（Universität und Hochschulreform）、《精神形式——人性教育家》（Geistige Gestalten-Erzieher zur Humanität）、《天生教育家》（Der geborene Erzieher）、《青年期心理學》（Psychologie des Jugenalters）、《文化與教育》（Kultur und Bil-dung）、《心理學與人類教育》（Psychologie und Menschenbildung）、《現代德國教育的理想》（Das deutsche Bildungsideal der Gegenwart）、《有關師資培育的想法》（Gedanken über Lehrerbildung）等（Bahr & Wenke, 1964: 13-21; Bosshart, 1934: 149-150）。

斯普朗格早年就讀柏林大學，深受一些著名學者觀念的影響，在哲學、教育學和心理學上有相當傑出的表現，形成其獨特的學術思想體系。其教育思想奠基在狄爾泰的精神科學和文化哲學之上，非常重視教育與文化關係的探討，稱為「文化教育學」。他認為教育不僅是一種文化陶冶的活動，而且也是一種精神科學的活動。所以，文化教育學又稱為「精神科學的教育學」。主張教育的作用在於保存文化、傳遞文化和創造文化，相信教育活動與我們的整個生活關聯。有關其文化教育學的重要內涵如下（王振宇，1999：388-390；詹棟樑，1981：672；張淳惠，2001：67；鄭照順，1979：27-29；Spranger, 1973: 7-61）：

## 一、教育的本質理論

斯普朗格主張教育是一種意識的文化活動，依照所定的目的給予發展的協助，使人類能夠通過自己的信念與力量，以理解、評價和形成其文化世界中的意義和道德的內容。只有如此教育才能意識到自己的範圍；意即教育只有喚醒自我教育的意志，才算找到自己的皇冠（Spranger, 1973: 23）。斯普朗格從文化教育學的觀點去看教育，主張教育的作用在於保存文化、傳遞文化和創造文化。教育是一種生活的幫助或發展的幫助，同

時是一種有價值的文化活動，並且是一種精神生活喚醒的活動（Spranger, 1966: 380）。斯普朗格主張教育在整個文化中是一種特別的過程，只要有文化存在就不會缺少教育。教育總是存在於整個文化之中，並且伴隨著文化而成長。所以，許多在教育中具有重要意義的現象，不僅自身只是教育而已，同時也屬於其他生活的領域（Spranger, 1973: 18）。斯普朗格主張教育本質的獲得不但要透過洞悉實際的現象，而且還要注意到歷史的關係，人們要去分析和不斷的嘗試，揚棄不好的方法，才能找出本質結構的因素。教育本質的理解必須注意下列四方面問題的探討（Spranger, 1973: 25）：㈠人類形成的認識，除了人類的心理結構之外，還必須認識他所體驗世界的關聯，及其發展的階段與發展的情形。㈡各種文化形式皆具有陶冶的功能，給予人生活的勇氣，並且建立了生活理想與陶冶理想的關係。㈢在共同生活的形式中，重視具有教育意義的思想。㈣文化影響人生的形式，係依陶冶財、陶冶理想和陶冶團體而定。斯普朗格主張教育學作為文化科學具有一種精神科學的尖銳性，教育學必須處理教育財和特定的教育價值的問題。在心理學層面，教育學必須處理教師教育的意志和學生可塑性的條件；在規範層面，教育學必須批判教育理想，提高效用的要求；在社會學層面，教育學必須探討教育協同體的結構和生活。

## 二、教育文化功能論

文化生活在關係上涉及下列三個方向（Spranger, 1973: 20）：㈠介於個人與感官事物建構之間的主客關係；㈡介於成熟文化承載者之間的相互主觀；㈢涉及世代交替和個體從原初精神性到文化完滿狀態發展有關的因素，特別是指與文化的生物條件有關的因素。這些因素奠基於自然事態和軀體的命運，就像它們在動物生命中所扮演的角色一樣。斯普朗格相信教育的活動與我們稱為文化的整個生活關聯，關於教育本質的探討，必須以一般文化哲學的範圍為前提（Spranger, 1973: 7）。一般文化哲學可以區分為下列三部分（詹棟樑，1977：343；Spranger, 1973: 24）：㈠為文化承載者（Kulturträger），即人的主觀。㈡為文化財（Kulturgüter），即客觀真實的精神，具有價值的陶冶財。㈢為文化理想（Kulturideale），即集體或個人

所肯定之意願和行為可作為引導的圖像。教育的功能是使「主觀的個性
客觀化」，使個體接受文化的陶冶，主客觀統整為一，兼顧「全體化」與
「個性化」，進而創造新文化。斯普朗格曾說：「教育是基於對他人的精
神之愛，使他人的全體價值容受性和價值形成能力從內部發展出來」，即
說明教育的文化功能。

## 三、教育即文化陶冶

　　斯普朗格認為教育會影響人類發展的過程，人類要強烈的接受教育，
而且不是從單一的層面接受。教育要求人具有能力，尤其要發展人的完整
性，教育要應用刺激的方法，以達到自我活動的目的。教育會在沉思中把
握價值予以保存，而不是去證明特殊的行為。這種推進至精神的生活刺激
與精神的生活運動，就是教育的中心。他指出教育與文化具有密不可分的
關係，主張陶冶觀念與教育觀念應緊密相聯結，教育即文化陶冶的過程。
「陶冶」（Bildung）是透過文化的影響，而獲得統一和分化的個體發展才
能的本質形式，它使人有能力達到客觀的充滿價值的文化成就，而且形成
客觀的文化價值體驗的能力（Spranger, 1973: 276）。斯普朗格強調精選的
「文化財」最具陶冶的功能，並且對於教育財的選取，特別重視教材的價
值，尤其是歷史文化內容的陶冶財或思想財。他將陶冶的活動分為三個階
段：第一個階段是基礎陶冶，以鄉土為中心，接受普遍、廣泛的價值；第
二個階段是職業陶冶，從職業文化當中選擇適合自己個性的職業，接受職
業陶冶；第三個階段是綜合陶冶，在前述兩種陶冶之後，再接受更高的
一般陶冶，以達到統一的人格。斯普朗格將陶冶價值區分為形式和實質
的陶冶。形式陶冶是指外在知識的體驗與價值的創造，分為科學的、經
濟的、審美的、社會的、宗教的五種形式陶冶價值；而實質的陶冶是指由
真實情境的無形融合，在一種優美環境中發揮潛移默化的效果（Spranger,
1973）。

## 四、教育即良心的調整

斯普朗格強調教育具有調整的作用，可以促使人類的內在性外顯。對於年輕人來說是陶冶精神的調整器。這種調整器無法給人限制，只能給人解除干擾，並且加強其合乎規則的力量。「自我」（Selbst）受到「高級自我」（Höhere Selbst）的統治，而且由「高級自我」來加以鞏固，但是其根本是形而上的。「高級自我」是正確思想的主觀，其可能性是有關自身世界的普遍化和秩序化，為了所有統一世界的可見性，這種「高級自我」是道德要求知覺的場所，關係著人的純樸與高貴的完滿，也就是我們所稱的「良心」（Gewissen）。「高級自我」甚至是形而上與最後具有意義的經驗，互相接觸的場所（Spranger, 1953: 373）。斯普朗格將良心與教育相配合，所謂的良心就是對價值、規範做出正確的判斷，而良心來自於知識、感覺與意志驅力。斯普朗格認為：規範性的根源是道德意識，在固定的情境裡是良心。而教育的目的在喚醒良心，使其具備責任意識的人格，惟道德人格即具有良心的人之理想。斯普朗格主張教育的重點有三項（Spranger, 1973）：㈠教育即生活的幫助或發展的幫助：主張教育的任務包括正確的學習、道德的形成和宗教的喚醒，教育就是施教者給予受教者生活的幫助或發展的幫助。㈡教育即有價值的文化活動：主張教育是父母的一代之文化持有，對未來的一切交付，更是文化生活的文化創造與文化繁衍兩項並存的活動。㈢教育即精神生活的喚醒：教育首先應該發現我們的高級自我，高級自我是統治自我的，而高級自我和自我意識要靠喚醒才能表露。

## 五、教育精神與教育愛的提倡

斯普朗格主張教師對學生首先應該建立愛，學生代表著被教育的一代，位在於精神關聯之中，而精神關聯這方面仍然由歷史條件所支持，建立在其環境的精神內涵上。教育應該促使兒童、少年、青年與年輕的心靈結構相關聯，而且輔導其發展，在特定的文化世界與工作世界中，發現已經形成的道德與價值的意義（Spranger, 1973）。他指出教育精神存在於

「愛」（Liebe）的要素中，「教育愛」（pädagogische Liebe）來自柏拉圖（Plato）「欲愛」（erotische Liebe）、基督宗教「神愛」（Liebe aus Gott）和裴斯塔洛齊（Johann Heinrich Pestalozzi）「母愛」（Mutterliebe）的概念。「教育愛」是指教師積極的關懷學生，給予學生自由、照顧、要求和發展的幫助，而不求回報的精神。「教育愛」可以區分爲下列四個層級：㈠「兒童愛」：是指對兒童的愛。㈡「情欲愛」：是指對青少年與青春綻放之美的愛。㈢「人性愛」：是指對兒童的協助。㈣「宗教愛」：是指使兒童的心靈直接聯繫到上帝，這種愛來自上帝，而且在上帝之中（Spranger, 1963: 80-106; Spranger, 1969: 417-418）。「教育愛」主要有下列四種特性（詹棟樑，1980：13）：㈠最簡單的意義是父母之愛表現在教育子女之中。㈡教師愛學生的教育愛，是熱情的，而且帶有點神祕的意涵。這種首先帶有美的成分；其次是善；再次是眞；最後爲含有宗教的契機，流露出最高的價值。㈢教育愛爲對創傷的或枯萎的心靈的幫助。教師必須用深層心理學的方法來指導學生，幫助學生克服自卑感。這種愛以道德爲中心。㈣教育愛是人與人之間的愛，有兩種情形：一爲人與人之間施與受在心靈上有著溫暖的感覺；二爲精神與人格的發展息息相關。

　　綜合而言，前述幾種教育本質理論，由於僅僅奠基在現代主義上，忽略後現代主義的論述，所以其論點都不盡完善。杜威的「教育即生長」理論，從生物學的觀點出發，主張教育是養育的、撫育的、教養的歷程，強調教育的本質既是教養的歷程，也是經驗不斷地重組和改造的過程，亦即教育的本質是外在的陶冶塑造和內在的自我創化，將教育比擬爲生長，容易使人將教育歷程視作植物生長，誤認教育也像生命一樣，終有結束的一天。其次，杜威並未談到生長的方向，容易讓人有任其生長的印象，忽略內在啓發的教育本質。同時他對教育預備說的批評並不完全正確，因爲有些教育的內容是可以爲將來而準備的，例如：語言文字、數學演算和倫理道德都可以經由教育加以預備。因此，杜威的教育本質理論並不恰當。涂爾幹從社會學的觀點出發，主張教育是一種社會化的過程，教育的本質就是外在的陶冶，教育現象被化約爲社會現象，這使得教育的獨特性無法維持，不利於教育學術的發展。其次，教育不只是爲將來職業或社會生活的

準備，而在培養改善社會的個體。因此，涂爾幹的「教育即社會化」理論也有缺失。皮特斯從分析哲學的觀點出發，釐清教育的概念，提出教育的三項規準，認為「教育即啟發」，強調教育的本質是內在的啟發，以培養理性的教育人。固然能夠掌握教育的意義，但是其自願性的規準無法解釋若干教育現象，「教育人」的內涵不夠清晰，忽略外在陶冶和自我創化的教育本質。因此，皮特斯的「教育即啟發」理論仍然美中不足。斯普朗格從文化哲學的觀點出發，提出「教育即文化陶冶」理論，強調教育的本質是外在的陶冶，雖然能夠說明部分教育的意義，但是忽略內在啟發和自我創化的教育本質。因此，對於教育本質的論證不夠完整。

在儒家經典《論語・述而篇》中，孔子教育學生的事蹟也開展出教育「啟發」的涵義，例如子曰：「不憤不啟，不悱不發；舉一隅不以三隅反，則不復也。」其次，漢代許慎的《說文解字》記載：「教，上所施，下所效也；育，養子使作善也。」教育具有「教化」、「陶冶」和「養育」的意義。因此，教育的意義一部分為「教化」，一部分為「養育」，一部分為「啟發」。西洋教育的涵義則開始於拉丁文的「educare」動詞，具有「引出」的意思。如果從「education」這個名詞來看，其意義為培養、馴服、陶成、教化、訓育。因此，教育的意義為「引出」與「教養」兩種意義建構而成（詹棟樑，1993：3-4）。綜合前面的敘述可知，教育的本質應當包括「教化」、「養育」、「啟發」、「引出」和「教養」等內涵。我們可以說，教育是以發展人性和培養生活能力為基礎，從義務教育開始，依個人所能接受的教育，各自達到所能達到的境界（賈馥茗，1997：260）。到了後現代時期，教育的本質逐漸受到「自我組織理論」（Theory of Selforganization）的影響。「自我組織理論」不是某個人的理論，也不是僅限於某一特殊科學領域的理論，而是一個典型的「大滿貫理論」，同時可以說是一個「同謀典範」。現代的自我組織研究可以從三條路線確認其發展的基礎：首先是普里果金（Ilya Prigogine, 1917-2003）及其學派在物理學領域所從事的「耗散結構模式」（Model of dissipative struc-ture）研究；其二是佛斯特（Heinz von Foerster, 1911-2002）及其同事在生物學研究所獲得的「自我創化」（Autopoiesis）概念；第三則是系統理論家

哈肯（Hermann Haken, 1927- ）的「協同理論」（Synergetik）。此外，愛根
（Manfred Eigen, 1927- ）在分子研究、賀林（Crawford Stanley Holling, 1930- ）
在生態系統上的研究；馬杜拉納（Humberto Maturana, 1928- ）等人在神經生
理學和演化生物學上的研究，都不斷的將「自我組織理論」擴展到其他
學術研究領域（馮朝霖，1994：265-266）。系統論述的基礎是自我組織理
論，學習和教育在這種觀點下被理解為人類的自我建構。但是人類除了主
動性之外，也具有被動性，內在啓發、外在陶冶和自我創化都是教育的本
質。儘管教育本質的界定眾說紛紜，為了獲得完整性的理解，我們應該從
辯證實踐學的觀點出發，超越現代主義與後現代主義的對立，才能釐清教
育本質的涵義，作為指導教育活動推展的原則。因此，個人主張教育是施
教者秉持著善意，通過內在啓發（Initiation）和外在陶冶（Bildung）的方
式，進行各種教導與學習的活動，引導受教者朝向正向價值，使其產生
「自我創化」（Autopoiesis），以獲得知識、情意和技能，並且形成健全
人格的歷程。

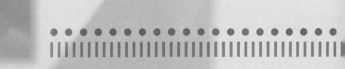

# 教育認識論

> 「爲了成爲眞正的知識，或者說，
> 爲了產生科學的因素，產生科學的純粹概念，
> 最初的知識必須經歷一段
> 艱苦而漫長的道路。」
> ——黑格爾（G. W. F. Hegel, 1770-1831）

　　哲學中的「認識論」（Epistemology）是指關於人類認識的來源、發展過程，以及認識與實踐關係的學說。美國教育學家奈特（George R. Knight, 1947-）就指出知識論是研究知識的本質、來源和功效的一個哲學分支，它嘗試答覆諸如下列的問題：「眞理是什麼？」、「我們如何認知？」、「知識的可靠性」和「各種探究眞理方法的適用性」等問題，在教育歷程中居於相當核心的地位（Knight, 1998）。「教育認識論」（Edu-

cational Epistemology）擷取認識論的涵義，主要在探討教育現象認識的問
題。哲學家康德（Immanuel Kant, 1724-1804）從1776年起，曾經數度在寇
尼斯堡大學，進行教育學的演講，倡議教育學的研究，使得教育學成為
一門大學的學術。其後，教育學家赫爾巴特（Johann Friedrich Herbart, 1776-
1841）於1806年創立普通教育學，後來這門學科才逐漸從哲學領域中獨立
出來，在無數教育學者不斷地努力下，終於成為一門嚴謹的科學。教育哲
學主要在研究教育現象背後存在的普遍原理，並且注重教育理論與教育實
際問題的探討。歐陸的普通教育學內容，至少包括教育本質理論、教育目
的理論、教育方法理論、教育關係理論、教育機構理論、教育科學理論和
人格教育理論等七個部分；英、美的教育哲學內容，至少包括教育形上
學、教育認識論、教育倫理學、教育美學、教育心靈論、教育方法論、教
育目的論和教育科學論等八個部分。教育認識論主要的有傳統邏輯學、構
成現象學、教育詮釋學、思維辯證學和教育傳記學等幾種觀點。事實上，
教育認識論是生產知識和革新觀點最重要的工具，舉凡教育實際問題的探
討，教育理論的分析和教育現象的詮釋，都必須運用這些觀點來進行瞭
解。如果教育學者對於這門學科的觀點認識不夠，就無法熟練的運用這些
觀點創造嶄新的知識，促成整個教育學術的進步。相反的，如果教育學者
都能夠精熟教育認識論的觀點，將有助於教育實際相關問題的探討，創造
出更豐碩的研究成果。因此，教育認識論的探討非常重要。由於我國大學
教育系所廣泛採用英美等國的教育學術模式，因此普通教育學又稱為「教
育哲學」。目前我國大學教育系所的課程，尚未注意教育認識論的探討，
因此對於這門學科的基本觀點不是非常的瞭解。而且，長久以來，由於教
育學術基礎訓練的不足，我國不僅缺乏獨創性的教育哲學著作，而且教育
認識論也沒有受到應有的重視。在這種情況下，教育學者當然不是非常清
楚這門學科，而初學者由於未曾接觸，所以教育認識論的基礎普遍薄弱，
造成教育問題研究的困難。同時，教育領域向來比較忽略教育認識論的探
討，大多數教育學者的著作並未將其納入，並且專章深入地加以討論，以
至於造成初學者缺乏認識論的基礎。為了解決這個問題，本章將流行於歐
洲地區的教育認識論，概略地說明其來龍去脈，以作為研究教育哲學的基

礎。茲詳細說明如下：

### 第一節　傳統邏輯學的觀點

　　邏輯學（Logik）是一門研究思維法則的學問，注重命題之間關係的探討。最初研究邏輯問題的是公元前四世紀的古希臘哲學家亞里斯多德（Aristotle, 384-322 B.C.），他在《工具論》（*Organon*）中應用分析的方法來研究人類思想的法則，創立傳統邏輯學中著名的三段論法（Syllogism）。亞里斯多德邏輯學的發展，可以分為三期（鄔昆如，1971：150）：第一期以〈範疇〉（Katagoriai）、〈辯證法〉（Topika）、〈論詭辯派的謾罵〉（Peri Sophistikon Elenchon）等著作為代表，有關邏輯問題的論述還相當幼稚。第二期以〈論詮釋〉（Peri Hermeneias）、〈分析前論A〉（Analytika Protera A）、〈分析後論A〉（Analytika Hustera A）為代表，在此亞里斯多德提出三段論法的應用。第三期以〈分析前論A〉（第八章到第二十二章）、〈分析後論B〉等著作為代表，將傳統邏輯問題的研究推至巔峰。後來犬儒學派的哲學家們發現了一些真值函數[1]邏輯的原則，使得傳統邏輯學的領域逐漸擴大。到了中世紀，由於許多神學家深受亞里斯多德哲學的影響，三段論法乃成為邏輯學研究的核心。這種學術現象一直到近代都沒有改變，德國哲學家康德也認為亞里斯多德邏輯學是一門完整的學科，沒有繼續發展的可能，但是這種想法不久就被推翻了（Barker,

---

1　維根斯坦（Ludwig Wittgenstein, 1889-1951）在《邏輯哲學論叢》中指出，任何命題都可以經由邏輯分析而成為基要命題的真值函數，命題的真假係由構成命題的基要命題的真假來決定的。世界就是一個邏輯空間，先於任何一個命題而存在，由所有可能的命題構成，每個命題僅占邏輯空間中的一個位置，每個命題則是基要命題之間的一種可能組合，所有基要命題以各種不同的邏輯函數關係組成命題，這些命題構成了邏輯空間，也就是世界（Wittgenstein, 1971）。在數學中，$y = f(x)$的公式表示，y的函數值，是由自變項x的值所決定。佛列格和羅素首先將函數的概念，從數學領域擴展到語言分析的領域，他們主張：一個命題的意義及其分命題的意義之間，也存在著函數的關係。

1980: 3-5）。十九世紀愛爾蘭數學家布爾（George Boole, 1815-1864）和英國數學家摩根（Andrew D. Morgan, 1848-1925）幾乎同時發現更多真值函數的原則，將傳統邏輯學領域進一步擴大，並且應用代數方法來處理真值函數的問題。到了二十世紀初，德國數學家佛列格（Gottlob Frege, 1848-1925）採用數學符號，把傳統邏輯符號化起來，並形成一種結構綿密的邏輯演算系統。1913年英國的羅素（Bertrand Russell, 1872-1970）和懷海德（Alfred North Whitehead, 1861-1947）合著《數學原理》（*Principia Mathematica*）說明數學與邏輯學的關係。他們認為數學可以化約成符號邏輯，並且依照其演算法則去運算。羅素和懷海德主張數學的基礎在邏輯，而且數學本身即是一種嚴格的演繹邏輯結構（楊士毅，1987：2）。後來，格德爾（Kurt Gödel, 1906-1978）和塔斯基（Alfred Tarski, 1902-1983）等人在佛列格所建立的基礎上繼續努力，終於將符號邏輯發展成為一門現代邏輯學（劉福增，1988：277）。

　　邏輯學是科學和哲學的工具，從邏輯學中還可以推演出數學的基本原理（Seebohm, 1984: 9）。因此，邏輯學是許多學科的基礎。邏輯學可以區分為傳統邏輯學和現代邏輯學（劉福增，1988：277-279）。傳統邏輯學方法是普通教育學研究中常用的方法，主要在探討教育研究中有關概念、判斷、命題、推論和論證的問題。所謂「概念」（Concept）是同類事物的總名稱，例如：康德、費希特、謝林、黑格爾、馬克斯、叔本華、尼采等名稱具有相同的屬性，這些屬性就是「人」（human being）。從概念屬性之間的關係來看，有所謂「連言概念」、「選言概念」與「關聯概念」之分。所謂「連言概念」是指概念中的每個屬性必須同時具備，而且具有相加性質者。「選言概念」是指概念中的各個屬性可能有兩種組合方式，使用時可以二者選一，也可以兩者兼具。「關聯概念」則是指形成概念的重要關鍵繫於各屬性之間的關係，而不在各屬性顯示的特徵（張春興，1981：169-170）。我們在明白「概念」的意義之後，如果兩個或兩個以上的概念聯結起來或者分開，這就是「判斷」（Judgement）。「判斷」可以分為「肯定判斷」（affirmative judgement）和「否定判斷」（negative judgement）兩種。其中馬是白色的、花是美麗的或表演是精彩的，這些是兩個

或兩個以上概念的聯結，通常稱為「肯定判斷」。而這匹不是白馬、這朵花不美和這場表演不好看等語句，因為把兩個或兩個以上的概念分開，所以稱為「否定判斷」（鄔昆如，1990：50）。「命題」（Proposition）是一個陳述句，不真即假。在這一點上與問題句、命令句及感嘆句有別。因為只有陳述句不是作肯定的形式，就是作否定的形式，例如：亞里斯多德不是一位藝術家。「推論」（Inference）是由一個命題或一個以上的命題所衍生出來的一個新命題的過程（Copi, 1968: 7-8），例如：凡人都會死，哥德是人，所以哥德也會死。「論證」（Argument）在邏輯學上不只是許多命題的集合，而且還有一定的結構。在說明一個論證的結構時，「前提」（Premise）和「結論」（Conclusion）兩個詞是經常用到的，「前提」是敘述理由或提供證據給結論的命題，而「結論」是以其他命題為基礎所衍生出來的結果，例如：藝術家的生活多彩多姿，華格納是一位藝術家，所以華格納的生活多彩多姿。在上例中，前兩句是「前提」，最後一句才是「結論」。論證在傳統邏輯學中分為演繹、歸納和設證三類，「演繹法」（Deductive）的創始者是希臘哲學家亞里斯多德，這種論證方法強調由普遍原理推論出特殊事實（林玉体，1982：275）。「演繹法」的結構可以分為大前提（major premise）、小前提（minor premise）和結論（conclusion）三部分，茲舉例詳細說明如下：㈠大前提：「凡是女人就不是男人」；㈡小前提：「有些藝術家是男人」；㈢結論：「故有些藝術家不是女人」。這三個語句中的「女人」，因為是結論的賓詞，所以稱為「大詞」（major term）；「藝術家」是結論的主詞，稱為「小詞」（minor term）；「男人」只在前提不在結論出現，稱為「中詞」（middle term）。前提中包括大詞者，稱為「大前提」；前提中包括小詞者，稱為「小前提」；「大前提」、「小前提」和「結論」三個命題合在一起，稱為「論證」。

　　「歸納法」（Inductive）的提倡者是英國哲學家培根（Francis Bacon, 1561-1626），這種論證方法主張由特殊事實推知普遍原理，幾乎所有科學上的定律和原理都是經由歸納論證的方式建立的。茲舉例詳細說明歸納論證的方式如下：㈠第一事例：玫瑰在溫室中變得脆弱；㈡第二事例：杜鵑在溫室中變得脆弱；㈢第三事例：水仙在溫室中變得脆弱；㈣歸納結論：

所有植物在溫室中均將變得脆弱。「歸納法」有下列四點特徵（張春興，1981：188）：㈠推理之根據爲多個具體的事例，不是普遍的原則；㈡多個事例彼此類似，以作爲推理的依據，所以歸納推理又稱爲「類推論證」（argument by analogy）；㈢類推論證所得的結論，只能視爲「邏輯的可能」（logical possibility），而不能確定其爲有效論證；㈣在類推論證中，每一個命題所包含的名詞都相同。由於演繹法太重視人類理性的功能，而歸納法又過於強調人類經驗的價值，因此有許多學者企圖調和上述兩種邏輯論證方式的缺失。美國哲學家皮爾斯（Charles Sanders Peirce, 1839-1914）於是提出「設證法」（Abductive）來解決演繹法與歸納法對立的問題。「設證法」又稱爲「假設法」（Method of Hypothesis），其基本格式如下（林玉体，1982：289-290）：㈠我們觀察到了C這個事件，令人驚異；㈡但假如A是眞的，則C事件卻是理所當然；㈢因此，我們有理由猜想，A是眞的。例如：我們在街上看到某處正在冒煙，冒煙這個事件是不尋常的(C)。但假如該處發生火災(A)，則該地冒煙(C)是非常自然的事，因此我們猜想：該地發生火災。「設證法」是擬定假設，將假設作爲行動的指南。但是「設證法」的假設不是萬世不變的，它必須在驗證後加以修改。現在的科學研究者，都以設證法爲科學研究方法，但是研究者在提出假設之後，其分析與推論卻必須借助於演繹法，而假設能否成立又得接受個別事實的印證，似乎也具有歸納法的色彩。

　　從教育認識論的觀點來看，教育研究在研究主題的訂定、研究問題背景的說明、研究假設的提出、研究資料文獻的分析和重要名詞的解釋上都必須應用到傳統邏輯學方法，以便澄清模糊的概念，精確地界定研究主題，經由研究問題產生的背景，論證研究主題的重要性，並且應用設證法提出各種研究假設，在教育實際情境中加以驗證。另外，可以採用不同的論證方式，分析研究資料的內容，以掌握研究文獻的主要涵義。同時可以借助邏輯分析的方法，詳細說明重要名詞的意義。在教育理論的建構上，傳統邏輯學方法也能夠增進說明論證的嚴密性，對於教育理論的形成幫助很大。因此，傳統邏輯學方法在教育研究中非常重要。

## 第二節 構成現象學的觀點

現象學（Phänomenologie）一字來自於希臘文「現象」（Phenomenon）與「學」（logos），「現象」意謂「顯示在經驗事物中者」。現象學是指討論現象的學問，最早採用「現象學」一詞的是哲學家與數學家藍伯特（Johann Heinrich Lambert, 1728-1777），他在1964年出版的《新工具》（Neues Organon）中，首先採用「現象學」一詞來稱呼討論現象的理論（詹棟樑，1995：546）。後來哲學家康德也在1786年出版的《自然科學的形上學基礎》（Metaphysische Anfangsgründe der Naturwissenschaft）一書中應用「現象學」這個名詞，可能是受到藍伯特的影響，因為康德曾經與藍伯特書信往返，討論許多哲學問題（李澤厚，1990：599）。另外，哲學家黑格爾也在1807年出版的《精神現象學》（Phänomenologie des Geistes）中，使用現象學一詞來說明人類精神發展的辯證歷程。到了1879年哈曼（Johann Georg Hamann, 1842-1906）在《倫理意識的現象學》（Phänomenologie der ethischen Bewusstsein）中，廣泛地應用「現象學」這個名稱，使得「現象學」一詞的應用更加頻繁。現象學所謂的「現象」是指事物的本質而言，因此「現象學」又名「本質哲學」（Philosophie des Wesens）。屬於現象學派的哲學家很多，其中最著名的是胡塞爾[2]（Edmund Husserl, 1859-

---

[2] 胡塞爾（Edmund Husserl, 1859-1938）1859年4月8日出生在奧地利梅倫（Mahren）的普羅斯尼茲（Prossnitz），父母都是猶太人。少年時代曾在歐慕茲（Olmutz）古文中學念書，1876年進入萊比錫大學攻讀天文學、數學和哲學。在萊比錫大學期間，他深受心理學之父馮德（Wilhelm Wundt）和哲學家馬薩瑞克（T. G. Masaryk）的影響。1878年胡塞爾轉學到柏林大學，主修數學與哲學。1881年以〈數的概念〉（Begriff der Zahl）這篇論文獲得維也納大學的數學博士學位。胡塞爾於1886年經由布倫塔諾（Franz Brentano, 1838-1917）的介紹，到哈勒大學擔任講師的工作，在史東富（Carl Strumpf）的指導下，撰寫教授備選資格論文，於1887年通過教授備選資格考試，論文題目為〈算術哲學〉（Philosophie der Arithmetik）。1901年轉往哥廷根大學擔任教授，1916年應邀轉到佛萊堡大學擔任哲學講座教授，1938年病逝於佛萊堡（詹棟樑，1995：542-543）。

1938）（鄔昆如，1971：571-572）。

胡塞爾現象學的發展可以分為下列三個時期（鄔昆如，1988：5-6）：

一、描述現象學時期（Phase der deskriptiven Phänomenologie, 1882-1901）：主要的代表作為《邏輯研究》，在這個時期胡塞爾主張物為我們，隱含了「存而不論」（epoche）的法則。

二、先驗現象學時期（Phase der transzendentalen Phänomenologie, 1901-1916）：主要代表作為《嚴密科學》和《純粹現象學的觀念和現象學的哲學》，在這個時期胡塞爾強調物在自己，不僅暗示「存而不論」的用途，同時指出「存而不論」的法則。

三、構成現象學時期（Phase der konstitutiven Phänomenologie, 1917-1932）：主要的代表作為《第一哲學》、《笛卡爾沉思》、《歐洲科學危機與先驗現象學》，在這個時期胡塞爾主張物我合一，並且提出「存而不論」方法，完成現象學的體系。

胡塞爾的現象學方法不以感官經驗作為求取知識的途徑，因為感官經驗並不可靠，常常會發生認識的謬誤。胡塞爾因此從德國觀念論的角度出發，批判實證主義哲學將科學的理念化約為事實科學的探究（Husserl, 1992: 3-4）。他首先運用「存而不論」的方法去除感官經驗的錯誤，從概念的存而不論進入先驗的存而不論，接著從先驗的存而不論進入到現象學的存而不論，然後應用「構成理論」（Theorie der Konstitution）來確立現象的本質，以掌握事物的真相（鄔昆如，1988：4-5）。

胡塞爾的現象學對教育哲學的發展非常重要，特別是在研究方法論方面，占有舉足輕重的地位。同時，胡塞爾的學生海德格、謝勒、芬克等人，對於溝通教育學、現象學教育學和教育人類學的發展有重要的影響。著名哲學家斯比格柏（Herbert Spiegelberg, 1904-1990）在其所著的《現象學運動史》（*The phenomenological Moment: A historical Introduction*）一書中，提出現象學方法的具體步驟，茲詳細說明如下（Spiegelberg, 1982: 682-696）：

## 一、研究特殊的現象

這是現象學方法的第一個步驟，主要的目的在研究事物特殊的現象。首先採用現象學還原法，抱持反省批判的態度，回到初始狀態，全神專注地觀察被研究的對象，以擺脫感官經驗偏見的控制。其次，運用現象學分析法，將現象的成分與結構分析出來，然後應用現象學描述法，說明現象的性質，並且探討它們與鄰近現象的關係。

## 二、探討普遍的本質

這是現象學方法的第二個步驟，主要的目的在歸納出特殊現象的普遍性質。我們在研究過事物的特殊現象後，可以依特殊現象的性質加以排列，觀察圍繞在核心事物的相關現象，分析它們之間的關係，並且歸納出這些特殊現象普遍的本質。

## 三、理解本質間的基本關係

這是現象學方法的第三個步驟，主要的目的在探討現象之間的關係。現象學方法不僅在分析現象的結構，同時強調現象中一些本質之間關係的理解。這些本質之間的關係，可以是一個本質內的關係，也可以是幾個本質之間的關係。

## 四、觀察現象呈現的方式

這是現象學方法的第四個步驟，其主要的目的在於從不同的角度觀察現象呈現的方式，以正確地掌握事物的本質。因為事物的現象往往隨著觀察角度的變化而產生不同的結果，如果想要理解現象的本質，必須從不同角度詳細觀察現象呈現的方式，才能更完整地掌握到事物的真相。

## 五、觀察現象在意識中的構成

這是現象學方法的第五個步驟，其主要目的在分析現象如何在意識中構成。根據胡塞爾的看法，人類具有「意識作用」（Noesis），能夠經

由意識作用認識到內在和外在的事物，被認識的事物稱為「意識對象」（Noema），人類的意識具有「意向性」（Intentionalität），「意向性」是指每一個意識動作都朝向某一個事物，它能夠統合意識作用與意識對象。經由現象學描述法說明現象如何在意識中構成，可以使我們理解現象的本質。

## 六、存在信念的存而不論

　　這是現象學方法的第六個步驟，其主要目的在於應用存而不論的方法，幫助我們去除偏見，在理性客觀的態度下，探討現象的本質。胡塞爾存而不論的方法來自於數學，他應用括弧法的方式，將不能證明真假和含有偏見的說法加以保留，以免影響人類認識活動的客觀性，是一種對未知現象懸而未決的審慎態度。

## 七、詮釋現象的意義

　　這是現象學方法的第七個步驟，其主要目的在詮釋現象中所存在的本質。事實上，在詮釋現象的意義時，已經完成現象學方法的所有步驟，至於意義的說明則須運用詮釋學方法來進行。

　　從教育認識論的觀點來看，構成現象學的方法經常應用於教育研究中，來澄清教育研究受到成見影響的問題，以便教育研究者能夠去除偏見的影響，增進教育研究結果的客觀性。首先，教育研究者可以借助現象學還原法，以清除研究者先入為主的成見，協助我們從原初狀態來觀察教育的現象，避免偏見造成研究的錯誤。然後，應用現象學直觀法觀審被研究的對象，以達到教育現象本質的直觀。接著，運用現象學存而不論的觀念，擱置不能證明真假的說法，審慎的探討教育現象之間的關係。最後，經由現象學描述法的運用，將研究者觀察到的現象，原原本本的描述出來，以掌握教育現象的本質，使教育研究的結果，能夠更逼近於教育實際中的真相。

## 第三節 教育詮釋學的觀點

　　「詮釋學」（Hermeneutik）是一門意義詮釋的理論或哲學，根據布萊裘（Josef Bleicher）的看法，當代詮釋學的發展有詮釋學理論、詮釋學哲學和批判詮釋學三大主流。「詮釋學理論」（Theorie of Hermeneutics）著重在一般詮釋理論問題的探討，以作爲人文科學的方法論：「詮釋學哲學」（Hermeneutic Philosophy）著重的不在於應用詮釋學方法以獲得客觀的知識，而在當下和歷史中運用現象學的方法，描述和說明人類的在此存有：「批判詮釋學」（Critical Hermeneutics）則偏重在語言、歷史和文化中意識型態的批判，使人類獲得眞正的解放（Bleicher, 1980: 1-10）。從語源學的觀點來看，可以追溯到古希臘文的「赫梅斯」（Hermes）。「赫梅斯」是希臘神話中的信使，其職責在傳達諸神的訊息給人類，在傳達的過程中，已經涉及神意的理解和詮釋，可以顯示出詮釋學最初的用意。古希臘時期的詮釋學最初是以一種「文學詮釋學」（Literaturische Hermeneutik）的形式出現，用來詮釋希臘文學作品的意義。「詮釋的藝術」（Art of Interpretation）一詞最早見於柏拉圖（Plato, 424-347 B.C.）的「伊庇諾米斯篇」（Epinomis），其意義是指將形諸語言的東西，恰如其分的傳達而不判斷其眞僞，這種傳統文學的傳遞成爲古希臘通識教育相當重要的部分（楊深坑，1988a：125）。羅馬時代詮釋學的發展逐漸應用到其他學科的研究上，法官在解讀法律經典時也需要詮釋的方法，「法律詮釋學」（Jüristische Hermeneutik）因而出現，用來詮釋法律條文的意義，協助法官審理案件。後來基督宗教興起，聖經成爲學術研究的重要材料。由於聖經版本很多，而且有新約聖經和舊約聖經的區別，造成宗教教義理解的困難，在這種情況下，「聖經詮釋學」（Bibelische Hermeneutik）因此產生。近代詮釋學的發展更是日新月異，教育學家史萊爾瑪赫（Friedrich Ernst Daniel Schleiermacher, 1768-1834）提倡「普遍詮釋學」（Allgemeine Hermeneutik），他認爲詮釋學是一門與言說和理解有關的藝術，言說不僅是可以分享思想的沉思，同時也是修辭學和詮釋學分享辯證法一般關係的結果。史萊爾瑪赫將

詮釋學分為二：其一為詮釋的科學；另一為詮釋的藝術。所謂詮釋的科學，是指詮釋者在研究文本時，必須注意到它所具備的語言符號與語法結構的通則；所謂詮釋的藝術，則是指詮釋者應注意文本所呈現個人的主體性與創造性。理解可以區分為文法的理解和心理的理解。文法的理解必須借助語言文字作為媒介，才能使讀者理解創作者和作品的意義，比較具有普效性。心理的理解則可以借助人類擬情的作用，使讀者理解創作者和作品的意義（Schleiermacher, 1990: 85-89）。

狄爾泰（Wilhelm Dilthey, 1833-1911）在1883年出版的《精神科學導論》（*Einleitung in die Geisteswissenschaften*）一書中，批判哲學家培根、孔德（Auguste Comte, 1798-1857）、彌爾（John Stuart Mill, 1806-1873）和其他實證主義者所提自然科學的方法，反對將這些方法應用於精神科學的研究中。狄爾泰認為自然科學和精神科學性質不同，「自然科學」（Naturwissenschaft）採用的研究方法不適用於「精神科學」（Geisteswissenschaft），因為精神科學研究的對象是具有生命的人，其生命具有歷史性，無法應用自然科學的方法加以掌握。所以，狄爾泰提出「生命」（Leben）、「生命表現」（Lebensausdruck）和「理解」（Verstehen）作為精神科學方法論的核心概念，強調精神科學研究對象的歷史性，認為自然科學的研究可以訴諸普遍性的因果法則來加以說明（Erklären），而精神科學的探究則必須講求意義的理解，因此進一步發展「歷史詮釋學」（Historische Hermeneutik）成為精神科學研究普遍的方法。狄爾泰強調生命的整全性無法化約為意識、思想或經驗，因此不能應用經驗的方法來研究，而應該採取理解的方式，對人類的心靈作一種整體性的掌握。經由理解的過程可以讓生命中的語言、文字、圖像和符號，再度還原為生命鮮明活潑的特性。因為生命的表現有其固定性，所以通過理解所建立的詮釋學知識具有普效性（Dilthey, 1990: XV-XVI）。

海德格（Martin Heidegger, 1889-1976）提出「本體詮釋學」（Ontologische Hermeneutik），進一步將詮釋學的層次提升到本體論的境界。海德格反對狄爾泰以來將詮釋學工具化的作法，使詮釋學停留在方法論的層次。他主張理解乃是人類開顯「在世存有」（Dasein in der Welt）的一種

模式。海德格本體詮釋學關心的是如何經由「在此存有」（Dasein）的詮釋，來展現「物自身」（Ding an sich）。「物自身」對海德格來說，就是「存有」（Sein）。海德格主張人的存在有三個最基本的結構：第一是境遇感，這是一種對歷史處境的感受，它是彰顯存有最原始的方法；第二是理解，人除了能對過去所造成的處境有所感，還能展望未來種種可能性，這種展望的行動便是理解；第三是表詮，由於對歷史處境有所感，並且在未來的展望中，把握了意義的整體，這時便需要予以表詮。通過境遇感、理解和表詮，存有即獲得彰顯（Heidegger, 1957: 35-42）。

嘉達瑪（Hans-Georg Gadamer, 1900-2002）承襲了海德格「本體詮釋學」對於「存有」的關心，強調理解的歷史性，兼顧方法論與本體論的層面，提出「哲學詮釋學」（Philosophische Hermeneutik）。他認為理解係存有的存在方式，它本身就是一種歷史事件，永遠存在歷史之中，不斷地形成和發展。嘉達瑪主張從審美意識的批判開始，捍衛通過藝術作品獲得真理的經驗，反對被科學真理窄化的美學理論，進而擴及所有與詮釋學經驗相符的真理概念，即整個精神科學的領域方法與真理問題的探討。嘉達瑪指出精神科學真理的經驗方式，主張只有深入地研究詮釋學理解的現象，才能達成其目的（Gadamer, 1990）。在嘉達瑪的哲學詮釋學中，理解是一種主體透過語言文字的媒介，讓過去與現在的意識，永無止境的對話過程，理解的概念至少包含四個組成要素（楊深坑，1988b：139）：㈠先前理解（Vorverständnis）：代表一種詮釋者對於對象先前的認識，它主要來自於歷史的傳統；㈡真理經驗（Wahrheitserfahrung）：理解並不是個別生命表現的再現，而是一種真理的經驗；㈢視野融合（Verschmelzen）：透過語言的運作，融合過去與現在的視野，探究真正的意義；㈣運用（Applikation）：由於理解者本身屬於整個歷史性的詮釋過程，他隨時必須作一種新的理解。因此，對於理解的實際應用也必須與時推移，經由這四個要素的綜合應用，理解成為人類創造自我、開展存有和彰顯真理的方法。

哈伯瑪斯（Jürgen Habermas, 1929-）和阿培爾（Karl-Otto Apel, 1922-）提倡「批判詮釋學」（Kritische Hermeneutik），他們雖然贊成嘉達瑪的觀

點，將理解視為歷史事件，但是反對未經批判地接受傳統的觀點，使傳統成為詮釋過程中的一種意識型態。他們認為歷史詮釋學和哲學詮釋學都忽略了意識型態、工作與宰制等因素在理解中的重要性，因此他們把傳統詮釋學對於典籍和歷史事件的詮釋，擴大到意識型態和各種宰制條件的批判。哈伯瑪斯主張詮釋者在進行理解時，首先必須進行自我反思，就像他提出的「溝通行動理論」（Theorie des kommunikativen Handelns）一樣，理想溝通情境的建構，必須在眞誠性（Wahrhaftigkeit）、可理解性（Verständlichkeit）、眞理性（Wahrheit）、適當性（Angemessenheit）和正確性（Richtigkeit）五項有效宣稱下，透過認知主體與客體進行無宰制的溝通，才能達成眞正的共識，這種在理想溝通情境下所獲得的共識便是眞理。批判詮釋學的目的，不僅在理解社會現象背後的意識型態和各種宰制關係，更在透過溝通和反思所形成的共同意識，讓人類從各種不合理的束縛中解放出來，追求個體人格的完整，成為一個自律的人，進而重建一個合理的社會（Habermas, 1981a; Habermas, 1981b）。

　　李克爾（Paul Ricoeur, 1913-2005）不僅綜合史萊爾瑪赫的方法詮釋學，同時綜合海德格的本體詮釋學，主張詮釋學既是理解方法的應用，也是人類存有的彰顯，兼顧方法詮釋學和本體詮釋學，強調運用方法的迂迴，從語意學的基礎出發，經由對文本的理解，希望達到眞理的理解與存有的彰顯，提出「文本詮釋學」（textual hermeneutics）。李克爾主張藉著文本反省主體將雜多而變動的經驗確定下來，而且形成意義。透過「論述」（discourse）說話者用語言將心中的意思傳達給聽者，在文本中作者的思想得以固定和保存下來。然而，由於讀者與作者的「間距」（distanciation），當原文流傳於廣大的讀者群中，也開始其變化多端的被詮釋的命運。從反省、論述到文本，語言與意義的辯證聯結貫穿其間。李克爾主張個人的經驗是流逝紛亂、多樣、複雜，甚至是矛盾的，只有當主體對經驗加以反省時，才能建構出意義來。在此反省的過程中，語言具有關鍵的作用。人以語言來反省時，就是一種對自我意識的敘述，因此李克爾認為自我認知是一種自我敘述（Ricoeur, 1981）。李克爾認為論述是語言體系的「現實化」（realization），語言體系中的各種規則符碼，在論述中不

僅有靈活的運用，而且指謂著具體的事物。因此，語言系統是抽象的結構，論述則是實際的事件。李克爾同意奧斯丁（John Langshaw Austin, 1911-1960）和瑟爾（John Searle, 1930-）等語言哲學家的「言說行動論」（theory of speech acts），認為語言蘊涵著話語或命題、以言行事和以言取效三個層面。話語或命題的層面是指說話的內容；以言行事的層面是指說話者藉話語所做的事；以言取效的層面是指話語意思對接受者行為的效果。他主張文本是以書寫固定下來的論述，但是文本不像論述與現實那樣貼近，因此文本比論述更不確定。然而，閱讀者不能像論述中的讀者那樣，經由反問或追問以確定接受訊息的涵義，讀者只能根據文本來推斷作者的意思，所以文本比論述擁有較大的詮釋間距性。詮釋的歷程就是一種消除間距的歷程（Ricoeur, 1991）。

　　卡普托（John Caputo, 1940-）在《激進詮釋學》（*Radical Hermeneutics*）一書中，從後現代主義的觀點出發，主張詮釋應該在遊戲中，保持對符號與文本的警醒和無止境的鏡像遊戲，而不是尋求傳統已經給予的意義。因此，解構可以被視為詮釋學之後的詮釋學，不但超越了詮釋學最初的意義，而且也超越尋找意義和穩定性的詮釋學。在激進詮釋學的立場之下，詮釋學的原則成為一種文法的原則，意義描述的原則變成文法形式的產品和符號的遊戲。這些原則不是要將我們引導到作者的意圖，而在尋求一種多元性的文本效果（Caputo, 1987: 117-118, 150）。這種激進詮釋學可以說是方法論的無政府主義，阿培爾從現代主義的觀點出發，批判費若本（Paul Karl Feyerabend, 1924-1994）提出「什麼都行」（anything goes）的主張。他認為這種方法論的荒誕想法，是一種過度的多元論調，會使方法論淪為無政府主義，喪失科學知識的客觀性（Apel, 1992: 89）。

　　達奈爾[3]（Helmut Danner, 1941-）1979年在《精神科學教育學的方法》

---

3　達奈爾（Helmut Danner, 1941-）1941年生，主修哲學、教育學和音樂科學於慕尼黑大學，1965年通過國家教師資格考試，1970年撰寫有關海德格哲學的論文，獲得哲學博士學位，1975年起擔任慕尼黑大學教育學研究所助教，1983年以〈責任與教育學〉（Verantwortung und Pädagogik）一文通過教育學教師教授備選資格審查。其後也在特

（*Methoden geisteswissenschaftlicher Pädagogik*）一書中，提出「教育詮釋
學」（Pädagogische Hermeneutik）的方法。這種教育詮釋學方法深受狄爾泰
「歷史詮釋學」的影響，強調教育文本的歷史問題，同時接受了史萊爾
瑪赫「普遍詮釋學」的觀點，注重教育文本邏輯、語意和文法的詮釋。
除此之外，達奈爾也採用嘉達瑪「哲學詮釋學」的觀念，主張語言具有普
遍性，將教育文本置諸歷史的脈絡加以理解，並且深受「法蘭克福學派」
哈伯瑪斯「批判詮釋學」的影響，強調教育文本內容詮釋的反省批判，通
過「詮釋的循環」（Hermeneutischer Zirkel）不斷的開展，以掌握教育的眞
相。達奈爾主張教育詮釋學方法的運用有下列幾個階段：

## 一、教育文本歷史的確定

　　教育研究者在採用「教育詮釋學方法」進行研究時，必須注重教育文
本的歷史問題。教育學歷史的理解與解釋有助於教育與陶冶問題的澄清，
因爲教育問題的產生往往有其歷史因素，這些因素無法孤立於歷史之外，
只有通過歷史的探討才能理解教育問題的來龍去脈；教育文本只有在具體
教育情境中才能被理解，因此教育研究者必須確定教育文本的歷史，然後
才能在其歷史脈絡中加以理解（Danner, 1994: 96-97）。

## 二、教育文本意義的解釋

　　採用「預先準備的詮釋」（Vorbereitende Interpretation）、「文本內在
的詮釋」（Textimmanente Interpretation）、「交互合作的詮釋」（Koordinier-
ende Interpretation）等三種方法，以理解教育文本的內容。茲詳細說明如下
（Danner, 1994: 94-95）：

　　㈠「預先準備的詮釋」注重教育文本內容和資料來源的批判，通過
　　　版本的檢查，以確定教育文本的信度。並且教育研究者在詮釋
　　　中，必須對自己的「先前意見」（Vormeinung）、「先前理解」

---

　利爾、愛德蒙頓和加拿大等大學擔任過教職，自1986年起在埃及主持漢斯・塞德爾基
金會（Hanns-Seidel-Stiftung）的教育計畫（Danner, 1994: 1）。

（Vorverständnis）、「先前知識」（Vorwissen）、「待答問題」
（Fragestellung）等加以澄清，使其非常明確。最後是注重文本一
般意義的詮釋，以確定其核心的內容。

㈡「文本內在的詮釋」注重教育文本語意和語法的探究，經由文字
意義和文法關係，運用「詮釋的循環」的方法，就文本整體和部
分的意義進行來回的詮釋。同時應用邏輯法則，將文本粗略加以
劃分，以闡明文本的意義。

㈢「交互合作的詮釋」注重教育研究者對部分重要文本的理解，因
為部分重要文本的理解有助於整體著作的詮釋。另外，對於作者
意識與無意識的先前假定，例如：作者的政治或宗教觀點等，必
須盡可能加以揭露，才能達到完全的理解。其次，必須從具體教
育情境出發，不能混淆作者和詮釋者情境的差異，方能達成較佳
的理解。同時意義關係與影響關係只是一種假設，這些假設必須
不斷加以證明或修正，經驗顯示對一個作者或特定的事物作長期
和密集的詮釋，可以獲得較好的效果。

## 三、教育文本假設的建構

　　教育文本中含有許多意義、規範、價值、目的等觀念，這些觀念的理
解和闡明無法採用實證研究的方法，將研究假設和研究結果用量化的方式
加以解釋，而必須借助於詮釋學的方法，詮釋教育文本的意義。教育研究
者在確定教育文本的歷史脈絡以後，運用各種詮釋方法解釋文本的內容，
教育詮釋學可以建構許多假設，形成無數接近教育真相的詮釋（Danner,
1994: 100-101）。

## 四、教育文本真相的理解

　　透過教育文本歷史的確定、意義的解釋和假設的建構，可以使教育
研究者獲得一種教育文本真相的理解，但是這種理解必須通過詮釋者不斷
的反思，才能使教育研究者恰如其分的把握教育的真相（Danner, 1994: 104-
105）。

　　達奈爾指出教育詮釋學方法具體的步驟如下（Danner, 1994: 96）：㈠首先瀏覽整個文本，求得重點的理解。㈡運用邏輯方法、語意分析和文法規則，將文本的語句和措辭逐一加以研究，至少對文本中存在的矛盾加以解釋或確定。㈢將文本再次加以閱讀，以進一步掌握文本內容的意義。㈣將研究資料的廣度延伸到次要文獻，例如：分析同一作者類似的文本或其他相關的文獻。㈤運用教育詮釋學方法，提取整個文本中的單一思想。㈥將整個文本的思想依邏輯順序劃分為若干部分，並且形成意義井然的理解。㈦將每個段落內容的意義用自己明白的表達加以陳述，完成文本內容意義的詮釋。㈧再度閱讀整個文本，不斷反省批判文本詮釋的缺失，以掌握教育的眞相。

　　從教育認識論的觀點來看，教育研究經常應用教育詮釋學方法，進行研究資料的分析，達到視野交融的理解，詮釋教育文本的意義，以掌握教育實際的眞相。教育詮釋學方法的應用，必須注意研究進行的順序。首先，要從事教育文本歷史的考察，確定教育文本的歷史脈絡。然後，採用「預先準備的詮釋」、「文本內在的詮釋」、「交互合作的詮釋」等三種方法來理解教育文本的內容。接著，根據教育文本詮釋的結果，建構教育文本的假設。最後，整合不同教育文本的假設，經由多方面的交叉比較，達到教育文本眞相的理解。教育詮釋學方法注重從不同的觀點來詮釋教育文本，而且強調研究者必須不斷的反省批判，才能使教育研究的結果，逐漸逼近教育實際的眞相。

## 第四節　思維辯證學的觀點

　　「辯證法」（Dialektik）這個字來自古希臘文（techné dialektiké），原來的意義是指一門引導談話的藝術，後來進一步用來作為解決爭議性對話的一種技術（Danner, 1994: 172）。古希臘哲學家柏拉圖（Plato, 424-347 B.C.）曾經在許多對話錄中，應用辯證法來解決對話爭論的難題。哲學家康德（Immanuel Kant, 1724-1804）深受柏拉圖哲學的影響，他曾經在其《純

粹理性批判》（*Kritik der reinen Vernunft*）一書中，運用辯證法調和理性主義和經驗主義的哲學，並且解決認識論二律背反[4]（Antinomie）的問題。其後哲學家黑格爾（Georg Wilhelm Friedrich Hegel, 1770-1831）著《精神現象學》（*Phänomenologie des Geistes*），採用正、反、合的命題，來說明人類精神發展的過程，將辯證法發揚光大。後來黑格爾又出版《邏輯科學》（*Wissenschaft der Logik*），運用辯證法來論證客觀到主觀邏輯的成立，使得辯證法的體系更加完備。另外，哲學家馬克斯（Karl Marx, 1818-1883）也應用辯證法建構其社會理論，反對黑格爾唯心主義的哲學體系，他主張物質是精神的基礎，因此發展出一套唯物辯證法，來說明社會歷史發展的過程。

　　除了哲學家之外，也有許多教育學家應用辯證法來建構教育理論（Danner, 1994: 198-203）。史萊爾瑪赫曾經出版《教育理論》（*Theorie der Erziehung*）一書，他在書中應用辯證法來解決理論與實踐對立的問題，使得許多教育問題得到澄清，對於教育學術的發展貢獻很大（Schleiermacher, 1983）。另外，李特（Theodor Litt, 1880-1962）也採用辯證法來說明教育行動的原理。他在《引導或任其生長》（*Führen oder Wachsenlassen*）中應用辯證的觀點來解決教育行動的爭論，認為教師既不可以完全規範學生的行為，也不應該完全任其生長。教師應該從辯證的角度出發，採取適當地教育行動，並且引導學生達成教育的理想（Litt, 1962）。其次，

---

4　康德（Immanuel Kant, 1724-1804）指出人類的理性有其限制，懷疑理性的無限作用及超越理性的能力，必然導致「二律背反」的現象。康德極力論證，當人類認識進入理性階段的時候，試圖去把握世界「整體」，必然會陷入二律背反這種「不可解決的矛盾」之中。他在《純粹理性批判》中提出四組正題與反題的論證，值得一提的是前兩個論題（Kant, 1990a）：(1)正題：世界在時間與空間上有起始、有界限。反題：世界在時間與空間上無起始、無界限。(2)正題：世界上一切都是由單一的東西所構成。反題：世界上沒有單一的東西，一切都是複合的。第三種二律背反的正題主張因果關係有兩類，一類是依照自然律的因果關係，另一類是依照自由律的因果關係；反題主張只依照自然律的因果關係。第四種二律背反證明，既有又沒有一個絕對必然的存在者。二律背反是指正反兩方的說法皆不成立。所謂「二律背反」就是對同樣的問題提出兩個相反的判斷，儘管這兩個判斷作為結論正好相反，但邏輯上卻又都是成立的。

諾爾（Herman Nohl, 1879-1960）在其《德國教育運動及其理論》（*Päda-gogische Bewegung in Deutschland und ihre Theorie*）一書中，採用辯證法來說明教育運動的結構。他主張教育運動有三個階段，最初階段是一種注重個體「人格」（Persönlichkeit）的教育，第二個階段是強調社會「群體」（Gemeinschaft）的教育，第三個階段是整合個人與社會的教育，注重「服務」（Dienst）的理想（Nohl, 1935）。此外，德波拉夫（Josef Derbolav, 1912-1987）也深受黑格爾哲學的影響，運用辯證法來解釋人類教育的過程。他認為教育的過程就是一種辯證的過程，教師應該依照學生不同的發展階段，採取有效的措施來進行教育，才能使個體達成自我實現的理想（Derbolav, 1980）。柯瓦契克（Wolfdietrich Schmied-Kowarzik, 1939-）不僅將辯證法應用到教育問題的探討上，同時在教育領域中發展出一門「辯證教育學」（Dialektische Pädagogik）。他從教育學術的歷史中，發現普通教育學的內涵主要包括教育理論、陶冶理論和教育哲學三部分。教育理論是「正命題」（These），主要在討論教育的方法；陶冶理論是「反命題」（Antithese），主要在討論教育的目的；教育哲學則是「合命題」（Synthese），主要的目的在綜合教育理論與陶冶理論，探討教育理論與教育實踐的關係，建立教育學術的科學性格，並且反思所有教育的內容（Schmied-Kowarzik, 1974）。

　　從教育認識論的觀點來看，思維辯證學方法在教育研究中，可以應用於研究問題背景的敘述、研究動機與目的的歸納、研究假設的提出、研究資料論點的綜合和研究結論的說明中。教育學家達奈爾曾經提出「理解辯證學」[5]（Verstehende Dialektik）的方法，以探討其在教育研究中的功用。理解辯證學方法主要可以用來補充現象學方法和詮釋學方法的不足，在教育研究中，我們通常應用現象學方法，來描述存在事實的措施，並且運用詮釋學方法來理解和解釋被描述的事實，辯證學方法則用來進一步地反思被描述和被理解的事實（Danner, 1994: 192）。這些不同的辯證學方法統稱

---

5　理解辯證學又稱為教育辯證學（Pädagogische Dialektik）。

爲「思維辯證學方法」（Methoden der denkenden Dialektik），其進行的主要
步驟如下：㈠確定正命題的內容；㈡思考反命題的性質；㈢尋找超越正反
命題對立的途徑；㈣形成綜合正反命題的新命題；㈤再度確定正命題的內
容。經由前述步驟可以不斷發展，使得研究的方法更加精確，逐漸逼近教
育實際的眞相。

## 第五節 教育傳記學的觀點

　　「傳記研究」（Biographieforschung）受到社會學、心理學、歷史學
和教育學領域的重視，屬於質性研究的核心研究領域。「傳記」（Biog-
raphie）的學術研究開始於十八世紀，在歷史學、文學和哲學之外，教育
學也加入傳記研究的陣營。盧梭（Jean-Jacques Rousseau, 1712-1778）應用傳
記學方法撰寫出版《愛彌兒》（Emilé ou l'education）一書，特拉普（Ernst
Christian Trapp, 1745-1818）和倪麥爾（August Hermann Niemeyer, 1754-1828）
則建立經驗取向和生命史——傳記取向的教育學。到了十九世紀，赫爾
巴特（Johann Friedrich Herbart, 1776-1841）和洪保特（Wilhelm von Humboldt,
1767-1835）深受傳記研究的影響（Krüger & Deppe, 2010: 61-62）。赫爾巴
特在《論裴斯塔洛齊的近著——格姝特如何教育她的子女》、《裴斯塔
洛齊直觀的ABC觀念》、《評裴斯塔洛齊教學法的立場》等書中，採
用傳記研究的方法，探討了瑞士教育家裴斯塔洛齊的教育思想（Herbart,
1991）。洪保特應用傳記研究的方法，探討希臘城邦衰落的歷史，出版
《希臘自由國家衰落與式微的歷史》一書。而且採用傳記研究的方法，探
討席勒的生平和精神發展的過程，出版《論席勒及其精神發展的過程》一
書（Humboldt, 1807; Humboldt, 1830）。其後，羅森克蘭茲（Karl Rosenkranz,
1805-1879）在1845年應用傳記研究的方法，撰寫出版了《黑格爾傳》
（Aus Hegels Leben）一書，闡述黑格爾一生的各種經歷、哲學思想和教育
理論（Rosenkranz, 1845），在哲學領域和教育學界享有盛名。接著，狄爾
泰在十九世紀中葉採用傳記研究的方法，撰寫了許多膾炙人口的著作，例

如：《德國精神歷史研究》、《黑格爾青年史》、《普魯士歷史》、《史萊爾瑪赫傳》、《十九世紀精神的歷史》等（Dilthey, 1985a; Dilthey, 1985b; Dilthey, 1988; Dilthey, 1991）。但是，這個階段的教育科學傳記研究，比較偏重在質性方法的運用，缺乏其他理論的加入和量化技術的配合。所以，當時教育科學傳記的研究方法尚在起步階段。

　　到了二十世紀，教育傳記研究的方法有長足的進步。1900年密希（Georg Misch）出版《自傳的歷史》一書，介紹傳記研究方法的歷史。其後，史坦夫婦（Clara und William Stern）和布勒爾夫婦（Karl und Charlotte Bühler）將傳記方法應用於心理學和教育學中，許多德國教育學家都受到影響，例如：1908年柏伊莫（Gertrud Bäumer, 1873-1954）和杜雪爾（Lili Droescher, 1871-1944），就將一些兒童時期的回憶，運用易於閱讀和遠離學術的名稱出版，書名定為《兒童的心靈》。1910年狄爾泰在普魯士科學院首次出版了〈精神科學中歷史世界的建立〉一文。1927年由格杜伊森（Bernd Groethuysen）主編，出版了狄爾泰的遺作《體驗與自我傳記學》一書。1931年班費爾德（Siegfried Bernfeld, 1892-1953）出版了一本迷人的有關青少年日記文化心理學的研究，書名是《青少年時期的驅力與傳統》。1936年烏利希（Kurt Uhlig, 1888-1958）出版了他的博士論文《自傳作為教育科學的泉源》，說明自傳可以提供許多寶貴的資料，以作為教育科學探討的文獻。由於這些學者的投入，形成傳記研究的空前盛況（Krüger & Deppe, 2010: 61-62; Schulze, 1996: 10-11）。第二次世界大戰之後，傳記研究在西德不受重視，只有少數的學者探討傳記研究的方法。例如：1946年李特（Theodor Litt）出版《裴斯塔洛齊》一書，運用傳記研究的方法，闡述裴斯塔洛齊的教育思想，以紀念裴氏200歲的冥誕（Litt, 1946）。1954年諾爾出版了《席勒演講錄》一書，在這本書中諾爾應用傳記研究的方法，分析和詮釋了席勒的美學思想和審美教育理論（Nohl, 1954）。1957年羅斯勒（Wilhelm Roessler）出版《教育領域中的青少年》一書，探討傳記研究方法的問題（Roessler, 1957）。1958年斯普朗格（Eduard Spranger, 1882-1963）運用傳記研究的方法，探討裴斯塔洛齊的教育思想，闡述其教育愛的理念，說明教師與學生之間的關係（Spranger, 1958）。同時在1959年李

特又出版了《黑格爾》一書，運用傳記研究的方法，詮釋黑格爾的哲學思想和教育理念（Litt, 1959）。1960年柏特萊恩（Hans Bertlein）出版《今日青少年的自我理解》一書，探討傳記研究方法的問題（Bertlein, 1960）。到了這個階段，教育傳記研究方法的使用已經相當頻繁，相繼融入紮根理論、現象學、客觀詮釋學、心理分析學等理論，而且量化的技術也逐漸地被應用到教育傳記研究當中。不僅融合了質性的理念和量化的技術，同時建立了教育科學傳記研究方法的理論。因此，1978年「德國教育科學會」（Deutsche Gesellschaft für Erziehungswissenschaft）在杜賓根召開第六次代表大會時，首次成立了一個「教育科學傳記研究」的工作小組（Krüger & Deppe, 2010: 62; Schulze, 1996: 10）。

　　1979年「教育科學傳記研究」小組的巴克（Dieter Baacke, 1934-1999）和舒爾徹（Theodor Schulze）編輯出版了《從歷史學習》一書，經常被教育科學傳記研究者引用。1993年補充了一些重要的文獻再度出版，至今成爲教育科學傳記研究歷史的一部分。1979年羅赫（Werner Loch, 1928-2010）也出版了一本傳記的教育理論著作《自傳與教育》，同年修尼希（Bruno Schonig）及其小組開始進行教師傳記的研究。1981年韓林森（Jürgen Henningsen）出版了《自傳與教育科學》一書，其中一些文章早在1962年就已經在《新收藏》（Neue Sammlung）雜誌上發表過了。當時雖然並沒有受到注意，但是實在非常重要和值得注意。這些文獻至少是傳記研究理論奠基的開始，而且還有許多尚未被應用和值得討論的地方。1982年在雷根斯堡召開的第八次代表大會和1994年在多特蒙召開的第十四次代表大會，也都有傳記研究工作小組的參與（Schulze, 1996: 10-11）。至今，已經有許多教育學者投入教育科學的傳記研究之中，目前德國教育科學會成立的普通教育科學部門中，設有一個「教育科學傳記研究」小組。因此，我們可以說教育科學傳記研究的方法起源於十九世紀初年，而教育科學傳記研究的興盛則開始於1980年代末期，而且在教育科學領域中愈來愈受到重視。

　　根據教育科學傳記研究學者的看法，傳記研究方法的理論基礎主要有下列幾種（Danner, 1994: 94-95; Marotzki, 1996a: 71-72; Marotzki, 1996b: 70-75; Krüger, 1996: 27-29; Schulze, 1996: 46-48）：

## 一、胡塞爾（Edmund Husserl, 1859-1938）的現象學

　　傳記研究方法深受胡塞爾現象學的影響，注重個人生活世界、生命經驗和意向性問題的探討。在進行傳記研究時，採用現象學還原法去除研究者的偏見，蒐集傳記研究相關的文獻，再運用現象學描述法分析傳記研究的文本，掌握傳記研究所要探討的生命現象和重要因素，探究其組成要素之間的關係，以瞭解隱藏在現象背後的真相。除此之外，現象學的經驗概念也應用於教育科學傳記研究資料的探究中，對於傳記文本的量化分析相當重要。因此，傳記研究方法在許多層面上，都受到胡塞爾現象學的影響。

## 二、狄爾泰（Wilhelm Dilthey, 1833-1911）的詮釋學

　　教育科學傳記研究的方法，受到狄爾泰詮釋學的影響。在進行傳記研究時，注重傳記研究相關文獻歷史脈絡的確定，採用「預先準備的詮釋」、「文本內在的詮釋」、「交互合作的詮釋」等三種方法，以理解傳記文本的內容。「預先準備的詮釋」注重傳記文本內容和資料來源的批判，通過版本的檢查以確定傳記文本的信度。在傳記文本的詮釋中，研究者必須對自己的「先前意見」、「先前理解」、「先前知識」、「待答問題」等加以澄清，使其觀點非常明確。而且注重文本一般意義的詮釋，以確定其核心內容。「文本內在的詮釋」注重教育文本語意和語法的探究，經由文字意義和文法關係，運用「詮釋學的循環」，就文本整體和部分的意義進行來回的詮釋。同時應用邏輯法則，將文本粗略加以劃分，以闡明文本的意義。「交互合作的詮釋」注重教育研究者對部分重要文本的理解，因為部分重要文本的理解有助於整體著作的詮釋。其次，對於作者意識與無意識的先前假定，例如：作者的政治或宗教觀點等，必須盡可能加以揭露，才能達到完全的理解。另外，必須從具體教育情境出發，不能混淆作者和詮釋者情境的差異，方能達成較佳的理解。同時意義關係與影響關係只是一種假設，這些假設必須不斷加以證明或修正，經驗顯示對一個作者或特定的事物作長期和密集的詮釋，可以獲得較好的效果。

## 三、韋伯（Max Weber, 1864-1920）的理解社會學

　　韋伯把社會學定義爲理解社會行動的科學，即透過理解社會的過程與結果，對社會行爲作出因果解釋。所謂社會行動，是指行動者的主觀意義而與他人的行爲發生聯繫的行爲。這表示韋伯把「社會行動」（soziales Handeln）或「社會關係」（soziales Verhältnis）當作社會特有的研究主題。教育科學傳記研究接受符號互動論的觀點，認爲社會科學的焦點應該是人類的主體性，相信人類是根據事件對其主體的意義而行動的。因此，個人主觀的生活經驗應該成爲研究的對象（王麗雲，2000：273）。符號互動論的觀點則是受到韋伯理解社會學的影響，所以韋伯的理解社會學是教育科學傳記方法重要的理論基礎。

## 四、舒茲（Alfred Schütz, 1899-1959）的現象學社會學

　　舒茲是胡塞爾的學生，第二次世界大戰期間移居美國，在紐約的大學授課。他將現象學中有關意向性和生活世界的概念，應用到社會學的研究上，形成現象學社會學。現象學對社會行動的研究指出，自傳是瞭解個人意識流的重要方法，因此對於生命故事的蒐集，重點不光是在瞭解個人的生命歷程，更在瞭解個人結構性的自我意識（王麗雲，2000：273）。所以，傳記研究方法也受到舒茲現象學社會學觀點的影響，注重個人主體性和生命史的研究。

## 五、格雷塞（Barney Glaser, 1930-）和史特勞斯（Anselm Strauss, 1916-1996）的紮根理論

　　傳記研究方法還受到格雷塞和史特勞斯「紮根理論」（Grunded Theory）的影響，「紮根理論」是一種質性研究分析的方法，主張研究所獲得的理論，必須從研究者蒐集的資料產生。其後，史特勞斯和柯賓（Juliet Corbin）針對錯綜複雜和無法化約處理的社會現象，主張要獲得比較深刻的知識，必須發展理論來加以詮釋，這種理論的發展必須和資料緊密相關，從資料中找出若干概念和概念與概念間的相互關係，並且達到概念密

度的飽和，而產生適當的理論以掌握現象中的各種變項。紮根理論被認為是質性分析方法中，相當科學的一種方法，因為一個紮根理論的形成，必須經過歸納與演繹的推理、事件的比較與對照、假設的形成與驗證和理論的建立等一連串系統的步驟（Glaser & Strauss, 1965; Strauss, 1987; Strauss & Corbin, 1990; 周德禎，1999）。在傳記研究的過程中，運用紮根理論的觀點，將蒐集到的傳記資料，置於一個理論之下，加以適當的考察和解釋，以避免「範括邏輯程序」的缺失（Marotzki, 1996b: 70-71）。

## 六、舒徹（Fritz Schütze）的敘述訪談法

傳記研究方法受到舒徹等人敘述訪談法的影響，這種訪談的方法對於傳記研究個人經驗和集體經驗資料的蒐集具有重要的意義。在教育科學傳記研究的過程中，研究者可以應用敘述訪談法蒐集傳記研究的資料，並且與確定的評價過程相關聯，提供傳主生活的事件，形成非常有意義的整體關係，意即形成「提供資訊者」（Informanten）的傳記。「提供資訊者」可以按照「順序原理」（Ordnungsprinzipien）組織其傳記，這種傳記「形成的合法則性」（Gestaltungdgesetzmäßigkeit）可以導致一種分析。在傳記分析中，主要的目的在聯結個人經驗處理的空間，而謄寫的敘述允許被當作教育過程的文件加以理解。在研究者看來，「提供資訊者」世界的觀點和自我的觀點，可以在生命史的關係中表達出來。自我關係和世界關係轉變的原因，存在於生命史和集體－歷史的變革中。舒徹發展的概念允許現存生命史敘述的經驗材料，確定個人教育的過程和分析過程的形式。在這種過程中形成教育的人物，在確定的個人生命中，包含了導向的力量，決定其世界參照和自我參照的模式。這種教育人物行動、溝通和傳記的形成，在社會化互動的媒介中，將會是傳記自我組織次序建構類型分析的重點（Marotzki, 1996b: 71-72）。

## 七、歐莫曼（Ulrich Oevermann, 1940-）的客觀詮釋學[6]

教育科學傳記研究的方法也受到歐莫曼客觀詮釋學的影響，經由客觀詮釋學意向性和潛在意義結構建構的差異，提高其奠基於實證方法論文本詮釋基礎的要求，以便其在社會科學的對象範圍內能夠被測量。客觀詮釋學主要的重點在於使傳記研究的資料，能夠經由這種過程不依賴主觀意向的判斷，客觀集體地被結構的實施。客觀詮釋學主要針對那些個案的特殊性及其特定的教育史，社會－文化的確實性可以從適應的背景獲得，但是詮釋陪襯物的意義，將藉著經驗材料的協助被解釋。決定性的基本原理在於思想實驗脈絡的變項，以便產生不同的說法。這種思想的實驗提出脈絡的條件，以便文本詮釋的目的能夠被表達出來。而且以文化適應規範性的概念和機構化行為的模式為基礎，運用個案規範性的期望和特殊性，來建構個案相互之間的對象視野（Marotzki, 1996b: 73-74）。

## 八、羅倫徹（Alfred Lorenzer, 1922-2002）等人的心理分析學

教育科學傳記研究的方法，還受到羅倫徹等人（Leithäuser & Volmerg, 1979; Lorenzer, 1986）心理分析學的影響。在傳記研究過程中，研究者應用心理分析的方法，不只注重個人無意識的內容，同時也注重應用語言遊戲無意識的結構。在此，文本將被當作表面的現象來處理，並且被視為基礎的結構加以研究，也就是被當作心理過程的結果來理解。當表面現象與建構的基本結構一起被理解時，能夠被探究的經驗現象（例如：戰爭的恐懼與安全的需求）所理解。近年來，心理分析評價的技術獲得良好的發展，並且被應用於許多工作心理學和社會心理學的研究計畫中。在心理分析的文本詮釋中，第一個步驟在於外在文本的理解，這個步驟會進行一種一致性的檢驗，看看文本層次是否陷入矛盾、斷裂或不確定的缺失，這將會進

---

6 客觀詮釋學（Objektive Hermeneutik）是歐莫曼在1979年所提出來的一種研究方法，主張應用實證的方法檢驗詮釋學意向性和意義結構之間的差異，減少主觀意向的判斷，使得詮釋的過程能夠客觀的和結構的被實施。

行一種正式的一致性檢驗。其不一致性將會被當作分析內容隱藏意義的指標；在第二個步驟和第三個步驟會緊隨著心理的理解和科學的理解，在文本情境形式的心理理解中，提供了科學理解一種社會脈絡化的形式，也就是說現存的文本章節會在表達帶來的傳記或社會事件中被重建。非符號和聯結互動的形式應該以這種方式加以描寫，並且再度開放的被進行，也就是第四個步驟進行深層詮釋學[7]（Tiefenhermeneutik）的理解，進而提出社會生活具體表象的方式（Marotzki, 1996b: 74-75）。

馬洛茲基[8]（Winfried Marotzki, 1950-）曾經在〈教育科學傳記研究的方法與方法論〉一文中，提出教育科學傳記研究設計的五個古典要素，包括提出問題、對象範圍、資料蒐集、資料利用和研究日記。他主張在資料蒐集方面可以使用訪談、團體討論、參與觀察的俗民誌方法來進行，而資料的利用則可以採取描述—類型學的方法，應用理論建構和深度結構的概念，進行研究資料的處理（Marotzki, 1999: 112-123）。教育科學的傳記研究自1990年之後有逐漸增加的趨勢，這種方法被應用到許多教育領域之中。根據個人歸納教育科學領域學者的看法，傳記研究方法進行的步驟如下：

## 一、選擇研究主題

研究主題的範圍很廣，包括一般和特定條件下，人類經驗的結構性知識、生活歷史的建構、教育過程中個人認同和形式的發展等，主要的

---

[7]　深層詮釋學是一種應用心理分析的方法，對被研究者的內在意識進行理解，以探究其潛在意義的學科。

[8]　教育學家馬洛茲基（Winfried Marotzki）1950年出生於漢堡，是普通教育學重要的代表人物。1973年進入漢堡大學就讀，主修德國語文學、哲學以及教育科學。1983年在漢堡大學教育科學研究所攻讀博士課程，以〈主體性與否定性作為教育問題〉一文，獲得哲學博士學位。1989年以《結構教育理論的設計》一書，通過大學教授備選資格審查，開始在漢堡大學擔任講師的工作。1990年應聘擔任漢堡大學普通教育學代理教授，1991年轉任馬德堡大學普通教育學研究所講座教授，曾經是德國教育科學會教育哲學委員會的主席。

目的在探究教育歷程的可能性和真相，或者作為教育歷史的沉思與文獻（Lenzen, 1994: 123）。具體而言，在教育學史方面，可以進行教育學家思想的研究；在普通教育學方面，可以進行傳記研究方法論的探討；在教育社會學方面，可以進行學生和教師社會化問題的研究；在教育心理學方面，可以進行不同年齡學生教育過程的研究；在課程與教學方面，可以進行教師和學生教育過程與學習過程的傳記研究；在成人教育學方面，可以從事參與成人教育的動機與障礙、成人學習型態、成人教育史、成人教育思想家、成人終生學習與發展過程、成人生命書寫能力等問題的研究（黃月純，2001：238-240）。

## 二、蒐集研究資料

傳記研究的資料很廣，包括研究主題相關的自傳、回憶錄、生活的記憶、自我的陳述、日記和信件等。馬洛茲基主張教育科學傳記研究資料的蒐集，有下列幾種方法（Marotzki, 1996b: 61-66）：

### ㈠反應式的處理過程

主要的方法有三種：1.訪談的方式：研究者可以經由訪談的方式蒐集研究相關的資料。在訪談的方式中，包括了開放式的訪談、半結構式的訪談和結構式的訪談三種。2.團體的討論：團體討論的方法是在1950年代由曼格爾德（Werner Mangold, 1927-）發展而來，主要經由非正式團體的討論，導引團體討論的過程性和動力性至對話性的層次，產生相互校正和促進言說的功能，進而形成集體意義的方式。3.參與的觀察：這種方法最早運用於質性的田野研究中，屬於俗民誌、民族學和文化分析的範圍。研究者必須實際的參與被研究的團體，成為該團體的一員，介入或不介入的蒐集研究的資料。這種參與的觀察必須特別注意研究倫理的問題，因為參與的觀察涉及被研究團體成員的隱私和權益，所以必須遵守研究倫理的義務，以免產生不必要的困擾。

### ㈡非反應式的處理過程

這種處理過程的目的不在社會情境中，從被研究者身上蒐集研究相關

的資料，而在於從先前找到的文獻中，探討研究相關的問題。這些文獻包括了日記、自傳資料、家庭紀錄、官方文件、報紙、圖片、相片等，視覺文件、影片、私人和官方的收藏、檔案等。在歷史的傳記研究中，文獻資料占有相當重要的角色，而文獻的選擇、評價和批判非常受到重視，並且受到精神科學方法的影響。

## 三、分析研究資料

在蒐集研究資料之後，首先必須運用各種科學方法鑑定資料的可靠性，然後運用質性或計量的方法來分析資料。在資料的質性分析方面，主要採用狄爾泰「生活即結構關聯」的觀點，從生活世界的體驗分析起，尋求各部分之間的關聯，以確定部分與整體的關係（Dilthey, 1968: 195）。將傳記視為主體所帶來的建構，這種建構是個人一生經驗和結果統一所組成的關聯。這種體驗和經驗關聯的產生能夠成功的形成意義描述的行動，使我們從過去的經驗中獲得現在的意義，這種關聯建構的歷程稱為「傳記化」（Biographisierung）的歷程。另外，也運用舒茲有關社會科學奠基於生活世界意義建構歷程解釋的觀點，以探討傳記研究中社會世界意義建構和意義設定歷程關聯的問題（Marotzki, 1996b: 72-75）。因此，可以採用「描述－分析－類型學的概念」來分析研究的資料。在研究資料的分析上，教育科學的傳記研究可以採用質性研究和量化方法，來進行研究資料的處理。教育科學傳記研究在文獻的分析方面，主要的方法有下列幾種（Marotzki, 1996b: 67-70）：

### (一)質性的內容分析（qualitative Inhaltsanalyse）

這種分析方法是由梅林（Philipp Mayring, 1952- ）在1990年發展而來，最近幾年被發展成各種不同的分析工具，從文本形式的觀點來分析其意義，注重研究文獻語意的分析。這種方法興起於二十世紀初，原來被應用於出版學中，以分析大量報紙的文章。到了1930年代，發展成為一種大眾媒體內容分析的標準工具。除了報紙的文章之外，包括所有廣播的內容，都是內容分析的文本。今天內容分析所謂的「文本」（Text），已經不限

於報紙和廣播，而包括了所有書寫的形式、聲音或圖片在內。質性的內容分析在語意的分析之外，還注重「經常性分析」（Häufigkeitsanalyse）、「強度分析」（Intensitätsanalyse）、「敘事結構分析」（Narrationsstrukturanalyse）和「偶然性分析」（Kontingenzanalyse）。

### (二)文獻紀錄的方法（dokumentarische Methode）

這種文獻分析的方法大多應用於個案或團體討論結果的評價，主要有下列四個步驟：1.表達的詮釋（formulierende Interpretation）：在處理共同討論過程中的主題，使其意義顯現出來。這種表述的摘要，嚴格的限制在團體的溝通和視野內，其眞理的內容和實在的內容不會被取代。2.反思的詮釋（Reflektierende Interpretation）：經由其他個案或團體的比較，這個反思的步驟可以將詮釋的觀點，導向相對的視野或比較的視野。在反思的詮釋中，範圍確定的途徑可以導致論辯過程的重建。3.個案或論辯的描述（Fall-bzw. Diskursbeschreibung）：在論辯的描述中，論辯的過程將在其關係中被重建。這種論辯的描述奠基在表達的詮釋和反思的詮釋上，在論辯的過程中進行分析、競爭、評論和論辯的組織。4.類型的建構（Typenbildung）：類型提出各種形式的社會現象，在其中生命史形成結構，個體性將可能形成法則。類型建構可以在理論建構下的層次被發現，而且類型具有啓發性的價值，類型的處理可以形成一種類型學。根據柏薩克（Ralf Bohsack）的傳記研究顯示，類型學來自發展、教育環境、性別、世代和社會空間環境等五種不同的類型。

### (三)意義模式的分析（Deutungsmusteranalyse）

「意義模式」（Deutungsmuster）最早見於1973年歐莫曼在德國社會學討論的文件中，後來被應用於教育科學傳記研究中。主要的目的在聯結個人和集體經驗處理的空間，在每一個體的社會化中，分析和重建那些意義的模式。有許多教育科學家也採用意義模式的概念進行研究，意義模式被理解爲集體意義的內容，包含了一種規範的力量，位於潛在的深層結構中，只有受到限制反思的意義模式才能夠使用。

### (四)文本結構的分析（textstrukturelle Analyse）

在文本結構的分析中，文本被當作文本，在此不是那麼注重語意的分

析，而著重在文本形式的建構。1959年馬爾（G. F. Mahl）在一個傳記研究中，應用談話的紀錄研究接受心理治療的病患，依據病患語言修正、語句中斷等形式特性，深入探討了病患恐懼的問題。柯勒爾等人（H. C. Koller & R. Kokemohr）也在1989年應用文本結構分析的方法，將文本現象作為教育過程的重建，進行教育科學的傳記研究。從這些觀點來看，傳記被當作一種修辭的建構加以發展。意義產生的過程在自傳解釋中，被理解為一種修辭的過程，並且能夠在傳記中被研究。在此，文本結構的過程著重在文本語言和對話分析工具的處理上，以分析個人和集體經驗處理的空間。

## 四、研究資料的詮釋

傳記研究在進行資料的詮釋時，因為受到狄爾泰詮釋學和胡塞爾現象學傳統的影響，主要運用現象學還原法避免主觀偏見的影響，或者採用實證檢核的方式，以減少傳記研究主觀的錯誤。其次，利用現象學描述法具體地說明研究資料的內容，然後採用傳記學方法建構研究內容彼此之間的關聯，接著運用詮釋學方法詮釋其整體的意義。理解（Verstehen）是詮釋學方法的主要過程，目的在於使主體發現世界與自身的關係，這種過程的運作主要在於使次序建構的目的與關聯產生，個體（Einzelne）只有在納入整體中才能被理解，而整體（Ganzheit）自身只有從部分而來才能被理解（Marotzki, 1996b: 71-72）。

## 五、傳記研究的完成

在完成研究資料的詮釋之後，可以進行傳記內容的撰寫，完成傳記研究的步驟。在傳記研究過程中，還必須運用「詮釋的循環」（Herme-neutischer Zirkel）的方法，不斷地反思先前詮釋的缺失，進行研究資料的再詮釋，才能逼近教育實際的真相。

愛塞爾（Hartmut Esser, 1943-）在1987年所撰〈論社會研究中質量方法的關係〉一文中，批判社會研究中質量方法二元對立的缺失，主張目前社會科學質量的研究都具有下列缺失（Esser, 1987: 95-98）：㈠傳統實證主義強調主體與客體、理論與實際具有直接關係的假設；㈡傳統集體主義主張

少數個案研究能夠作為社會範疇基礎的假設；㈢開放個人主義認為社會—結構方面的意義，只能經由詮釋聯結的假設。馬洛茲基認為教育科學的傳記研究能夠避免上述缺失，因為傳記研究將主觀的意義作為分析的對象，並且把意義產生視野作為實際的層面，所以能夠避免傳統實證主義強調理論與實際具有直接關係的缺失。其次，傳記研究從事類型的分析，能夠有效地銜接量化導向的自傳概念，可以反制傳統集體主義主張少數個案研究就能夠作為社會範疇基礎的看法。最後，傳記研究可以避免開放個人主義偏重詮釋聯結的缺失，促進社會交換過程中互動和意義聯結的加強（Marotzki, 1996b: 78-80）。因此，教育科學的傳記研究可以克服社會科學質量研究對立的問題，成為一個新的研究典範。

綜合而言，教育認識論的觀點至少包括傳統邏輯學、構成現象學、教育詮釋學、思維辯證學和教育傳記學等幾種，這些認識的觀點大多屬於質性的研究方法。傳統邏輯學可以用來檢視研究主題是否精確，進行研究假設的提出，甚至研究內容的論證。構成現象學能夠用來還原研究者的觀點，去除研究的偏見，掌握研究對象的本質。教育詮釋學可以確定教育文本的歷史脈絡，進行教育文本意義的詮釋，建構教育文本的假設，幫助研究者理解教育文本的真相。思維辯證學能夠避免研究者立論的偏頗，綜合正反不同的意見，超越對立觀點的限制，逼近教育實際的真相。教育傳記學則可以解決量化和質性研究方法對立的問題，克服研究方法不易深入的困難，觸及教育現象深層的實在，掌握教育實際的真相。這些觀點都是教育學在建構教育理論和進行教育問題探討時，必須依循的研究典範。從教育認識論的分析來看，量化和質性的研究方法都有其優缺點。量化的研究方法，強調數量處理、因果分析和普遍理論建立，雖然數據非常明確具體，符合因果關係的法則，而且可以進行預測。但是，這種典範往往無法掌握問題深層的意義，在研究問題的探討上有其限制。其主張的客觀性、精確性和合法性，已經受到不同觀點的挑戰。相反的，質性的研究典範雖然符合不同學術的觀點，可以彌補量化研究方法的不足，揭露研究對象背後的意義，比較接近事物實際的真相。但是，質性研究方法信度和效度的控制，不像量化的研究方法，建立在實驗控制、統計考驗和測驗的編製

上，而是建立在版本選擇、邏輯分析、文法理解、擬情作用、現象還原、意識構成、存而不論、視野融合、反省批判和循環詮釋的基礎上。因此，在研究問題的詮釋上往往比較主觀，而且無法建立普遍性的原則，對研究問題的發展進行預測，或類推應用到其他問題的解釋上，依然有其使用上的限制。從辯證實踐學的觀點來看，任何學術領域的敘事都具有對等的性質，不管是人文科學的敘事、自然科學的敘事，還是社會科學的敘事，只有敘事表達方式的差異，而沒有孰優孰劣的不同。任何研究典範也都有其優點和缺點，質性研究方法和量化研究方法的使用，沒有絕對的高低軒輊之分。雖然教育研究的主題非常紛歧，但是研究者所選用的方法之間，經常具有密切的關聯。因此，沒有一種研究方法是盡善盡美的，許多研究方法的運用必須相輔相成，在綜合互補的原則之下，配合研究主題的需要，選擇適當的研究方法，才能提高教育研究的正確性，真正把握教育實際的真相。

# 第四章

# 教育目的論

「後現代教育的目的不能只強調個人的
自我實現和自由理性社會的建立，
而應該注重健全人格的培養。」
——波姆（Winfried Böhm, 1937-）

　　哲學中的「目的論」（Teleology）是指一門以目的爲依據，解釋事物的特性或行爲的學科。在西方哲學史上，目的論解釋肇始於蘇格拉底（Socrates, 470-399 B.C.），系統化於亞里斯多德（Aristotle, 384-322 B.C.）。亞里斯多德以後，目的論原則一分爲二：一是神學的外在目的論，成爲宗教神學的重要理論內容和證明上帝存在的重要論證；二是理性的內在目的論，爲科學（尤其是生物學）所接受，至今仍在環境哲學等領域起作用。「教育目的論」（Educational Teleology）擷取目的論的涵義，主要在探討

教育目的的問題。「教育目的」（Bildungsziel）乃是指導教育發展的方向或理想，教育實務及設施遵照這種方向或指標發展，才不至於造成人力、物力及時間上的浪費（高廣孚，1995：79）。教育目的就像是各級學校教師行動的羅盤，能夠指引教師在茫茫的學海中找到航行的方向。事實上，教育目的的確不僅有助於教育活動的推行，同時能夠促進教育理論的發展。教育目的與教育宗旨不同，教育目的是引導教育發展的指標，教育宗旨則是國家法定的教育目的，與一般私人所定的教育目的不同。其次，教育目的也不同於教育目標，教育目的比較抽象，教育目標則較具體（田培林，1986：106-107）。自古以來有關教育目的的爭論不休，究竟教育的目的是什麼？理性主義的教育學者主張，教育的目的在啟迪人類的理性；精粹主義的教育學者認為，教育的目的在於充實精神生活；文化學派的教育學者強調，教育的目的在於傳遞社會的文化；社會學派的教育學者堅持，教育的目的必須配合社會的需求；理想主義的教育學者則主張，教育的目的在於達成自我實現（高廣孚，1995：79-82）。本章將對教育的目的進行分析，首先探討阿多諾的教育目的論，他從「批判理論」的觀點出發，主張教育的目的在改善社會的弊端。其次，分析德波拉夫的教育目的論，他從「教育人類學」（Pädagogische Anthropologie）的觀點出發，主張教育的目的在追求個體的自我實現。接著，我們將從「批判教育學」（Critical Pedagogy）的觀點出發，探討紀諾斯的教育目的論，他強調教育的目的在培養具有批判能力的公民，以改革社會的弊端。最後，我們將從「辯證教育學」（Dialektische Pädagogik）的觀點出發，分析柯瓦契克的教育目的論，他認為教育的目的既不能只追求個體的自我實現，也不能只注重社會的改善，因為只有在自由理性的社會中，個體才有自我實現的可能，而自由理性社會的建立，必須奠基在個體的自我實現之上。因此，教育的目的必須兼顧個體的自我實現與社會弊端的改善。茲詳細說明其內涵如下：

## 第一節 阿多諾的教育目的論

阿多諾（Theodor W. Adorno, 1903-1969）是法蘭克福學派重要的代表人物，他多才多藝，集哲學、社會學、心理學、音樂科學、文學批評和作曲於一身。1903年出生於緬因河畔的法蘭克福，父親是一個富有的酒商，母親是一位著名的歌唱家。阿多諾幼年時深受姨母阿嘉特（Agathe Calvelli）的影響，對音樂藝術非常喜愛。他在法蘭克福接受小學和中學教育，這段期間他對音樂的才華逐漸顯露出來。1921年阿多諾進入法蘭克福大學就讀，主修哲學、音樂科學、心理學和社會學。同年，認識霍克海默（Max Horkheimer, 1895-1973），1924年以〈胡塞爾現象學中事物與認識的先驗性〉（Die Transzendenz des Dinglichen und Noematischen in Husserls Phänomenologie）一文獲得哲學博士學位，次年正式在法蘭克福大學任教。1931年霍克海默成為社會研究所的領導人，邀請阿多諾加入社會研究所。1933年阿多諾逃離德國，經瑞士、法國、英國輾轉到達美國。1938年任教於哥倫比亞大學，次年與霍克海默於紐約創辦《哲學與社會科學研究》（*Research on Philosophy and Social Science*）雜誌。1949年阿多諾和霍克海默返回德國，在法蘭克福大學重建社會研究所，形成《法蘭克福學派》（Frankfurter Schule）。此後，阿多諾就在法蘭克福大學講學，一直到1969年去世為止，阿多諾的主要著作有《阿多諾全集》（*Gesammelte Schriften Theodor W. Adornos*）（Paffrath, 1994）。

阿多諾的哲學思想深受康德（Immanuel Kant, 1724-1804）「批判哲學」（Kritische Philosophie）、黑格爾（Georg Wilhelm Friedrich Hegel, 1770-1831）「辯證哲學」（Dialektische Philosophie）、馬克斯（Karl Marx, 1818-1883）「社會理論」與胡塞爾（Edmund Husserl）「現象學」（Phänomenologie）的影響。阿多諾的中心思想著眼在「文化工業理論」（culture industry theory），「文化工業」這個名詞是由霍克海默與阿多諾在〈文化工業：啟蒙是大眾的欺騙〉一文中首先提出來。在該文中他們認為：在壟斷下，一切的大眾文化都是同一的，而且也是「被降格的」

（deproved），即被降格爲文化與娛樂的混合，其所產生的結果是：導致廣告宣傳與文化工業的合流，從而成爲一種專門控制人類的工具。因此在文化工業中廣告宣傳的獲勝，使消費者被迫購買與使用它的產品。阿多諾「文化工業理論」的中心論點爲：在現代的資本主義社會中，大眾文化墮落到成爲操縱意識、扼殺個性和自由的工具。因此文化工業的操縱性、壓抑性是由大眾文化所產生的，於是文化成果變成了文化商品，文化的產生變成了文化的生產，刺激文化生產的需求者，本身即屬於現行制度中的一部分。文化工業操縱大眾意識，表現在大眾文化方面是力求消費，就是在文化欣賞方面亦然。他在〈論音樂拜物教特性與聽力退化〉一文中指出：文化產品有「交換價值」（exchange-value）與「使用價值」（use-value）兩種，例如：消費者花錢購買托斯卡尼尼音樂會的門票，所付出的錢便是「交換價值」，而消費者有「使用價值」。就一般情形而言，是兩者能夠配合，但在資本主義的社會中，文化產品往往是「交換價值」，具有接管「使用價值」的功能，音樂拜物教就反映出這種特性，感覺出「交換價值」同時使客體失去可以信任的關係。而且文化工業推行標準化和規律化，按照所謂的「技術理性」行事，進一步的使人的聽力退化。阿多諾對大眾文化有很多的批評，認爲大眾文化中有關欣賞部分，使人在欣賞時只是產生制約反應，而剝奪了個人自主的感情能力和主動性，這樣會使大眾喪失對現實的批判能力，從而對大眾意識產生催眠和壓抑的作用（詹棟樑，1995：446-448）。

他在《淺易教育理論》（*Theorie der Halbbildung*）中認爲，在文化工業社會中教育啓蒙的意義逐漸喪失，傳統教育只強調既定意識型態的承襲，使得傳統教育忽略主體，成爲一種積極的教育和非人的教育，在這種情況下教育將慢慢地趨於死亡。因此，阿多諾提倡淺易教育理論，認爲只有在教育的過程中，排除傳統教育完全的肯定性[1]，經由自我的反省批判，才能使人類從「意識型態」（Ideologie）中解放出來，建立自由理性的社

---

1　肯定性（Affirmation）是一種未經反思的意識型態，其中包含許多錯誤的觀念。

會，以促使個體成為一個理性的人（Adorno, 1990: 98）。「淺易教育理論」的定義：顧名思義就是教育的淺易理論，與大眾文化有關。「淺易教育理論」的內容以淺易的教育為主，主要的特徵為（詹棟樑，1995：451-452）：㈠與社會生活有關：淺易的教育與社會生活有關，為了把握真理而對社會生活，發生反應與提出批判，以符合自我教育的要求，而且負起共同的責任。㈡淺易教育的前提：淺易教育在求得「完整的文明」，有其特殊的教育思想，那就是教育在「免除粗野」（Entbabarierung）。人在社會生活中，容易造成的危機是「粗野」（Babarei），因為人的野性頗重，如不施予教育，就會變成粗野，特別是高度發展的技術文明社會尤然。人的高級生活值得嘗試，因此免除粗野的動機在培養有能力的人，以期能透過教育的奮鬥來免除粗野。㈢淺易教育的教材：淺易教育的發展和管理是社會化的，因此在教材的選擇方面也淺易些，它不是古典音樂，也不是古典文學，而是為聽眾播放一些「嚴肅些的音樂」或「輕鬆的音樂」。在教材方面，則優遊於「書籍的世界」之中。㈣淺易教育的取向：淺易教育以大眾文化為取向，因此它在傳遞文化，也在建立教育與文化。阿多諾認為實施教育時，應該記住教育在傳遞文化。此外，他覺得精神只有表現在社會權利中與對社會認同，才能保持教育施為的進行，對淺易教育批判與自我反思，才能瞭解淺易的需要性。

阿多諾在《邁向成熟的教育》（*Erziehung zur Mündigkeit*）一書裡強調，教育的目的在使人成熟，只有經由教育喚醒正確的意識，成為一個自律的人，才能獲得自我反思與自我決定的能力，以避免科技崇拜、社會冷漠與人類罪行的重演（Adorno, 1970: 140-141）。阿多諾認為發展中的人是從未成熟到成熟，由於未成熟才需要教育以使其成熟。人的未成熟有時是由社會的「異質性」（Heteronomie）造成的。因此，教育在促使人成熟是針對異質性的反作用。在「異質性」的情況下，阿多諾主張成熟是文明的壓抑契機，有時甚至產生野蠻。因此教育的意義在於：人不只做到「批判的自我反思」（kritische Selbstreflexion），而且還要做到控制自己的意識。站在唯實論的觀點來看，決定性的教育任務就是兒童在早期必須做妥善的安排。阿多諾認為教育就是在使人的正確意識能夠確立，為了使自我

教育的過程順利進行，必須引導人們建立教育的概念，而且建立意識的概念，然後與教育實際緊密配合，甚至要喚醒正確的意識。阿多諾認為成熟的人，應該是能自律的人，也就是能自我安排的人（詹棟樑，1995：449-450）。阿多諾在《啓蒙的辯證》（*Dialektik der Aufklärung*）一書中認為，教育的目的不在於接受積極的意識型態，而在於使人經由反思與批判，從科學和社會的意識型態中解放，以眞正達到啓蒙的目的（Adorno & Horkheimer, 1990: 9-10）。他主張過去家庭教育具有權威結構的性質，容易使兒童喪失自我判斷的能力，受到支配者的控制。教育的目的在培養人的善意，強調正義的意志，促成個體的成熟，批判社會錯誤的意識型態，以建立一個理性自由的社會。綜合而言，阿多諾從批判理論的觀點出發，企圖經由淺易教育理論的實施，消除個人粗野的性質，反思傳統教育的錯誤，批判各種意識型態的宰制，以建立一個理性自由的社會。但是這種教育目的論偏重在社會主義層面，忽略個人主義層面的自我實現和健全人格的陶冶。因此，阿多諾的教育目的論仍然不夠完整。

## 第二節　德波拉夫的教育目的論

德波拉夫（Josef Derbolav, 1912-1987）在1980年發表〈教育人類學即個人自我實現理論〉（Pädagogische Anthropologie als Theorie der individuellen Selbstverwirklichung）一文，從教育人類學的觀點提出「自我實現」（Selbstverwirklichung）理論。德波拉夫1912年出生於奧地利維也納（Wien），1935年進入維也納大學，主修德國語文學、拉丁文和哲學，1938年以《哥德的第一個浮士德概念》（*Goethes erste Faustkonzeption*）獲得維也納大學哲學博士學位。先後在克拉根伏爾（Klagenfurt）、斐拉赫（Villach）和克雷姆斯（Krems）等的古文中學任教，1940年進入軍中服役，參與「空中武器心理學」（Luftwaffenpsychologie）的研究工作。1945年回到多瑙河畔的克雷姆斯中學教書，並且協助奧地利學校的重建。1951年應聘薩爾蘭大學，擔任教育學講師的工作，1953年在維也納大學哲學院通過升等，1955年繼李特（Theodor Litt, 1880-1962）之後，擔任波昂大學教育學和哲

學講座教授，一直到退休爲止，1987年因病去世於布萊梅（Derbolav, 1987: 331）。德波拉夫的主要著作有《教育學作爲科學和哲學學科》（*Päda-gogik als Wissenschaft und als philosophische Disziplin*）、《古文中學教育空間中的模範性》（*Das Exemplarische im Bildungsraum des Gymnasiums*）、《中等教育途徑的問題》（*Probleme des mittleren Bildungsweges*）、《柏拉圖克拉第洛斯和後期作品中的語言哲學》（*Platons Sprachphilosophie im Kratylos und in den späteren Schriften*）、《合理統治的條件》（*Von den Bedingungen gerechter Herrschaft*）、《歐洲倫理學概論》（*Abris europäischer Ethik*）、《問題與要求》（*Frage und Anspruch*）、《教育學的系統觀察》（*Systematische Perspektiven der Pädagogik*）、《教育學與政治學》（*Pädagogik und Politik*）、《教育科學的實踐學基礎》（*Praxeologische Grundlegung der Erziehungswissenschaft*）、《音樂教學理論的基本問題》（*Grundfragen der Musikdidaktik*）、《黑格爾的行動理論》（*Hegels Theorie der Handlung*）、《綜合教育學概論》（*Grundriß einer Gesamtpädagogik*）等（Derbolav, 1987: 2）。

德波拉夫深受黑格爾「辯證方法」（Dialektische Methode）和李特教育理論的影響，他主張建立科學的教育學，而科學的教育學包括教育人類學和教育行動理論。德波拉夫主張教育人類學是教育學的基礎，因爲教育的觀點以生物的觀點、心理的觀點、社會的觀點爲基礎，而且教育學可以利用生物學、心理學、社會學的研究結果來充實自己的內容。教育人類學是教育學範圍內的一門科學。因此，教育人類學的觀點也要支持教育學的觀點，於是教育人類學成了教育學的基礎（詹棟樑，1986：215）。1955年德波拉夫發表〈教育科學範圍中教育人類學的問題與任務〉（Problem und Aufgabe einer pädagogischen Anthropologie im Rahmen der Erziehungswissenschaft）一文，有系統地探討了教育人類學的問題。他認爲教育人類學是一種「教育的事實科學」（Pädagogische Tatsachenwissenschaft），因爲教育人類學具有科學的理論基礎，擁有可以接受的法則，而且教育人類學是教育理論與教育實踐兼顧的科學，具有經驗的性質。德波拉夫主張每個個體存在著發展的可能性，教育是一種輔助工具，其目的在發展個體的潛能，教育的過程是個人自我實現的過程（Derbolav, 1980: 55-67）。他認爲教育運動的辯

證結構就是一種未成年人（自己）與世界（他人）不斷辯論的過程，兒童的教育途徑就在導向自我實現，教師在教育過程中具有啓發的任務，他必須引導兒童與世界邂逅（Weltbegegnung），協助兒童達成自我實現（Derbolav, 1969: 121）。

德波拉夫認爲對於個人有不同的觀察方式，利用生物學的觀點、心理學的觀點、社會學的觀點來進行。利用「教育的本質」（Bildungssubstanz）與「教育的意義」（Bildungsbedeutung）統一其概念，不僅可以解釋教育的動機和教育的規準，而且可以幫助解釋發展或自我的發生，在意義上可以用良心來把握，因爲自我實現是由於良心的指使而達成的，自然聽命於良心的指揮。人的自我實現要靠每一個階段人性的發揮，甚至進步的新經驗，都有助於自我實現的達成。個人的自我實現要達成的任務是：道德的產生與人的改變。這兩種教育任務不僅可以用理論的要求來衡量，而且注重實際的改變（詹棟樑，1986：226）。教育人類學即是個人自我實現的理論，其重點如下（詹棟樑，1986：227-228）：㈠發展人的原始動機：教育人類學的研究重視人的動機，例如：重視人格理論的研究就是明證。因爲在教育過程中，如何引起學生的學習動機，一直是教育上重視的問題。教育人類學的研究，現代所採取的立場是：將不同的概念加以組合，形成一種結構的觀念，而且加以統一，使其具有完整性。這樣做不僅在嘗試去發現人的原始動機時有幫助，而且也在回答教育人類學的問題時顯得有意義。㈡人格形成的理論：早期教育人類學深受教育心理學的影響，教育人類學雖然粗具形式，但是尚未充分的得到發展。第二次世界大戰後，加入了生物學的知識和文化人類學的觀念，教育人類學的理論才逐漸成熟。教育人類學有了完整的法則，對於人性的瞭解將更有幫助。教育人類學的研究是從兒童至成人，其中最重要的是「人格形成的理論」（Theorie der werdenden Person），而人格的形成，最重要的特質是「愛」（Liebe），「愛」有很大的力量。㈢自我實現即自我創造：在自我當中有兩個關鍵性的概念，那就是「自由」（Freiheit）與「良心」（Gewissen）。這兩者在人做決定時，扮演著重要的角色。但是人不能只是消極的安於現狀，等到事情到來時才選擇，應該積極的去創造，這就是創造性。有了創

造性之後，人才能形成一種力量，那就是自我形成的力量。促使學生的自我實現，必須視施教者的教育動機而定，施教者可以矯正受教者的行為，所以教育可以訂定如下的規準：教育就是你在學生自我實現的每一種教育行動中提供服務。㈣瞭解道德的任務：教育人類學要瞭解道德的任務，這也是教育的任務。教育人類學重視教育行動的問題，希望教育行動的改變合乎道德的任務。教育人類學以人性為範圍，教育的努力是為了人格的形成，也就是使人有完美的人格。道德是一種力量，具有催促人的行為去遵守的力量。此外，社會化與認同也是道德新的觀念。

黑格爾（Georg Wilhelm Friedrich Hegel, 1770-1831）在《精神現象學》（*Phänomenologie des Geistes*）一書中，從正反合辯證的觀點出發，探討人類思想的發展過程。主張人類的意識從感性出發，經由否定、揚棄和綜合的方法，會經歷知覺、理智、自我意識、理性、客觀精神的過程，最後達到絕對精神的境界，這個境界不僅是藝術、宗教和哲學的統一，而且也是真善美聖的統一（Hegel, 1988）。其實，黑格爾談到的人類思想辯證過程，就是人類教育的過程，也是人類自我實現的過程。德波拉夫深受黑格爾教育哲學和辯證方法的影響，主張要達成自我實現的教育目的，教師必須在教育的過程中，提供學生各種必要的協助，才能引導學生達到自我實現的理想。德波拉夫主張從兒童到成人的教育過程具有辯證的性質，可以區分為三個反思的階段（Derbolav, 1969: 128）：

第一階段是「觀察——實際的過程」（anschaulich-praktischen Umgang），兒童觀察實際事物與父母和環境產生「行動對話」（Handlungsdialog），其精神的視野是「母語」（Muttersprache），經由語言促使兒童逐漸明瞭主體、他人和環境的關係，並且學習風俗習慣、生活規定、文化、宗教等（Derbolav, 1971: 73）。

第二階段是「引導性的教學」（Geführte Unterricht），為協助兒童進入精神世界，增進其理論知識，必須給予兒童引導性教學，使其認識生活世界中的各個領域（Derbolav, 1969: 128）。

第三階段是「批判——疏遠的反思」（Kritisch-distanzierender Reflexion），對生活世界中的「異化」（Entfremdung）現象加以批判，培養個人

的「良心」（Gewissen），協助未成年人達成自我實現的理想。

綜合而言，德波拉夫從教育人類學的觀點出發，深受黑格爾和李特教育哲學的影響，主張教育的目的在追求個體的自我實現，注重健全人格的培養，將人類發展的過程視為辯證的過程。這種辯證的教育過程，顯示出人類在發展的過程中，不斷的經由自在、他在和返回自在的運動，使個體的教育逐漸的朝向自我實現的目標前進，最後達成預定的教育目的。但是這種教育目的偏重在個人主義或自然主義層面，比較忽略社會主義層面的教育目的。因此，這種教育目的論不是非常的周全。

## 第三節　紀諾斯的教育目的論

紀諾斯（Henry A. Giroux, 1943- ）1943年出生於羅德島，1961年進入麥納大學，1967年獲得阿帕拉契州立大學碩士學位。1969-1975年在巴林頓（Barrington）中學教書，擔任歷史教師的工作。1977年在卡內基─梅倫大學（Carnegie-Mellon University）攻讀有關課程理論、教育社會學和歷史的博士學位，畢業後在波士頓（Boston）和塔夫特（Tuft）等大學任教，自1983年起擔任俄亥俄州邁阿密大學教育學教授，同時擔任「教育與文化研究中心」（Center for Education and Cultural Studies）主任。1992年轉到賓州州立大學，擔任中等教育瓦特巴利講座教授。2004年轉到加拿大安大略省漢米爾頓的馬克馬斯特大學（McMaster University），擔任英語與文化部門全球電視網絡講座的教授。其批判教育學深受法蘭克福學派、佛雷勒教育哲學、後現代主義、女性主義和後殖民主義的影響，注重公共教育學、課程理論、道德教育、教育哲學、高等教育、青年研究、媒體研究和文化研究的探討。主要著作有《潛在課程與道德教育》（The Hidden Curriculum and Moral Education）、《現代批判教育學》（Critial Pedagogy in the Modern Age）、《教師即知識分子》（Teachers as Intellectuals）、《通俗文化與批判教育學》（Popular Culture and Critial Pedagogy）、《學校教育、政治學與文化掙扎》（Schooling, Politics, and Cultural Struggle）、《介於邊界之間》（Between Borders）、《橫越邊界》（Border Crossings）、《通俗文化、學

校教育與日常生活》（*Popular Culture, Schooling and Everyday Life*）、《後現代教育》（*Postmodern Education*）等（Giroux, 1988: 258）。

　　根據個人對紀諾斯相關文獻的分析，其批判教育學與邊界教育學的主要內涵如下：

## 一、教育目的理論的分析

　　紀諾斯從後現代主義的觀點出發，建構其「批判教育學」（Critical Pedagogy），提出「公民」教育目的理論。紀諾斯認為後現代主義是一種對現代主義的反思，提倡批判教育學的探究。因此，紀諾斯並未完全否定現代主義，他主張教育理論發展到二十世紀後半葉，以「進步主義」（Progressivism）為基礎的教育制度產生很多問題，造成「保守主義」（Conservatism）教育改革的要求，他對「現代主義」（Modernism）和「後現代主義」（Postmodernism）都有所批評。紀諾斯從這個觀點出發，企圖建立更能適合於現代思潮的教育理論。紀諾斯認為在當代許多教育改革的主張中，保守主義[2]的教育改革曾經極受重視，但卻有許多問題。尤其是美國教育家布魯姆（Allan Bloom, 1930-1992）和赫許（Eric Donald Hirsch, 1928-）的著作，將進步主義者建立的自由開放傳統拉回到菁英教育、權威教學和強權意識型態的教育理念中。雖然布魯姆也曾批評現代科技知識強權，他相信黑格爾之後的哲學已經放棄對真理和智慧的追求，成為科技知識的奴隸。在保守的教育改革運動中，主要是對文化傳統的肯定、恢復歷史典籍的研讀和菁英學者的訓練。但是從後現代主義的教育觀來看，這種教育改革仍停留在菁英主義的意識型態中，無法培養具有批判能力的公民（Giroux, 1988: 173-202；郭實渝，1996：254-255）。

---

2　保守主義是指赫欽斯（Robert Maynard Hutchins, 1899-1977）、布魯姆和赫許等人，對文化傳統的肯定、恢復歷史典籍的研讀和菁英學者的訓練，又稱為精粹主義（essentialism）。

## 二、批判識讀意義的詮釋

紀諾斯認爲佛雷勒（Paulo Freire, 1921-1997）所提出的「批判識讀[3]」
（critical literacy）的傳統，後來經由葛蘭西（Antonio Gramsci, 1891-1937）、
巴克汀（Mikhail Bakhtin, 1895-1975）和其他理論家進一步加以發展。在美
國，這種「批判識讀」的傳統存在於1920年代的移民和1960年代的公民權
運動之中。但是識讀的語言幾乎同時與自由和右翼論辯的流行形式聯結在
一起，這種取向將識讀化約爲功能的觀點和經濟的興趣，或是成爲一種啓
發貧民、被剝削者和少數民族進入統一的意識型態和宰制文化傳統之中的
邏輯。在這種情況下，識讀不僅變成功能性閱讀和寫作技能的活動，學校
課程成爲職業導向和訓練；同時識讀變成一種學校教育灌輸意識型態的工
具。因此，紀諾斯主張重建一種識讀激進的傳統。他認爲批判識讀是一種
自我和社會賦權增能的前提，與記憶的獲得自由具有密切的關係。同時，
識讀也是一種文化政治學的形式。這種批判識讀的教育學：㈠必須在差異
和社群政略中被發展起來，不能單純的奠基在多元性的頌揚之上；㈡必須
爲公共生活、解放的社群、個人與社會承諾的語言的道德性而發聲；㈢教
師必須提供學生在編製的課本和課程材料中，質疑差異的語言和意識型
態論辯的機會；㈣教師必須在教學和學習中，與他人一起探討意識型態的
興趣，如何建構他們的能力；㈤學校生活不是只有教師的聲音和學生的聲
音，這種兩極化的觀點無法說明學校眞實的情況，因爲學校生活是由許多
不同的聲音和需要所形成的，教師應該有所瞭解。除此之外，教師應該是
一位轉化性的知識分子，積極參與社區和社會的活動，進行教育改革，才
能建立一個民主的社會（Giroux, 1988: 147-172）。

## 三、邊界教育學的建立

紀諾斯發現批判教育學依然存在著許多現代主義宰制的敘事，因此
進一步提倡「邊界教育學」（Border Pedagogy），企圖發展一種民主的公

---

3    批判識讀是指從反省批判的觀點出發，進行讀寫算等基本能力學習的活動。

共哲學，尊重差異的觀念，作爲拓展公共生活品質奮鬥的一部分。邊界教育學的觀念不僅重新劃定知識和權力不同的疆界，同時與教育學的觀念聯結，爲了民主的社會而努力。邊界教育學企圖關聯現代主義解放的觀念和後現代主義抵抗的觀念，作爲一種對抗政治、經濟、文化、歷史、性別、種族和社會階級錯誤意識型態的文本，使受壓迫者產生對抗壓迫者的歷史記憶，找到自己的主體性，將邊界教育學視爲一種差異政略，教師必須扮演轉化性知識分子的角色，重視學生不同的聲音，積極參與社會的改革活動，重新定義政治、文化和社會的關係，以建立一個尊重差異和多元的民主社會（Giroux, 1991: 114-133）。紀諾斯主張如果能夠將現代和後現代主義的理念結合，必能深化批判的教育形式。從批判教育學的觀點看來，教育是一種政治、社會和文化事業，教育的目的在培養具有批判能力的公民，發展一種民主的公民哲學，協助學生理解社會關係脈絡的經驗，實際參與「社會論辯」（social discourse）。在批判能力的成長過程中，漸漸瞭解個人與他人的關係，並且尊重他人的存在。提升學生認識的層次，強化學生的社會責任感，使學生認清不平等的情境，拓展維護人權的工作。批判教育學容納各種邊界論述，開放課程的界限（Giroux, 1992: 39-88）。因此，紀諾斯將其稱爲後現代時期的「邊界教育學」。

## 四、公共教育危機的批判

紀諾斯從教育改革與教育危機的角度，分析了教師工作的「無產階級化」現象。紀諾斯認爲，當代美國公共教育面臨的危機中，蘊涵著下列的弔詭：一方面認爲學校教育的危機主要是發生在學校無法眞正地處理「卓越」（excellence）與「創造性」（creativity）的問題，使得學生無法爲日益精密的科技社會充分作好準備；另一方面卻又忽略了教師在預備學生成爲富主動性、批判性公民時的角色，輕忽了教師在這些議題上應該有的智慧、判斷與經驗。紀諾斯強調，美國的教育改革者一方面要求應該增進學生的創造與卓越，但另方面卻同時侵蝕了教師對於其教學情境所應享有的權力，並且主張行政人員與教師應該從學校以外去尋求需要的改進與改革（Giroux, 1985: 23）。紀諾斯進一步說明了美國的教育改革所導致的結果

——這些教育改革使教師的地位降低至成為一種低層次的雇員或公僕，教師的主要功能在完成由高層政府或教育官僚體制中，專家所決定的改革事項。換言之，這些改革表現的是一種技術性的解決，而忽視了學校生活中歷史與文化的特殊性，它們可能進一步削弱學校行政人員、教師和父母、當地社團共同合作以改進學校的可能性（Giroux, 1985: 23-24）。簡言之，在紀諾斯的看法中，正是由於美國的教育改革主要是以「技術理性」（technocratic rationality）掛帥的緣故，導致觀念與執行分離、知識的標準化是以能否予以管理或控制而定；而且在實用優先的考量下，使得教師與學生之批判性智識工作的重要性受到了貶損（Giroux, 1988: 123）。

## 五、後現代主義課程理論

紀諾斯的邊界教育學有三個核心政略：對抗文本（counter-text）、差異政略（the politics difference）和對抗記憶（counter-memory），透過文化、政治和歷史三個角度的交叉分析，可以幫助我們瞭解紀諾斯如何以差異和他者的觀點，發揮一種後現代的抗拒，融入課程理論，不斷地為多元激進的民主政治鬥爭（周珮儀，2001：16）。紀諾斯認為當前的課程經常以一種特殊的文本權威形式呈現，將文本視為一種獨立於情境之外靜待解讀的客體；文本的意義已經被作者定義了，學生必須忠實地恢復這種表徵；或是文本的意義存在某種特定結構。總之，學生無法以對立的閱讀方式來參與和改變文本，只能被動地接受某種合法化的文本權威，這使得他們自己的聲音變得沉默，無法從自己的歷史、經驗、社會位置發言（Giroux, 1991）。為了避免差異失去政治的動力，紀諾斯認為我們可以將現代主義的民主和解放的方案，結合各種社會運動和在後現代浮現的新的政治理解，以「差異政略」質疑公共政治，挑戰現代主義的本質主義、線性歷史、封閉敘事、統整文化、學科次序和技術觀，重新開啟多元性、異質性、不確定性和無法預測性的民主傳統，創造允許共同聯結的新主體立場，展開多樣性的民主鬥爭，例如：反種族主義、反性別主義、反資本主義的共同聯結。這些鬥爭並非自然的聚合，或是在既定的利益上建立聯盟，而是需要一種「新的共識」，以差異為民主社會的核心，轉變不同團

體的認同，使得每個團體的需求能根據民主原則聯結到他人。在應用上必須注意：不能以犧牲婦女、移民或消費者等為代價來追求勞工的利益，而必須把這些層面的不同鬥爭視為同等重要（Giroux, 1991; Laclau, 1988; Mouffe, 1988）。紀諾斯使用「對抗記憶」的形式，從歷史的層面思考在教育上如何跨越邊界，將正義、民主和差異的論述轉化為教學實施。他主要是透過一種「對抗記憶」的形式，以日常生活中的特殊事件為起點，融合鉅觀的社會歷史、族群歷史和自我的歷史，對於歷史進行批判閱讀；瞭解過去如何影響現在，現在如何解讀過去；探討歷史如何以專斷和整體化的敘事呈現正義和真理，如何讓某些人的聲音沉默。「對抗記憶」所要對抗的是一種具有連續和累積的線性歷史觀，他訴諸規範性的情感和權威，對抗「為什麼」的問題，總是回答：因為過去一直這麼做。處於這種歷史觀中的人並不會反思他的條件，而是產生固定不變的知覺和相似動作的重複實施。這種形式往往在連續性的論述中，回應主流史觀的主體，單方向的傳遞和繼承知識與社會實施。相對地，「對抗記憶」不是設置一個完全統一的傳統，以供崇拜、重新確認、再製或抗拒，而是以局部性的觀點，探討理性普遍化的主張和預設終點的巨型敘事，如何導致特殊形式的苦難，並鼓勵教師去超越這些限制，以一種新故事的方式，而非懷舊和鄉愁的形式，重新開啓過去，恢復社群的記憶和鬥爭的敘事，讓來自各種主流和非主流團體的教師與學生，都能找到自己的立場和認同，面對不同的未來重建這些故事（Giroux, 1991）。

## 六、教師角色的重新界定

紀諾斯的「教師即知識分子」的觀點，主要是受到葛蘭西觀點的啟發，紀諾斯認為葛蘭西「人人皆是知識分子」觀點的最重要之處，在於它賦予教育活動以政治性格（Giroux, 1985: 34）。在這樣的政治性格之下，學校成為民主的公共論域（democratic public spheres），而「教學」則被理解成為「文化政治學」（cultural politics）的一種形式。紀諾斯之所以將教師視為知識分子，在於他著眼於知識分子所具有的共同歷史精神——對現況的不滿，或對統治階級的批判。紀諾斯分析了師資訓練機構與公立學

校為何不將教師視作知識分子的原因有二：一是「技術專家理性」瀰漫的結果，使得理論與實踐分開，忽視了教師本有的創造力與洞見；二是學校領導與組織理論的盛行，使得教師對於其工作的自主權愈來愈少（Giroux, 1985: 32）。紀諾斯認為將教師視作知識分子，至少可以提供下列的幫助：第一，它提供了將教師工作作為一種智識勞動（intellectual labor）形式進行考察的理論基礎。第二，它可以釐清智識工作中的意識型態與物質的必要條件。第三，它可以幫助說明教師工作中所產生及合法化的智識性、意識型態與利益的不同模式。換言之，在紀諾斯的看法中，強調教師是一種知識分子可以重新找回教師工作中應有的思考與心靈，也可以對目前社會習於將概念、計畫、設計與實現過程、執行等二分的意識型態，提供批判的力量（Giroux, 1985: 30-31）。不過，相較於葛蘭西對於知識分子的區分，紀諾斯進一步將教育工作者的「知識分子」身分分成四類（Giroux, 1985: 35-36）：批判的知識分子、順應的知識分子、霸權的知識分子和轉化的知識分子，這四類知識分子的主要意義可概述如下（方永泉，1999b：99-126；黃嘉雄，1995：149-150；Giroux, 1985: 36-39）：

　　㈠**批判的知識分子**（critical intellectuals）

　　批判的知識分子在意識型態上，可說是現存制度與思考模式的另類選擇，但是他們並不涉入社會形成的過程或是去實行某些具有政治性的社會功能。對於批判的知識分子來說，抗議或批判是他們作為知識分子之專業地位與義務的一部分，他們常會以個人身分去批判社會的不平等與不公，但他們通常不會由孤立的個體走出，與他人團結在一起，共同進行集體的鬥爭。亦即是，批判的知識分子，雖然可能會基於知識分子的良知對於社會現狀提出批判，但他們鮮少將批判轉為政治性實踐行動。

　　㈡**順應的知識分子**（accommodating intellectuals）

　　雖然這類知識分子有著堅定的意識型態立場，但他們卻未自覺到自己已成為社會現況的支持者。他們常自以為是中立的、遠離各種黨派與意識型態之爭的、非政治性的，但實際上他們早就成為那些未經批判的觀念及社會實際之間的中介橋梁，並且常為社會現況的再製作出「貢獻」。

## (三)霸權的知識分子（hegemonic intellectuals）

這類的知識分子不僅臣服於各種形式的學術與政治團體之下，也不只隱身於客觀主義的外衣之後，關於自己對宰制之主流團體的支持與協助，他們不僅自己有所察覺，而且也不以為忤。

## (四)轉化的知識分子（transformative intellectuals）

不只對於社會的現況有所反省批判，而投入實際社會結構的改造行動；不僅是站在知識分子良心的立場上，針對社會不公與不平發表自己的意見及批判，在此同時他也能洞察各種權力競爭時隱藏於下的意識型態與利益，他不會刻意假裝中立。在說明「轉化的知識分子」之核心意義時，紀諾斯主張轉化的知識分子應該將教育直接納入政治的領域中，說明學校教育除了代表不同意義的競逐外，也代表了一種權力關係的鬥爭。強調教師最重要的就是要先「釋放記憶」（liberating memory），使學生認知到人間各種苦難與壓迫的真相，讓學生瞭解到人類存在的現實面，並且體察到改造社會環境以減少人類目前苦難的需要（Giroux, 1988: xxxiv）。其次，轉化的知識分子必須重新定義「文化政治學」，以理解學生的主體性是如何透過某些歷史生成的社會形式而形成並且受到控制，對於身為轉化性知識分子的教師而言，他不僅必須對於學校此一特殊社會環境如何形塑學生經驗有所探究瞭解，他也必須對於學校之外的權力機器是如何產生知識的形式，而使得某種特定形式的真理或生活方式合法化的過程有所理解與探究（Giroux, 1988: xxxv）。紀諾斯認為一位轉化性知識分子的教師，首先必須在教育過程中將學生當作是一個具有批判力的主體來看待，他在進行教育活動時，必須將知識予以問題化，並且運用對話的方式，使得知識成為有意義的、具批判性的和解放性的事物（Giroux, 1985: 37）。

綜合而言，紀諾斯的教育目的論從調和現代主義與後現代主義的觀點出發，建立批判教育學和邊界教育學，批判保守主義和進步主義教育理論的缺失，指出教師是一種轉化性的知識分子，應該積極的參與社會的改造，企圖綜合個人主義和社會主義的教育目的，使個人能夠達到自我實現，進而建立一個自由民主的社會。他主張教育的目的應該先培養個體成為具有批判能力的公民，進而參與社會各種問題的論辯，發現社會的弊

端，進行社會改革的運動，建立一個自由民主的社會。但是這種教育目的
理論，注重個體批判反思能力的培養，希望建立一個自由理性的社會。但
是忽略健全人格的陶冶，仍然有其不夠完善之處。

## 第四節 柯瓦契克的教育目的論

柯瓦契克（Wolfdietrich Schmied-Kowarzik, 1939- ）1939年出生於奧地利
斯泰爾馬克（Steiermark）的佛利德堡（Friedberg），父親華特爾（Walter
Schmied- Kowarzik）是維也納大學的哲學教授，母親格姝特（Gertrud von
den Brincken）則是一位作家。1945年進入維也納的基礎學校就讀，1949年
轉到德國的雷根斯堡就讀經濟文理中學，1959年通過高中畢業會考，進入
維也納大學，主修哲學、民族學和心理學，1963年以〈謝林後期哲學中的
意義與存有〉（Sinn und Existenz in der Spätphilosophie Schellings）一文，獲得
維也納大學哲學博士學位。從此，隨著教育學家德波拉夫，從事教學和
研究的工作。1964年應聘波昂大學教育科學研究所，擔任哲學和教育學學
術助理的工作。1970年通過大學教授備選資格審查，晉升為教育學和哲學
講座教授。同年，應聘敏斯特大學普通教育科學研究所，擔任哲學和教育
學教授，1971年轉到卡塞爾大學，擔任哲學與教育學教授。曾經在1981年
和1996年，被推選為教育科學與人文科學院院長，現任卡塞爾大學教育科
學研究所講座教授。柯瓦契克是德國當代重要的教育學家（Schaller, 1979:
182-183）。

柯瓦契克在羅森茨麥（Franz Rosenzweig, 1886-1929）哲學著作《救
星》（*Der Stern der Erlösung*）的詮釋中，對猶太宗教與基督宗教的關係做
出辯證綜合的解決（Schmied-Kowarzik, 1991: 39-40），同時在其反思教育學
中，對消極教育學和積極教育學的關係加以探討（Schmied-Kowarzik, 1993:
69-70）。柯瓦契克認為猶太宗教（Jüdische Religion）是一種消極宗教，
其信仰的神是隱含的，不具有圖像，而且不曾以救世主（Messias）的方
式在人類的歷史中出現過，因此，猶太宗教的神像不要求一種「肯定」
（Affirmation）的遵從，而且力求「肯定」遵從的避免和禁止。相反地，

基督宗教（Christliche Religion）是一種積極宗教，因為基督宗教的神具有圖像，曾以救世主的方式在人類的歷史中出現，並且對其教會產生積極性（Positivität）的規範，因此，基督宗教對其規範要求一種「肯定」的遵從。他認為猶太宗教和基督宗教的衝突源自雙方的誤解，要解決雙方的歧見，必須從其宗教哲學（Religionsphilosophie）的溝通和轉化著手，才能避免人類歷史悲劇的重演。柯瓦契克主張猶太宗教和基督宗教都未擁有完全的真理，只有神才是完全的真理。猶太宗教和基督宗教應該彼此對話，並且捐棄成見互相合作，才能獲得較為完整的真理，成為一顆閃耀璀璨的明星（Schmied-Kowarzik, 1991: 42-43）。柯瓦契克主張自由社會的建立，需要健全的個人，而個人的自我實現只有在自由的社會中才有可能，因此教育的目的不能僅僅注重個人的自我實現，也不能只注重人類社會的改善，而應當兩者並重（Schmied-Kowarzik, 1974: 113）。教育的目的必須注重個人的自我實現，同時應該經由教育培養具有批判能力的公民，以改善社會存在的缺失，建立一個自由理性的理想社會。但是，這種教育目的論缺乏健全的人格作為基礎，依然無法讓個人達到自我實現，而且也難以建立一個自由理性的社會。

　　柯瓦契克從辯證教育學的觀點出發，深受黑格爾和馬克斯哲學的影響，主張兼顧自我實現和建立理性自由社會的教育目的。但是，柯瓦契克的教育目的論未奠基在健全人格的基礎上，恐怕無法達到自我實現和建立理性自由社會的理想。其次，柯瓦契克認為藝術學說無法對具體的教育情境加以解釋和指導（Schmied-Kowarzik, 1974: 46），這種觀點是錯誤的，因為科學性的教育理論仍然無法解釋某些教育現象，例如：教育的審美現象，藝術不是創造性的奇想或是一種工藝技術，而是人類完整生活不可化約的基本現象。再次，柯瓦契克的積極教育學只強調政治—經濟因素的分析，並未奠基於人類生活的實踐之上，人類的共同存有包含政治（Politik）、經濟（Wirtschaft）、倫理（Ethik）、藝術（Kunst）、宗教（Religion）與教育（Erziehung）六大基本現象，在歷史與社會複雜的影響關係中，彼此不能相互推演或化約（Benner, 1987: 20）。因此，他的陶冶理論對於教育任務的規範無法完全達成。而且，柯瓦契克的積極教育學注

重教育方法和教育任務的規範，不允許師生加以反省批判，容易使教學淪為灌輸，在這種情況下，教育不但無法促成個人實現，而且無法改善未來的社會。

　　總而言之，從辯證實踐學的立場來看，個人主義和社會主義的教育目的都有所偏頗，而且無法滿足後現代教育目的的要求。因此，後現代教育目的論的建立，應該兼顧個人主義和社會主義的觀點，培養個體健全的人格，才能達成個人的自我實現，建立自由理性的社會。波姆（Winfried Böhm, 1937-）在《人格教育學大綱》一書中，主張自我實現的單子論[4]（Monadism）概念，在一個多元的社會和價值不確定的時代根本無法實現，因此教育和陶冶需要培養團結、無私、妥協、無我和放棄直接需求的滿足。強調人類共同生活對話的觀點，主張我們對於人類的理解既非從個體的概念，亦非從社會角色扮演者的概念來描述，因為這兩者都無法讓我們將人類作為自身的存有或作為自身的作品來理解，而是將人類作為被自然或被社會所決定的產品來看待。人作為自身的作品，作為他自己歷史的作者，只有站在自我的立場和堅持人格的概念中，才能作為經由自我意識、個人良心、自我控制和自我決定的形式被標示，個人自由的與客觀的義務對立，不再是既與次序的意義，而是原理提交的意義；不再是一種扮演的義務或德行的學說，而是將理性共同的影響作為一種「最高善」的理念來思考。超越人類在團體中自己對人格的理解，同時必須從這種理解出發，彼此相互的對待、討論和行動（Böhm, 1997: 58-59）。波姆的人格教育學認為後現代教育的目的，不能只強調個人的自我實現和自由理性社會的建立，而應該注重健全人格的培養。因為沒有人權的觀念，沒有健全的

---

4　萊布尼茲（Gottfried Wilhelm Freiherr von Leibniz, 1646-1716）提出單子論，主張單子是組成物質最基本的單位，物質只是現象，只有單子才是真實。實際上並不存在著物質，而它只是單子的表象。物質不只是擴延，而且有抵抗力。萊布尼茲稱之為「初級物質」（primary substance），但它只是存在於思想中，是抽象的產物。高階單子不可避免的都得要和低階單子合成，所以他的知覺能力不可能是透澈完美的，只有上帝這個最高階單子可以不和其他低階單子合成複合單子。心與物之間的關聯都需要靠上帝來撮合，即所謂的「預立和諧說」。

人格，自我實現的理想根本無法達成。唯有建立良好的人際互動，培養健全的人格，個人才能眞正的達到自我實現的理想，如果不奠基在健全人格的基礎上，自由理性社會的建立根本不可能長存。所以，教育的目的應該兼顧個人的自我實現、自由理性社會的建立和健全人格的培養。

# 第五章

# 教育方法論

「人類的主體性不僅存在於觀念的本質中，
也存在於意志的本質中。」
——芬克（Eugen Fink, 1905-1975）

　　哲學中的「方法論」（Methodology）是指一門從後設的觀點出發，探討研究方法問題的學科。「教育方法論」（Educational Methodology）擷取方法論的涵義，主要在探討教育方法的問題。自從十七世紀工業革命以來，人類不僅對自然大肆的破壞，同時發明致命的武器，日以繼夜的相互殘殺，造成自然破壞的問題和人類毀滅的危機。在這種情況下，雖然國際組織不斷的呼籲，希望透過政治磋商，遏止人類毀滅的威脅，但是成效相當有限。因此，只有經由教育的合作，才能找出一套解決的辦法，以阻止自然的破壞，避免人類走向毀滅的道路。為了達成這個目標，教育工作需

要一種正確的教育學來加以指導。在教育史中有許多學者提出「消極教育學」（Negative Pädagogik）與「積極教育學」（Positive Pädagogik），藉以改善教育的理論與實踐。消極教育（Negative Erziehung）是指教師在進行教學時，不預先給予學生確定的規範，而讓學生主動地經驗世界，進而獲得知識的教育方式，「消極教育學」是一門研究消極教育理論的學科。「積極教育」（Positive Erziehung）是指教師在進行教學時，會預先確定行為的規範，並且預定了教育的目標，直接將知識、情意和技能傳遞給學生的教育方式，「積極教育學」是一門研究積極教育理論的學科。但是「消極教育學」與「積極教育學」的關係一直未被闡明，因此現代教育科學中仍然存在著許多問題。

　　當前對「消極教育學」與「積極教育學」關係的探討，主要有三個取向：第一個取向致力於建立教育學為「科學」（Wissenschaft），從理論的觀點出發，強調教育行動的指導，教育任務的導向與教育事實的分析，但是不主張教育實踐的規範；第二個取向將教育學視為「行動」（Handeln），從實踐的觀點出發，強調一種在反思過程中「積極性」（Positivität）的引導，但非「積極性」自身中的引導；第三個取向著重教育學作為理論與實踐的聯結。他們從理論到實踐、從實踐到理論和理論與實踐相互逼近三種觀點，綜合教育學作為理論的與實踐的科學。但是這些學派不同觀點的探究，迄今沒有得到令人滿意的結果，「消極教育學」與「積極教育學」的關係尚未得到正確的說明。面對這種情況，教育學家必須解決這個問題，才能改善教育理論與教育實踐，對人類的教育作出貢獻（Liang, 1997: 1）。教育是施教者秉持著善意，通過內在啟發（Initiation）和外在陶冶（Bildung）的方式，進行各種教導與學習的活動，引導受教者朝向正向價值，使其產生自我創化（Autopoiesis），以獲得知識、情意和技能，並且形成健全人格的歷程。其目的不僅在於個人的自我實現，建立理性自由的社會，同時也在於培養健全的人格。在教育歷程中必須運用適當的教育方法，才能達成教育的目的。但是，有的教育家強調消極的教育類型，有的教育家注重積極的教育方式，在這種情況下，許多教師都感到相當困擾，不曉得在教學過程中，究竟應該採取何種方式比較適當。因

此，在現代教育學中亟需建立一種「教育方法論」，探討消極教育和積極教育的關係，以作爲教師選擇教育類型和教育方式的參考。

## 第一節　盧梭的教育方法論

　　盧梭（Jean-Jacques Rousseau, 1712-1778）是消極教育理論的代表人物，1712年出生於瑞士日內瓦（Geneva），先祖原來是法國巴黎人，爲了追求宗教自由，於1549年遷居日內瓦。父親以鐘錶爲業，母親賢慧而美麗，兩人伉儷情深，但是在生下盧梭後不久，就因病去世了。因此，盧梭自幼年起即在父親和姑母的養育下長大成人。13歲那年父親受誣入罪，他才出走里昂（Lyon），寄居舅舅家，其後與表哥一起到波塞（Bossey）求學，拜在牧師蘭柏爾（Demoiselle Lambercier）門下。1724年在舅父安排下學習書記職務，不久，因爲自覺不適於此業，遂改行學習雕刻，從事學徒的工作。1728年春天，利用關閉城門的機會離開故鄉，北從法蘭西的巴黎（Paris），南至義大利的杜利諾（Turino），開始流浪的生活，這段時間裡盧梭曾熱衷於音樂的學習，後來投靠香柏里（Chambery）的華倫絲夫人（Madame de Warens）。這是他一生當中最幸福的時期，但是華倫絲夫人的財政狀況日漸拮据，而且兩人關係逐漸冷淡，因此盧梭終於在1740年離開香柏里，遷居里昂，擔任馬柏里（Jean Bonnet de Mably）的家庭教師。1742年夏天回到當時歐洲文化中心的巴黎，在巴黎的一個沙龍（Salon）與哲學家狄德羅（Denis Diderot, 1713-1784）結識。當時狄德羅正在撰寫百科全書，鑑於盧梭嫻習音樂，因此邀請盧梭編寫音樂部分。在這段期間，他也參與「音樂新記譜法」（Nouveaux signes la musique）的工作，從事幾齣歌劇的創作，並且出任法蘭西駐威尼斯大使的隨從。由於盧梭性格敏感內向，與當時社會現況不合，因此社交生活相當失意。爲了尋覓安慰，遂與泰勒莎（Therese le Vasseur）發生關係，但是因爲經濟不佳，生活難以爲繼，不得已將子女送交孤兒院，而帶來終生的遺憾。這使得盧梭開始批評社會不合理的現象，1749年參加第昂學院（The Academy of Dijon）有關「科學和藝術的進步，對於道德是破壞或是改善」（Si le progris des sciences et desarts a contribne a carrompre ou a epurer les maeurs）問題的徵文獲得首獎。1750年出版《關於法蘭西音樂的信函》（*Lettre sur la musique francaise*）、《納爾西斯序文》（*Preface de Narcise*）、《論人類不平等起源》（*Discours l'origine de l'inegalite parmi les hommes*）和《政治經濟論》（*De-l'economie politique*），使得盧梭在學術思想界聲名遠播。1756年春天，盧梭接受艾比妮夫人（Madame de Epinny）的邀請，在巴黎郊外的蒙特莫蘭西（Mont-morenci）講學，後來由於盧梭深愛的胡德歐夫人（Madame de Houdetot）與艾比妮夫人交惡，造成不歡的局面，盧梭遂於1759年遷居孟特路易斯（Montlouis），撰寫《新愛洛依斯》（*La nouvelle heloise*）、《社會契約論》（*Du contrat social ou principle du droit politique*）和《愛彌兒》（*Emilé ou de l'education*）等三本著作。這些著作使盧梭的學術聲望達到巔峰。但是盧梭也被法蘭西和日內瓦政府通緝，他的許多作品也被列為禁書。然而，盧梭對於社會政治的批評卻未停止，其後他又出版了《致克里斯多福信函》（*Lettre a christophe de beaumont*）和《山居尺牘》（*Lettres ecrites de la montagne*），以控訴各國政府的迫害。在盧梭困頓潦倒時，英國哲學家休姆（David Hume, 1711-1776）邀請他渡海到英倫，英王喬治三世（George III）有意賜以年金，但是他拒絕接受。後來，因為懷疑休姆等人意在陷害他，終於成為被迫害狂。1760年潛返法國，徘徊於弗勒利（Fleury）、泰爾（Tyre）、孟格茵（Monguin）等地，1770年夏天回到巴黎，重新撰寫樂章，生活逐漸適意，終於和泰勒莎結婚。在這時間裡盧梭完成了《懺悔錄》（*The confessions*）、《盧梭對話錄》（*Dialogue de rousseau juge de Jean-Jacques*）、《科西嘉憲法草案》（*Projekt de constitution pour le corse*）和《波蘭統治論》（*Considerations sur le gouvement de la pologne*）等著作，1778年在巴黎近郊病逝，結束他坎坷的一生（黃遙煌，1964：67-70）。

　　盧梭教育理論的性質一直是教育學家爭論的焦點，有些教育學家從盧梭著作的《論人類不平等的起源》、《愛彌兒》和《新愛洛依斯》出發，認為盧梭的教育理論是一種「自然的教育」（natürliche Erziehung）；另外也有一些教育學家則從盧梭著作的《社會契約論》、《政治經濟論》和《波蘭統治論》出發，主張盧梭的教育理論是一種「國家的教育」（staatliche Erziehung）。而事實上，盧梭在《論人類不平等的起源》、《愛彌兒》和《新愛洛依斯》等著作中，抱持的是絕對個人主義，主張在國家無政府的自然環境中，人是幸福的，眞誠坦率，無爭鬥的事端。但是，到了《政治經濟論》一書中，盧梭的思想已經開始轉變，不但主張國家的重要性，而且要有一個強而有力的國家存在，最後傾向國家主義。這部分也是盧梭對於政治思想最重要的一個部分，盧梭認爲國家是有生命的機體，他比喻政府如同人之頭腦，立法機關是大腦，行政機關是小腦，財政是循環系統，工業是消化器官。在這有生命的組織當中人民之於國家，猶如細胞之於個體。細胞不能脫離個體而獨自生存。因此，人民必須服從國家（Rousseau, 1994）。綜合來看，盧梭的教育理論應該包含「私人的教育」（private Erziehung）和「公共的教育」（öffentliche Erziehung）兩個層面，它既是一種「國家教育學」（Nationalpädagogik），同時也是一種「個體教育學」（Benner, 1991: 20），其目的在培養一個具有自然本性的國家公民。盧梭的教育學注重教育方法和教育類型的探討，所以是一種教育理論（Erziehungstheorie）。他主張我們從自然（Natur）、人類（Menschen）和事物（Dingen）三方面獲得教育，人類內在能力和器官的發展依賴於自然，而內在發展的引導必須依賴人類來教育，從我們周圍的事物獲得自己的經驗，必須經由事物來教育（Rousseau, 1995: 109-110）。

　　在盧梭的《愛彌兒》一書中，教育目的還是偏重在一個理想的人之培育。一個理想的人，就像愛彌兒一樣，完全是一個純眞的自我。盧梭所謂理想的自然人，亦即愛彌兒的典型，乃是具有眞知，熟悉環境中的具體事物，瞭解現實的生存知識，能忍耐、肯工作，有決心、有毅力，充滿了信心與熱忱的人。盧梭所強調的知識來源，是自然，而非歷史，亦非社會。兒童從自然環境中，獲得認識的資料，形成認識的能力。按照盧梭的看法，凡是教學當中，偏重兒童心智能力的成長，就是符合了他的教育觀。所以，愛彌兒初期的教育，就是非文字的教育，完全憑藉事物的經驗和感官的訓練，然其教材則來自於自然。盧梭在《愛彌兒》一書中，用他豐富的想像力和個人的經驗，體會出當時成人往往將兒童視爲大人的縮影。兒童沒有自己獨立的表達能力，他要模仿成人所過文化生活的形式，處處以

小大人爲依據。這不但泯滅了兒童的本性，事實上是反自然之道而行的。盧梭肯定地認爲兒童雖在成長之中，但已經形成了他自己的一些能力。成人不應該將自己的判斷，替代了兒童自己去形成其判斷。盧梭所殷切而期望於愛彌兒的是實事求是的精神，他不認爲愛彌兒應該像當時一般的家庭，由於過分著重於語言文字的教育，而使得兒童成爲「幼年教授，老年兒童」。盧梭主張教育應該基於個人的經驗，強調唯實的教育方式（徐宗林，1983：163-169; Rousseau, 1995）。

　　盧梭對愛彌兒的企望，是施以消極的教育，這是盧梭主張的教育方式。所謂消極教育，就是不教以任何知識；不教以道德，而是使內心避免錯誤與罪惡。教師在教育的過程中，應該儘量不予教育，不使之授課，即是掌握住了消極教育的意義。在《愛彌兒》中，盧梭曾經舉例說明實物教學的範例。愛彌兒可以看到庭院中高高的櫻桃樹，可以看到結實纍纍的成熟櫻桃。他就得思量一下櫻桃樹高度究竟是多少？想想儲藏室中梯子的高度夠不夠？從具體事物中，學習到空間的相互關係。假如遇到了一條小溪，應該如何跨越過去？教學的材料因而就能避開語言文字的阻礙，獲得眞正親身而實用的經驗。盧梭不太贊同趁早實施文字教育，文字是代表事物的符號而已。在教育上，應該以事物的認識爲主，文字的學習爲輔。盧梭認爲那些歷史資料堆積起來的書，未必符合愛彌兒的教育目的。所以，他主張不用書籍作教本。盧梭唯一贊同的書本是《魯賓遜漂流記》（*Robinson Crusoe*）。盧梭的道德教育基於兒童是非的辨認，乃是理性成熟的結果。盧梭認爲兒童理性的成長，跟認識和理解道德規則有關。道德觀念和規則的學習，亦須從具體的事物上，予以經驗和指導即可。盧梭的道德教育，主張配合理性的發展，有助於學生道德觀念的形成。道德教育不是養成學生接受規則和命令，教學時需要說出道德行爲的理由來。盧梭強調那些已經放棄父母教育責任的男女，應該重新執行其應盡的責任。他呼籲養兒育女的父母，不要將教育子女的責任，推諉給僕人和家庭護理人員（Rousseau, 1995；徐宗林，1983：164-170）。

　　盧梭將兒童到成人視爲一成長的過程，把人類教育的過程區分爲五個階段（Rousseau, 1995: 181-185）：㈠嬰兒期（Infancy）：由出生到5歲爲

嬰兒期，這個時期嬰兒有許多需要必須滿足，處於缺乏和軟弱的階段，這個時期的教育以身體的養護爲主，特別重視家庭教育和體育。㈡兒童期（Childhood）：5到12歲爲兒童期，這個時期兒童具備了語言的能力，只能記住事物的聲音、形狀和感覺。因此，這個時期的教育以感覺教育爲主。㈢青少年期（Adolescence）：12到15歲爲青少年期，這個時期是人類一生中學習能力最強的時期，同時理性也開始發展，這個時期注重理性與手工的教育。㈣青春期（Puberty）：15到20歲爲青春期，這個時期人類的情慾開始發動，並且意識到社會關係，這個時期注重感情教育。㈤成人期（Adult）：20到25歲爲成人期，這個時期人類身體和心理的能力發展成熟，要求過兩性生活，並且參與社會生活。因此，這個時期的教育以性教育和公民教育爲主。

　　總而言之，盧梭《愛彌兒》一書中的教育方法論，認爲人類最初的教育必須是一種消極教育（negative Erziehung），小孩子不允許在道德和眞理中教導，而應該在知性中證明惡習是錯誤的（Rousseau, 1995: 72）。消極教育在盧梭的理論中是指教師不直接影響學生，而是讓學生依自己的經驗去學習，這種觀念可以在《愛彌兒》的園丁範例中獲得佐證。教師金恩—亞奎斯（Jean-Jacques）不阻止愛彌兒錯誤的行爲，目的就是要讓愛彌兒因犯錯受苦而反思，進而從自己的經驗中獲得學習，避免教師直接的教導，以增進學生學習的效果。盧梭主張經驗和感覺是人類眞正的名師（Rousseau, 1995: 173），教師應該讓學生自己主動地去學習，以獲得知識、情感和技能。盧梭的教育方法論能夠注重兒童的興趣，有助於學習效果的提升。強調實物教學的作法，可以加深兒童的印象，有助於習得知識的保留。採用消極的教育方式，可以讓兒童觀察探索外在的環境，主動的建構自己的經驗，有助於兒童反省批判能力的發展。但是這種消極教育的方法，使得教學以兒童爲中心，學到的知識往往比較零碎。而且讓兒童自己去觀察探索，時間效率上比較不經濟。同時，讓兒童從嘗試錯誤中學習，容易發生意外的危險，這都是值得我們加以注意。然而，不可諱言的，盧梭在教育理論中所強調的兒童本性、注重實物教學、以自然爲教材、消極的教育方式和發展的教育觀，不僅批判傳統學校教育的缺失，影響啓蒙運

動時期汎愛主義學校的教育改革，同時「兒童中心」的教育理念，也深深
影響文化批判時期鄉村教育之家、夏山學校和進步主義學校的建立，並且
對國家主導時期的許多教育改革運動持續發揮指導作用。由此可見，盧梭
教育理論在教育改革上的重要性。

## 第二節　佛雷勒的教育方法論

　　佛雷勒（Paulo Freire, 1921-1997）是當代積極教育理論的代表人物，
1921年出生於巴西的佛雷勒，父母屬於中產階級，由於經濟情況並不寬
裕，佛雷勒能夠深刻體會到飢餓的痛苦，這使他下定決心，為對抗飢餓
而努力。1939年進入瑞西佛（Recife）大學就讀，主修法學、哲學和語
言心理學，同時在一所中學擔任部分時間的葡萄牙文教師。在這段期間
裡，佛雷勒深受馬克斯（Karl Marx, 1818-1883）、馬里旦（Jacques Maritain,
1882-1973）、柏納諾斯（Georges Bernanos, 1888-1948）、莫尼爾（Emmanuel
Mounier, 1905-1950）等人著作的影響。1943年大學畢業後，考取律師資
格，開始擔任律師的工作。1944年佛雷勒和艾爾采（Elza Maia Costa de
Oliveira）小姐結婚，育有三女二男，這使他逐漸對教育產生興趣，開始閱
讀有關教育、哲學和教育社會學的書籍。其後，有感於拉丁美洲國家政
治壓迫情形嚴重，為喚醒民眾知覺社會制度的弊端，放棄律師的工作，
起初擔任社會福利官員，後來應聘柏南布克省擔任教育與文化部門主席
的職務。1959年佛雷勒獲得瑞西佛大學哲學博士學位，主修教育哲學和教
育史。先前從事的教育經驗使他發展出溝通和對話等成人教育的方法，
1963年間在巴西全國推展成人識字教育。由於他鼓吹民眾解放意識，以對
抗巴西軍事強權的壓迫，因此於1964年入獄。其後，佛雷勒被驅逐出境，
流放到南美的智利，在智利期間，他參與成人教育工作，貢獻很大。1965
年應邀擔任美國哈佛大學教育與發展研究中心訪問教授，1970年間擔任瑞
士世界宗教委員會教育部門助理祕書長，後來成為日內瓦文化行動研究
所執行委員會主席。1979年佛雷勒結束流亡生涯，返回巴西擔任聖保羅市
教育部長，進行學校教育改革工作，1997年逝世於巴西。佛雷勒的主要著

作有《受壓迫者教育學》（*Pedagogy of the Oppressed*）、《自由的文化行動》（*Cultural Action for Freedom*）、《教育作為自由的實踐》（*Erziehung als Praxis der Freiheit*）、《團結教育學》（*Pädagogik der Solidarität*）、《教育學在進行中》（*Pedagogy in Process*）、《教師是政治家與藝術家》（*Der Lehrer ist Politiker und Künstler*）、《學習發問：一種解放教育學》（*Learning to Question: A Pedagogy of Liberation*）、《城市教育學》（*Pedagogy of the City*）、《心的教育學》（*Pedagogy of the Heart*）、《希望教育學》（*Pedagogy of Hope*）、《批判意識的教育》（*Education for Critical Consciousness*）等（梁福鎮，2006；Böhm, 2000: 185）。

佛雷勒的《受壓迫者教育學》主要的目的在喚起受壓迫者意識的覺醒，去除沉默文化的枷鎖，轉而投入反抗的行動，從受壓迫的狀態中解放出來（Freire, 1970）。根據個人對佛雷勒相關文獻的分析，其受壓迫者教育學的主要內涵如下：

## 一、注重人性的恢復

佛雷勒認為拉丁美洲的後殖民地社會存在著一種沉默的文化，知識分子不能和社會大眾保持接觸，因此無法獲得民眾的支持。整個第三世界的人民不僅尚未作好自我決定的準備，同時缺乏自我決定的能力。在拉丁美洲社會中教育的性質根本不是中立的，而是受到統治階級意識型態的控制，在這種情況下需要一種「受壓迫者教育學」，這種教育學具有革命的性質，其任務首先在揭發壓迫的世界，改變社會的實際，其次停止教育學受壓迫者的利用，成為全人類解放過程的教育學（Freire, 1970: 52）。佛雷勒主張從價值論的觀點來看，人性化的問題一直是人類所面臨的核心問題，而此一問題現在則是我們無法逃避的問題。由於我們對「人性化」（humanization）問題的關懷，使我們會立即認知到，所謂的「非人性化」（dehumanization），並不僅僅是一種存有論上的可能性，而應該是一種歷史上的現實。以人作為一個能察覺到自己不完美的不完美存有來說，在人類客觀具體的脈絡下，無論人性化或非人性化都是人的可能性，但是只有

前者才是人類的志業。人性化的志業常遭到不義、剝削、壓迫及壓迫者所施暴力的打擊，透過受壓迫者的奮鬥，他們可以恢復過去所失落的人性（Freire, 1970）。

## 二、追求意識的覺醒

佛雷勒認爲只有通過人文主義「意識覺醒」（conscientizacaõ）的過程，批判「囤積式」教育活動意識型態灌輸的缺失，才能培養社會大眾反省批判的能力，進而達到自由和解放的目標，使教育人性化，培養一個自我強調、克服宿命論，具有責任感的人（Freire, 1970: 30）。他在《教育作爲自由的實踐》中，將人的意識覺醒分爲三個層次（李奉儒，2003：6-20；Freire, 1973: 17-18）：(一)半爲轉移意識（semi-intransitive consciousness）：是指人的一種意識狀態，其知覺領域是有限的，受限於狹窄的生物經驗中，興趣幾乎完全圍繞在與其生存相關的事物上，無法具體化日常生活的事實與問題情境，崇拜神奇的解釋而不能理解事情眞正的因果。(二)素樸的轉移意識（naïve transitive consciousness）：素樸意識階段的特徵是：「對於問題的過度簡化，對於過去的懷舊之情，群居的強烈傾向，對於探究事物興趣缺缺，而且伴隨著對於空想的解釋有著很重的口味，論證相當脆弱，強烈的情緒類型，在實務中強辯而非對話和神奇的解釋等等。」(三)批判的轉移意識（critically transitive consciousness）：批判意識階段的特徵是：「對於問題解釋的深度，以因果的原則取代神奇的解釋，對於個人的發現加以檢證，並且開放加以修正；當覺知問題時嘗試避免扭曲，而且在分析問題時避免前見的影響，拒絕推卸責任，拒絕被動的立場，論證的周延；在實務中對話而非爭辯，因爲有理由而非新奇來接納新的事物，也不因爲只是舊的就拒絕，不論新舊只接受有效的。」

## 三、教育即政治的行動

佛雷勒指出教育不是中立的事物，因爲教育如果不是用來馴化人民，便是用來解放人民。教育的政治意涵並不等同於政黨意識，而是指發展個人識字和計算的能力、問題解決、批判思考、參與決策等在新世界經濟

中競爭的能力（Freire, 1985）。佛雷勒強調教育活動的進行無法經由灌輸和操縱，達成人類解放的理想。真正的解放必須消除「異化」（Entfremdung），培養學生批判思考的能力，它是一種「人性化」的過程（Freire, 1970: 83）。為了達成解放的目標必須增進受壓迫者批判的知覺，同時以改變的主體參與社會革命的歷程（Freire, 1970: 145）。專制社會中恢復人類人性最有效的工具就是「人文主義的教育學」（Humanistische Pädagogik），在和受壓迫者對話的過程中，實施革命性的引導（Freire, 1970: 71），將壓迫的原因作為反思的對象，喚醒受壓迫者為解放戰鬥的意識，達成追求自由的目標。

## 四、囤積式教育方法的改革

佛雷勒主張傳統的教育是一種「囤積式教育」（banking education），囤積式教育的特性如下（Freire, 1970）：㈠由教師來教學，而學生只能被教。㈡教師知道一切，而學生一無所知。㈢由教師來思考，至於學生只是被思考的對象。㈣由教師發表談話，學生只能在旁邊聽話。㈤由教師來施予紀律，學生只是被訓練的。㈥教師可以決定和強化其選擇，學生則只能服從要求。㈦教師可以行動，學生只能產生自己也有行動的幻覺。㈧教師選擇教學的內容，而學生只能去適應他。㈨在教師身上混淆了知識與人格的權威，而其所處的地位則與學生的自由相對立。㈩教師是學習過程中的主體，而學生只是客體。在囤積式教育下，人性逐漸喪失，意識受到矇蔽，教育變成一種囤積的活動，學生變成囤積的容器，教師則變成一位囤積者。而「提問式教育」（posing education）是一種恢復人性與解放的實踐，主張學生必須為自己的意識覺醒而奮鬥，並且從培養學生的批判素養做起（Freire, 1970）。因此，佛雷勒主張教育活動必須採用對話、批判思考和溝通的方式來進行，沒有對話就沒有溝通，沒有溝通就沒有教育（Freire, 1970: 100）。

## 五、教師與學生關係的改變

　　佛雷勒提出行動的反思和反思的行動，而且透過對話的過程與意識覺醒的歷程來達到改革的目的。對話不只是單純的人際溝通，而是一種開展批判意識的過程。主要的目的在啓發個人主體性的批判意識，使人由客體轉變爲主體。因此，教師在教育歷程中的角色，便不是知識唯一的擁有者或單向的提供者，而是學生的協助者和促發者，藉由對話的過程促進師生間產生批判性的溝通，教室中的認知行動成爲師生共同參與的探究活動（Freire, 1970: 61-62）。所以，教師在教育過程中不僅在教導，同時也從學生處獲得學習，教師同時是一位教師和學習者。相反的，學生在教育歷程中，不僅是一位學生，同時有可能是一位教師。因此，在教育過程中所有的人都在成長（Freire, 1970: 84），這改變了傳統教師與學生扮演固定角色的關係。

　　綜合而言，佛雷勒從批判教育學的觀點出發，企圖經由教育的過程，結合政治的行動，促使受壓迫者產生意識的覺醒，進而一起聯合起來，對抗壓迫者的控制，從宰制的意識型態中，得到真正的自由解放。這種教育方法論可以改善囤積式教育的缺失，培養學生部分反省批判的能力，改善師生之間的關係。但是，佛雷勒強調教師強力的介入教學當中，雖然反對利用宣傳、灌輸、強迫和命令的方式來進行，但是已經淪爲一種積極的教育，容易令學生服從教師的權威，阻礙批判反思能力的發展。其次，佛雷勒的批判教育學主張，教育的行動就是一種政治的行動，將教育化約爲一場文化的革命，容易使教育失去自身的立場，淪爲政治目的的工具，違反了教育的本質。最後，佛雷勒的批判教育學比較適合於年紀較大或人格比較成熟的學生，因爲人性、政治或經濟壓迫的問題並不是每個學生都關切和能夠批判反思的問題，因爲年幼的學生身心尚未成熟，缺乏批判反思的能力，教學過程的進行可能會產生很大的困難，這是佛雷勒教育理論的限制。

## 第三節 邊納爾的教育方法論

邊納爾（Dietrich Benner, 1941-）1941年生於德國的萊蘭（Rheinland），1965年進入波昂大學就讀，1969年以〈理論與實踐：黑格爾和馬克斯系統理論的探究〉（Theorie und Praxis: Systemtheoretische Betrachtungen zu Hegel und Marx）一文獲得奧地利維也納大學哲學博士，主修德國語文學、歷史學、哲學與教育學，精通希臘文、拉丁文、德文和法文。1969年應聘波昂大學擔任教育學和哲學講師工作，1970年晉升為教授。其後曾任教敏斯特大學，擔任教育科學研究所所長。2004年獲得中國華東師範大學（East China Normal University）頒贈榮譽教授的榮銜，2008年應聘波蘭國立華沙大學，擔任終生職講座教授，2009年獲得丹麥阿胡斯大學（Universität Aarhus）頒贈的榮譽博士學位，2011年獲得芬蘭亞堡學術大學（Åbo Akademi Universität）頒贈榮譽博士學位。主要著作有《洪保特教育理論》（Wilhelm von Humboldts Bildungstheorie）、《赫爾巴特教育學》（Die Pädagogik Herbarts）、《教育科學主要思潮》（Hauptströmungen der Erziehungswissenschaft）、《普通教育學》（Allgemeine Pädagogik）、《教育科學理論研究》（Studien zur Theorie der Erziehungswissenschaft）、《教育與陶冶理論研究》（Studien zur Theorie der Erziehung und Bildung）、《教學理論與學校理論研究》（Studien zur Didaktik und Schultheorie）、《教育的國家》（Erziehungsstaat）、《教育與批判》（Bildung und Kritik）、《改革教育學理論與歷史原典》（Quellentexte zur Theorie und Geschichte der Reformpädagogik）等，現在任職柏林洪保特大學（Humboldt-Universität zu Berlin）第四哲學院院長暨教育科學研究所講座教授（Wikipedia, 2013）。

邊納爾認為教育領域隨著學科的分化，產生了各種不同的教育學科。雖然這些學科都研究教育問題，但是彼此之間卻缺乏一致的任務和系統的劃分。教育學是一門科學，它具有特殊的對象，想要建立教育科學系統的一致性，必須成立普通教育學對教育思想和行動加以探究。教育思想的聯結既非經由歷史科學和社會科學的重建，亦非通過詮釋學對我們的存有

作超越時間的本質確定，或是對教育問題理性論述先驗的反思，而應該透過行動理論和問題歷史的方式來加以證實。邊納爾從實踐學的觀點出發，分析人類完整實踐的次序，參酌奧地利哲學家海特爾（Erich Heintel, 1912-2000）著作《哲學的雙重迷宮》（*Die beiden Labyrinthe der Philsophie*）中，透過古代系統哲學與現代先驗哲學的聯結建立人類行動實驗的性質，並且以人類共同實踐區分的形式作為人性分化的實踐學觀點，批判芬克在其著作《人類存在基本現象》（*Grundphanomene des menschlichen Daseins*）一書中，將工作（Arbeit）、統治（Herrschaft）、愛情（Liebe）、死亡（Tod）和遊戲（Spiel）五大人類存在的基本現象，列入自由性（Freiheit）、語言性（Sprachlichkeit）、歷史性（Geschichtlichkeit）和身體性（Leiblichkeit）四大存有特性中的觀點。邊納爾認為人類存有的特性包括自由性、歷史性、語言性和身體性四項，因為身體不僅是一種具體的存在，同時也是實踐的工具。所以，再度從芬克的理論中加以接受。人類整體的實踐包含經濟（Ökonomie）、倫理（Ethik）、教育（Erziehung）、政治（Politik）、藝術（Kunst）和宗教（Religion）等六大領域，這些人類存在的基本現象彼此之間不是相互從屬的，也無法相互化約（Benner, 1987: 20）。邊納爾主張普通教育學包括教育理論、陶冶理論、教育機構論和教育學理論四部分。教育理論強調教育類型與教育方式的決定，致力於將教育經驗形成科學性的指引，在教育責任的前提下協助教師發展教育性的情境。唯有具備內在責任感的教師才能決定正確的教育方式，滿足作為教育理論的要求。陶冶理論注意教育任務與教育本質的探討，強調教育理論意義的導向，以協助教師在教育情境中進行實踐，只有在「實踐優位」（Primat der Praxis）下揭示教育實踐的本質，並且對其任務的實現加以說明，才能滿足陶冶理論的要求，而這種要求無法單從知識科學的觀察方式與規範的價值科學獲得滿足。教育機構論探討教育行動的場所，批判伊里希（Ivan Illich, 1926-2002）的「廢除學校論」（Theory of Deschooling）和盧曼（Niklas Luhmann, 1928-1998）的「教育系統論」（Theorie des Erziehungssystems）。教育學理論不僅在理論上揭示教育理論、陶冶理論與教育機構論聯結的可能性，同時真正在實踐中聯結這些教育理論。其主要重點在於說明教育科學理論的

可能性、條件與其他教育理論的關係，只有在這種情況下，教育學理論才是一種教育學的自我沉思（Benner, 1991: 9-10）。

邊納爾在1987年出版的《普通教育學》中，提出一種「非肯定的教育理論」（nicht-affirmative Bildungstheorie）。他主張教育思想和行動的原理有四個，其中教育理論範疇的要求自主性和陶冶理論範疇的可塑性，屬於個體方面的「建構性原理」（konstitutive Prinzipien），教育理論範疇移交社會決定到教育決定中與陶冶理論範疇人類完整實踐中非階層次序關係，屬於社會方面的「調整性原理」（regulative Prinzipien），教育機構論綜合這四項原理，從教育體制內外以達成教育改革的目的。他認為赫爾巴特的「普通教育學」奠基於實踐哲學和心理學，以釐定教育目的和發展教學方法，是一種典型的「規範教育學」（Normative Pädagogik），它不是從教育行動的形式來探究教育活動的實施，而是從理論的觀點來進行教育學的反思（Benner, 1987: 165）。這種規範教育學是一種「積極教育學」（Positive Pädagogik），其教育方式則是一種「肯定的教育」（affirmative Erziehung），強調教育行動規範和達成教育任務的策略，追求一種目的論──階層的次序觀念，在這種情形下教育理論和陶冶理論處於目的理性的關係，教育行動出自預定的道德或目的決定的力量（Benner, 1991: 166），這不僅會阻礙人類反思和批判能力的發展，同時使教育活動缺乏學習的概念，因此，這種教育方式是錯誤的（Benner, 1991: 53）。相反地，「消極教育學」（Negative Pädagogik）強調教育行動的引導和教育任務的導向，不預定教育行動的規範和達成教育任務的策略，其教育方式是一種「消極的教育」（negative Erziehung），這種教育方式不主張直接的教導，允許學生主動去經驗世界，自己決定行動的目標，可以培養學生主動學習和反省批判的能力（Benner, 1991: 166-167）。但是，這種消極教育學允許學生自由的探索，不僅學習到的知識沒有系統，而且容易發生危險。整體來看，教育的實際不只是消極教育，同時也是一種積極教育。未成年人絕非從無創造他的世界，而是在他人決定的世界中出生，教育如果沒有積極的要求是無法想像的（Benner, 1987: 46）。因此，「積極教育」仍然有其存在的必要性。

　　邊納爾主張以「非肯定的教育」（nicht-affirmative Erziehung）辯證超越消極教育和積極教育的缺失，但是這種教育一直尚未在人類的歷史中實現，主要是受到現代科學目的論次序觀念和國家政治上階層區分因素介入的影響，教育活動中存在著許多「肯定性」（Affirmation），使得「非肯定的教育」無法推行。邊納爾認為韋伯（Max Weber, 1864-1920）所提出的「決定論模式」（dezisionistische Modell）奠基於政治非理性的價值決定；薛爾斯基（Helmut Schelsky, 1912-1984）倡導的「技術官僚模式」（technokratische Modell）奠基於緩慢的形上學的持續反思；哈伯瑪斯（Jürgen Habermas, 1929-）所建立的「語用學模式」（pragmatistische Modell），奠基於缺乏成熟性個體前提的無宰制的對話，都無法解決政治和科學產生意識型態宰制，造成教育活動存在太多「肯定性」的問題，這種「肯定性」也就是一種未經反省批判的意識型態。邊納爾認為只有超越國家政治和現代科學中存在的肯定性，才能實現「非肯定教育」（Benner, 1995b: 71）。這種「非肯定的教育」不僅是一種辯證超越消極教育和積極教育對立的教育方式，同時也是一種意識型態批判的教育方式，主張教育的方法應該兼顧消極教育和積極教育，擺脫現代科學和國家政治的控制，才能批判錯誤的意識型態，真正的實現「非肯定教育」的理想。

　　綜合而言，邊納爾從實踐學的觀點出發，企圖揚棄消極教育和積極教育理論的對立，採取「非肯定教育」的方式，擺脫現代科學和國家政治的控制，批判錯誤的意識型態。主張消極教育和積極教育不僅具有「消極性（缺點）」（Negativität），同時也具有「積極性（優點）」（Positivität）。兩者應該彼此合作，才能消除對立。哲學家黑格爾在《法理哲學》一書中主張，從家庭關係來說，對子女所施肯定教育的目的在於灌輸倫理原則，這些倫理原則是採取直接形式的。這樣，他們的心裡就有了倫理生活的基礎。另外，從同一關係來說，這種教育還具有否定的目的，就是使子女超脫原來的直接性，而達到獨立性和自由的人格（Hegel, 1995: 158）。因此，積極教育理論應該放棄其獨斷的態度，從非肯定的觀點反思自身理論的缺失，而消極教育理論也應該向積極教育理論學習，不是去否定，而是去容忍實踐的積極性。消極教育學和積極教育學應該彼此

合作，並且互相學習。如此，才能建立完整的現代教育科學，改善教育理論和教育實踐，同時裨益於人類教育活動的推展（Liang, 1997: 129）。雖然，邊納爾從辯證的觀點出發，調和消極和積極教育方法的對立。但是，邊納爾的教育方法論偏重在教師層面的論述，忽略學生層面的反應，並未說明教師在教育歷程中，應該如何兼顧教育與教學、如何進行師生之間的互動和建立教育關係的問題，因此其教育方法論仍然不夠完善。

## 第四節　夏勒的教育方法論

夏勒（Klaus Schaller）1925年3月7日出生於德國斯列希恩（Schlesien）的耶爾德曼斯道夫（Erdmannsdorf），1931年進入國民學校就讀，1935年就讀當地的古文中學，1944年進入科隆大學就讀，主修哲學與教育學。1955年獲得科隆大學的哲學博士學位，1959年通過麥茲大學的「教授備選資格審查」，然後應聘波昂教育高等學校，擔任教育學教授。1965年應聘波鴻大學擔任教育學教授，1992年獲頒捷克布拉格大學的榮譽博士學位，目前已經從波鴻大學退休下來。他是著名學者巴勞輔（Theodor Ballauff, 1911-1995）的學生，對康美紐斯有深入的研究，其教育理論深受康美紐斯（Johann Amos Comenius, 1592-1670）教育學、海德格（Martin Heidegger, 1889-1976）現象學哲學、布伯（Martin Buber,1878-1965）對話哲學、巴勞輔教育學和勒維納斯（Emmanuel Lévinas, 1912- ）他者哲學的影響。他是一位行動教育學時期著名的代表人物，創立溝通教育理論和溝通教學法，對於行動教育學的建立和教學理論的革新產生相當大的影響。專長領域為普通教育學、學校教育學和教育學史，主要的著作有《康美紐斯與費希特論單一科學的基礎》（*Zur Grundlegung der Einzelwissenschaft bei Comenius und Fichte*）、《泛：康美紐斯術語探究》（*Pan: Untersuchungen zur Comenius-Terminologie*）、《論教育的本質》（*Vom Wesen der Erziehung*）、《今日的有教養者》（*Der Gebildete heute*）、《康美紐斯的世界圖解》（*Die Pampaedia des Johann Amos Comenius*）、《人文主義教育學的危機與教會的教

學》（*Die Krise der humanistischen Pädagogik und der kirchliche Unterricht*）、《康美紐斯教育學》（*Die Pädagogik des Johann Amos Comenius*）、《系統教育學研究》（*Studien zur systematischen Pädagogik*）（1966）、《康美紐斯》（*Comenius*）、《批判教育科學導論》（*Einführung in die kritische Erziehungswissenschaft*）、《溝通教育學導論》（*Einfuehrung in die kommunikative Paedagogik*）、《康美紐斯1992》（*Comenius 1992*）、《事物最終帶來純粹》（*Die Sache endlich auf's Reine bringen*）、《康美紐斯：教育畫像》（*Johann Amos Comenius: ein pädagogisches Porträt*）、《溝通教育學》（*Pädagogik der Kommunikation*）等（梁福鎮，1999：231-233; Böhm, 2000: 468）。

　　夏勒1978年在〈溝通教育學與溝通科學〉一文中，指出「溝通教育學」是一門溝通科學。這種「溝通教育學」不僅是教學領域新的創見，而且也可以應用到行政領域，作爲參與決定和進行溝通的基礎，同時能夠當作建立良好師生關係的指導原則。因此，「溝通教育學」的應用相當廣泛，不限於教學領域而已。溝通科學強調對稱和互補溝通結構的存在，主張「互補性」（Komplementarität）可以超越對稱，不僅注重溝通，而且重視理性。夏勒從庫恩（Thomas S. Kuhn）科學哲學的觀點來看，教育學中溝通科學內容的概念有兩種形式：一種是作爲「常規」（normale）科學，從其目的出發將孩子教育成爲端端正正的人，注重其過程內容的優化，使得教育和教學的過程能夠愈來愈好。因此，強調的是「溝通教育學」技術的觀點，以較好的控制其一般的處理過程。二是作爲「革命」（revolutionäre）科學，針對教育和教學的問題進行改革，使學生能夠聯結知識與技能、信念與態度，對無法達成這種目標的教育學，進行教育理論內容的修正，促成教育學典範的轉移。使教育學由技術應用的類型，轉變成爲批判應用的類型，強調社會互動和人際的交往，以符合民主社會理性溝通的要求，經由「溝通教育學」培養人格健全的個體（Schaller, 1978: 112-125）。其次，夏勒在1984年撰寫的〈溝通教育學的教育氛圍〉一文中，指出「教育氛圍」（pädagogische Atmosphäre）就是教育的原理。溝通教育學有三項教育的原理（Schaller, 1984a: 231-239）：一是教育關係的原理、二是對稱溝通的原理、三是互爲主體性進行的原理。再次，1980年夏

勒在〈溝通教育學究竟是什麼？〉一文中，對「溝通教育學」的性質提出說明。他主張傳統教育學建立的方式是奠基在人類學的標準之上，以獲得人類本質的真理，然後將其具體化與未成年人作聯結，這種奠基在人類學上的教育學，在教育目的上不需要人類再去思考，因為人類學已經預設了人類的教育目的。這種教育學可以狄爾泰（Wilhelm Dilthey, 1833-1911）所建立的教育學為代表，注重人類生活歷史性的追求。夏勒認為這種人類學的教育學，停留在個人本質內涵的探討，缺乏社會實踐溝通的教育。他指出「溝通教育學」是要為「教育」和「教學」（Unterricht）奠定基礎，對「教學」和「學習」（Lernen）提出標準和解釋，說明「理性溝通」（rationale Kommunikation）的意義，以改善教育的歷程。「溝通教育學」強調的溝通注重的是決定的溝通方式，特別是理性的溝通方式。引導「溝通教育學」的不是「技術的興趣」（technisches Interesse），而是「批判的興趣」（kritisches Interesse），強調教師和學生必須在社會脈絡中進行理性的溝通，而不是單純的接受社會既定的事物。教育的過程必須民主和理性的被組織，依照對稱互動和理性溝通的形式進行，以達成解放、理性和人性的政治要求。因此，「溝通教育學」是一種批判教育科學（Schaller, 1980: 141-144）。最後，夏勒曾經在1984年撰寫的〈批判教育科學在其時代的出口？〉一文中，指出溝通教育學與法蘭克福學派批判理論的關係。夏勒主張所有教育學的概念，只要含有社會批判的意圖，都可以作為批判教育（科）學。薛佛爾（K. -H. Schäfer）、巴克（D. Baacke）、溫克爾（R. Winkel）和夏勒的溝通教學法[1]是一種批判教育（科）學，雖然受到法蘭克

---

[1] 溝通科學包括華茲拉維克的溝通理論、哈伯瑪斯的溝通行動理論、夏勒的溝通教育學、薛佛爾（K. -H. Schäfer）和巴克（D. Baacke）的溝通教學法和溫克爾（R. Winkel）的溝通教學法。由於流派眾多，意義相當混淆，因此有必要說明其相異之處。前述這幾派溝通教學法主要的差異在於：夏勒的溝通教學法能夠在溝通中兼顧訊息的聯結與意義的生產，而薛佛爾（K. -H. Schäfer）和巴克（D. Baacke）的溝通教學法注重法則系統的建立，溫克爾（R. Winkel）的溝通教學法則將實踐相關要求的設計，應用於默默付出代價的思想和結果中（Schaller, 1987: 70-71）。因此，夏勒的溝通教學法與這兩派的溝通教學法不同。

福學派批判理論的激勵，但是這些「溝通教學法」與受到「新馬克斯主義」（Neomarxismus）影響的批判理論[2]有所不同。當然，「溝通教育學」在思想淵源、情境條件和溝通目的上，也與哈伯瑪斯（Jürgen Habermas）的「溝通行動理論」不同（Schaller, 1984b: 244-245）。

　　依照魯斯特麥爾（D. Rustemeyer）的看法，為了解決「溝通教育學」建構的問題，特別是溝通中訊息聯結和意義生產兩個層次的分離，已經使「溝通教學法」陷入兩難困境中。「溝通教育學」核心興趣的「溝通教學法」，在於聯結溝通自發性的意義之生產，但是「溝通教學法」無法提供教學者使用的「法則系統」（Regelsystem），以確保他們能夠解決其教學法的課題。而且必須否定「溝通教育學」強調的社會和教育進行的自發性，如果它不願意的話，將無法達成教學法的目標，而被貶抑成為一種「假日的教學法」（Feiertagsdidaktik）。相反的，由於「溝通教學法」致力於實際引導教學的法則系統之處理，促使它必須放棄「溝通教育學」核心的範疇。因為薛佛爾（K. -H. Schäfer）和巴克（D. Baacke）觀點的「溝通教學法」確定這種動機，使他們在教學實踐的具體化上遭到失敗。相反的，溫克爾（R. Winkel）將實踐相關要求的設計，應用於默默付出代價的思想和結果中，使它與其他教學法的差異逐漸模糊。目前這兩大「溝通教學法」的理論缺失，來自不同的過程與溝通過程生產潛能的原理，使「溝通教育學」的核心思想成為一種教育理論（Schaller, 1987: 70）。赫爾巴特（Johann Friedrich Herbart, 1776-1841）曾經嘗試在其教育學的著作中，解決教學過程訊息聯結和意義生產兩個層次分離的問題，他主張經由教育的介入影響和決定，伴隨著審美需要性和理論需要性的區別，可以引導學生獲得自律和自由。赫爾巴特在經驗的機械原因和概念性質的自發原因之間，設定了一種互動的因果性和交互作用，使得經驗性質的發展既非受到外在介入的影響，亦非受到概念性質自我建構的影響，而停留在自發行動的狀

---

2　法蘭克福學派的學者從佛洛伊德（Sigmund Freud, 1856-1939）的觀點出發，分析研究黑格爾與馬克斯的社會理論，創立「批判理論」，以解釋當代社會所發生的各種問題（梁福鎮，1999）。

態。因爲不接受一種互動的因果性，會使得品格的建構自身無法解釋，最後使得品格的建構變得沒有辦法想像。一種只受到機械因素影響的品格發展，無法取代自由和道德，會將學生的品格引導到不自由的狀態。相反的，一種只強調概念自我建構的品格發展，則會使學生外在於一切的時間性，陷入一種自發性的行爲。如果要達到眞正的自由，就絕對不允許彼此存在於關係之中（Schaller, 1987: 79）。赫爾巴特的理論雖然能夠達到自發行動的狀態，但是在教學過程中卻缺乏互動社會性的關係，因此未能解決溝通教學法的兩難困境。1970年巴勞輔在其《系統教育學》第三版中，提出「懷疑教學法」（skeptische Didaktik）的概念，企圖解決溝通教學法兩難的問題。「懷疑教學法」不在於追尋所有問題的答案，而在探討教學內容是什麼、教學的方法和教學內容如何聯結的問題。巴勞輔將這種「懷疑教學法」稱爲「質疑法」（Kathegetik），主張教育的課題在於從教學及其理論出發，擺脫異化的狀態，進行思想的學習，引導學生經由聯結進入思想之中。一種眞理中的現代教學理論，必須使學生學得必要性的知識，我們必須學習去遺忘，以便達到解放的觀點。如此，才能使我們經由思想的聯結，擺脫異化進行思想的學習。但是思想作爲存有的開放性，其聯結無法經由法則性的活動完美的達成，因爲思想無法經由完美的計畫獲取或聯結，想要透過教學使學生達到獨立自主思想的目標是不可能的。而且教學只能教導生活必須和生活價值的一部分，信任、愛和信仰是無法教導的，這些只能透過體驗進行學習。所以，巴勞輔「懷疑教學法」演繹的證明方式是過於天眞的，當然也無法解決「溝通教學法」的兩難困境（Schaller, 1987: 84-85）。

面對「溝通教學法」訊息聯結和意義生產兩個層面無法兼顧的兩難困境，雷爾希（R. Lersch）依據「溝通教育學」應用的行動理論之觀點，在教學過程中來產生教育的決定，但是這會阻礙其工具和方法的可行性，而且在其理論中並未談到「教育宿命論」（pädagogischer Fatalismus）一詞。由於每一個過程的重要性，必須奠基在教育行動理論的基礎上，在意識中達到特定可行性的界線，爲了可行性而努力。意義的建構無法確切的在普通的理解中具有可教性，但是在此也可以給予方法的前提，在教學意義生

產的溝通過程中，對可行性界限的成功作出貢獻。雷爾希致力於這種教學理論的處理，但是「溝通計畫理論」（kommunikative Planungstheorie）、「決定邏輯計畫理論」（entscheidungslogische Planungstheorie）和「系統理論的計畫理論」（systemtheoretische Planungstheorie），是否眞的能夠有助於「溝通教育學」計畫問題的解決，夏勒抱持著懷疑的態度，因爲雷爾希的「溝通教學法」，還沒有辦法完全解決訊息聯結和意義生產兩難的問題。但是，他認爲雷爾希提出的「學校教學過程計畫」和「溝通教學法模式」，已經非常接近夏勒所追尋的溝通教學法了（Schaller, 1987: 86）。夏勒提出的「溝通教學法」是一種能夠使參與者在執行中，互爲主體性的進行理性溝通的教學法，不僅致力於學習事物的聯結和理性的討論，而且注重教育風格、學校生活、學校班級、學校和社會的社會性等教學的社會形式之探討。「溝通教學法」建構了一種法則性的活動，在教學中聯結事物的資料和開啓教育可能性的意義，亦即在民主與理性的標準之下，不會阻礙意義生產自發性的時機，同時在教學和教育中經由符合社會形式的教育互動，給予學生適當的機會。對「溝通教學法」而言，華茲拉維克的公理可以給予溝通一些重要的提示，以便在內容、社會和方法的觀點之下，能夠有規則的部分達到人類行動導向的生產。夏勒的「溝通教學法」奠基在教育行動領域的原初互動性上，伴隨著有規則的和自發性的互動，班級團體和互動領域的學校，就成爲其實施的主要對象。「溝通教學法」奠基在原初互動性的執行上，同時並未放棄其政治─社會的特性，希望在班級團體或學校的教學和教育過程中，將學生導向民主和理性，並且透過溝通教學法不斷的聯結受到限制的計畫，使其服從於民主和理性的原則。溝通教育學主題範圍中的「溝通教學法」，有三個層面必須注意：一是內容方面（狹義的教學法，指的是課程教材）；二是關係方面（互動和溝通過程的產生）；三是聯結方面（教學的方法學）。教師在使用「溝通教學法」時應該三方面兼顧，才能在互爲主體性的教學過程中，達成訊息聯結和意義生產的目標。夏勒指出「溝通教育學」的理性是一種「教育理性」，而不是一種學校和社會中的「科學理性」。「科學理性」只強調知識訊息的聯結，而「教育理性」則能兼顧教學過程中訊息的聯結和意義的生產。「溝

通教學法」不僅可以應用於學校中，而且能夠使用於社會中，以闡明人與人之間原初的社會性，經由教育和政治互為主體性和對稱互動的形式，建立一個民主和理性的社會，使人類能夠走出科學的限制，依照其理性與他人共同生活在世界中（Schaller, 1987: 91-96）。

　　綜合前面所述，夏勒溝通教育學的內涵主要包括「教育理論」（Erziehungstheorie）、「陶冶理論」（Bildungstheorie）和「科學理論」（Wissenschaftstheorie）三個部分。「教育理論」是一種教育情境建構與教育經驗的理論，致力於正確教育方式的確定、教育情境建構的指導與教育理論廣闊視野的形成。「陶冶理論」是一種教育任務與意義確定的理論，著重於探討教育影響措施的任務和教育目的的解釋（Benner, 1991: 14）。「教育學理論」（Theorie der Pädagogik）就是一種「科學理論」，「教育學理論」強調一種教育實踐科學建立可能性的分析，它的重點不在於教育情境建構的指導，也不在於將教育行動導向教育目標。教育學理論的目的，在於教育科學內容可能性條件的說明（Benner, 1991: 14）。在「教育理論」上，夏勒提出溝通教學法來進行教學的活動，確立溝通教育學的教學類型，使教師和學生能夠在對稱互動中，進行理性的溝通和對話，以提高教育的效果，解決傳統溝通教學法無法兼顧訊息聯結和意義生產的困境。在「陶冶理論」上，夏勒認為教育的目的是在培養一位具有溝通理性的人。強調教師和學生必須在社會脈絡中進行理性的溝通，而不是單純的接受社會既定的事物。教育的過程必須民主和理性的被組織，依照對稱互動和理性溝通的形式進行，以達成解放、理性和人性的政治要求。在「科學理論」上，夏勒主張溝通教育學是一門溝通科學。這種溝通科學不是常規的科學，而是作為「革命的」科學，針對教育和教學的問題進行改革，使學生能夠聯結知識與技能、信念與態度，對無法達成這種目標的教育學，進行教育理論內容的修正，促成教育學典範的轉移。使教育學由技術應用的類型，轉變成為批判應用的類型，強調社會互動和人際的交往，以符合民主社會理性溝通的要求，經由溝通教育學培養人格健全的個體。

　　總而言之，消極教育方法的優點在於教學能夠以學生為中心，注重學生的興趣和需要，教學比較能夠引起學生的興趣。其次，能夠讓學生主動

的觀察和探索，有助於學生反省批判思考能力的發展。最後，消極教育鼓勵學生主動的體驗外在的事物，學到的經驗比較能夠內化為自己的知識。但是消極教育方法的缺點在於要讓學生充分的觀察和探索，教學會浪費比較多的時間。其次，教學以學生的需要和興趣為中心，學習的內容會比較零碎，無法獲得系統而完整的知識。最後，使用消極教育方法進行教學，讓學生在嘗試錯誤中學習危險性比較高。反之，積極教育方法的優點在於教學以教師為中心，按部就班的進行學習，比較能夠學習到系統而完整的知識。同時，由於學習的內容和步驟完全由教師控制，所以教學的時間比較經濟。而且，教學在教師的指導之下，可以減少許多不必要的錯誤和危險。但是積極教育方法的缺點在於教學以教師為中心，會忽略學生的興趣和需要，學生容易對學習內容感到乏味。其次，教學完全由教師控制，無法讓學生主動的觀察和探索，容易阻礙學生反省批判思考能力的發展。最後，積極教育方法不鼓勵學生主動的體驗外在的事物，學到的經驗比較不能夠內化為自己的知識。因此，教師在教育的過程中，應該從辯證實踐學的觀點出發，按照學生個性的不同、任教學科的性質和情境狀況的特性，適當的選擇消極的和積極的教育方法，靈活權變的搭配教學的主題使用，讓教師與學生建立良好的關係，共同承擔教學歷程中的責任，平等對稱的進行理性的溝通，才能使教育歷程順利的進行，提高教師教學的效果，增進學生學習的興趣，兼顧道德的教育和知識的教學，有助於學校教育理想的達成。

# 第六章

# 教育倫理學

「教育愛是指教師積極的關懷學生，

給予學生自由、照顧、要求和發展的幫助，

而不求回報的精神。」

——斯普朗格（Eduard Spranger, 1882-1963）

　　「倫理學」（Ethics）也稱為「道德哲學」（Moral Philosophy）或「實踐哲學」（Practical Philosophy），「倫理學」是哲學的一門分支學科，以人類道德行為的規範為研究對象，其內容涵蓋了道德是非善惡標準的探討。「教育倫理學」（Educational Ethics）擷取倫理學的涵義，主要在探討教育倫理的問題。教育倫理學是科際整合的一門學科，它是由教育學與倫理學兩門學科整合而成。教育學理論於十八世紀時建立，倫理學卻遠在希臘時代時建立。兩者理論的建立可以說相當的早，但是經過整合成一門

新學科，卻是最近幾十年來的事。因此，歐洲的教育家努力在發展這門學術，使它將來能夠成為更普遍化，更多人研究與瞭解的一門學科（詹棟樑，1996：1）。教育倫理學作為教育哲學中的一個重要範疇，其任務並不在於規定主觀或武斷的教育價值設置或教育行動規範。相反的，教育倫理學要根據哲學批判、質問和面對既存的教育實踐與理論中的各種價值、目的設置與行為規範，辨難與論證其背後的根據（馮朝霖，1993）。從哲學的觀點來分析，教師的職責功能與教育活動脫離不了關係，其角色行為應該受到教育規準的制約，亦即一個真正的教師角色，其傳授道業及啟蒙解惑的方式與材料，必須是符合認知意義的，合於有價值的範疇，及合於自願性。這樣，其活動才不至於背離教育的常道（歐陽教，1973：93）。對一位理想的教師而言，其首要的根本條件是具有與學生建立教育關係的態度與能力，其中包括教育愛、信任、希望、接納、等待等，而要努力加以避免的是冷漠、仇恨、殘忍、威權、封閉等。沒有前述教育氣質，學生人格的陶冶或教育理想的實現將成為不可能（林建福，2001：181）。哲學家布伯[1]（Martin Buber, 1878-1965）曾經強調師生應該是「吾－汝」（I－Thou），而非「我－它」（I－It）的關係。教師尤其要設身處地站在學生的立場，來瞭解他們與體諒他們，才能較有效地指導他們學習（歐陽教，1986：251）。但是，當前學校教育中的師生關係卻往往並非如此。許多教師依然將學生視為動物的「它」來對待，並且對教育欠缺正確的認識，以訓練代替教育，僅僅注重學習的結果，而非歷程與結果並重。因此，產生許多教育的問題（黃炳煌，1996：75-82）。這些教育問題多半與教師的

---

1　布伯（Martin Buber, 1878-1965）1878年出生於維也納，1965年死於以色列的耶路撒冷。在3歲時布伯的父母離異，由祖父撫養長大。他的祖父不但通曉希伯來語，而且是古語研究專家，對於這一點，布伯感到非常驕傲。所以，有一段時期他對語言學感到很有興趣。他的父親於布伯14歲時再婚，布伯被帶往波蘭，並且在波蘭接受教育，此時布伯沒有忽視希伯來語的學習，並積極地參與由猶太人所組成的集會。由於長期與猶太人對話，瞭解猶太人的生活與宗教信仰。這種由宗教信仰組成的團體，不僅對於猶太人的團結力量很大，同時對於生活的形成也很有幫助（詹棟樑，1996：152-153）。

專業倫理有關，但是在師資培育課程中，並沒有特別的加以重視。所以，學校教師對專業倫理，缺乏深刻的瞭解。雖然最近幾年來，教師組織相繼成立，但是我國教師在教育責任和教育倫理方面仍然有待加強。如果想要真正履行「轉化性知識分子」的教育責任，教師會組織應致力於喚醒教師角色的重新認同，建議教師成為學校生活世界的共同經營者、學生學習世界的自發建構者、學生學習世界的基本示範者、多元文化世界的積極轉化者（馮朝霖，1999：81）。除此之外，個人認為學校教師，應該積極地學習教育倫理學，體認職業倫理的重要性，建立專業的教育倫理，經由倫理觀念的修養和模範教育人員的效法，才能解決當前校園發生的教育問題。本章將探討教育倫理學的起源、定義、內涵和問題，以提供我國作為建立教育倫理理論和改善教育倫理問題的參考。茲詳細說明如下：

## 第一節 教育倫理學的起源

教育倫理學的探討最早可以追溯到十八世紀，裴斯塔洛齊（Johann Heinrich Pestalozzi, 1746-1827）曾經在其所撰的《隱士的黃昏》（*Die Abendstunde eines Einsiedlers*）一書中，從基督宗教的觀點，將人神關係與父子關係類比，以作為人際關係建構的基礎，並且應用到教育關係之中（Hager, 1993: 18, 102-103）。裴斯塔洛齊主張「觀察」和「鑑定」是施教者的義務，教師應該在教育過程中，運用「觀察」和「判斷」的方法，對每一個學生進行情境的診斷，同時在「共生關聯」（Symbiotische Bindung）中包含教師與學生（Bergmann, 1996: 111; Chen, 2000: 249-254; Meier, 1987: 179-180; Koller, 1990: 112-114; Pestalozzi, 1950）。同時，塞勒爾（Johann Michael Sailer, 1751-1832）也倡議教育倫理學問題的研究。其後，赫爾巴特（Johann Friedrich Herbart, 1776-1841）曾經在1806年出版的《普通教育學》一書中，從倫理學的觀點決定教育的目的，主張教育的目的在培養一個具有道德品格的人，探討教育與倫理學的關係。到了1826年，史萊爾瑪赫（Friedrich Ernst Daniel Schleiermacher, 1768-1834）在《教育理論》一書中，從其倫理學的觀點出發，探討教育的倫理問題，並且說明教育學與政治學的關係（Gamm,

1988: 13-19）。後來，1920年代「價值教育學」（Wertpädagogik）的提出，也涉及教育倫理學先前圖像的探究，並且提出許多有關教育中正確性和合法性的問題，對於教育倫理學的建立相當重要。此外，杜普—霍華德（Heinrich Döpp-Vorwald, 1902-1977）支持教育實在論者的看法，聯繫精神科學教育學的傳統，從科學的觀點探討教育倫理的問題，對於教育倫理學的建立貢獻很大（Benning, 1980: 6）。1930年邊恩（Siegfried Behn, 1884-1970）在〈價值哲學作為教育目的理論的基礎科學〉一文中，主張教育應該重視價值理論的探討，以指導教育目的的訂定（Behn, 1930）。到了第二次世界大戰後，柏克曼（Hans Boekelmann）呼應邊恩的主張，強調教育行動標準的建立。1961年佛利特納（Wilhelm Flitner, 1889-1990）在《歐洲文明：歐洲生活形式的起源與建立》一書中，探討教育過程的倫理要素，並且思考在教育傳統中，究竟哪些東西可以移植或給予今天的教育有用的啟示（Flitner, 1961）。1979年寇尼希（Franz Kardinal König）在〈精神的教育〉一文中，致力於教育中合法和正確事物等核心問題的探討（König, 1979）。經過這些教育學者的努力，邊寧（Alfons Benning）終於在1980年出版了第一本以《教育倫理學》為名的著作。1981年10月在美國紐約哥倫比亞大學師範學院，召開了一次「教育學院的專業倫理」的學術研討會，推動了教師教學相關倫理問題的探討，該校榮譽教授梭提斯（Jonas F. Soltis）和康乃爾大學的史崔克（Kenneth A. Strike）教授是這方面研究的開拓者，他們在1985年共同出版了《教學倫理學》（*The ethics of teaching*）一書（Strike & Soltis, 1985）。我國學者詹棟樑在1996年出版《教育倫理學》一書，探討師生關係、良心教育、教學倫理、輔導倫理和校園倫理等問題（詹棟樑，1996）。英國的學者卡爾（David Carr）在2000年出版《專業主義與教學中的倫理》一書，探討教學倫理的問題（Carr, 2000）。賈馥茗也在2004年出版《教育倫理學》一書，探討教育倫理的問題（賈馥茗，2004）。從此之後，教育倫理學的研究逐漸獲得大家的重視，開始在世界各地發展起來，這是教育倫理學起源的經過。

　　教育倫理學的建立是經過許多教育學者努力的結果，如果沒有這些教育學者的探討，恐怕到今天還很難建立這門新的學科。此外，一些相關的

教育學科，例如：道德教育學、規範教育學和宗教教育學等學科理論的應用，對於教育倫理學的建立也有幫助。教育倫理學建立的情形如下：

## 一、教育倫理學著作的出版

出版專門著作是建立一門學科的必要條件，教育倫理學的建立也是朝這個方向去做。第一本《教育倫理學》是由德國教育學者邊寧（Alfons Benning）所著，內容在探討教育倫理學的基礎，包括教育倫理學的結構、教育的倫理責任等（Benning, 1980）。這本書出版於1980年，到了1992年再版，此為第一本教育倫理學的著作。其次是德國教育學者嘉姆（Hans-Jochen Gamm, 1925-2012）的《教育倫理學》，於1988年出版，內容在分析教育關係，也就是師生關係概念的歷史演變（Gamm, 1988）。再次是教育學者歐克斯（Jürgen Oelkers, 1947-）的《教育倫理學》，於1992年出版，探討教育倫理學的問題、實際的原則和展望等（Oelkers, 1992）。除此之外，還有許多專門性的論文發表於德國的教育雜誌，針對教育倫理學的某一個問題做深入的探討（詹棟樑，1996）。

## 二、舉辦教育倫理學學術會議

舉辦學術會議有助於喚起社會大眾對某一個問題的重視，「德國教育科學會」（Deutsche Gesellschaft für Erziehungswissenschaft）中的「陶冶與教育哲學委員會」（Kommission Bildungs- und Erziehungsphilosophie），於1989年3月15-17日在梭野斯特（Soest）舉行春季大會，其會議的主題為「教育學與倫理學」（Pädagogik und Ethik），對教育倫理學的實際細目進行探討。並提出了教育倫理學建立的可能性與條件，教育倫理學所要建立的系統，探討的主要問題，建立時的相關因素，歷史的發展、功能和地位等問題。由於這次學術研討會的主辦，使大家對教育倫理學有更多的認識，同時確認了教育倫理學可以成為一門獨立的科學（詹棟樑，1996）。

## 三、教育倫理學問題的重視

對一門有價值和重要的學科，人們有興趣去探討，教育倫理學被認為

是一門價值科學。關於價值科學的建立，德國教育家杜普—霍華德於1930
年代時，就從價值批判的原則出發，積極地提倡建立一門價值科學（Ben-
ning, 1980）。價值批判的問題是從思想出發，因為人的精神生活是存在於
教育的施為之中，教育的現象和教育的內涵都是根據價值生活而來。所有
決定性的生活都是與責任有關的，使人類體驗到責任對於人的意義。教育
倫理學之所以能建立，除了被當成一門有價值的學科進行研究外，再就是
其教育問題中的倫理問題被認為是重要的問題，而這些問題常被忽略，現
在有新的觀點與新的發現，值得再去深入的探討，這些問題包括成長的問
題、教師的問題、喚醒良心等幾個問題（詹棟樑，1996）。

## 四、教育學者們共同的努力

　　一門學科的建立必須靠學者們的努力，教育倫理學的建立亦復如此。
雖然這門學科建立的時間比較短，但也是教育學者們努力所獲得的成果。
由於這門學科建立的時間較短，理論方面還在發展之中，尚有很多的研
究空間。許多著名的教育學家對教育倫理學提出了深入的見解（Benning,
1980; Derbolav, 1987; Gamm, 1988; Oelkers, 1992; Löwisch, 1995），對這門學科
的建立也很有貢獻。

## 五、奠定教育倫理學的取向

　　教育倫理學的建立與其取向有關，就是教育倫理學定位在哪裡？研究
的目的如何？發展的方向往何處？這些都已經有清楚的顯示。德國教育學
家斯普朗格（Eduard Spranger, 1882-1963）對於教育倫理學應建立在共同生
活的原則上有深入的看法，他認為與文化有關的道德，將它視為共同生活
的原則。教育倫理學在為學生提供可體驗的道德情境與模式，使其能具有
道德的理想與責任。教育的努力在引導學生慢慢地產生良心。教育的取向
在引導學生找尋「真理」與「神聖」，形成「高級的自我」。教師對於學
生除了教導以外，還需要喚醒其良心（Spranger, 1955: 319）。教育倫理學
所建立的原則，可以作為多數人生活的指導，並且強化個人的人格，使其

具有人格的理想。

　　總而言之，教育倫理學經由許多教育學家的努力，建立了教育倫理學的基本概念（例如：教育愛、教育責任、教育關係、教育行動），形成系統的命題（例如：良好師生關係的建立，有助於教學效果的提升），並且提出許多理論（例如：教育關係理論、教育行動理論、教學倫理理論），已經具備了一門學科的理論、系統、方法（例如：現象學方法、詮釋學方法）和條件（例如：教育倫理學課程的設立、教育科學理論的形成等）。隨著學術會議的召開，教育學者不斷的討論，相關的論文和著作陸續的出版，以及大學院校課程的開設，研究教育倫理學的學者愈來愈多，使得教育倫理學逐漸成為一門教育領域新興的學科。

## 第二節　教育倫理學的意義

　　教育倫理學的意義可以從專門著作和相關著作中一窺其究竟，茲臚列不同教育學家的看法，詳細說明如下：

### 一、專門著作中的定義

(一) 邊寧在1980年出版的《教育倫理學》一書中，探討教育過程中倫理的組成要素，解答教育中什麼是正義，以及什麼是對的問題，以協助教師導向教育的責任，採取適當的教育行動，並且導向價值的教育，培養學生的人格和群性，準備好提供生活的希望。從此意義而言，教育倫理學是一門教育行動[2]責任詮釋的科學（Benning, 1980: 9-12）。

(二) 嘉姆在1988年出版的《教育倫理學》一書中，探討教育倫理學的定義。他主張教育倫理學是教育關係分析的學問，過去著重在教育系統的分析，現在則著重在教育理論觀念與道德聯結的分析

---

2　教育行動（Pädagogisches Handeln）是指教育人員為了達成教育目的，所採取的各種措施。

（Gamm, 1988: 9）。

㈢歐克斯在1992年出版的《教育倫理學》一書中，探討教育倫理學的定義。他主張教育倫理學是研究教育與道德之間，各種關係的學問（Oelkers, 1992: 20）。

㈣詹棟樑在1997年出版的《教育倫理學導論》一書中，提出教育倫理學的定義。他主張教育倫理學是教師的職業道德及教育關係的理論與實踐的原理原則研究（詹棟樑，1997：148）。

## 二、相關著作中的定義

㈠柏克曼（Hans Bokelmann）1970年在〈教育學：教育，教育科學〉一文中，談到教育倫理學的定義。他主張教育倫理學是教育行動的研究，主要在提出人與人之間關係的倫理原則（Bokelmann, 1970: 196）。

㈡克拉夫基（Wolfgang Klafki, 1927-）1978年在《教育的規範與目標》一書中，談到教育倫理學的定義。他認為教育倫理學是從不同的層面，去研究價值教育的一門學科（Klafki, 1978: 50）。

㈢李爾克（C. Rülcker & T. Rülcker）夫婦1978年在《社會規範與學校教育》一書中，談到教育倫理學的定義。他主張教育倫理學是致力於探討規範導向的系統決定，把教學視為基礎與瞄準點而與其配合，尤其強調所欠缺的民主與人文倫理原則的基本反應（Rülcker & Rülcker, 1978: 82）。

㈣德波拉夫（Josef Derbolav, 1912-1987）1978年在《綜合教育學大綱》一書中，也談到教育倫理學的定義。他認為教育倫理學是一門從「教育責任原理」（Prinzip der Erziehungsverantwortung）出發，以探討教育人員職業倫理的學科。教育倫理學的性質不僅是一種行動科學[3]和實踐科學，同時也是一種教育的德行學說（Derbolav, 1987:

---

3　行動科學（Handlungswissenschaft）是指一門從實踐優位的觀點出發，企圖整合理論、經驗與實踐，形成原理原則，以指引人類行動的學問。

56）。

綜合前面所述，教育學家對於其倫理責任問題有兩種興趣：一是它的責任爲何如此，而非其他方式的被建立；二是在何種條件和形式下，教育責任能夠被實現。有的學者主張教育倫理學是一門責任教育行動詮釋的科學；有的學者認爲教育倫理學是教育關係分析的學問；有的學者強調教育倫理學是研究教育與道德之間各種關係的學問；有的學者以爲教育倫理學是從不同的層面去研究教育價值的一門學科（Benning, 1980: 11）。然而，這些學者對於教育倫理學所下的定義並不完整，因爲他們的定義有的偏重在教育行動的探討；有的偏重在教育關係的分析；有的偏重在價值教育的研究。因此，無法掌握教育倫理學的全貌。歸納前述教育倫理學家的看法，教育倫理學不僅是一門職業倫理學，同時也是一門行動倫理學。主要的目的在於整合教育學與倫理學，以探討教育行動、教育關係、價值教育、道德教育、規範導向、教育責任、職業道德和教育倫理的問題。

## 第三節　教育倫理學的內涵

教育倫理學是一門從科際整合的觀點出發，探討教育關係與職業道德之間各種關係的學科。教育倫理學的研究在歐美方面比較早，斯普朗格（Eduard Spranger, 1882-1963）在1951年提出「教育倫理學」（Erziehungs-ethik）一詞，他在該篇論文中以圖表的方式標出重點，由此他對教育倫理學概念的建立，只是一種嘗試的性質，因爲在口氣上不是很肯定，而且使用問號。依照斯普朗格撰寫論文的習慣，常會以長文對一件事情作探討，然後再用圖表來表示，而獨對〈教育倫理學〉一文，只有圖表而沒有長文，我們可以研判出：斯普朗格只是在初步的構想，準備在日後深入探討，可惜年事已高，願望沒有達成（Spranger, 1951；詹棟樑，1997：61）。1966年皮特斯（Richard S. Peters, 1919-2011）在其名著《倫理學與教育》（*Ethics and Education*）一書中，提出有關教育目的的理論。他認爲要肯定「教育」理念，可以從檢視「目的」開始，「目的」的字眼是出自於「射

出」或「投擲」的活動情況，一般瞄準時必須針對投擲或穿刺的目標集中
注意力，所以當這個字彙被運用時，就隱含了對某種活動的全神貫注。如
果把它當成針對目標而投擲或穿刺，那就是取向。在這本書中，皮特斯也
說明了教育與倫理學的關係（Peters, 1966a；詹棟樑，1997：125）。

　　邊寧在1980年所撰的《教育倫理學》一書中，提出教育倫理學的範
圍。他認為教育倫理學的範圍如下（Benning, 1980: 19-20）：㈠教育在哪裡
形成，教育學的對象就在哪裡，一般倫理學與哲學人類學相對於教育學，
具有一種批判的功能。倫理學並不侵犯教育學作為科學的自律，但是倫理
學必須在教育學陷入烏托邦前提出警告，因為受到法則藝術和方法藝術的
支持，教育才能夠獲得成功，倫理學將永遠保留它對於教育價值意識的功
能。㈡教育價值有效性的問題需要一般倫理學，教育學是無法回答這些問
題的。因此，教育價值的發現是倫理學作為整合科學的問題。教育科學需
要教育倫理學以理性的建立和確定教育中的價值。㈢教育倫理學作為單一
科學的倫理學能夠超越其他科學的觀點，以引導教育的行動，並且建構
倫理的正確點，承擔教育實際科學的合法性。他主張教育倫理學具體化
的建立，必須包括下列幾項內涵（Benning, 1980: 54-85）：㈠價值導向的教
育（Wertorientierte Erziehung）：教育倫理學的內容必須注重正確價值的探
討，以引導下一代建立正確的價值觀；㈡主要德行的教育（Die Erziehung
der Kardinaltugenden）：教育倫理學的內容應該包括人類核心的基本態度
或德行，例如：「自我化成」（Selbstwerdung）、「與其他人或社會的聯
繫」、「以開放性面對實際」、智慧、正義、勇敢、服從的教育等；㈢次
要德行的教育（Die Erziehung der sekundären Tugenden）：教育倫理學應該強
調勤勞、紀律、秩序、準時、精確、節儉、整潔等等的教育；㈣教育引
導的圖像（pädagogische Leitbilder）：教育倫理學應該教育教師和學生，建
立學習的楷模，作為教育的理想；㈤教育的責任（pädagogische Verantwor-
tung）：教育倫理學應該探究教師和教育機構教育的責任，建立教師和學
生之間彼此信任的關係，教育才能發揮其積極影響的作用。

　　嘉姆在其《教育倫理學》一書中，也曾經談到教育倫理學的內涵。
他主張教育倫理學的內容應該包括（Gamm, 1988: 9-10）：㈠致力於規範導

向系統的確定，以作爲教學的基礎和目標；㈡規範的確定教師與學生的關係，或從傳統推演出適合的準則；㈢嘗試著引導教師和學生導向其時代的人性；㈣反省批判公民時代主體的崩潰。亦即，教育倫理學的內容必須包括：價值導向的教育、師生間的教育關係、人性化的教育和個人主體性崩潰的反省批判四個部分。歐克斯也曾經在其《教育倫理學》一書中，指出教育倫理學的建構，應該包括下列幾個部分的內涵（Oelkers, 1992: 140-141）：㈠說明道德經驗在主體性建構上的功能與意義，而不必奠基在道德自我組織的立場上，因爲這種觀點是返回到「眞正的自我」（wahre Selbst）的臆測之中。㈡包含迄今所有倫理客觀性的論證，並且與教育的問題產生關聯。㈢精確化教育的「對象描述」（Objektbeschreibung），並且以一種可以想像的綱要，說明教育倫理學的直觀。因此，歐克斯主張的教育倫理學比較偏重在道德經驗的意義、教育對象的內涵和教育倫理問題的探討。羅維希（Dieter-Jürgen Löwisch）在《教育倫理學導論》一書中，則主張倫理學可以區分爲「普通倫理學」（Allgemeine Ethik）、「職業倫理學」（Berufsethik）和「行動倫理學」（Handlungsethik）三種。「普通倫理學」奠基於哲學和宗教抽象的理論，主要在探討實際的具體道德學說的內容。「職業倫理學」來自於機構的職業領域，主要在探討實際的職業道德學說的內容。「行動倫理學」則是奠基於普通倫理學，以探討不同領域行動倫理的學科。羅維希從優納斯（Hans Jonas, 1903-1993）和德波拉夫「責任原理」（Prinzip der Verantwortung）的觀點出發，認爲「教育倫理學」不僅是一門「職業倫理學」，而且也是一門「行動倫理學」，因爲教育學是一門「行動科學」（Handlungswissenschaft），而教育倫理學是教育學的一支。所以，教育倫理學是一門行動倫理學和「責任倫理學[4]」（Verantwortungsethik），其主要的內容在探討價值的導向、道德的教育和教育

---

4　「責任倫理學」（Ethik der Verantwortung）是猶太裔德國哲學家優納斯（Hans Jonas, 1903-1993）所提出來的一派倫理學，主張「責任」（Verantwortung）是一種重要的倫理學原理，可以用來詮釋許多倫理道德的觀念，提出「責任倫理學」作爲一種科技文明時代的倫理學（Jonas, 1985）。

人員的職業倫理（Löwish, 1995: 1-9）。

　　詹棟樑在《教育倫理學導論》一書中，談到教育倫理學的綜合觀念是揉合了該學門中的各種理論而成，提出比較適中和具體的觀念，使其有助於教師對於這門學問的瞭解。他主張教育倫理學所探討的範圍包括下列幾項（詹棟樑，1997：332-340）：㈠教師的職業道德：教育倫理學的探討是以教師為中心，然後再擴及師生關係。在教師的職業道德中，最重要的就是教師要建立職業道德的觀念。接著，依照職業道德學習的條件，從材料、程序、方法、行為和評鑑等途徑，進行職業道德的學習。最後，教師要將學到的職業道德觀念加以實踐。㈡教師的教育責任：教育倫理學非常強調教師的教育責任，教師依其職能而產生責任，也就是有職位就有責任。邊寧說：「教育倫理學是一種行動科學，反應出教育中倫理責任的作用。」羅維希也說：「教育倫理學的任務是教育責任。」詹棟樑主張教育責任是一種功能倫理，所謂「功能倫理」（Funktionsethos）是一種外在責任[5]，重點是對教育行動作安排，即主觀的行為必須在理想的法則下作安排，並且以良心作為基礎。教師重要的倫理責任就是要忠於自己的職業選擇，其次要承擔教師職位應有的責任，並且對學生實施價值導向的教育。同時，教師還應該不斷地吸收資訊，充實教育責任的理論內涵，以利教育工作的進行。㈢教師的行為價值：把教育倫理學視為價值科學，是該學科重要的性質。就一般情形而言，教育活動是有價值的活動。站在教育倫理學的觀點去看，教師的教育行動也是有價值的，否則其教學將喪失意義。這樣一來，教育倫理學也就是價值倫理學。謝勒（Max Scheler, 1874-1928）在其重要著作《倫理學中的形式主義與質料的價值倫理學》一書中，揭示了價值倫理學的理念，認為價值倫理學在強調心靈生活的體驗，尤其是「價值體驗」（Werterlebnis）最為重要，因為它是內在的心靈與外在經驗的合一。倫理學除了本質的把握以外，還有體驗的基礎。教師從事教育工

---

5　外在責任是指教師在進行教育工作時，必須對自己之外的他人負起道德的責任，例如：學生和家長。內在責任是指教師必須對自己的行為，負起作為一個人的道德責任而言。

作，在教育行動方面應該做到下列幾項（詹棟樑，1997：339）：1.教師的人格形成應該是善的，一位教師如果所形成的人格是惡的，那他就不配為教師。2.教師應具有道德能力與道德意願去指導學生的行為，使學生在某種情境中準備去行動。3.教師可能會有情緒反應，但不能逾越遵守原則的限度。4.教師應注意到道德的事實，這樣道德的價值比較能瞭解。5.教師的教育行動應以善為出發點，也是在教導學生向善。6.教師的教育行動除了主觀價值外，還應符合客觀的價值。㈣師生關係的探討：教育倫理學理論自然要探討教育的倫理關係，而師生關係自然是倫理關係，這種關係在教育過程中必須維持。詹棟樑主張教育倫理學必須對教育關係加以分析，並且探討教育關係維持的方法。

　　綜合歸納前述教育倫理學家的看法，教育倫理學的內涵主要包括下列幾項[6]：

## 一、教育學術性質的說明

　　教育倫理學不僅是一門介於教育學和倫理學之間的學科，同時也是教育哲學的一門學科。有的學者主張教育倫理學是一門實踐科學，有的學者主張教育倫理學是一門詮釋科學，有的學者則主張教育倫理學是一門行動科學。教育倫理學的學術性質究竟如何？受到許多教育倫理學家的關注。因此，在許多教育倫理學的著作中，都會從各種「科學理論」（Wissenschaftstheorie）的觀點出發，來探討教育倫理學的學術性質（Fuhr, 1998）。所以，教育學術性質的說明是教育倫理學重要的一部分。

## 二、教育引導圖像的探究

　　「引導圖像」（Leitbild）是一種教育的理想或是教師與學生學習的典範，具有指引教育活動的作用。教育倫理學的內涵必須包含教育「引導圖像」的探討，才能指引教師的教育行動。教師也必須經由教育倫理

---

6　因為教育倫理學還在持續的發展當中，其內涵尚未完全確定，許多教育倫理的議題還在陸續增加之中，所以無法在本文裡完全列舉殆盡。

學建立學生的「引導圖像」，才能引導學生達成教育的理想（Benning, 1980）。因此，教育引導圖像的探究是教育倫理學重要的內涵之一。

## 三、價值導向教育的說明

在教育倫理學中經常強調價值導向的教育，以建立學生和教師正確的價值觀，養成價值判斷的能力。唯有重視價值導向的教育，教師才能具有正確的價值觀，引導學生瞭解價值的意義和序階，在面對價值判斷的問題時，做出正確的價值判斷（Benning, 1980）。所以，價值導向教育的說明在教育倫理學中占有相當重要的地位。

## 四、道德教育意義的分析

道德是教育重要的目標之一，教師的教育行動也強調道德教育的取向。因此教育倫理學的探討，也無法免除道德教育意義的分析。道德教育意義的分析可以協助教師明瞭道德教育的涵義，指引道德教育活動的進行（Benning, 1980）。所以，在教育倫理學的探討中，道德教育意義的分析是一個核心的主題，也是教育倫理學重要的一部分。

## 五、教育行動規範的詮釋

教育行動的正確與否，決定學校教育的成敗。教育行動規範的範圍涵蓋了教育、陶冶、社會化、教學和協助，教師的行動必須依循教育倫理學的指引，才能符合職業倫理的要求。教育倫理學不僅是一門職業倫理學，同時也是一門行動倫理學。因此，教育倫理學必須注重教育行動規範的研究，澄清教育行動規範的涵義，指引教師教育行動的方向（Löwisch, 1995）。所以，教育行動規範的詮釋也是教育倫理學的內涵之一。

## 六、教師專業倫理的探討

教育倫理學是一門職業倫理學，所以非常重視教師專業倫理的探討，希望經由教師專業倫理的培養，建立教師的專業地位，提升學校教育的水

準。教師專業倫理的培養課程，可以分爲教師的職前培育課程和在職進修課程兩個部分。教育倫理學在教師專業倫理培養的過程中，占有非常重要的地位。教育倫理學也把教師專業倫理列爲最重要的主題，從職業倫理學的角度進行深入的探討，以建立教師專業倫理的規範，指引學校教師的教育行動（Löwisch, 1995）。

## 七、師生關係內涵的研究

「教育關係」（Pädagogischer Bezug）是教育倫理學核心的主題，也是教育倫理學重要的基礎，當前教育科學的發展，非常重視這個問題的探討。狄爾泰（Wilhelm Dilthey, 1833-1911）說：「教育學要成爲科學，只有從教師與學生的關係去描述才有可能。因爲自己將師生關係的現象提出來，透過心理學的分析把它弄清楚，使得組成教育過程的每個過程的完整性能夠被描述出來，進而將規定過程完整性的要素形成公式，或者推演出法則。假如這種公式在特定條件下，能夠表達每個教育的影響要素，那麼這種公式也可以被稱爲一個原理……因此，經由師生關係的描述可以建立普效性的教育學。這種教育學是描述、分析、法則給予和原理的學說。」（Dilthey, 1986: 190）因此，教育關係對於教育倫理學的形成相當重要。「師生關係」（Lehrer-Schüler-Verhältnis）也就是「教育關係」，師生關係是教育倫理的問題，它是建立在施教者與受教者之間的一種關係。教育的施爲必須靠這種關係去進行，所以教育關係也是一種結構關係（詹棟樑，1996：104）。所謂結構關係是指從現象學的觀點來看，這種關係是存在於教師和學生之間的一種基本現象，組成師生關係的基本形式。

## 八、教學倫理問題的解釋

教學是重要的教育活動，涉及許多教育倫理的問題。教師如何在教學過程中，運用教育倫理學的觀念，處理教師、學生和教材等相關的問題，以提高教學的效果，也是教育倫理學非常重視的主題（詹棟樑，1996）。假如教育人員只注重教學的技術和方法，忽視教師教學的信念和教材涉及

的倫理問題，將無法圓滿的達成教育的目標。所以，教學倫理問題的解釋經常可以在教育倫理學著作中見到，成為教育倫理學探討的重點之一。

## 九、輔導倫理觀念的分析

輔導是教師的主要工作之一，所以教育倫理學在探討教師的專業倫理時，也會涉及到輔導倫理觀念的分析，以協助教師進行學生輔導的工作，落實人性化教育的理想。許多教育倫理學著作中，也將輔導倫理觀念的分析列入，輔導倫理觀念的分析因而成為教育倫理學重要的內容（詹棟樑，1996）。

## 十、校園倫理因素的探討

教育倫理學的目的在探究教師的專業倫理，建立教師與學生之間的關係，實施價值導向的教育，培養學生道德判斷的能力，以建立一個具有倫理氣氛的校園。唯有如此，才能形成一個良好的學習環境，提高學生學習的效果（詹棟樑，1996）。其次，教育行政人員和教師之間的關係也非常重要。學校中必須講求教育行政的倫理，才能使校務順利的推展。除此之外，教育人員之間的相處也會影響學校氣氛的良窳。所以，校園倫理因素的探討受到許多教育倫理學家的重視，成為教育倫理學探討的一個重點。

## 第四節　教育倫理學的問題

邊寧在《教育倫理學》一書中，提出教育倫理學的任務。他主張當價值崩潰，經由其建立的秩序也隨之崩潰。傳統意義給予導向協助的倫理、道德或宗教，逐漸失去影響力。因此，所有領域問題的解決，再度回到功利主義的觀點。生命倫理要素喪失的結果，使我們這個時代的許多人失去了意義，無法在生命範圍內經由成就得到解決，使得精神價值漸漸消失，過去存在的價值，被標示為過時的事物，並且遭到排斥。倫理問題對於今天的教育工作者，有其實際需要的迫切性，現在的世代，必須使下一代瞭解其責任。教育的核心問題是：在教育中什麼是合法的和正確的事物？

在這種情況下，教育倫理學的建立有其必要性（Benning, 1980: 9-10）。教育倫理學具有下列幾項重要的任務（Benning, 1980: 20）：㈠探討人類的人性中如何給予教育的價值；㈡這些教育價值受到教育過程中，哪些價值概念和目標概念的影響；㈢實際教育價值概念歷史背景的解釋與考察；㈣教育中價值設定世界觀、政治、宗教、社會與科學涵義的確定；㈤每個決定面對遭遇的實際，所形成的教育價值設定的探究；㈥教育中單一與多元意義，同意與不同意價值設定或價值複雜性的提出；㈦教育價值面對當時條件與可能性、可行性的衡量。

嘉姆則在《教育倫理學》一書中，探討教育倫理學的基本問題。他主張教育倫理學中存在著下列問題（Gamm, 1988: 23-26）：㈠教育學是一種使人類具有道德的藝術，其任務在於將社會的道德傳遞給下一代，但是社會道德中有許多錯誤的觀念，如何選擇是一個重要的問題。而且社會道德也涉及個人的權利與社會的生存，如何衡量取捨也不可忽視。㈡教師必須對現存的秩序和道德，提出不斷的反思和批判，以促進個體的成熟。但是如何才能維持其客觀性，這是教育倫理學必須處理的難題。㈢教育措施只是社會影響作用的一部分，如何聯合其他的社會影響作用，以教導兒童及早對抗罪惡，這也是教育倫理學必須面對的問題。㈣教師必須教導下一代服從公民社會的規範，但是又必須教導下一代從錯誤的規範中解放出來，如何兼顧服從和解放的目標，是教育倫理學必須探討的重要問題。㈤康德主張教育計畫必須從「世界主義」（Kosmopolitismus）的觀點出發，不能受到父母或諸侯「利己主義」（Egoismus）的影響。兒童和青少年的教育必須保持開放性，教育倫理學的建立也不能受到特定階級或觀點的控制。但是事實上教育倫理學受到許多特定觀點和不同階級文化的影響，如何保持教育倫理學超然的態度是一個相當重要的問題。

歐克斯也在《教育倫理學》一書中，從分析哲學的觀點出發，探討教育倫理學當前存在的問題。他主張教育倫理學的第一個問題不是如何銜接道德，而是教育如何能夠自我辯護的問題。教育的自我辯護無法單純地從倫理學推演而來，而是要求一種模式假定的分析，經由這種分析可以讓人思考教育的對象和範圍。當模式假定的清晰性得到控制時，倫理原理或

道德傳統的關係才能產生。但是這種分析的策略，在今天的教育討論中並未被採用。因此，一門從分析哲學觀點出發的教育倫理學迄今尚未出現。當前的普通教育學或教育理論在處理倫理學和教育的關係時，都未能將兩者的關係當作核心重點來探討，往往只是教育哲學理論和一些倫理觀點基本原理的推演而已，這種錯誤的觀點，無法關聯教育行動的作用，將視野放在教育概念困難的改變上。歐克斯主張「道德」（Moral）不是一種單純的常規，也不是一種關於自身神聖的氛圍，而是一種法則和反應。「教育」（Erziehung）則是一種道德的溝通或商議。他認為要解決當前教育倫理學面臨的問題，必須探究教育和道德的涵義，並且說明教育與倫理的關係，才能建立一門嚴謹的教育倫理學（Oelkers, 1992: 11-23）。

詹棟樑在其《教育倫理學》一書中，主張每一學門在發展的過程中，都會遇到困境。因為一種學科的建立，必須要經過許多的嘗試，才能順利的完成。所以過程並不會那麼順利，於是困境就發生了，教育倫理學的情形也一樣。教育倫理學在概念上也有值得爭辯的地方，這是在教育倫理學研究時所要釐清的。從比較的觀點去看，對於概念的解釋、瞭解、分類會有差異，就是從不同的文化、教育傳統、教育方法等去把握，也有不同的概念。因此，教育倫理學概念的困境比較重要的有下列幾項（詹棟樑，1996：182-185）：㈠是形而上的抑或形而下的：平常有一句俗話「倫理學沒有形上學成分」，因為倫理學是實踐的學科，其理論的成分少，而且非常重視目的，著重生活的安排。如果用後現代的觀點去看，它是原理的遠離，於是在倫理學中的形上學問題就被揚棄了。就倫理學的地位而言，哲學倫理學的正確性質並未顯現，在驗證效能方面也差一些。因此，透過視覺式觀察，其形上學的色彩並不濃厚。㈡是理性的抑或感性的：有的學者主張倫理學的性質是理性的，認為道德是用來判斷的，而判斷時需要知識，需有科學的訓練，這種情形就含有理性的成分。況且就普通理性的論點而言，理性成為人的一般本質。因此，倫理學應有理性的要素在內。但是有的學者主張倫理學的性質是感性的，因為倫理標準的認識不是理智的作用，因為理智的作用是知識，在於分辨真偽對錯，但是倫理的是非善惡與知識不同，而是由人的意志、慾望、傾向等因素構成。因此，倫理

學的善惡只是個人的感覺而已。㈢是主觀的抑或客觀的：英國哲學家休姆（David Hume, 1711-1776）主張善惡沒有客觀的標準，倫理也沒有客觀的標準。但是德國哲學家哈特曼（Paul Nicolai Hartmann, 1882-1950）卻認為倫理學是有價值的理論，倫理的客觀價值和所有的精神一樣，具有嚴肅的理性、數學與邏輯的性質。因此，可以建立道德標準或道德原則，以界定倫理學的概念。

傅爾（Thomas Fuhr, 1959-）在《教育倫理學》一書中，主張教育倫理學是一門探討教育人員[7]專業倫理的學科。因為教育人員的行動需要規範的引導，所以教育倫理學也是一種行動倫理學。傅爾認為教育倫理學的範圍不限於學校教育和社會教育的應用，而且應該包括家庭中父母教育的倫理。因此，提出「父母教育倫理學」（Erterliche Erziehungsethik）的概念。他歸納波爾諾（Otto Friedrich Bollnow, 1903-1991）、帕齊希（Günther Patzig, 1926-）、克拉夫特（Viktor Kraft, 1912-1998）和布瑞欽卡（Wolfgang Brezinka, 1928-）等人的看法，指出教育倫理學的建立，最大的難題在於規範的確定。因為教育規範的決定缺乏普遍性，無法適用於所有的國家或文化，所以規範的確定是教育倫理學建立的一個難題（Fuhr, 1998: 37-40）。

總而言之，教育倫理學經由許多教育學家的努力，已經具備了一門學科的理論、系統、方法和條件。隨著學術會議的召開，教育學者不斷的討論，相關的論文和著作陸續的出版，以及大學院校課程的開設，研究教育倫理學的學者愈來愈多，使得教育倫理學逐漸成為一門教育領域新興的學科。教育倫理學不僅是一門職業倫理學，同時也是一門行動倫理學。主要的目的在於整合教育學與倫理學，以探討教育行動、教育關係、教育價值、道德教育、規範導向、教育責任、職業道德和教育倫理的問題。教育倫理學的內涵，包括了教育學術性質的說明、教育引導圖像的探究、價值導向教育的說明、道德教育意義的分析、教育行動規範的詮釋、教師專業

---

[7]　傅爾（Thomas Fuhr, 1959-）在教育倫理學中所指的教育人員，不限於教育行政人員和教師，還包括了父母、社會教育人員、成人施教者和大眾傳播人員，因為他們都是教育活動的負載者（Lenzen, 1995: 7-8）。

倫理的探討、師生關係內涵的研究、教學倫理問題的解釋、輔導倫理觀念的分析和校園倫理因素的探討。當前教育倫理學中仍然存在著許多問題，嘉姆主張教育倫理學的建立，不能受到特定階級或觀點的控制。但是事實上教育倫理學受到許多特定觀點和不同階級文化的影響，如何保持教育倫理學超然的態度是一個相當重要的問題。歐克斯認為教育倫理學的問題在於未能真正的探究教育與倫理關係，要解決當前教育倫理學面臨的問題，必須探究教育和道德的涵義，並且說明教育與倫理的關係，才能建立一門嚴謹的教育倫理。詹棟樑主張教育倫理學的概念存在著一些困境，包括形上與形下、理性與感性、主觀與客觀的爭論。傅爾則指出教育倫理學的建立，最大的難題在於規範的確定。因為教育規範的決定缺乏普遍性，無法適用於所有的國家或文化，所以規範的確定是教育倫理學建立的一個難題。依據個人的淺見，我國應該儘速在大學院校中，建立教育倫理學的研究機構，選擇優秀的研究生，進行教育倫理問題的研究，以解決教育倫理學面臨的問題。其次，善用我國教育資料中心的經費，廣泛的蒐集、典藏和流通教育倫理學的期刊、書籍和文獻，多多舉辦教育專業倫理的學術研討會，增加教育學者之間對話和溝通的機會，才能營造一個理想的學術研究環境。再次，將教育倫理學列為師資培育的必修課程，並且納入國家教師資格考試的範圍之中，才能促使大家重視教育倫理學的重要性。最後，加強師資培育中職業倫理的教育，除了知識課程之外，應該強調教師職業倫理的修養，經由優秀模範教師的榜樣，建立教育人員的專業精神。唯有如此，才能提高教育人員的職業倫理水準。總之，教育倫理學的建立，必須克服這些問題，教育倫理學才能得到更好的發展，進而成為一門教育人員的職業倫理學，指引教育人員的教育行動，為人類教育作出重要的貢獻。

## 第七章

# 教育美學

「政治問題的解決必須經由美學，
人們只有透過美才能走向自由。」
——席勒（Friedrich Schiller, 1759-1805）

　　哲學中的「美學」（Aesthetics）一字源於希臘文（aesthesis），意指
「感官知覺」（Perception by Senses）；不過美學的研究對象並不是所有的
感官知覺活動，而是以與美感知覺相關的活動或經驗為對象。人類研究
審美活動的歷史相當久遠，就西洋的歷史而言，早在西元前四世紀柏拉
圖（Plato, 424-347 B.C.）的對話錄「大希比亞斯」篇中，便詳細記載了蘇
格拉底（Socrates, 469-399 B.C.）和希比亞斯兩人，針對美的定義展開一場
深入的論辯。柏拉圖之後，亞里斯多德（Aristotle, 384-322 B.C.）、普羅提
納斯（Plotinus, 204-270）和奧古斯丁（Aurelius Augustine, 354-430）等人，

都曾對美和藝術作過深入的探討。但是「美學」一詞卻遲至1735年才由德國哲學家包姆嘉頓（Alexander Baumgarton, 1714-1762）於一本名為《詩的沉思》的著作中提出。包姆嘉頓於1750年正式以《美學》（Aesthetica）為名，出版了探討審美經驗的專著。包姆嘉頓也因為對美學的開創性建樹，而被尊稱為「美學之父」（林逢祺，1999：123）。包姆嘉頓是理性主義哲學家吳爾夫（Christian Wolff, 1679-1754）的學生，他沿襲哲學家萊布尼茲（Gottfried Wilhelm Leibniz, 1646-1716）對於理性知識和感性知識的區分，提出「美學」來研究感性的知識，以補充當時只有邏輯學探討理性知識的缺失。包姆嘉頓在1750年出版的《美學》一書中，對美學的意義作了以下三種規定（Carritt, 1931: 84）：㈠研究美的藝術的理論；㈡研究較低或感性知識的學問；㈢研究完滿地運用感性認識的學問；依此可知包姆嘉頓所謂的「美學」是指一門研究藝術、感性和美的學問。「教育美學」（Educational Aesthetics）擷取美學的涵義，主要在探討美育、教學、課程、領導、環境和生活相關的美學問題。

二十一世紀是知識爆炸的時代，隨著專業分工的發展，形成許多不同的學術領域。學校教育為了傳遞人類的文化，不得不實施分科教學，以利專業人才的養成。在這種情況下，注重知識教學的方式，逐漸占有優位性，於是產生偏頗的教育。這種現象對於人格的健全發展有不利影響，日後可能造成嚴重的社會問題。哲學家謝勒（Max Scheler, 1874-1928）就認為教育是人類所有精神動力的自我開展，偏頗的教育不足以稱為教育（Rutt, 1978: 608）。教育應該全面地發展人類的感官能力，才能培養健全的人格，誠如哲學家赫森（Johannes Hessen, 1889-1971）所言：人類的生命是一個完整的精神動力系統，人類化成的努力既不能否定人類精神存在的特質，也不能偏頗的追求某一部分的精神價值。耽於低級本能層次價值的追逐或偏執某部分的精神價值，均難以完成統整的人格（Hessen, 1973: 181）。我國學校教育因為受到升學主義的影響，向來偏重知識層面的教學，對於道德判斷、審美鑑賞、體格涵養和宗教信仰的教育較為忽略，以至於造成學生人格扭曲的現象，產生許多社會犯罪和宗教迷信的問題。雖然政府在各級學校廣開輔導諮商課程，企圖解決這些社會亂象。但是因為

見樹不見林，未能標本兼治，忽略學校完整人格教育課程的規劃，所以教育成效不彰，社會問題仍然層出不窮。審美教育是人格教育的一環，在各級學校教育中，占有非常重要的地位。本章將探討席勒、尼采、奧圖和布勞第等人的教育美學理論，茲詳細說明如下：

## 第一節 席勒的教育美學

席勒（Friedrich Schiller, 1759-1805）1759年11月10日出生於奈卡爾的馬爾巴赫（Marbach）。父親約翰（Johann Kaspar Schiller, 1723-1796）曾經從事過軍醫助理和外科醫生的工作。1753年起在烏騰堡歐伊根公爵（Herzog Karl Eugens von Wüttemberg）處擔任軍需官，後來曾經擔任募兵官，1775年被任命為軍需部門長官。母親伊莉莎白（Elisabeth Dorothea, 1732-1802）是馬爾巴赫一家旅館老闆的女兒。席勒在家排行第二，上有一位姊姊伊莉莎白，下有四位妹妹。1765年席勒6歲時，進入洛赫爾的鄉村學校接受基礎教育，跟隨莫若爾（Philipp Ulrich Moser）神父學習希臘文和拉丁文。1766年12月底，席勒全家遷居路德維希堡（Ludwigsburg）。次年，進入當地的拉丁學校就讀，與同學霍芬（Friedrich Wilhelm von Hoven）相交甚篤。1772年席勒完成畢生第一篇德文詩作〈基督徒〉（Die Christen），可惜後來散失了，並沒有留傳下來。1773年席勒有意學習神學，因此進入卡爾學校就讀。卡爾學校的創辦者就是歐伊根公爵，由於這所學校實施嚴格的兵營生活制度，強迫學生穿著制服，而且與外在世界隔離，所以引起席勒的反感。此時，席勒開始閱讀德國文學家萊辛（Gotthold Ephraim Lessing, 1729-1781）、柯洛斯托克（Friedrich Gottlieb Klopstock, 1724-1803）和狂飆突進時期[1]的文學作品。1774年席勒轉入當地軍事學院的法律部門就讀，開始其

---

1　狂飆突進時期（Sturm und Drang）屬於德意志運動中的一個時期，德意志運動是指普魯士王國1770年到1830年之間發生的一種經由新生活情感和人類化成的新目標，從知性文化返回，克服啟蒙思想，發現人類個體性、整體性、獨創性和創造力的運動。包括狂飆、古典、人文主義、浪漫主義和德國觀念論五個時期（Böhm, 2000: 123-

法律學習的生涯。從歐伊根公爵的學生報告中，顯示出此時席勒對神學非常感到興趣。1775年席勒轉學到斯圖嘉特，進入一所醫學機構求學，放棄了原先法律課程的學習。1776年席勒由於受到哲學教授亞伯爾（Jakob Friedrich Abel, 1751-1829）的影響，開始致力於哲學的學習和英國文學家莎士比亞（William Shakespeare, 1564-1616）戲劇的研究。這時席勒所閱讀的書籍包括盧梭（Jean-Jacques Rousseau, 1712-1778）、楊格（Eduard Young）和歐西安（James Ossian）等人的作品。同年10月席勒在《斯瓦比雜誌》（*Schwäbische Magazin*）發表一篇詩作〈傍晚〉（Der Abend），次年3月發表了第二篇詩作〈征服者〉（Der Erorberer）。席勒於1777年開始撰寫劇作《強盜》，次年決定不再從事詩歌的寫作，集中精力於謀生科學的學習，以便順利完成學業。1779年席勒的醫學論文〈生理學之哲學〉（Philosophie der Physiologie）沒有通過審查，學業生涯因此受阻。此時，他將興趣再度轉向詩歌的創作，開始撰寫〈國王的陵墓〉（Die Gruft der Könige）和田園歌劇〈薛梅雷〉。1780年席勒在霍亨漢（Franziska von Hohenheim, 1748-1811）公爵的生日宴會中應邀發表〈從結果來觀察德行〉演說，並且擔任主角演出哥德的劇作〈科拉維果〉（Clavigo）。同年以〈人們動物性與精神性關係之探究〉一文通過審查，完成醫學院的學業，並且在斯圖嘉特的部隊中，擔任軍醫的工作。1781年席勒完成劇作《強盜》，同時自費出版，由於銷路不佳，因此開始負債。後來，曼漢國家劇院主管邀請席勒參與演出，雖然劇作《強盜》的首演非常成功，但是仍然無法解除席勒經濟的困境。

1782年席勒在亞伯爾和皮特森主編的《威爾頓堡文學報告》中，評論自己出版的《強盜》、《詩歌選集》、《關於現代杜伊特的戲劇》和《菩提樹下漫步》等作品，並且開始從事劇作《斐斯克》與《彌勒林》的撰寫。後來，劇作《斐斯克》在曼漢演員工會的發表失敗，席勒在失望之餘離開曼漢，漫遊法蘭克福、圖林根等地，同時在包爾巴赫下榻時，認識一

124）。

位圖書管理員萊恩華德（Wilhelm Friedrich Hermann Reinwald, 1737-1815），
後來成爲席勒的姊夫。1783年席勒出版劇作《斐斯克》，並且致函萊恩華
德，在信中談到了他撰寫《優里烏斯神智學》的想法。就在此時，席勒愛
上一位夏洛特（Charlotte von Wolzogen）小姐，可惜夏洛特已經心有所屬。
因此，席勒不幸地失戀了。1784年接受易輔蘭（August Wilhelm Iffland, 1759-
1814）的建議，將劇作《彌勒林》更名爲《陰謀與愛情》在曼漢出版，同
時曼漢國家劇院的首演非常成功。因此，席勒在文學界的聲名大噪，並且
從其薩克森朋友處獲得許多信函、贈品和畫像。同年席勒邂逅了另一位夏
洛特（Charlotte von Lengefeld）小姐，她後來成爲席勒終生的伴侶。此時，
席勒也開始創作另一部作品《卡洛斯》。1785年席勒遊歷至萊比錫，原想
進一步學習法律或完成醫學博士學位，可惜因爲俗務纏身未能如願以償。
1786年席勒劇作《塔莉亞》出版，內容包括《愉悅》、《喪失榮譽的犯罪
者》、《卡洛斯》、《激盪的自由精神》、《放棄》、《塔莉亞》、《哲
學書信》與《見靈者》等作品。後來，席勒專心的研究歷史，從事《荷蘭
沒落史》與《和解的人類之敵》兩部書的撰寫。1787年席勒遊歷到耶納，
由於和格利姆（Reinhold Grimm）辯論康德哲學，促使席勒對康德的著作
進行研究。同時，參與耶納「一般文學日報」的撰寫出版工作。1788年席
勒完成《荷蘭沒落史》在萊比錫正式出版，並且到威瑪與夏洛特見面。經
由夏洛特的介紹，首次與文學家哥德相識。

　　1789年席勒在《杜伊特商神》（*Teutscher Merkur*）雜誌出版〈命運的
遊戲〉一文，並且在哥申出版社的《德國新美文學的批判概要》一書中，
發表其對《殷菲格尼》劇作的評論。同年，獲得耶納大學哲學院所頒贈的
榮譽博士學位，並且在哥申出版劇作《見靈者》，而且結識教育學家洪保
特（Wilhelm von Humboldt, 1767-1835），同時與夏洛特小姐訂婚。1790年2
月席勒正式與夏洛特結婚，並且完成《三十年戰爭史》的第一卷。1791年
席勒答應丹麥作家巴格森（Jens Bagesen）的請求，接受奧格斯頓堡克里斯
提安王子（Erbprinz Friedrich Christian）與辛莫曼伯爵（Graf Ernst von Schim-
melmann）三年的資助，進行哲學美學與康德批判哲學的研究。1792年席
勒到萊比錫和德勒斯登旅遊，透過好友柯爾納（Christian Gottfried Körner,

1756-1831）的介紹與文學家史萊格爾（Friedrich Schlegel, 1772-1829）兄弟
相識。同時，完成《三十年戰爭史》的出版。1792年冬季學期席勒在耶納
大學開授美學演講課程，1793年陸續完成其審美哲學論文〈優美與尊嚴〉
（Anmut und Würde）、〈論崇高〉（Vom Erhabenen）、〈論莊嚴〉（Über
das Pathetische）、〈審美教育書信集〉（Über die Ästhetische Erziehung des
Menschen）與〈美的哲學〉（Die Philosophie des Schönen）。後來，又先後
和文學家賀德林、哲學家費希特、謝林、教育學家保爾（Jean Paul, 1763-
1825）等人相識。此時，席勒在文學、哲學和教育學領域的聲望已達高
峰。1805年席勒因病逝世於耶納，最初葬在佛利德霍夫的聖雅克斯教堂，
1827年普魯士國王為紀念席勒偉大的貢獻，將其遺體遷葬至威瑪的諸侯墓
園中，以示尊崇景仰的敬意（Nohl, 1954: 7-21; Schiller, 1993: 1287-1302）。

## 一、思想淵源

　　席勒從早年就從事哲學研究，起初受到法國啓蒙運動學者狄德羅和
盧梭的影響。從他們那裡，席勒獲得關於自由平等和自然與社會對立的概
念。萊辛和溫克爾曼引導他到希臘文藝的領域，他全盤接受高貴的單純，
靜穆的偉大看法，將其作為德意志民族所應追求的理想。在美學方面，他
接觸到包姆嘉頓，從而吸收了一些萊布尼茲的理性主義。而且也受到哥德
的影響，哥德在〈論風格〉等文中所強調的藝術客觀性，讓席勒留下深刻
的印象。因此，他與康德主觀唯心主義的美學觀點有些格格不入。不過，
他所受到最大的影響還是來自康德。康德在哲學上所揭示的批判精神、現
象與物自身的區分、理性與感性的對立、審美判斷與道德自律的關聯，這
些概念都成為席勒美學思想的出發點。但是，康德只是將美學中許多對立
的概念揭示，並未達到真正的統一。因此，席勒進一步分析美的內涵，
並且提出審美教育的方法，來調和理性與感性的衝突（朱光潛，1982：90-
91）。席勒於1793年將寄給奧格斯頓堡王子的書信，在他創辦的《季節女
神》（The Grace）雜誌上發表。1801年這些書信被收入《短篇散文集》第
三部，只刪除了個別段落和註腳，現在通行的《審美教育書信集》就是根
據這個版本（崔光宙，2000：201）。席勒在《審美教育書信集》中首先申

明，他研究美與藝術雖以康德的原則爲根據，但不拘門戶之見。他主張研究美的方法論基礎，在於美雖然和感官有密切關係，但是嚴格的科學研究必須使其對象接近知性，因而有時不得不使對象避開感覺，以擺脫其直接表現的形式（Schiller, 1993: 570-571）。席勒認爲藝術是人類理想的表現，它是由精神的必然而產生的，不是爲了滿足物質方面的需求。但是，今天需要支配了一切，由於科學發達和功利盛行，藝術逐漸喪失其意義。其次，政治不再是少數強者的事，每個人都覺得政治問題，與其生活有或深或淺的關係，人們因而普遍地注意政治舞臺，研究藝術和美似乎成了一件不合時宜的事。不過，席勒認爲政治問題的解決必須經由美學，人們只有通過美才能走向自由（Schiller, 1993: 571-573）。

## 二、性格的完整性

席勒主張人類的理性要求統一性，而自然要求多樣性。「觀念的人」（Mensch in der Idee）即客觀的人，體現了這種永不改變的統一性；「時代的人」（Mensch der Zeit）即主觀的人，則表現出始終變換的多樣性。因此，每個人都有兩種性格，即客觀和主觀的性格，這兩種性格各有其片面性。國家代表理想的人，它力求把各具特點的個體統合成一體。如果個人不能把他主觀的特殊性格淨化成客觀的性格，國家就會與個人發生衝突，而國家爲了不成爲個人的犧牲品，就不得不壓制個體。因此，關鍵在於統一人身上的兩種性格，使其達到性格的完整性（Totalität des Charakters）。既不能爲了達到道德的統一性而損傷自然的多樣性，也不能爲了保持自然的多樣性而破壞道德的統一性，就是說人既不能作爲純粹的自然人以感覺來支配原則，成爲一個「野人」（Wilder），也不能作爲純粹的理性人用原則來摧毀情感，成爲一個「蠻人」（Barbar）。有教養的人具有性格的完整性，只有在這種條件下，理想中的國家才能成爲現實，國家與個人才能達到和諧統一（Schiller, 1993: 576-579）。在此，席勒認爲個人是國家的基礎，如果要使國家與個人達到和諧的統一，就必須追求個人性格的完整性，一個性格完整的人必須理性與感性和諧的發展。

席勒認爲希臘人具有性格的完整性，他們的國家雖然組織簡單，但

卻是一個和諧的團體。到了近代，由於文明的發展和國家強制的性質，人
只能發展某一方面的能力，從而破壞了他秉性的和諧狀態，成為殘缺不全
的個體。這種片面的發展，對文明的開創和人類的進步是絕對必要的，但
個人卻因此而犧牲自己，喪失其性格的完整性。因此，近代人所要作的
就是通過審美教育，來恢復他們本性中的這種完整性（Schiller, 1993: 581-
588）。想要恢復人類本性的完整性不能指望現在的國家，也不能寄望觀
念中理想的國家，因為它本身必須建立在更好的人性之上。所謂更好的人
性，就是既要有和諧一致的統一性，又要保證個體的自由和它的多樣性。
但是，人類的本性目前處於分裂之中，人的各種能力處於對抗之中。在這
種情況下，給予個體自由必然會造成對全體的背叛，國家為求和諧一致，
勢必對個體實行專橫的統治。因此，只要這種對抗的狀態繼續存在，改善
國家的企圖都是不切實際的幻想（Schiller, 1993: 588-590）。基於此，席勒
認為只有個人的性格達到完整性，才能使得社會安定，改善國家的政治狀
況。

## 三、審美教育的功能

　　席勒強調政治的改進要通過性格的高尚化，而性格的高尚化又只能通
過藝術。藝術雖然與時代有聯繫，但因藝術家心中有一個由可能與必然相
結合而產生的理想，他的創作是發自心中純正的理想性格，因而高尚的藝
術不沾染任何時代的腐敗，並且超越時代的限制。藝術家不是以嚴峻的態
度對待其同代的人，而是在遊戲中通過美來淨化他們，使他們在休閒時得
到娛樂，在不知不覺中排除任性、輕浮和粗野，再慢慢地從他們的行動和
意向中逐步清除這些毛病，最後達到性格高尚的目的（Schiller, 1993: 592-
596）。席勒主張感性衝動的對象是最廣義的生活，形式衝動的對象是本
義和轉義的形象，遊戲衝動的對象是活的形象，亦即最廣義的美。遊戲衝
動是感性衝動與形式衝動之間的集合體，是實在與形式、偶然與必然、被
動與自由的統一；這樣的統一使人性得以圓滿完成，使人的感性與理性的
雙重本性同時得到發揮，而人性的圓滿完成就是美。這樣的美是理性提出
的要求，這個要求只有當人遊戲時才能完成（Schiller, 1993: 614-619）。因

此，席勒認為只有美能夠使人類的人性得到完滿，而只有當人在遊戲時，理性和感性同時得到發揮，才能真正獲得意志的自由。

## 四、美的性質與作用

席勒主張美是由兩種對立的衝動相互作用而產生的，理想美是實在與形式達到最完美平衡的產物。這樣的平衡在現實中是不會有的，因而理想美只是一種觀念。觀念中的理想美是不可分割的單一的美，而經驗中的美是雙重的美；觀念中的理想美只顯出有溶解和振奮的特性，在經驗中就成為兩種不同的美，即溶解性的美和振奮性的美，這兩種美的作用各不相同，所以在經驗中美的作用是矛盾的（Schiller, 1993: 619-622）。美應該能夠消除精神力和感性力雙重的緊張。美把思維與感覺這兩種對立的狀態聯結起來，但這兩者之間並不存在一個折衷狀態。美學要解決這個矛盾，就必須一方面承認對立，另一方面又必須承認結合的可能性。這兩方面必須相輔而行，偏重任何一方都不可能得到正確美的概念（Schiller, 1993: 624-626）。席勒論述不同性質的美，對個體具有不同的作用，這種觀點不僅開啟了藝術治療的想法，同時告訴教師在進行審美教育時，應該按照學生的心理狀態，選擇具有不同美感的材料，來實施審美教育的活動，才能發揮最大的效果。

席勒認為審美的可規定性與純粹的無規定性雖然都是一種無限，但後者是空的無限，前者是充實了內容的無限。美在心緒中不產生任何具體的個別結果，只是給人以自由，而這種自由正是人在感覺時或思維時，由於片面的強制而喪失了的。所以美的作用就是通過審美生活，再把人進入感性的或理性的被規定狀態，而失去的人性重新恢復起來（Schiller, 1993: 634-636）。在審美狀態中，我們均衡地支配著承受力和能動力，我們的心緒處在自由之中，它可以輕易地轉向任何一個方面，真正的藝術作品就是在這樣一種狀態中，把我們從禁錮中解放出來（Schiller, 1993: 636-638）。席勒相信經由藝術審美的活動，可以擺脫感性與理性的束縛，讓人類的意志得到真正的自由。這種意志自由是道德學習的基礎，有助於培

養審美的心境，提高人類的情操，變化個人的氣質，促進健全人格的形成。

## 五、人類的發展階段

席勒強調人的發展，要經過物質狀態、審美狀態和道德狀態三個不同的階段。在第一個階段，人受自然盲目必然性的支配，理性根本沒有出現，人是無理性的動物。即使理性已經朦朧地出現，因為這時生活衝動對形式衝動還占有優勢，人也會把理性所要求的絕對概念運用到他的物質生存和安樂上面去，或者把他的感性利益當作他行動的根據，把盲目的偶然當作世界的主宰，或者為他自己設置一個符合於他卑劣意向的神。因此，理性的最初出現並不是人性的開始，人還不是人，而是有理性的動物（Schiller, 1993: 645-651）。從純粹的物質狀態到審美遊戲是一個逐步發展的過程，人的最原始狀態是只滿足最低的需要；不久之後，他就要求有剩餘，最初是要求物質的剩餘，隨後要求審美的附加物。不論是人還是動物，如果他們活動的目的是為了維持生存，他們就是在勞動；如果是過剩的生命刺激他們活動，他們就是在遊戲。不過，這種遊戲還是物質性的，人還屬於動物的範圍。從物質遊戲到審美遊戲是一種飛躍，這時人必須擺脫一切物質的束縛，因而他的整個感覺方式必須產生一次徹底的革命，他對審美表象必須自由地加以估價。即使審美遊戲已經開始，感性衝動還是有足夠的力量，不斷進行干擾，因而最初的審美遊戲衝動與感性衝動還難以區分。審美遊戲本身也還有一個從低級到高級的發展過程。最初以外界事物為樂，最後以自己為樂。進而建立起審美表象的王國，在這裡，人擺脫了一切強制，通過自由給予自由是它的基本法則，平等的理想得到實現（Schiller, 1993: 661-669）。

綜合前面所述，席勒在撰寫這二十七封信時，不僅眼見法國大革命的悲劇，閱歷世事的紛擾動盪，而且個人生命中亦經歷雖享有盛名，卻仍免不了病痛與貧困的遭遇之後，深知生命中的幸福愉悅不是向外追求而得，而是出自內心成熟穩健的怡然自得，是經由內在純美心靈境界的涵養，而

後獲得的理想成熟人格的實現。而且，爲了解決康德哲學遺留下來的問題，促進社會的安定，改善國家的政治狀況，達到世界永久的和平，建立審美表象的王國。因此，提出審美教育的理想，以挽救科學知識分工，造成人性分裂的弊端（劉千美，1993：178-179）。席勒的教育美學相當重要，不僅豐富德國文化批判的內涵，促進藝術教育運動的改革，同時影響華德福學校的精神。在審美教育的目的上，席勒希望通過審美教育培養人類高尚的情操，改善國家政治紛亂的狀況。在審美教育的功能上，席勒相信經由審美教育可以培養人類審美的心境，變化個人的氣質，提高人類的道德品格。在審美教育的範圍上，席勒承襲康德的看法，兼顧自然美和藝術美。在審美教育的課程上，席勒認爲藝術品的欣賞並不是最終的目的，審美心境的培養才是最重要的目標。席勒審美教育觀念的提出，不僅促成教育美學的興起，同時指出審美教育發展的方向，對於人類教育的內涵影響非常深遠。

## 第二節　尼采的教育美學

尼采（Friedrich Nietzsche, 1844-1900）1844年10月15日生於普魯士薩克森邦的洛肯（Röcken）。父親是愛倫堡監督牧師，母親佛蘭西斯嘉（Franziska Nietzsche）是波普雷斯鎮牧師的女兒。尼采是長子，下有一位弟弟和一位妹妹，他和妹妹伊莉莎白關係非常密切。1849年尼采的父親因爲大腦軟化症去世，全家陷入一片哀悽之中，當時尼采只有5歲。第二年，尼采的弟弟又因爲牙痛痙攣而夭折。這兩次接踵而至的不幸，在尼采的心靈上留下深重的傷痕。1850年尼采進入南姆堡就讀小學，從小舉止高雅，容易陷於沉思。1854年進入文法中學就讀，接受自由教育，學習古典著作。1958年就讀普爾塔高等學校，這是一所古文中學，實施廣博的文雅教育，側重古典語文和古代文化的學習。1860年與朋友共創音樂與大學社團「日爾曼」（German），撰寫許多相關的作品。1864年以優異的成績畢業於普爾塔高等學校，隨後進入波昂大學就讀，主修神學與古典語言學。1865年因爲仰慕當時的古典語言學大師李希爾（Friedrich Wilhelm

Ritschl, 1806-1876），轉學到萊比錫大學就讀。到萊比錫大學之後，初讀叔本華的作品，感到相當喜歡，後來深受其哲學思想的影響。1866年在「古典語言學學會」發表論文〈論第奧尼斯著作集的最後版本〉，頗得李希爾的讚賞。同年，普奧戰爭爆發，尼采應徵參加炮兵聯隊，因為近視騎馬摔倒，重傷住院數月之後退伍。後來，參加古典語言學的論文比賽，以第一等的榮譽入選，獲得了新銳古典語言學家的地位。1868年結識音樂家華格納（Richard Wagner, 1813-1883），1869年經由李希爾的推薦，以25歲的年齡獲聘為巴塞爾大學的兼任教授，開授古典語言學的課程。同年，免試獲得萊比錫大學的哲學博士學位。1870年晉升為巴塞爾大學的正教授。同年8月普法戰爭爆發，尼采志願擔任看護兵的工作，因為經歷這場殘酷的戰爭，開始萌生權力意志的學說[2]。退伍之後，開始從事學術研究與著述的生涯。1879年因為頭痛和眼疾惡化，辭去巴塞爾大學的工作。由於愛情的失意和學術上的不順，尼采心理上承受極大的壓力，1889年在托里諾罹患精神分裂症，被送到巴塞爾的精神病院。後來由妹妹伊莉莎白接往威瑪照顧，1900年由於併發肺炎逝世於威瑪（Weimar）。尼采雖然早就病逝於威瑪，但是其精神威力卻在二十世紀才與日俱增。尼采的「精神三變說」不僅是刻劃鮮明的精神圖像，也隱含立場激進的「文化批判」（Kulturkritik）。這兩者的豐富內涵，使尼采的整體思想如同「教育批判」。尼采的思想不僅啟發了馬克斯和佛洛伊德的學術靈感，對於法國後結構主義和後現代主義思潮也發生宗師地位的影響力（馮朝霖，2004：5），主要的著作有《悲劇的誕生》（*Die Geburt der Tragödie*）、《道德系譜學》（*Zur Genealogie der Moral*）、《查拉圖斯特拉如是說》（*Also sprach Zarathustra*）、《歡愉的知識》（*Die fröhliche Wissenschaft*）、《超越善與惡》（*Jenseits von Gut und Böse*）等（Gerhardt, 1995: 31-58）。

---

2　尼采（Friedrich Nietzsche, 1844-1900）認為現象世界是加工改造過的世界，與它相對的並不是真實的世界，而是毫無形態、無法表述的混亂的感覺世界。他把客觀存在的世界稱為虛構，並提出以「權力意志」為基礎的宇宙觀。主張貪得無厭的權力意志是萬物的本源。它不僅是有意識活動的人的本質，也是一切自然事物和過程的本質。

尼采自1869年就任巴塞爾大學（Universität Basel）教授，至1879年因病辭職止，留下許多關於古典語言學優異傑出的研究成績。尼采撰寫的教材與研究論文中，對古希臘文化獨具創見，充分顯示他在語言學範圍內超凡出眾的才能。尼采非常輕視凡庸語言學者的陳腔濫調和沉溺於訓詁註釋的工作。他想成為偉大的思想家，不能安於平凡學者的地位。尼采相當注重語言表現以解釋事實，因此特別講究字句的正確用法，即使片語隻字也不輕易放過。他認為喪失語詞真義，跟隨俗例用法的報章文化，都是思想的頹廢墮落，不僅失去真理的嚴密性，而且虛浮不實。一個思想家首先要做的就是批判誤用語詞的通俗思想，以免真理蒙塵。因此，尼采選擇諷喻的表現方式，以打破人類僵化的觀念與偏見。由這種珍視文字真義的立足點出發，尼采成為具有諷喻思想的箴言作家（李永熾譯，1981：105-107；Gerhardt, 1995）。

由於尊重文獻，珍視文字運用，所以絕不玩弄空言，而重視其中所表現的真理。並由自己的生活體驗來確定真理的實在性，要貫徹這種自由探索真理的精神，必須不屈服於任何既存權威，尼采就是這樣的哲學家。他選擇詮釋學的方法來導引他的思想，由於這種方法的自由運用，尼采古典語言學的素養才能充分發揮其效果。所謂「詮釋學的方法」就是以內省與心理分析為線索，把文字邏輯及其中所蘊藏的內在真理聯結表現出來。尼采把自己的「詮釋學方法」稱為「遠近法」，而把自己的思想稱為「實驗哲學」（Experimente Philosophie）。他認為無論哪一種「認識」，都以「自我」的認識為中心，而被自我的生存創造發展所推動，不可能有從中心點游離的客觀真理存在。在生命發展上，以自我為中心解釋生命才是真理。所以，真理是不斷改變的生成發展，有極其豐富的內涵，將真理與生命視為一體，這是尼采實驗哲學的精神（李永熾譯，1981：107-108；Gerhardt, 1995）。

尼采將邏輯與倫理以心理分析法還原，更從內心深處看清人類生理發展的必然性，以自己一生與疾病戰鬥的經驗，批駁頹廢傾向與否定生命的虛無主義倫理，建立由此超越而上的創造性思想。因此，尼采也是優秀的生理學家。於是，尼采的「生命哲學」（Lebensphilosophie）成形，由心

理學與生理學的知識支持，被藝術直觀導引，在生命的密切關聯中肯定眞理，而將所有的眞理都當作生存的手段。以這種積極肯定生命的立場，尼采極力肯定自然與肉體，否定求救於彼岸天國的宗教超越論。要探索生命之道，必須成爲盡力擔負現實及其命運的大地之主。捨棄以生命作爲生命以外犧牲品的「暗夜哲學」（Philosophie der Nacht），宣揚以生命本身歌頌生命的「正午哲學」（Philosophie des Mittags）。現代人聲嘶力竭地悲呼「上帝已經死亡」（Gott ist tot），尼采卻將這種無神論賦予積極的意義。他認爲虛無主義開展了無限多樣的可能性，將「自我」（Selbst）從一切「非我」（Nicht-Selbst）的束縛中解放出來，而能自由地加以重塑。從此，尼采將虛無主義轉到具有主動生命創造力的方向（李永熾譯，1981：109-110; Gerhardt, 1995）。

　　尼采哲學思想發展的階段，可以分爲下列三個時期（李永熾譯，1981：115-118; Gerhardt, 1995）：第一期駱駝時期（1869-1876）：這時尼采對基督宗教已有懷疑，但努力壓抑自己的想法，專注於語言學的研究，駁斥當時流行的庸俗思想，深研古希臘之悲劇存在觀，由其中無限開展，浪漫自然之生命開始覺醒。同時，全心接受叔本華哲學與華格納藝術的影響，形成忠實於生命內在要求的根本態度。此期的代表作有：以戴奧尼索斯之存在肯定爲主題的《悲劇的誕生》；批判腐儒與時代流行思潮，追溯文化根源的《反時代的考察》。第二期獅子時期（1876-1881）：以獨創思想破壞既成權威，建立新思想的時期。由於天才火花之煥發，開始對諂媚群眾低俗嗜求的華格納感到幻滅，並且進一步與其決裂，追求自我思想的獨立。一面忍受沙漠中與世隔絕的孤獨，一面爲獲得絕對的自由而艱苦奮鬥。對一切既成的權威價值均加以批判，勇敢地衝進懷疑與虛無主義的荒原。初期的浪漫精神至此消逝無蹤，強調科學的實證，以無所依傍的自由精神探索眞理，是尼采這一個時期的主題。此期的代表作有《人性的，太人性的》一書，書中尼采暴露了粉飾一切文化與人際關係的陰暗地穴，並以冷靜的科學之光，洞燭地穴中隱伏的汙穢。更以這種冷靜觀察的自我訓練獲得的自由精神，正面攻擊充滿偏見的舊道德，在虛無的暗夜中，預言新道德的誕生，由此寫成了《曙光》。繼《曙光》之後的是《歡愉的知

識》，暗示新道德必須忍受「神死」的空無，歡愉地肯定生命，此中已孕育了尼采終極的思想「永恆回歸說」。「永恆回歸說」見於尼采《歡愉的知識》一書中，是指人類將在生存的永恆沙漏中，不斷重新流轉的學說（Nietzsche, 1999）。尼采本來想藉此化解人生虛無的陰影，結果卻陷入了可怕的夢魘，爲了擺脫這個夢魘，尼采發揮悲劇的精神，時時的勉勵自己，不但不逃避必然，而且接受必然的命運，承受一切命運的安排，做一個永遠的肯定者（Gerhardt, 1995）。第三期孩童時期（1881-1888）：以永劫回歸的思想與虛無主義對抗，從內部加以突破，這是尼采思想集大成的時期。宣示「超人」（Übermensch）以代替「神」（Gott），由權力意志建立高貴的「主人道德」，破壞卑劣低下的「奴隸道德」（Sklaven-moral），攻擊「無我」（ohne Selbst）和「憐憫」（Mitfühlen）的基督教義。尼采在與教會的戰鬥中，迎接瘋狂前夕的平靜。這是尼采思想的圓熟期，從命運愛走向與存在和解的境界。此期的代表作有：以新福音代替基督宗教終結論的《查拉圖斯特拉如是說》，尼采在書中走向重新肯定生命的超人之路，雄渾壯美地謳歌捨棄神恩而求自我救贖的生命形象。同時，尼采又構思散文體的作品《權力意志》（Der Wille zur Macht），以確立新價值的基礎，和虛無主義相對抗。他留下許多珠玉般的斷簡，這些斷簡後來輯成《權力意志》一書。後來尼采繼續寫成《超越善與惡：道德系譜學》（Jenseits von Gut und Böse）、《道德系譜學》（Zur Genealogie der Mor-al）、《華格納事件》（Der Fall Wagner）、《偶像的黃昏》（Götzendäm-merung）、《反基督》（Der Antichrist）等書。最後，似乎預感清明的神智即將終結，在完成了《看呵！這人》（Ecce Homo）、《尼采對華格納》（Friedrich Nietzsche kontra Richard Wagner）和《戴奧尼索斯頌歌》（Dionysos Dithyramben）之後，從此不再執筆，以悲劇的瘋狂告別了人世。

我們可以從尼采思想中找到一個核心的原則，那就是「藝術」（Kunst）的觀念。尼采在《悲劇的誕生》一書中說道：「我明白主張，構成人類基本形而上活動的，不是倫理學，而是藝術。」但是，人類究竟如何構成這種活動呢？他繼續說：「是賦予所有的過程以審美意義。」因此，尼采所謂藝術的形而上活動，即是給予意義的審美活動，這種審美

活動似乎透過藝術的創造活動最能直接說明（趙衛民，1994：66; Nietzsche, 1988）。《悲劇的誕生》一書是尼采早期的著作，也是一部半學術性、半創作性的著作。說它是學術性的，因為它是尼采研究古典語言學的成果，說它是創作性的，因為它雖以希臘三大悲劇詩人的作品和希臘宗教神話歷史作依據，卻有尼采自己獨到的見解，甚至以希臘悲劇精神的盛衰來解釋希臘文化現象，而竟然一反傳統學者對蘇格拉底的尊重，而把他看作墮落的哲學家，把他看作使西方文化缺乏生命力量的罪魁禍首（劉崎，1991：1; Nietzsche, 1988）。尼采主張藝術的不斷演進，是由於阿波羅和戴奧尼索斯不斷的矛盾和協調活動而形成的現象。希臘人曾經透過具體的表現來開展他們神祕的藝術理論，由於阿波羅和戴奧尼索斯這兩個藝術之神，使我們認識了造型藝術和非視覺音樂之間的巨大差別。以前它們強烈的對立著，最後由於希臘人意志活動的魔力，阿波羅精神和戴奧尼索斯精神才合在一起，於是產生了希臘悲劇，而表現出這兩個淵源的顯著特質（Nietzsche, 1988: 25）。

如果缺乏悲劇精神或悲劇感，則這個人或這個民族就會頹廢或沒落。希臘哲學到蘇格拉底時有一大轉變，由於蘇格拉底強調知識，也就是強調阿波羅精神中，以冷靜理智觀察世界的一點。因此，尼采認為從蘇格拉底以後，希臘悲劇的精神喪失了，因為悲劇中的戴奧尼索斯精神被蘇格拉底理智的手扼殺了。剩下來的只有阿波羅的冷靜理智，此後，西方文化即走向純粹知性主義的道路，由於缺乏戴奧尼索斯的生命力，西方文化顯得沒有絲毫血色。在純粹知性主義下，科學雖然相當發達，帶來工藝的進步，造成今天的機械文明，生活在機械文明下的現代人，崇尚功利主義，講求現實效益，喪失人生理想，追求物質享樂，缺乏一種面對憂患而創造人生的精神。如果長此下去，這個世界將會失去生機。尼采的《悲劇的誕生》一書，如果純粹從歷史的眼光去看，也許有許多的缺點。但是如果從強調悲劇精神的觀點來看，對於我們這個時代的弊病，可以說是一副良藥（劉崎，1991：3-4）。

尼采指出藝術轉化人生價值的方式有兩種：一種是「阿波羅式的」（The Apollonian），一種是「戴奧尼索斯式的」（The Dionysian）。藉著日

神阿波羅式的藝術，人們為他自己創造出各種清醒的夢境，在這清醒夢境中的事物，都表現出內容清明、形式勻稱的美。這一類的藝術包括雕刻、建築、繪畫、以及純粹的文學作品。至於以酒神戴奧尼索斯為象徵的另一類藝術，便不與進入夢境的藝術相若，而與陷入愛情的狀態相當了。它激發我們歡欣陶醉的心情，並使我們意欲擁抱整個的世界。這一類的藝術則包括音樂、舞蹈、抒情詩以及悲劇。由於尼采深入到藝術的潛意識層面，揭發了藝術與慾望的關係，所以他對於藝術的洞見相當稀有（劉文潭，1997：71-72; Nietzsche, 1995）。

綜合前面所述，尼采的教育美學深受赫拉克利特（Heraclitus, 535-475 B.C.）萬物流變說[3]和叔本華（Arthur Schopenhauer, 1788-1860）哲學的影響，一方面主張在傳統哲學和人類語言中，充斥著對於存有的預設。在否定了存有之後，重新檢視我們知識的基礎，而且經由系譜學的考察，找到信念背後的價值判斷，對一切的價值判斷進行重估的工作。另一方面，經由權力意志建立一種創造性的人生觀，透過藝術美化的力量，培養酒神戴奧尼索斯悲劇的精神，樂觀的面對各種人生的困境，肯定人類生命的意義。尼采肯定藝術在教育中的重要性，對於許多後現代主義哲學家[4]產生很大的啓示作用，在審美教育領域中不容忽視。在審美教育的目的上，尼采希望經由審美教育培養理性與感性和諧的人。在審美教育的功能上，尼采主張審美教育可以培養一種悲劇的精神，讓個人樂觀的面對人生，積極的開創美好的未來。在審美教育的課程上，尼采相信各種藝術都可以作為審美教育的材料，但是他特別重視音樂的教育功能。因為音樂是意志的表現，也是悲劇精神的來源，所以尼采非常強調音樂的重要性。

---

3　赫拉克利特（Heraclitus, 535-475 B.C.）提出萬物流變說，主張宇宙萬物像川流不息的流水，無時無刻不在改變，因此否定永恆事物的存在。

4　傅柯（Michel Foucault, 1926-1984）深受尼采影響，拒絕在一個哲學系統內或一個中心觀點下，掌握所有實體的哲學傲慢；李歐塔（Jean-François Lyotard, 1924-1998）關於藝術與美學的論著，也深受尼采的影響（Best & Kellner, 1991）；德里達（Jacques Derrida, 1930-）的後現代主義思想，也受到尼采哲學的啓蒙（Derrida & Kittler, 2000）。

## 第三節　奧圖的教育美學

　　奧圖（Gunter Otto, 1927-1999）1927年出生於柏林，1933年進入國民學校就讀，1946年進入漢堡大學就讀，1956年獲得漢堡大學哲學博士學位，應聘柏林教育學院擔任教育學家海曼的助理。1960年晉升為藝術教育與教學理論教授，並且擔任柏林學校制度委員會繪畫藝術部門成員，這是柏林邦教育政策方面相當重要的職位。奧圖在1964年出版的《藝術在教學中作為過程》一書中，將藝術學科和其他學科學術地位的問題，在教育系統的新結構和改變結構中提出來，這使得其他科學能夠承認藝術教育學具有同等的地位。1971年應漢堡大學邀請，創立審美教育研究所，擔任藝術教育學教授，開授審美教育教學理論。1974年奧圖出版《審美教育教學理論》一書，為藝術教學提出一種整合的模式。1975年擔任漢堡大學副校長，1979年在「教育與科學工會」（Gewerkschaft Erziehung und Wissenschaft, GEW）倡議設立「革奧格─塔波特獎」（Georg-Tappert-Preis），同時擔任「革奧格─塔波特獎」評審團榮譽主席，並且擔任審美教育教學理論研究所教授。1986年奧圖由於在教育科學和藝術教育學的理論建構方面貢獻卓越，獲得馬堡大學頒贈榮譽博士學位。1987年奧圖與瑪麗亞（Maria Otto）合著《解釋：審美教育作為圖畫中與圖畫的解釋之實際》（*Auslegen.Ästhetisce Erziehung als Praxis des Auslegens in Bildern und des Auslegens von Bildern*）一書，主要從兒童的行為方式對藝術作品作多種方式的解釋，將這些解釋作為審美的實際來描述，並且在理論的脈絡中加以提出，以建立解釋藝術作品的過程。

　　1992年自漢堡大學審美教育研究所退休，一面在審美教育研究所講授課程，一面從事審美教學理論著述的工作。1998年底奧圖出版《介於教學法與美學之間的學習與教學》（*Lernen und Lehren zwischen Didaktik und Ästhetik*）一書，蒐集了奧圖自1980年代以來的著作與演講。奧圖主張要為了藝術教育學的責任與義務而辯護，但是，他並不鼓勵從學校以外去獲得審美教育，因為學校以外的審美教育課程不夠完善，而且無法實現全民

教育的理想。1999年奧圖獲得德意志聯邦共和國政府頒贈的聯邦服務十字勳章，並且於同年12月因病逝世於巴德貝佛森（Bad Bevensen），主要著作有《藝術在教學中作為過程》（*Kunst als Prozess im Unterricht*）、《審美教育教學理論》（*Didaktik der Ästhetischen Erziehung*）、《審美教育文集》（*Texte zur Ästhetischen Erziehung*）和《介於教學法與美學之間的學習與教學：第一部：審美經驗與學習》（*Lernen und Lehren zwischen Didaktik und Äs-thetik. Bd. I: Ästhetische Erfahrung und Lernen*）、《介於教學法與美學之間的學習與教學：第二部：學校與博物館》（*Lernen und Lehren zwischen Didaktik und Ästhetik. Bd. II: Schule und Museum*）、《介於教學法與美學之間的學習與教學：第三部：教學法與美學》（*Lernen und Lehren zwischen Didaktik und Ästhetik. Bd. III: Didaktik und Ästhetik*）等（Grünewald u. a., 1999: 4-5）。

## 一、審美教育的概念

奧圖在《審美教育教學理論》一書中，談到審美教育的概念。他強調在這本書中應用審美教育的概念並非來自現實性的理由，而是由於歷史的先前理解和從精確化的觀點出發，分析審美教育的概念。奧圖審美教育的觀點如下（Otto, 1974: 17-18）：

(一)「審美」（Ästhetisch）的概念標示著在內容方面的擴大，「審美」指向一般，不僅包括藝術或文化價值關聯的知覺、實現和詮釋過程。

(二)「教育」（Erziehung）的概念標示著意向領域的擴大，「教育」超越迄今強調導向一般目標的教學資訊過程，不僅只是知識獲得和技能訓練，而是行為改變的過程。教育在此被視為與教學和學習相關聯的「上位概念」（Oberbegriff）使用。因此，審美教育是指在藝術、文化價值和一般事物的知覺、實現和詮釋過程中，有關知識獲得、技能訓練和行為改變的活動。

奧圖認為「審美教育」（Ästhetischen Erziehung）這個術語將會在教育史中，再度被來自於繪畫藝術、音樂、文學和表演遊戲內容領域，包括所有實際與過程的教育努力，當作「上位概念」加以應用。他相信所有審美

對象社會文化的限制，和當時的作用、起源、結構與內容，都是審美教育的對象，至於什麼現象被理解為藝術、音樂、文學和遊戲，仍然有待進一步加以探討。在此我們只能說：誰使用藝術隱喻，誰就已經指謂了長久以來不同衍義、功能和評價的「圖畫場所」（Bildsorten），例如：電視、畫報、漫畫、博物館、相簿和客廳中的圖片。一般所謂的音樂，指的是從唱片、狄斯可舞廳、演奏廳、音樂盒和卡帶發出的聲音。語言學家把德文教學法，例如：利用「文本場所」（Textsorten）的類型給予協助，將文學教學與規範的文學概念分開。誰要是提到遊戲，如今不再被質疑他指的是學校慶典、節慶或慶祝，但是他必須說明指謂的究竟是角色扮演、計畫遊戲、互動教育學[5]（Interaktionspädagogik）或語言治療。審美的客體或審美教育潛在的客體，是根據知覺和奠基於知覺構思的實現，知覺的過程不能與知覺同時的詮釋分離，以達到審美的實現。所以，審美的客體具有雙重要求的特性。它號召觀察者、傾聽者和觀賞者決定知覺與關聯的詮釋，史密特（Siegfried J. Schmidt, 1940-）指出理解審美客體意義的詮釋，作為提出客體的個體和團體，特定脈絡沒有其他的過程存在。因此，藝術作品的問題宣稱：「什麼表示為了誰、何時和奠基於何種興趣。」當他將環境客體翻譯為教育依賴的過程時，這種觀點與布希亞是一致的（Otto, 1974: 18）。

## 二、審美教育的功能

奧圖曾經在《藝術在教學中作為過程》一書中，分析藝術與藝術教學的社會功能。並且在《審美教育教學理論》一書中，提出審美教育的功能。奧圖強調藝術教學與審美教育具有下列幾項功能（Otto, 1969: 88; Otto, 1974: 21）：

### (一)導向藝術的功能（Die Hinführungsfunktion zur Kunst）

奧圖指出藝術教學能夠引導學生接觸各種藝術作品，使學生可以從教

5　互動教育學（Interaktionspädagogik）是一門探討教師與學生在教學過程中，如何促進師生雙方彼此自由平等的對話溝通，以進行各種領域的學習，達成教育目標的學科。

學過程中，真正的瞭解藝術的涵義，將藝術落實到日常生活之中。例如：學生在讀過哥德《少年維特的煩惱》（*Die Leiden des jungen Werthers*）這部作品之後，能夠進一步的涉獵其他文學作品，養成愛好文學藝術的習慣。

### (二)導向實在的功能（Die Hinführungsfunktion zur Wirklichkeit）

奧圖認為藝術不僅呈現出烏托邦的情境，事實上藝術也描寫實在的真相，經由藝術教學能夠使學生清楚的劃分理想與實在，並且讓學生瞭解實在的重要性。例如：學生在讀過明朝羅貫中的《三國演義》這部作品之後，能夠瞭解三國時代政治社會紛亂的狀況。

### (三)導向社會的功能（Die Hinführungsfunktion zur Gesellschaft）

奧圖指出藝術教學反映出許多藝術作品當中所描述的社會問題，經由藝術教學可以使學生獲得許多社會生活的經驗。因為這些豐富的經驗不是每個人都能體驗到的，所以，對於學生未來的社會適應幫助很大。例如：學生在讀過小仲馬的《茶花女》這部作品之後，能夠瞭解當時歐洲法國社會的狀況，對於學生人生經驗的充實幫助相當大。

## 三、審美教學的目標

奧圖在《審美教育教學理論》一書中，提出其審美教學目標理論。奧圖主張在學校機構所主張的教育過程和教學過程中，整體性的目的形式被稱為一般教育的目標，教育目標必須在可以實行的觀點下被反思，意即教育目標不允許是無法實行的。但是，要求目標之下的條件應該是可以達成的。一般教育的目標主要有解放、民主化、團結、理性和能力等幾項。「解放」（Emanzipation）概念最初的歷史意義來自於羅馬時代，在羅馬法律中解放指的是從父權控制中釋放，後來演變成為意指從奴隸狀態獲得釋放。到了今天解放概念的理解在兩方面相當重要：解放已經不再是父權控制的解決，停留在個人層面；是團體、層級或階級解放過程的概念，特別是不成熟社會中傷害的解放。這種解放的意義已經超越羅馬時代的意義，並且與馬克斯的看法有所不同。在馬克斯的見解中，解放是私有財產制作為人類自我異化積極的揚棄，並且作為人類本質真正的掌握（Otto, 1974: 117-118）。

奧圖認爲解放的教育目標主要在追求下列目標（Otto, 1974: 120）：㈠以啓蒙和意識的擴展，打破傳統過度保守的兒童依賴性和有限的成熟性；㈡以自律和自我決定打破異化；亦即以自我決定打開權威的外在決定和恐懼的壓迫；㈢以合作準備和容忍相對於外在的基本需求，打破自私主義統治努力的戰鬥和競爭；㈣以批判的政治意識和利益的團結，突破社會的冷漠、個人主義和納粹主義的隔離。奧圖借用紀塞克（Hermann Giesecke, 1932-）的引文，指出德國的基本法本身存在於歷史「民主化」（Demokra-tisierung）的脈絡中，這種長期歷史的解放過程和民主化過程的表達，部分固定存在於基本法中是可以理解的。一般教育目標主要在達成國家、社會和教育機構的民主化，甚至人際關係的民主化。德國基本法規定民主的實現目的，在於保障弱勢團體、貧窮民眾和不利地位國民的利益和需要，因此民主化也是一種重要的教育目標（Otto, 1974: 123）。

奧圖認爲一般教育目標、法定目標（Richtziele）、學科目標和教學目標之間的關係相當密切，其中一般教育目標層次最高，法定目標其次，學科目標再次，教學目標的層次最低。奧圖指出在一般教育目標新的表達之下，會形成一般教育目標在學科目標中的具體化，和一般教育目標在法定目標中的分化，這三者之間存在著一種相互影響的關係。在一般教育目標在學科目標中的具體化，和一般教育目標在法定目標中的分化之下，形成特定教學目標中學科內容的精確化，它與一般教育目標在學科目標中的具體化，有互相影響的關係存在，而特定教學目標中學科內容的精確化，則會對一般教育目標在法定目標中的分化產生影響（Otto, 1974: 133）。其次，奧圖也指出一般教育目標在法定目標的分化，會受到學科內容在特定教學目標精確化，和一般教育目標在學科目標中具體化的影響，一般教育目標新的表達、學科內容在特定教學目標精確化和一般教育目標在學科目標中具體化三者互相影響，而一般教育目標在學科目標中具體化，則受到一般教育目標在法定目標的分化影響（Otto, 1974: 133）。

奧圖指出審美教育的目標有下列幾項（Otto, 1974: 144-145）：

㈠ 審美問題的解決，例如：知覺、詮釋、分析、實行和學習去承認美學、經濟與社會之間相互的依賴性。

㈡ 教學和學習過程將經由意識和區分的行為所追求，而跟理性、情意和行動的準備相對立。

㈢ 認知、情意和實用領域行為分化的要求，從人類行為不可分離的觀點出發，使得所有理性解釋和情意的強制到審美對象的關係，朝向行動結果、關聯和控制的可能性，進一步指向詢問在社會過程中共同決定的可能性。

㈣ 行動準備生產亦稱為關聯事物能力，以聯結在解放過程中共同興趣的問題，教學和學習過程導向需求、興趣和對象結構。在其中，需求和興趣顯示應該導向知識發展，需求和興趣自己在審美對象中成為對象，這種現象必須在知覺、分析和詮釋過程中被發現和詢問，以再度指向美學、經濟和社會的相互依賴。

㈤ 內容使教學和學習過程在美學範圍中分為三個學習領域，導向解放概念的法定目標和一般教育目標。這三個學習領域如下：1.審美對象的生產；2.審美對象的溝通；3.審美對象的分配。

## 四、審美教學的理論

奧圖曾經在《藝術在教學中作為過程》一書中，提出其審美教育教學理論。奧圖在書中說明教育學中理論與實踐的關係，他認為赫爾巴特和史萊爾瑪赫早就曾經提出理論與實踐關係的看法，教育家魏尼格（Erich Weniger, 1894-1961）也在〈教育中的理論與實踐〉一文中，處理理論與實踐的關係。魏尼格以青少年福利為例，說明每一個複雜的領域都需要理論，這個理論不是單獨由一個學科所引導。這種說法至今不僅對學校一般領域仍然有效，而且或許對於學科教學的一般領域具有特別的意義。就學校、教學和教師而言，奧圖認為教師的能力在理論與實踐的關係中相當重要，教師必須具備下列能力：㈠能夠與理論相同的、建構新類型的或意外陷入的情境或必要形成的教學決定；㈡重要的是理論化的能力，堅定的信任一種理論。奧圖提到海曼很早就朝向實證的教學理論前進，並且看出傳統教學理論的困境；因為多數的教育學、生物學、心理學、社會學和教學理論的內容相當難以看透，同時尚未能夠沒有矛盾的與教育科學系統相互關

聯。奧圖主張理論與實踐問題是藝術教學的內容問題，而圖畫過程和審美對象則是藝術教學的內容。過程與對象狀態的呈現從人類學的觀點來看，意即從人類行動和反應的方式來看，包括兩組因素：第一組涉及圖畫工具、處理過程、問題和原理。這些因素與屬於圖畫藝術範圍的現象關聯，在不同程度上承載以共同建構圖畫藝術現象的形式。第二組因素出於人類行動與反應，組成圖畫工具、處理過程、問題和原理或審美對象中的客體化。藝術教學的內容就是人類與圖畫藝術工具、處理過程、問題和原理或審美對象的論辯。從理論觀點來看，圖畫過程涉及作品分析與設身處地的論辯；從實踐觀點來看，圖畫過程則關係到圖畫工具、處理、問題和原理行動的論辯（Otto, 1969: 150-152）。

　　奧圖也在《審美教育教學理論》一書中，補充其審美教育教學理論。奧圖主張從藝術教育的自我理解出發，將藝術教育導向「社會整體的現象」（phénomène social total）有其必要性，藝術教育不要求方法意識科際整合工作滿足的傳統形式。新形式藝術概念在內容方面仍然不夠精確，方法的問題根本尚未能夠被提出來。學科相連和跨學科的教學概念依然被相同的特徵所決定，這兩種變通方案科際整合的工作，如同寇尼希（René König, 1906-1992）所區分的一樣。教學能夠作為「社會整體的現象」被理解，教學計畫如同情境分析和行為分析一樣，只有經由科際整合才有可能。教育科學從許多理由證成自己是一門科際整合的學科，例如：回顧其研究對象的結構；在方法論的觀點下，由社會化、溝通和資訊的過程性質所顯示的多層面性。「計畫」（Das Projekt）在教學方法上，符合科際整合研究的開端，「計畫方法」（Die Projektmethode）將被用於目前學校教學過程的組織中，並且被視為師資培育的要素加以討論。涉及需求、情境相關、科際整合、自我組織和生產導向的計畫特徵，與杜威傳統的推演一致，邁出社會重要與集體實現的特徵，以超越二十世紀開始美國方面關於「計畫」的理解，雖然計畫的特徵符合不同作者彼此的目標，但是在學校實際和教育實際中，計畫比較少能夠被實施，這是因為機構和行政的條件極端不利於計畫的緣故。

　　奧圖主張目前學校的環境中具有七種教學計畫的標準，主要內容如下

（Otto, 1974: 225-226）：㈠學習者的需求；㈡情境相關性；㈢科際整合；㈣教學過程的自我組織；㈤生產導向；㈥社會的重要性；㈦集體的實現。這些標準也只能夠在情境特定不同接近的價值中被實現。計畫的政治涵義不只放置在內容方面，而可能在於學習組織和人事方面。學生的共同計畫、學生和老師的共同合作、學生與學生的合作，將使情境中個體的孤立，輕易的超越其控制。計畫實施的困難經常在問題提出的層面去尋找，例如：缺乏團結一致、缺乏共同的內容興趣、缺乏合作實踐的能力。計畫不能也不應該取代符合教學過程的教學，而應該將其教學理論期望的價值，部分的在共同的教學時間進行階段和學科特定的檢驗。面對教學理論的界限，單一學科的教學過程由於具有內部的危險和計畫實施的困難，「個案研究」（Fallstudien）將作爲另一種教學的形式而被建議。「個案研究」的對象能夠是複雜的社會—經濟—審美的事物關係和價值關係，變通的決定在衝突的情況下是允許的。計畫研究和個案研究經由計畫導向教學先前建構的部分，和個案研究中先前的分析部分，相互加以區分（Otto, 1974: 265-266）。

奧圖認爲當代審美教學理論的發展，大概有下列三種取向（Otto, 1974）：㈠從預先確定的政治觀點出發，探討審美教學方面的問題。㈡從審美對象結構的特徵、超越歷史所接受的圖畫範疇或訊息處理理論的角度出發，探討審美教學方面的問題。㈢從社會情境和社會中出現的重要審美現象出發，探討審美教學方面的問題。雖然這些審美教學理論的觀點有所不同，但是他們都重視下列問題的探討：㈠澄清藝術教學理論與一般教學理論的關係。㈡藝術學習目標的精確化。㈢教學過程的結構化。㈣教學成就的可控制性。㈤教學決定與人類基因和社會文化條件的關係。審美教學理論的主要重點，在於闡明藝術教學理論的價值，主張藝術具有再製、激發、演出、提供溝通形式、改變行爲和容忍的功能（Otto, 1969: 73-87）。他分析一般教育目標、法定目標、學科目標和教學目標的關係，說明教師如何在教育實際中決定教學的目標。奧圖指出審美教育是一種科際整合的教學活動，應該充分與其他科學配合，從事審美教育的事物分析、計畫教學和個案研究。經由審美教育學習的過程，將目標—內容—媒體—方法—

關係加以結構化。同時，把「重組原理」（Prinzip Umgestaltung）當作教學理論的問題和實際的觀點，而且分析藝術對象分配和生產的經濟條件，以指導審美教學活動的進行（Otto, 1974; Otto, 1975）。

## 五、審美教育的學習

奧圖在〈學校作爲學習之屋〉一文中，說明了審美教育學習的性質。他指出審美學習的形成，或許較少像其他學習一樣，在學校中得到教師積極的接受。審美學習是多種行動在媒體中的學習，因此行動的概念不允許任意被推演，而特別必須被它的學科高層所承認。當學習的看法和態度被顯示有問題時，將從審美的觀點被處理。行動應該被思想結構所建構，邁向文化世界的過程應該經由多種的感官經驗來創造。所有行動、感官和認知層面的互相關聯是一種特定的審美教學與學習，並且標示出這種關聯許多的困難。例如：引起不容易滿足的要求和複雜的要求、忍受不確定性，同時能夠與多種結果生活在一起。教學眞正的作爲實驗被理解，並且出乎意外的被容忍。塞爾（Martin Seel, 1954-）指出理性在能力中，證明自己能夠在理論、實踐和審美多種理性類型之間轉換，不僅使得學習歷程逐漸的擴展，而且海克爾（Zvi Hecker, 1931-）建築學概念的討論也提供機會，經由教學向審美理性前進（Otto, 1998: 272-273）。

奧圖在《藝術在教學中作爲過程》一書中，談到圖畫教學與學習的過程。他主張圖畫的教學和學習過程可以區分爲四個階段（Otto, 1969: 207-208）：第一個是「開始階段」（Die Initiationsphase）：在圖畫教學和學習的開始階段，教師希望學生能夠充滿好奇，準備圖畫教學內容的學習、準備開始對教師教學的行爲加以反應；第二個是「探索階段」（Die Explorationsphase）：在圖畫教學和學習的探索階段，學生會顯示出他想要知道有關人物或事物的內容，探索的任務在於產生問題的意識，進而參與問題的解決。在這個階段學生必須注意教師所提出的問題是什麼？哪些圖畫內容或對象問題引起作畫的動機？第三個是「客觀化階段」（Die Objektivierungsphase）：在圖畫教學和學習的客觀化階段學生依據媒體的性質，採用適當的方法分析圖畫的內容，客觀的來解決圖畫教學和學習過程中的問

題：第四個是「統整階段」（Die Integrationsphase）：在圖畫教學和學習的統整階段當學生問題的意識產生，並且由主觀發現進入客觀分析圖畫的內容，學生就能將其經驗、體驗與認識和人類的行為與知識統整在一起，完成圖畫教學和學習的過程。

## 第四節　布勞第的教育美學

　　布勞第（Harry S. Broudy, 1905-1998）1905年生於波蘭的菲立波瓦（Filipowa），父母都是典型的波蘭人。1912年遷居美國麻州的彌爾福特（Milford），1927年獲得麻州波士頓大學（Boston University）科技研究所藝術學士學位。1929年獲得波士頓大學德國文學與哲學碩士學位，1933年獲得哈佛大學（Harvard University）哲學碩士學位，1936年獲得哲學博士學位。1937年應聘麻州大學（Massachusett University）教育學系，擔任教育哲學與教育心理學教授，1957年轉往伊利諾州立大學教育學系，擔任教育哲學和教育美學教授，直到1974年退休為止。布勞第是一位「存在主義」（Existentialism）的哲學家，在審美教育領域享有盛名，主要著作有《研究能夠提供科學學習的理性嗎？》（*Can research provide a rationale for the study of science*）、《教育哲學建構》（*Building a Philosophy of Education*）、《弔詭與承諾》（*Paradox and Promise*）、《啟蒙的珍惜：審美教育論文集》（*Enlightened Cherishing: An Esay on Aesthetic Education*）、《普通教育心理學》（*Psychology for General Education*）、《公立學校的真實世界》（*The real world of The Public Schools*）、《學校教育的效用》（*The Uses of Schooling*）、《美國中等教育中的民主與卓越》（*Democracy and Excellence in American Secondary Education*）、《想像在學習中的角色》（*The Role of imagery in learning*）、《教學方法範例》（*Exemplars of Teaching Method*）《美學與藝術教育》（*Aesthetics and Art Education*）、《教育研究的哲學》（*Philosophy of educational research*）、《價值理論與教育問題》（*Theories of value and problems of education*）和《教育哲學：主題與選擇資料的組織》（*Philosophy of Education: An Organization of Topics and selected Sources*）、《職

業教育的問題與觀點》（*Problems and Prospecys in Vocational Education*）、
《教育研究的哲學》（*Philosophy of Educational Research*）、《普通教育：
理性的尋求》（*General Education: The Search for a Rational*）、《審美教育的
途徑與方法》（*The Ways and Hows of Aesthetic Education*）、《學校關鍵人員
審美態度的調查》（*The Survey of Aesthetic Attitudes of Key School Personel*）、
《知識與確實性：公民的兩難困境》（*Truth and Credibility: The Citizen's
Dilemma*）和《斯賓塞基金會知識應用的個案研究報告》（*Report on Case
Studies on Uses of Knowledge to the Spencer Foundation*）等。

　　布勞第在《教育哲學建構》（*Building a Philosophy of Education*）一書
中，談到審美價值、審美經驗、審美主體、審美客體、審美行動、審美表
現、審美生產、審美鑑賞和審美教育等概念。布勞第主張「審美經驗」
（Aesthetic Experience）是一種特殊的經驗，例如：當我知覺一棵樹，我的
感官瞬間掌握了樹的顏色、瑟瑟聲和芳香，並且知覺其統一的印象，此時
我的感官印象將樹呈現為一個整體，但是我不必將樹理解為有意義情感的
統一表現。如伐木工人將樹知覺為可以製成許多木板的松樹；或樹木看守
人將樹看作是需要澆水的樹木，這兩種知覺都是從特定目的作為工具的看
法，都不是真正的審美經驗，審美經驗是知覺對象、事件和情境的特殊
方式（Broudy, 1961: 202-203）。審美經驗是審美主體和審美客體之間的互
動，「審美主體」（Aesthetic Subject）或鑑賞者提供其感官、神經系統、
過去的經驗和準備好的狀態，藉以和審美的客體產生互動，形成一種審美
的經驗。「審美狀態」（Aesthetic Set）經常稱為「審美態度」（Aesthetic
Attitude），它意謂著我們準備好去接受外表的刺激或觀看審美的對象。在
審美主體和審美客體的互動中，鑑賞者也接納了一些他過去的經驗到情
境裡。除了過去的經驗之外，我們也把其他的因素帶入審美的經驗之中。
「審美客體」（Aesthetic Object）是我們在審美活動中所知覺的對象，它
是由我們內在經驗之外的經驗和來自於物理客體的刺激所組成的事物。至
於審美客體究竟是一種自然的事物或是人為的藝術作品；媒體材料的審美
客體是被安排或設計為某些形式；假如審美的客體是人為的，那麼是否表
達某些涵義，而且審美客體是否擁有承載內容的工具，這些問題都尚未得

到解答。在物理客體和觀察者的互動之中出現了一種經驗，稱爲「審美行動」（Aesthetic Act），這種經驗具有一些特徵：㈠審美客體似乎具有一般我們未分配給它的特質；㈡如同布洛赫指出的審美主體必須與審美客體保持一段距離才能產生美感；㈢每一種主體的審美經驗要求將複雜的要素理解成爲一個整體，而且審美主體會要求客體具有這種形式（Broudy, 1961: 203-206）。

　　布勞第認爲「審美教育」（Aesthetic Education）如同審美經驗具有兩個階段：第一個階段：審美客體的生產在某些藝術媒體中表示了一種特殊的意義，必須觀察這些對象以理解其意義；第二階段：藝術家擅長於生產和表達，普通人則能夠對客體加以鑑賞。因此，審美教育注重藝術作品的觀察，以獲得藝術作品的意義。同時，學校的審美教育不在於藝術品的生產和表達，而在於藝術品的鑑賞。教育的任務在於協助學生學習享受藝術，表達比較複雜和重要方面的經驗。布勞第認爲有兩種取向能夠達成這項教育的任務（Broudy, 1961: 203-204）：第一種是直接取向的方式，其作法如下：㈠儘早開始並且持續鼓勵學生運用許多媒體作創造性的表現，如此可以保持學生的「自然語言[6]」（Natural Languages）。㈡鼓勵學生利用形式進行實驗，使得審美態度容易被接受，並且讓學生在審美客體中對形式產生敏銳的知覺。㈢使用廣泛的審美活動和客體讓學生的意識，能夠保持審美創造無窮的可能性。㈣逐漸地介紹比較複雜的和微妙的藝術品給學生，看看他們能夠接受什麼樣的審美印象。㈤要求和堅持學生嘗試審美經驗，這些審美經驗要求比較多的智慧、觀察和先前學生能夠達到的水準有所區別。第二種是間接取向的方式，其作法如下：就是從日常生活當中，選擇一些與學生經驗相近的電影、歌曲、舞蹈、戲劇等藝術來說明莎士比亞戲劇《哈姆雷特》（Hamlet）或高級藝術的經驗，審美教育的效果要比直接接觸歌劇、交響樂、戲劇和圖畫來的好。布勞第指出鑑賞有下列意義（Broudy, 1961: 214）：㈠批評感的評鑑，例如：一個人能鑑賞一首詩，

---

6　自然語言是指人類在溝通的過程中，運用肢體、顏色、形狀、聲音、符號來表達情意的語言，不同於一般使用的語言。

從某些標準衡量這首詩的價值；㈡一般的讚賞，例如：當一個人欣賞幾何學、美好的戲劇和民主；㈢得到一種強烈的快感或對某些藝術對象或表現產生興奮，例如：當一個人真正欣賞交響樂、音樂會或戲劇。布勞第認為第一種意義在審美教育中有其地位，因為我們真的希望在好的與壞的藝術之間有一種真正的差異存在，而學生能夠在審美教育之後找到它。第二種意義則太模糊，無法使用於審美或其他教育中。第三種意義對於審美經驗相當重要，也可以作為審美教育鑑賞活動的參考。布勞第主張在藝術品鑑賞活動中，對於客體的反應有許多種，可以區分為下列幾個層次（Broudy, 1961: 214-220）：㈠審美感官品質的知覺：這是審美主體對於審美客體所產生的第一個層次的反應，鑑賞者把重點放在審美感官品質的知覺上；㈡美感形式的知覺：這是審美主體對於審美客體所產生的第二個層次的反應，鑑賞者把重點放在審美客體所表現的美感形式的知覺上；㈢重要性的知覺：這是審美主體對於審美客體所產生的第三個層次的反應，鑑賞者把重點放在審美客體所表現的內在涵義的知覺上。

　　布勞第在《教育哲學建構》一書中，談到審美的價值和藝術評鑑的標準。他主張審美特質經常被使用於指導文化以選擇其成員，這種文化的機制是給予客體一種外表，在選擇和行動的領域中比其他的客體提供或多或少的吸引力。藝術具有下列五項審美價值（Broudy, 1961: 225-226）：㈠美國工業和商業已經學習到如果兩件物品具有相同的效用，能夠產生審美快感的物品擁有比較高的價格，因此功能化的藝術具有比較高的價值。例如：我們居住的房屋和使用的汽車，不僅要能夠使用，同時要能夠滿足美感的需求。㈡達爾文指出雄鳥具有明亮顏色的羽毛並非偶然，因為雄鳥具有明亮顏色的羽毛是生物選擇的一項因素，這項因素能夠吸引雌鳥的注意。對人類而言也是一樣的，審美價值會影響配對，而追求審美的吸引力使美成為一項大的商機。㈢審美吸引力增加所有社會的交往，其他的因素也一樣，但是我們通常比較偏愛審美的滿足，因此審美因素對於社會的交往相當重要。㈣在清晰理性的學術領域中，許多假設被人類審美特質的信念所掌握。審美特質與誘惑相對稱，柏拉圖就深怕藝術的誘惑會侵入學術的事務中，影響了學術的性質。㈤藝術能夠改善環境，使其更為優美，產

生自發、慷慨、友善和善意的審美魅力。宗教具有滿足美感的宗教典禮、宗教儀式和禮拜儀式，可以吸引人們產生堅強的信仰。

布勞第主張藝術的好壞可以從三種藝術的標準來加以評鑑，這三種藝術的標準如下（Broudy, 1961: 222）：㈠技術的標準：技術的標準是指藝術品執行的技巧標準、藝術家使用的繪畫技巧、音樂的聲音、身體的運動等，這些標準不僅相當的客觀而且受到領域中專家同樣的關切。㈡形式的標準：形式的標準是指藝術品組成或設計達到成功的程度，許多藝術的法則必須使用這些設計的形式要求，例如：和諧、平衡、對比、統一和多樣。雖然創新者永遠在挑戰某些法則，以突破限制設計新趨勢的藝術品，但是許多專家都一致同意這些形式標準的存在。㈢表現的標準：表現的標準是指藝術客體在審美術語中，給予觀察者有關生活和實在訊息的程度，在此表現標準的客觀性比較難以定義和發現。布勞第所提出的這三種藝術的標準可以在進行審美教育時，作為教師選擇藝術品和評鑑審美教育學習結果的參考。

布勞第也在《啟蒙的珍惜》（*Enlightened Cherishing*）一書中，談到審美教育的重要性。他認為當社會產生問題時，我們往往會對教育或學校教育提出批評，以便學校教育中的課程規劃和教學方法能夠獲得改善。布勞第指出目前學校教育有偏重科學學習忽略人文學科的弊端，因為科學的重要性與學校當局認為什麼組成「好的」科學並未存在真的爭論，學校能夠採用科學中學習與方法的標準，但是人文學科並沒有這種共識。而且慾望的控制，特別是想像領域與標準方法慾望的擴張，並未在價值教育中獲得有效的證明。同時，想像很少被學校工作列為主要目標，邏輯和科學能力的培養才是主要的目標。布勞第認為這種教育是偏差的，因為「想像的」和「美麗的」也是一種審美的快感，道德的善和形上的真，應該受到學校教育的重視（Broudy, 1994: 3-20）。布勞第主張我們似乎忘記了我們有多少對事物性質的判斷是建立在事物的「觀看」（Looks）和「聲音」（sounds）之上，意即我們經由事物的「外表」（Appearances）來作出各種判斷。因此，審美的意象能夠影響我們的慾望、選擇和判斷。其次，價值的理念是一種想像的產物，所有推理過程和概念、理念和觀念相關，

而這些概念都根源於想像的行動，使我們能夠去處理意象和其他實際的事物（Broudy, 1994: 20-25）。布勞第主張教育是一種機構化的努力，使得慾望、實在和想像能夠順從於所允許的社會規範與系統作爲整體的效力。藝術包含於人文學科之中，它們在價值教育中的角色尚未被適當的檢視和利用。藝術呈現出人文學科審美的要素，人文學科沒有理由只肯定過去的作品，藝術在啓蒙珍惜特定價值的效果上是間接的，但是它在個人情感的衝擊上卻是直接的。布勞第強調審美教育的重要性，主要是從審美教育對於個人知覺影響的角度出發，屬於一種知覺取向的審美教育，這和注重個人藝術鑑賞能力培養，偏向鑑賞取向的審美教育不同，也和強調個人表現能力訓練，偏向表現取向的審美教育迥然不同（Broudy, 1994: 53-66）。

　　綜合前面所述，布勞第從存在主義哲學的觀點出發，主張審美教育是一種注重藝術作品的觀察，以獲得藝術作品意義的活動。同時，學校審美教育的任務在於協助學生學習享受藝術，表達比較複雜和重要方面的經驗。並且應用技術標準、形式標準和表現標準，來進行審美教育的評鑑。這種審美教育的觀念忽略了人類情感的抒發、文化領域的陶冶、自然景觀的鑑賞和審美教育的理想，容易將審美教育窄化爲藝術知覺能力的培養和增進學校學習成就的工具，造成人們對於審美教育涵義的誤解，限制了審美教育的發展。在審美教育的評鑑上，布勞第主張審美教育的評鑑應該要注意技術標準、形式標準和表現標準，這些標準的項目比較適合藝術學科的評鑑，對於非藝術學科的評鑑並不適用，因爲審美教育評鑑的內容不是藝術作品或表演，根本無法以技術標準、形式標準和表現標準來實施評鑑，不容易獲得普遍的認同，這是布勞第審美教育評鑑理論的限制。

　　總而言之，審美教育是人格教育的核心，而教育美學是審美教育的基礎，能夠指引審美教育活動的進行。因此，教育美學的探討相當重要。席勒的教育美學注重審美心境的培養，希望通過審美教育培養人類高尚的情操，改善國家政治紛亂的狀況。在審美教育的功能上，席勒相信經由審美教育可以培養人類審美的心境，變化個人的氣質，提高人類的道德品格。尼采的教育美學強調悲劇精神的恢復，主張審美教育可以培養一種悲劇的精神，讓個人樂觀的面對人生，積極的開創美好的未來。奧圖的教育美學

主張審美解放的達成，認爲審美教育是一種在藝術、文化價值和一般的知覺、實現和詮釋過程中，有關知識獲得、技能訓練和行爲改變的活動。這種審美教育的概念來自教育的實際，能夠說明審美教育的現況，而且兼顧學生在知識、情意和技能三方面審美教育的學習。所以，有助於審美教育概念的釐清。布勞第的教育美學則重視審美意義的獲得，主張審美教育是一種注重藝術作品的觀察，以獲得藝術作品意義的活動。同時，學校審美教育的任務在於協助學生學習享受藝術，表達比較複雜和重要方面的經驗，並且應用技術標準、形式標準和表現標準，來進行審美教育的評鑑。儘管前述這些教育美學的觀點有所不同，但是我們應該從辯證實踐學的觀點出發，揚棄對立觀點的偏頗，尋求超越的綜合，參酌審美教育之教育實際的現況，才能通過美麗事物的鑑賞，培養人類審美的心境，擺脫感性與理性的控制，讓個體得到意志的自由，經由教學活動的進行，判斷行爲的是非善惡，達成道德自律的要求，提高精神的境界，形成健全的人格，而且注重審美教育的治療，改善學生的學習能力，促進個體身心的健康，擺脫現實生活的束縛，積極樂觀的面對人生，以促進社會的和諧，改善國家政治的狀況，達到世界和平的理想。

# ■ 第八章 ■

# 教育心靈論

「你願意，你貪求，你愛戀，
只因此你才讚美了生命！」

——尼采（Friedrich Nietzsche, 1848-1900）

「心靈論」（Theory of Mind）也稱爲「哲學心理學」（Philosophical Psychology）或「心靈哲學」（Philosophy of Mind），是一門從哲學的角度來研究人的心理、行爲和行動的學科。「教育心靈論」擷取「心靈論」的涵義，主要在探討心靈教育的問題。人類的心靈可以區分爲認知、道德、審美和宗教等幾個層面，針對這些心靈層面的教育有認知教育、道德教育、審美教育和宗教教育。「認知教育」（Cognitive Education）在人類的教育活動中向來占有重要的地位，因爲它不僅是人類延續文化不可或缺的一項活動，同時也是人類適應其社會生活必經的過程。就字義而言，智育

是人類心智的教育和發展的歷程，著重學習方面的認知作用。就其內涵而言，智育不僅包括人類知識的灌輸和生活技能的訓練，更重要的是心智功能的陶冶或鍛鍊（簡茂發，1986：260）。智育主要的功能在增進人類適應環境、控制環境和利用環境的知識和能力，因此智育絕不應侷限於被動的或機械的傳授既有的知能，更須進而謀求學習者心智能力的活用與創造（高強華，1988：45）。智育的實施首先必須瞭解人類內在的認知歷程，然後決定智育的內容，採用適當的教學方法，進行適性的教學活動，才能達成智育的目標。

「道德教育」（Moral Education）是人格教育中相當重要的一環，赫爾巴特（Johann Friedrich Herbart, 1776-1841）在《普通教育學》一書中，主張教育的目的在培養具有道德品格的人（Herbart, 1986: 85）。柯瓦契克（Wolfdietrich Schmied-Kowarzik, 1939-）認為教育的目的在於經由意識型態的反省批判，促成主體的啟蒙與解放，進而培養具有道德性的人（Schmied-Kowarzik, 1993: 43），由此可見道德教育在教育過程中的重要性。教育學家麥爾（Karl Ernst Maier）主張：道德教育是一種協助他人形成道德性人格的行動（Maier, 1986: 11）。他強調道德教育是一種教育的行動，主要指向受教者的人格，目的在於促進道德性的形成。這種道德性也就是一種道德氣質，包括道德認知能力與行為習性（歐陽教，1986：1）。有鑑於此，許多教育學家相繼投入道德教育問題的研究，希望建立有效的教育理論，以改善道德教育的實際。因此，在歐美逐漸形成一門研究道德教育問題的學問，稱為「道德教育學」（Moralpädagogik）。「道德教育學」又稱為「價值教育學」（Wertpädagogik），主要在探討道德教育的基本觀念、目標設定、道德認知的發展、道德教育的課程教學和實施等問題，提供教師作為參考，以協助青年成為一個獨立、成熟和自律的人（Maier, 1986: 9-10）。審美教育（Aesthetic Education）是施教者以各種材料，應用教育的方法，對受教者進行陶冶，以開展美感相關的能力，培養高尚的審美心境，形成健全人格的活動（梁福鎮，2001：1）。最早來自於德國文學家席勒（Friedrich Schiller, 1759-1805）的倡導。席勒主張人類在感覺、悟性和意志三種官能之外，還有一種美感官能，針對這種官能的教育

稱為審美教育。他鑑於十八世紀以來，因為學科知識分工發展造成人格分裂的現象，因而提倡「審美教育」以促進人類感性與理性的和諧發展。宗教是人類六大基本現象之一，在人類的日常生活中，占有非常重要的地位。當前臺灣社會出現許多宗教問題，亟待各級教育機構加以解決。但是我國學校教育對於宗教問題，一向避而不談，在這種情況下，社會宗教問題益形嚴重。因此，為釐清宗教信仰的觀念，「宗教教育」（Religious Education）問題的探討實在有其必要。宗教教育的目的主要在探討宗教教育的歷史、理論與實踐，經由教育的啟蒙，認識各種宗教的內涵，釐清宗教信仰的觀念，進而達到解放的理想（Bartholomäus, 1983: VI-VII）。經由這些心靈層面的教育，可以使人類達到真、善、美、聖合一的境界，亦即哲學家黑格爾《精神現象學》一書中「絕對精神」（Absoluter Geist）理想的實現。因此，學校教育的內涵雖然相當多，但是應該以人格教育為核心，注重全人教育的實施。全人教育至少包括認知教育、道德教育、審美教育和宗教教育等幾個部分，學校教育在實施時，應該包括這些層面的教育，才能培養人格健全的個體，使其成為國家良善的公民。茲詳細說明如下：

## 第一節　格雷塞的認知教育理論

格雷塞（Robert Glaser, 1921-2012）1921年1月18日生於羅德島的普洛維頓斯（Providence），後來遷居紐約市。因為父母的鼓勵，格雷塞進入紐約市立學院就讀，原本有意以化學為主修，其後因為受到墨菲（George Murphy）人類個性發展和可塑性觀念演講的影響，立志畢生從事心理學的研究。1742年獲得化學博士後，他決定到擁有柏克（Charles Burke）、卡洛（John Bissell Carroll, 1916-2003）、愛爾生（Douglas G. Ellson）、艾斯提斯（William Kaye Estes, 1919-2011）、柏斯特曼（Leo Postman, 1919-2004）和斯金納（Burrhus Frederic Skinner, 1904-1990）等心理學者的印第安那大學接受研究所教育，這時正是學習理論的全盛時期，他們所設計的每一個實驗，對於實證性理論的支持或否決都有貢獻。格雷塞的研究生生涯因第

二次世界大戰加入空軍航空心理計畫，擔任選擇和訓練航空員的工作而中斷，同時在那裡服務的還有佛蘭納根（John C. Flanagan, 1906-1996）、美爾頓（A. Melton）、桑代克（Edward Lee Thorndike, 1874-1979）、和霍斯特（P. Horst）。1949年他回到印第安那大學，在愛爾生博士的指導下完成他的博士學位論文，這篇心理物理和心理計量取向反應形式測量模式的論文，出現於1950年的「心理學評論」（Psychological Review）上，引起伊利諾大學柯隆巴克（Lee Joseph Cronbach, 1916-2001）教授的注意，並且提供教職給他，他們的友誼持續地成長，這對格雷塞日後的學術生涯發展相當重要（Bower, 1989: 155）。

在伊利諾期間，格雷塞和譚林（D. Darnrin）從事問題解決的診斷，促使檢核測驗（tab test）的產生，影響電子修護的評鑑技術和醫學的診斷。1952年格雷塞加入匹茲堡大學心理學研究的陣容，和格蘭若爾（Murray Glanzer）從事數學模式和描述團體結構在學習效果表現的研究。1960年和南斯登（A. A. Lumsdaine）、何姆（L. Homme）等人致力於編序教學與教學機的研究，編輯出版《教學機和編序教學》一書，深受推崇。1962年他和柯勞斯（P. Klaus）對常模參照評量的適當性提出批評，並且倡導精熟取向的標準參照評量，對教學評鑑產生重大的影響。雖然行為學派的心理學家們預言，能夠將實驗室發現的學習理論應用到實際的教學情境中，但是格雷塞認為那樣做將會使應用過快與其理論分離，他相信學習理論和應用真正的挑戰出現在研究與發展互動之間。1963年他和高歐（J. Steele Gow）成立了「學習研究與發展中心」，其最早的成員包括：布魯納（Jerome S. Bruner, 1915-）、卡洛、蓋聶（Robert Mills Gagné, 1916-2002）、泰勒（Ralph W. Tyler, 1902-1994）、拉札斯菲爾（Paul Felix Lazarsfeld, 1901-1976）和美爾頓，因為他們能夠澄清研究目標和吸引科學人才，所以該中心的成就深受學術界的肯定。在成立的十年中，格雷塞和同事從事小學數學和閱讀的研究，同時對學校中引進電腦作為教學與教室管理的輔助工具加以探討。在應用心理學理論於教學設計的細節時，格雷塞開始注意學習科學的描述性和規範性，以釐清教學心理學的組成要素自我期許，他認為教學目標的分析、學生特性的測量、教學歷程的設計以及教學結果的評鑑，是教學心理

學的基本要素（Bower, 1989: 155）。

1970年格雷塞原擬發表以行爲學派觀點所寫的〈學習理論與教學〉一文，後來因爲受到認知心理學的衝擊，明白行爲學派的理論對於思考、問題解決和知識的獲得等人類複雜的心理歷程，無法做合理而適當的解釋，所以轉向認知學派的觀點發展，以研究人類學習的歷程和教學的現象，希望透過教學心理學的研究，建立適性教學的理論，達成適性教育的理想。1978年格雷塞與佩勒格瑞諾（J. Pellegrino），從事性向測驗項目表現的訊息處理分析。1985年他和奇伊（Micki Chi）從事專家和新手問題解決的研究，發現專家和新手表徵能力的差異。1987年他與雷斯格德（Alan Lesgold）從事評鑑和認知理論成就測驗的發展，並且從事科學學習與自我教學的研究，發表許多有關學習和教學理論的文章在《心理學評論年刊》上，同時應邀至臺灣參加板橋教師研習會舉辦的國際教育學術研討會，發表多篇學術論文，深獲好評。格雷塞目前任教於匹茲堡大學心理學系，他是一位著名的認知教育學家，在教育學術上的成就深獲肯定，曾經獲得「美國教育研究學會」（American Educational Research Association）頒贈的傑出教育研究獎（1976）和「美國心理學會」（American Psychological Association）頒贈的傑出教育心理學桑代克獎（1981），並且擔任「美國心理學會」教育心理、評鑑與測驗部門主席及「美國全國教育學會」（National Academy of Education）會長等職務，同時擔任《美國心理學家雜誌》（*American Psychologist*）聯合編輯（1979-1985）。曾任美國匹茲堡大學「學習研究與發展中心」主任，美國古根漢協會的會員和挪威皇家科學與文學學會的會員。比利時的魯汶大學、美國的印第安那大學、加拿大維多利亞大學、麥克基爾大學和瑞典的哥德堡大學都曾頒贈榮譽學位給格雷塞，以表揚他在心理學和教育學上卓越的貢獻，2012年因病逝世於匹茲堡（Bower, 1989: 155）。格雷塞的主要著作有《教學心理學的促進》（*Advances in Instructional Psychology*）、《適性教育：個體多樣性與學習》（*Adaptive Education: Individual Diversity and Learning*）、《立體音響計量學》（*Stereometrie*）、《教學機與編序學習》（*Teaching machine and programmed learning: a source book*）、《思考與學習技能》（*Thinking and learn-*

*ing skills*）、《訓練研究與教育》（*Training Research and Education*）、《行為心理學、教學法與編序教學》（*Verhaltenspsychologie - didaktik - programmierter unterricht*）、《適性教學：個體多樣性與學習》（*Adaptive Instruction: Individual Diversity and Learning*）、《教育心理學的基礎》（*Foundations for A Psychology of Education*）、《專門知識的性質》（*The Nature of Expertise*）、《技術支持學習環境設計的國際觀點》（*International Perspectives on the Design of Technology-supported Learning Environments*）、《學習的創新：新的教育環境》（*Innovations in Learning: New Environments for Education*）、《增強的性質》（*Nature of Reinforcement*）、《學習與個別差異：理論與研究的促進》（*Learning and Individual Differences: Advances in Theory and Research*）、《認知與動機方面的教學》（*Cognitive and Motivational Aspects of Instruction*）、《團體表現增強的分析》（*A reinforcement analysis of group performance*）、《工業與組織心理學》（*Industrial and organizational psychology*）等。

　　格雷塞的認知教育理論奠基在「教學心理學」之上，深受康德（Immanuel Kant, 1724-1804）哲學知識論和皮亞傑（Jean Piaget, 1896-1980）發展認識論的影響，主張人類具有先天的基模組織，知識是人類的感官提供經驗材料，經過心理歷程的判斷思考所獲得的事物。格雷塞認為學習就是知識性質重組和基模改變的歷程（Glaser & Bassok, 1989: 634）。他強調知識在人類的認知系統中會形成一種聯結的網絡，這種網絡的知識組織儲存於長期記憶中，可以借助形狀、聲音、意義及圖畫等編碼線索加以搜尋，因此具有可搜尋性（retrievability），而且其形式因人而異。格雷塞相信組織結構良好的知識有助於學習和問題解決，所以，特別重視知識組織的探討（Glasser, 1988: 22-26）。

　　格雷塞的認知教育理論，主要包括教學模式、教學設計和教學原理等三部分，茲詳細說明如下：

## 一、教學模式

　　格雷塞1962年在所著的〈心理學與教學工學〉（Psychology and Instructional Technology）一文中，提出「一般教學模式」（General Model of Instruction），認為所有的教學活動都包含「教學目標」、「起點行為」、「教學歷程」、「教學評鑑」和「研究與發展支援系統」等五部分，茲分別說明如下（Glaser, 1962: 1-30）：

(一)「**教學目標**」（Instructional Objectives）

所謂「教學目標」，乃是教學活動中預期學習者行為改變的結果。在一般教學模式中，教學目標的決定相當重要，因為它影響到整個教學活動的進行。格雷塞認為課程設計者編製課程教材和教師編寫教案進行教學都需要明確的教學目標，同時詳細描述教學目標有助於學生調整各種方法進行學習。另外，明確的教學目標對教學評鑑的實施也相當重要。

(二)「**起點行為**」（Entering Behavior）

所謂「起點行為」，是指學習者在進入教學情境時，本身已具有的相關知識、性向、動機、發展情況等，也就是學生在開始學習一個新的教材前，所具有的成就水準。格雷塞認為在教學開始前，必須對學生的能力、性向、動機和教育背景有所瞭解，以便作為選擇、預測、安置和輔導學生的參考，假如性向和成就測驗顯示學生的起點行為不足，教師應施行補救教學；反之，如果學生的起點行為甚高，則可以斟酌改變教學計畫。

(三)「**教學歷程**」（Instructional Procedures）

「教學歷程」的設計是一種依照學生的起點行為，運用各種方法，引導學生達成教學目標的歷程。格雷塞認為「教學歷程」的設計必須使學生由起點行為轉換成為終點行為，教師可以透過引起動機、增強和練習等活動，改變學生的行為，達成教學的目標。

(四)「**教學評鑑**」（Performance Assessment）

「教學評鑑」源於品質管制，是一種根據教學目標，運用各種測驗工具，評量教學結果的活動。教學評鑑如果施行於教學前，稱為「準備性評量」（preparative valuation），如果施行於教學中，則稱為「形成性評量」（formative evaluation），在教學後實施的評量，則稱為「總結性評量」（summative evaluation）。格雷塞認為教學評鑑能夠使師生明瞭教學目標是否達成、教學方法是否有效、課程教材是否適當、學習方法是否正確，以

作爲改進教學系統的參考。

　　㈤「**研究與發展支援系統**」（Research and Development Logistics）

　　研究與發展支援系統，包括「回饋環線」（feedback line）與「輔助輸入」（assisstance input），其主要功能在產生資訊以監控和校正教學系統，提高教學的效果，達成教學目標。格雷塞強調研究與發展支援系統，可以將教學研究的理論應用到教學系統中，以驗證理論的正確性，同時，理論可以經由教學系統的回饋而獲得修正，使理論與應用在一般教學模式的互動中相得益彰。

## 二、教學設計

　　格雷塞教學設計的概念，主要來自於一位得到諾貝爾經濟學獎的學者賽蒙（Herbert A. Simon）。賽蒙認爲設計的智慧不僅是描述事物的本質及其功能，也不僅是製造東西供人使用，而應該能夠廣泛應用在如爲病人擬定復健程序、爲學校設計有效的教學環境等。因此，在教育上，設計的意義在於改變現存的狀況，根據「決定理論」（decision-making theory）找出最有效的法則，以決定課程單元的教學活動。格雷塞認爲這些最有效的法則，必須依賴對法則中所包含的必要元素的本質及對各元素之間相互關係的研究。設計的過程上要包括尋求和實驗那些最有效的途徑，也建議透過對現狀的需要，限制和價值的考慮以歸納出最有效的法則。格雷塞提出教學設計的四個要素如下（Glaser, 1976: 303-315）：㈠詳述和分析教學目標：對學習所要達成的預期能力表現目標，加以詳細的敘述和分析；㈡診斷和評量學生特性：對學生教學前的起點狀態，包括智力、性向、學業成就、「學習風格」（learning style）、「先備技能」（prerequisite skill）等加以診斷和描述；㈢設計和安排教學歷程：協助學生自起點狀態轉換至終點狀態；㈣監控和評鑑教學結果：隨時監控和評鑑教學的結果，作爲改進教師教學和學生學習的參考。

## 三、教學原理

　　格雷塞將知識區分爲陳述性知識、程序性知識和控制性知識三種，他

在從事教學研究中發現三方面的能力，是我們進行學習時所希望獲得的，其內容包括：㈠程序性的知識和技能；㈡自我調整和表現控制的策略；㈢知識的組織和結構。茲就程序性知識的教學、控制性知識的教學與知識組織的教學等三部分，說明格雷塞的教學原理如下（Glaser & Bassok, 1989: 632-657）：

### ㈠程序性知識的教學

格雷塞認為程序性知識的教學，可利用下列原理：

### 1. 經由解決問題進行學習

格雷塞認為在教學時可以提供許多問題給學生解決，使其能夠搜尋已經學得的訊息以解決問題，這樣做不但可以讓學生複習學得的知識，同時有助於陳述性知識的應用，使其轉變成為程序性的知識。心理學家安德生（J. R. Anderson）等人就主張應該縮短課本的教學，減少鋪陳的解釋，補充程序性的訊息，教導學生從事解決問題，從解決問題的歷程中，促使陳述性知識不斷的應用，進而轉變成為程序性的知識。

### 2. 設定解決問題的理想結構

格雷塞認為在解決問題的歷程中可以採用不同的結構和策略，但是理想的結構和策略卻有助於迅速的解決問題。例如：在進行幾何證明時，需要後退和前進搜尋的邏輯推論，以比較所給的條件和所要證明的目標，如果能夠將問題加以分解，同時，設定次目標，採用「階層結構」（hierarchical structure）的方式，將有利於問題的解決。因此，格雷塞希望教師在教學時，能夠教導學生採用理想的結構和策略，以利於解決問題的進行。

### 3. 詳述問題和立即校正錯誤

格雷塞主張在提供問題給學生進行學習時，必須將問題的意義詳細的說明，以利學生選擇理想的結構和策略，搜尋有效的訊息進行問題解決，同時，在學生學習的歷程中，一有錯誤發生，應該立即給予回饋，以利校正，使問題解決能夠順利地進行，達成教學的目標。

### 4. 減少「運作記憶」（working memory）的載量

格雷塞認為學習是一種訊息處理的歷程，因此，訊息的數量會影響學習的效果，所以，教師在進行教學時，對於訊息呈現的方式和數量要特別

注意，以免產生記憶空間容量不足的現象，造成學習的效果不彰。

## (二)控制性知識的教學

格雷塞認爲控制性知識的教學，可以應用下列原理：

### 1. 使用監控理解的策略

格雷塞認爲教師在進行教學時，可以利用發問、澄清、摘要和預測的策略，增進學生理解監控的能力，提高教學的效果，達成教學的目標。

### 2. 示範和輔導學生學習

格雷塞認爲教師有如一位楷模和教練，在教學進行中，必須以身作則，示範各種動作和技能以教育學生，同時，對學生的疑難也必須加以輔導。格雷塞主張在班級中，可以採用分組「交互教學」（reciprocal teaching）的方式進行學習，由學生輪流講授學科的內容，教師從旁輔導，協助學生精熟學習的內容。另外，也可以採用「鷹架理論」（scaffold theory）的方式，支持學生形成問題，建立假設，從事驗證，直到學生自己能夠計畫執行時，才撤去輔助，以進行教學。

### 3. 讓學生分擔學習的責任

格雷塞認爲教師在教學時應該讓學生分擔學習的責任，教師可以利用交互教學、團體討論和「合作學習」（cooperative learning）的方式，提供學生社會支持，鼓勵和獎賞以增強學生的學習，同時讓學生在目標導向和統整特性的學習環境中，瞭解學習的責任，這樣有助於師生的互動和教學活動的進行。

## (三)知識組織的教學

格雷塞認爲知識組織的教學，可以採用下列原理：

### 1. 提供專家楷模作爲學習目標

格雷塞認爲教師在教學歷程中，必須提供專家作爲楷模，透過解決問題使學生瞭解專家知識的結構、推理的歷程、採用的策略和表徵的特性，進而作爲建構知識組織的學習目標，提高學習的效果。

### 2. 向學生解釋推理歷程

格雷塞認爲教師在教學時，應當向學生清晰地說明推理歷程的本質，解決問題所採用的啓發性策略，以及特定的問題表徵，讓學生從教學活動

中，學得有用的策略，以解決問題和進行學習。

### 3. 鼓勵學生建立特定情境的心理模型

格雷塞認為教師在教學之前，有必要評量學生所用心理模型的效能，並且利用學生心理模型中有用的特徵，來引導學生學習的表現，藉此幫助他們組織新的知識，形成更完整的心理模型。格雷塞希望教師能夠嘗試追蹤心理模型發展轉變的過程，因為掌握心理模型的歷程，有助於教師設計教學、教導課程和提高學生的學習效果。

### 4. 教導學生指導自己的學習

格雷塞認為教師在教學中，應該教導學生指導自己進行學習，使學生運用特定情境的心理模型去發現錯誤，形成問題，尋求解答，成為一個主動的學習者。

### 5. 引導學生注意模型的選擇和問題的順序

格雷塞強調教師在教學活動中，必須引導學生形成適當的心理模型，以利學習的進行，同時，提醒學生注意問題的順序，以利問題的解決。因為，如果不能形成適當心理模型，瞭解問題的順序，將無法迅速有效的解決問題。

### 6. 教導和提供多種「學習策略」（learning strategies）

格雷塞主張教師在教學活動中，必須教導和提供學生多種學習的策略，一方面適應學生的個別差異，另一方面使學生以多種方式進行學習，提高其學習興趣，增強學習的動機，使教學活動能順利的進行。

### 7. 提供學生必要的解釋

格雷塞認為教師在教學歷程中，必要時可以向學生解釋問題的關係，使學生明瞭問題的情境，以利問題的解決。

### 8. 減少學習錯誤的產生

格雷塞主張教師在教學歷程中，應該致力減少學生學習錯誤的產生，增進教學的效率，使學生獲得最佳的學習效果。

綜合而言，格雷塞的認知教育理論以「訊息處理理論」（theory of information processing）為基礎，採用自然科學的實證典範進行研究，深受康

德和皮亞傑哲學知識論的影響。格雷塞採用經驗分析的方法進行研究，能夠將複雜的教學現象化繁為簡，同時建立系統的分析方法，可以對質疑的問題進行重複的驗證，並且在自然情境從事研究，其類推應用的能力較強，有助於實際教學的改進。其次，格雷塞強調人類的認知歷程具有主動積極的性質，注意人類認知結構、認知歷程、認知策略與教學理論的研究，其學習策略、教學模式、教學設計與教學原理對於實際教學的進行相當有用。再次，格雷塞注重特定學科學習歷程的探討，使我們對於師生的教學歷程有更深入的瞭解，有助於教師指導學生進行學習。此外，格雷塞所提出的「一般教學模式」，將教學系統的活動分析為教學目標、起點行為、教學歷程、教學評鑑和研究與發展支援系統等五部分，對於教學設計、教學實施、教學研究與教學評鑑產生相當深遠的影響。最後，格雷塞以教學心理學的研究與發展支援系統為基礎，借用認知心理學的研究方法，建構初步的教學理論，再將初步的理論應用到實際的教學情境，以驗證和修改理論，理論與實踐如此循環不已，有助於建立更完美的認知教學理論。當然，格雷塞的認知教育理論也有其缺點，首先他過分注重認知領域教學目標的達成，對於情意和技能領域方面的教學相當忽略。其次，格雷塞強調閱讀、寫作、數學和科學等學科學習歷程的探討，但是忽略音樂、美術、體育與道德等學科學習歷程的研究，顯得美中不足。再次，雖然格雷塞的教學模式、教學設計、教學原理與學習策略論述得相當詳細，但是缺乏具體的實施步驟，所以不容易立即應用於實際教學。此外，格雷塞以「訊息處理理論」解釋人類的認知系統，雖然能夠說明人類認知歷程的部分真相，但是卻也忽略了部分人類認知的功能與創造性。最後，格雷塞採用的經驗分析研究方法強調數量處理、因果分析與普遍理論的建立，容易將教育現象曲解，造成教學理論的偏差。格雷塞的認知教育理論指出人類內在的心理結構會影響認知學習的效果，同時不同的學科有不同的學習歷程。認知結構的功能與體格的健全與否，關係相當密切。事實上，認知歷程也涉及情感因素，和諧的情緒狀態有助於認知學習效果的提升。因此，認知教育與其他人格教育關係非常密切。

## 第二節 斯柏克的道德教育理論

斯柏克（Otto Speck）曾經任教於慕尼黑大學特殊教育學研究所，擔任治療教育學講座教授，目前已經從幕尼黑大學退休，專心從事寫作。由於斯柏克在教育科學上的貢獻，2012年獲得德國「羅浮博士社會服務基金會」（Dr. Loew Soziale Dienstleistungen Stiftung）貢獻社會—科學獎（ConSozial-Wissenschaftspreis），斯柏克的道德教育理論深受德國哲學家康德「道德哲學」（Moralphilosophie）、哈伯瑪斯（Jürgen Habermas, 1929-）「溝通行動理論」（Theorie des kommunikativen Handelns）、盧曼（Niklas Luhmann, 1927-1998）「社會系統理論」（Soziale Systemstheorie）、勒維納斯（Emmanuel Lévinas, 1905-1995）「他者哲學」（Die Philosophie des Anderen）、皮亞傑（Jean Piaget, 1896-1980）「生發知識論」（Genetic Epistemology）和柯柏格（Lawrence Kohlberg, 1927-1987）「道德發展理論」（Theory of Moral Development）的影響，其主要著作有《學習與行為困擾兒童學校的整合》（*Schulische Integration lern-und verhaltensgestorter Kinder*）、《行為困擾兒童教育的模式》（*Pädagogische Modelle fur Kinder mit Verhaltensstorungen*）、《行為困擾、心理病理學與教育》（*Verhaltensstorungen, Psychopathologie und Erziehung*）、《治療教育學系統》（*System Heilpädagogik*）、《特殊教育學與社會工作》（*Sonderpädagogik und Sozialarbeit*）、《教育中的混亂與自律》（*Chaos und Autonomie in der Erziehung*）、《教育觀點下的價值與道德》（*Werte und Moral unter pädagogischem Aspekt*）、《教育與他人尊重》（*Erziehung und Achtung vor dem Anderen*）等（Speck, 1996: 1-5）。斯柏克從後現代主義的觀點出發，指出「價值教育學」（Wertpädagogik）興起於二十世紀，主要受到價值哲學影響，後來才逐漸建構完成。價值教育學是一種「質料的價值倫理學」（Materiale Wertethik），與康德意義下的「形式主義倫理學」（Formalistische Ethik）相對。價值教育學所發展的教育理論，主要來自文化和宗教價值，它是教育過程的基礎。教育不是免除價值的活動，良心無法經由積極的教育而獲得，唯有將價值視為規範的理念和

教育的原理，才能培育自律的個人（Speck, 1996: 39-40）。道德教育有兩項任務：一是致力於家庭和學校規範的團體聯結性；一是聯結個人或兒童個人的能力，理解和檢驗規範的多元性，以建立穩定的道德態度、理性的容忍和團體的能力（Speck, 1996: 45）。斯柏克主張價值的喪失導致社會混亂，有鑑於此，近年來價值教育逐漸受到大家的重視。教育必須對這種價值喪失的現象加以反思，同時家庭和學校也應該再度聯結重要的價值，以培養能夠自律的個體。但是要統一不同生活世界的價值系統是非常困難的，在今日複雜的社會中，教師和父母往往無法告訴兒童，何種價值是正確的或眞的。在這種狀況下，教育難以給予兒童正確行動的指示和引導，學校無法從統一和普遍被接受的價值秩序出發，進行道德教育（Speck, 1996: 32）。

　　長期以來，教育一直依賴社會條件來設定其目標，希望邁向社會和文化的整合。但是，社會中存在著不同的社會團體和社會利益，其間的差異促使個體必須注重多元性，同時尋求自己的途徑。另外，隨著社會的變遷，一種普遍的價值系統根本不存在。因此，這種價值教育模式是行不通的（Speck, 1996: 32-33）。其次，想要經由組織產生社會秩序，相信可以從脈絡的同一性，達到行爲的同一性，通過結構的努力劃定社會的秩序，以建立倫理風俗的統一性。這種價值教育模式也是失敗的，因爲這樣會使個人自律的道德能力喪失（Speck, 1996: 34）。斯柏克指出，隨著社會的變遷，價值導向逐漸產生個體化的趨勢，這種趨勢與福利社會的發展有密切的關係，對於尊重他人這個主題，具有特殊的意義。斯柏克強調道德就是自我，相對於他人。道德是一種自我決定，道德教育的目的在培養一個自律的人（Speck, 1996: 49-50）。「自我管理」（Selbstregelung）是道德中自律的原則，個人必須自己立法、自己管理、自己決定，成爲行動的主體，成爲一個能夠自律的人。自律是人類尊嚴的基礎，自律原理就是道德的原理（Speck, 1996: 57）。人類的自律可以分爲生物的、心理的、倫理的等不同的層次，因爲人類無論就生物學、心理學或是倫理學上來看，都是自律的系統。斯柏克批判皮亞傑和柯柏格的「道德發展理論」（Theory of Moral Development），因爲他們只注意到人類道德在認知方面的發展，同時，研

究受試者的年齡都在4歲以後，對於出生嬰兒到4歲之間的道德發展有所忽略。而且未重視兒童道德情感的探討，事實上，道德情感是道德認知發展基礎，在道德教育中非常重要。最初施教者的關愛與尊重，對兒童道德發展影響很大（Speck, 1996: 65-66）。他主張「尊重」是道德的基本原理，「尊重」這個概念始於十八世紀，最初表示對事物的留意和注意。到了康德才將「尊重」這個字，用來表示對他人尊嚴的承認，今天「尊重」這個字具有「體諒」（Rucksicht）、「價值估計」（Wertschatzung）和「承認」（Anerkennung）的意義（Speck, 1996: 79）。斯柏克強調沒有尊重，就沒有道德。康德提倡道德法則的尊重，是「範疇命令」（Kategorische Imperativ）的第一種形式，尊重每一個人是「範疇命令」的第二種形式。他主張每一個人應該無我地，將他人視同自己一樣加以關心，甚至將「他人」放在「自我」之前。「愛」（Liebe）和「尊重」（Achtung）是一種道德的情感，伴隨著義務而出現，具有道德的必要性（Speck, 1996: 81）。

斯柏克主張道德教育首先不在於道德的思考，而在兒童「道德敏感性」（Moralische Sensibilität）的照顧和支持。道德教育就是一種尊重他人的教育，尊重他人的教育必須放在關心存在和價值存在的體驗上，以培養自我尊重的態度。相互尊重的體驗應該在敬畏層面中，超越所有無法探究和不能應用的事物。道德自律朝向超越良好的習慣，和可靠法則的學習，與界限的經驗相聯結。從整體的意義來看，道德教育中不是教誨，而是自己的「道德行動」（Moralisches Handeln），才是最重要的工作。道德發展是一種來自兒童道德的本能，和自我接受的道德，朝向道德自律的歷程。這個歷程將受到教育的支持、推動和伴隨，但不是受到教育的控制。道德教育的中心主體是自我，經由活動和發展的自我調整，以決定道德的形成。道德教育中道德的衝突，應該經由合作和對話的方式解決，特別注重其他立場的經驗和將他人列入考慮。道德教育的方式不在於單一和特定行動的教學，而在為相互尊重行動的道德領域做好準備（Speck, 1996: 121）。但是，傳統的倫理學往往從男性的觀點出發，注重美好生活和正義原則的探討，忽略了女性的經驗。姬莉根（Carol Gilligan, 1936-）在其對柯柏格道德理論的研究中發現：女性在兩難問題上的反應與男性不同，但

是根據柯柏格的道德序階，卻被評爲比較低等。姬莉根才警覺到柯柏格的道德序階，其實並不如所言的客觀。姬莉根認爲柯柏格道德理論中的價值，可能反映了男性的認知，而有意的貶低了女性。姬莉根有系統的去省察重大心理學家，發現都對女性有潛在的不利設定（簡成熙，2000：190；Gillgan, 1982: 7）。

基於此，諾丁[1]（Nel Noddings, 1929-）從女性主義的觀點出發，提出「關懷倫理學」（ethics of care），批判以男性觀點爲中心的傳統倫理學，強調過去在學術上受到壓抑的女性特質思維，而提出關懷情意才是道德的基礎。主張關懷在情感交流與3R[2]的接受過程中，可以讓彼此達成精神與智慧的成長，而成熟的關懷關係具有相互流動性，彼此都有可能成爲關懷者與被關懷者（Noddings, 1984）。諾丁的關懷論理學深受存在主義、實用主義、女性主義和後現代主義的影響，首先以關懷爲主題，主張女性經驗是關懷倫理學的基礎，提出其關懷倫理學的哲學內涵和道德教育，其倫理學思想歸本於存在主義，存在主義認爲人是倫理的主導，人運用其自由意志，引導一己的行爲去完成人生的意義。從女性日常生活實踐出發，將關懷作爲道德感性，以親子關係爲關懷感性流露的自然基礎，將義務感的發動作爲道德關懷的道德基礎，視理想關懷關係的建立爲道德理想的完成。這種理想的親密關懷關係的建立，是人性道德發展的基石。道德實踐的動力不只在於當下的認知與抉擇，更在於日常生活因關懷關係而孕育的道德自我感，潛藏在其中的道德自我理想形象，是可以發掘道德力量的眞正源頭（方志華，2000：47-48）。因此，道德教育的實施必須從小開始。父母

---

1　諾丁（Nel Noddings, 1929-）出生於1929年，是美國倫理學和女性主義教育學著名的哲學家與教育家。諾丁曾經擔任史丹佛大學教育系的教授，目前是哥倫比亞大學師範學院的教授和美國國家教育學會的主席。她擁有兩所大學的榮譽博士學位和許多榮譽團體的會員資格。此外，她還是哈佛大學傑出婦女教育貢獻獎和美國教育研究協會終生成就獎的得主。

2　3R在此指的是關懷者與被關懷者之間的關係（relationship）、悅納（reciprocity）和回應（responsiveness），諾丁主張被關懷者對關懷者的直接回應、表現喜悅或快樂成長，就是眞正的互惠性（Noddings, 1984: 74）。

的照顧與關愛能夠奠定幼兒道德的情感，良好的家庭教育有助於正確價值觀念的建立和良好道德習慣的養成。父母應該教導孩子關懷的態度，培養孩子關懷的能力。進入學校以後，教師應該避免採用威脅利誘的方式，儘量運用價值澄清和兩難問題的方法，進行學生道德的教育，建立親密關懷的師生關係，才能培養學生道德判斷和道德實踐的能力，成為一個能夠關懷他人和周遭環境的人。

綜合而言，斯柏克從後現代主義的觀點出發，主張倫理規範具有特殊性，人類社會不可能存在著一種普遍性的倫理規範。其道德教育理論強調倫理道德的差異性，深受勒維納斯他者倫理學的影響，認為今天的社會已經相當複雜多元，不存在著統一的價值系統，因此，道德教育應該放棄倫理規範的教學，而培養個體對於他人的尊重，才能達到道德教育的目標。但是，這種道德教育理論只指出道德法則的特殊性，忽略了倫理規範的普遍性，在道德教學中無法提供明確的內容，將使教師的道德教學無所適從，容易導致價值混淆的缺失。其實，從辯證實踐學的觀點來看，各種倫理學體系對於道德問題與道德教育實施的方法雖有不同的看法，但不見得會完全衝突，反而在許多方面是可以兼容並蓄，截長補短，並且相輔相成的。在道德教育的實施上，亞里斯多德的德行倫理學所提供的生活教育和品德教育的方法，一個人從孩童時透過良好生活習慣的培養，自然養成各種美德，可說是最符合人性的教育方式。而康德義務論的倫理學在道德教育的觀念認知上，讓我認清純正道德動機的重要性，也讓我們瞭解道德行動的可貴在於自律性道德人格的培養，這樣的觀念給予教育工作者很寶貴的啟發。至於效益論的倫理學則可讓我們在面對各種道德原理或價值衝突時，知道如何以理性的考量做出最恰當的抉擇，這或可對道德教育上相當流行的價值澄清法提供理論的依據（黃藿，2002b：260-261）。諾丁的關懷倫理學則可以提供女性的觀點，注重特殊道德情感的層面，培養個體關懷的能力，彌補傳統倫理學以男性觀點為中心，偏重普遍道德原則的缺失，使得道德教育的基礎更加完整，以實現完美人格教育的理想。

## 第三節 瑞希特的審美教育理論

瑞希特（Hans-Günther Richter, 1933- ）1933年出生於梅薛尼克（Mechernich）。1939年進入國民學校就讀，1943年進入古文中學求學，1952年通過高中畢業會考，進入杜賽道夫大學學習，主修藝術。其後，轉到科隆大學學習德國語文學，也到波昂大學學習教育學。1967年獲得哲學博士學位，應聘萊蘭教育學院擔任講師。1970年晉升為萊蘭教育學院藝術教育教授。1972年轉任科隆大學教育科學院治療教育學研究所，擔任教育藝術治療講座教授。目前已經從科隆大學治療教育學研究所退休，其審美教育理論深受席勒（Friedrich Schiller, 1759-1805）審美教育理論、黑格爾（Georg Wilhelm Friedrich Hegel, 1770-1831）美學思想、佛洛伊德（Sigmund Freud, 1856-1939）精神分析理論和審美教育學家包赫（Bruno Bauch, 1877-1942）觀點的影響，主要的著作有《審美教育與現代藝術》（*Ästhetische Erziehung und Moderne Kunst*）、《審美教育教學目標》（*Lehrziele in der ästhetischen Erziehung*）、《圖畫符號的起源與發展》（*Anfang und Entwicklung der zeichnerischen Symbolik*）、《藝術教學理論史》（*Geschichte der Kunstdidaktik*）、《兒童繪畫：發展、詮釋、美學》（*Die Kinderzeichnung: Entwicklung, Interpretation, Ästhetik*）、《泛文化的兒童繪畫》（*Kinderzeichnung interkulturell*）、《教育的藝術治療：基礎、教學法、發動》（*Pädagogische Kunsttherapie: Grundlegung, Didaktik, Anregungen*）和《教育的藝術治療》（*Pädagogische Kunsttherapie*），主編有《治療的藝術教學》（*Therapeutischer Kunstunterricht*）等。

根據個人對瑞希特相關文獻的分析，其審美教育理論的主要內涵如下：

### 一、教育與藝術的關係

瑞希特在《審美教育與現代藝術》一書中，首先闡述教育與藝術的關係。他主張自古以來許多哲學家、教育家和藝術家，都將教育與藝術的

關係作爲探討對象，德國文學家席勒就將藝術視爲「自由之女」（Tochter der Freiheit），並且作爲人類教育的基礎。席勒的審美教育理論奠基於康德的美學之上，希望經由審美教育的活動，建立一個「審美表象的王國」（Reich des ästhetischen Scheins）。當代教育學家韓第希（Hartmut von Hentig, 1925-）和社會學家基福弘（Hans Giffhorn, 1937-）就深受席勒審美教育理論的影響，雖然他們研究的出發點有所不同，但是卻一致地認爲通過審美教育的活動，可以促使個體獲得政治的自由。因爲審美教育能夠培養個體批判反思的態度，自然具有協助個體從政治意識型態中，真正獲得解放的功能（Richter, 1975: 11-12）。瑞希特主張審美教育除了前述的功能之外，還具有一種「美的傳達」（Schöne Mitteilung）的可能性。因爲藝術是一種符號的或圖形的語言，能夠經由感官來進行溝通，達到傳達各種觀念的目的。由於瑞希特擅長繪畫理論，所以特別強調藝術具有「視覺溝通」（Visuelle Kommunikation）的功能。他不僅主張藝術具有傳達的可能性，同時注重不同藝術品之間傳達問題的研究（Richter, 1975: 12-13）。瑞希特主張藝術理論的概念和藝術哲學的興趣並不矛盾，希望經由藝術科學和藝術哲學的觀點，探討藝術的生產事件，以建立藝術教學的理論。他援引黑格爾《美學演講錄》（*Vorlesungen über die Ästhetik*）導論的說法，主張許多不同種類藝術作品的生產，必須奠基於理論的概念和藝術科學的理論之上。同時認爲教育與藝術關係的探討，應該以藝術實際爲基礎，並且注重未來藝術的發展，否則所建立的藝術教學理論，根本不符合需要（Richter, 1975: 17-18）。

## 二、審美教育的功能理論

瑞希特主張「審美教育」（Ästhetische Erziehung）注重健全人格的培養，在教育的方法上以內在的啓發爲主。「繆斯教育」（Musische Bildung）則強調技能的學習，在教育的方法上以外在塑造爲主。因此，將審美教育和繆斯教育的概念區分開來。在教育與藝術關係的探討上，瑞希特主張教育與藝術的關係可以從三方面加以區分（Richter, 1975: 24-36）：（一）在自由方面，教育在追求個體的自由，藝術則是個體自由的表現，經由藝

術可以促使教育達成個體追求自由的理想。(二)在團體方面，教育中主要採用語言進行團體成員之間的溝通，藝術則借助於非語文的方式進行理念的傳達，因此教育與藝術在團體中其傳達的方式有所不同。(三)在理念與事實的關係方面，教育活動中理論與實際存在著若干的差距。藝術作品的理念和事實則是結合在一起的。瑞希特認為語言和圖畫在人類不同的社會化過程中，具有同等重要的地位。他根據羅維（M. Löwi）所著《藝術與藝術教學》一書，將溝通的方式區分為「概念的溝通」和「圖畫的溝通」。瑞希特主張一項教育活動如果強調概念的理解，偏重語言溝通能力的學習，即是一種「理智的教育」（Intellektuelle Erziehung）。反之，如果一項教育活動著重審美方式的理解，注重圖畫溝通能力的學習，則是一種「想像的教育」（Imaginative Erziehung）。在教育活動中，這兩種不同的教育方式都有其必要（Richter, 1975: 37-40）。

瑞希特主張審美教育具有下列功能（Richter, 1975: 47-60）：

### (一)健全個體人格的發展

全人教育的內涵包括理性和感性，以往學校教育的方式過度偏重邏輯思考的訓練，忽略個體感性直觀能力的培養，造成學生高理性智商低情緒智商的現象，無法適當的抒發自己的情感，產生理性與感性失衡的問題，影響健全人格的發展。審美教育注重自然美、藝術美與社會美的創造、詮釋、欣賞與批判，採取感性直觀的方法培養個體審美判斷的能力，因此具有促進理性和感性和諧發展的功能，對於人格健全的形成有相當大的幫助。

### (二)促進社會和諧團結

在中世紀的封建社會中，階級的差異非常明顯。下階層民眾不僅沒有接受教育的機會，就連藝術作品的欣賞也是上層統治者的特權，因此階級利益衝突問題嚴重，權力爭奪經常造成社會動盪不安。審美教育兼顧精緻藝術和通俗藝術，主張全體民眾都有欣賞藝術的權利，建立愛護鄉土自然的胸懷，不但能夠拉近不同階級的距離，同時能夠培養健全的個體，因此能夠促進社會的和諧團結。

#### (三)開展審美溝通的能力

審美教育強調感性直觀能力的培養，非常注重圖形、符號、表情、姿態等溝通方式的理解，可以彌補傳統語言文字溝通方式的不足，開展人類審美溝通的能力，對於人際之間的溝通和觀察能力的培養有積極正面的意義。

#### (四)培養批判反思的能力

許多小說、詩歌、戲劇、電影和繪畫都隱含著特定政黨、宗教、種族、性別和階級的意識型態，審美教育除了欣賞藝術作品之外，更重要的任務在於培養個體審美判斷的能力，跳脫現實環境思維的束縛，釐清藝術作品內部或外在生活世界中錯誤的意識型態，促進審美想像力飛揚的達成，因此能夠培養批判反思的能力。

#### (五)激發想像創造的能力

審美教育提倡自然環境和藝術作品的欣賞，在怡然自得的靜觀之中，可以讓想像力自由的徜徉，進入自然和藝術的世界中，不僅能夠提高個體觀察的能力，而且能夠讓人擺脫現實思維的限制，從不同的角度出發，在自然和藝術中創造嶄新的事物，這種教育方式有助於人類想像力和創造力的增進。瑞希特指出審美教育具有許多功能，不僅能夠改變人類的氣質，培養個體的想像力，增進人類的創造力，而且可以調和理性與感性，適當地抒發人類的情緒，以美化情感的境界。

### 三、審美教育的教學理論

瑞希特認爲藝術教育學奠基於藝術史和藝術科學的基礎之上，運用科學的方式來處理藝術現象的形式，以建立藝術教學理論。藝術教學理論主要的目的在確定藝術教學科學的基礎，經由藝術生產以聯結審美的技術。藝術客觀方面主要在聯結藝術史的基本概念和繪畫的技巧，主觀方面在於說明感受的可能性和生產活動個別的經驗。藝術教學包括兩項內容，也就是「風格學說」（Stillehre）和「審美技術學說」（Lehre von der ästhetischen Technik），藝術教學注重審美文化的探討，比較忽略藝術生產層面或審美行動自身。瑞希特強調藝術教學的重點在於現存文化財的理解，以創

造藝術審美經驗的基本假設。除此之外，藝術教學是無能爲力的（Richter, 1975: 40-42）。傳統的藝術教學將實作限定在「自然形式」（Naturgestalt）和「內容循環」（Inhaltlicher Zyklus）的狹窄範圍裡。現代的藝術教學在過程中則非常自由，但是仍有喪失個性的不確定性存在。傳統的藝術教學比較重視「風格」與「技術」層面，忽略藝術教學在「方式」和「技巧」方面的重要。想要理性的建立藝術教學的過程，必須兼顧風格、技術、方式與技巧等四項因素。現代的藝術教學已經逐漸將課程內容導向現代藝術，喪失藝術創作的法則性，並且在教學過程中獲得技術操縱的自由（Richter, 1975: 43）。瑞希特指出傳達的形式包括「圖形—審美」和「語言—概念」兩種，以往傳統的藝術教學注重語言的傳達方式，忽略圖形傳達的功能。因此，造成學校藝術教學偏重理性教育方式的缺失。事實上，教師在進行教學活動時，可以兼顧語言與圖形溝通的方式，採用概念和直觀的方法，增進藝術教學的效果（Richter, 1975: 50-51）。

瑞希特在《審美教育教學目標》一書中，提出其審美教學目標理論。瑞希特將教育目標區分爲下列三個層次（Richter, 1976: 148-155）：

### ㈠一般教育目標層次

在這個層次一般教育目標是一種「領導目標」（Leitziel），「領導的目標」必須關聯「理論的範疇分析」（Theoretischer Kategorialanalyse）和「實證的實在分析」（Empirischer Realanalyse）以建構課程。瑞希特認同莫勒爾（Christine Möller）、欽莫爾（Jürgen Zimmer）、韓第希和克里根（Alex von Criegern）等人的觀點，主張藝術具有實用的功能、傳達的功能、知覺的功能和歷史—語意的功能。一般教育目標包括技術知識、形式結構、內容的聯結、自我認同和社會自律，最後希望達到席勒以審美教育提高人性健全人格，改善國家政治建立審美表象王國的理想。

### ㈡最高事物領域特定或學科特定目標層次

這個層次主要是在聯結資格認證和找出具體目標—內容—關聯達到高度抽象的程度；在這個層次事物特定導向的教學目標與學科特定的教學目標相互關聯。以「連環漫畫」（Comics）的教學對象爲例來說明：在相當抽象的教學目標定義之下：「特定圖畫—文本—關聯啓發或呼籲功能的理

解」，這使得「連環漫畫」中部分學科導向的目標納入教學任務的範圍之中，並且部分的使這些學科特定的目標具有聯結的性質，圖畫與文本這兩種媒介聯結的觀察是一般溝通理論尚未解決的任務。

### (三)教學目標層次

這個層次指的是所有「領導定義」（Leitdefinition）下的操作性定義而言，這些教學目標經由高度的具體化被標示，而且著重在行爲方面以解決任務內容必要的定義。例如：經由學習行爲特徵或人格特徵的建立或分解，可以計畫和控制教學的事件，人格屬項被理解爲刺激方式和反應情結的聯結。

瑞希特主張審美教學目標，有下列三個層次（Richter, 1976: 159-187）：

### (一)認知領域（Der kognitive Bereich）

瑞希特反對教育家布魯姆（Benjamin S. Bloom）和克勞爾（Karl Josef Klauer）所建立認知領域的教學目標，因爲審美教學目標的順序和內容與一般教育在認知領域有很大差異。瑞希特所提出認知領域的教學目標如下：1.知覺；2.知識；3.理解；4.應用；5.分析，分析包括：(1)要素的分析；(2)關係的分析；(3)順序原理的分析；6.判斷。

### (二)情意領域（Der affektive Bereich）

由於審美教學目標的順序和內容與一般教育在情意領域並無太大差異，所以瑞希特接受克拉斯霍（David R. Krathwohl）和莫勒爾的觀點，將情意領域的教學目標規定如下：1.接受；2.反應；3.價值；4.價值順序；5.價值決定。

### (三)技能領域（Der psychomotorische Bereich）

瑞希特參考布魯姆、克拉斯霍、皮亞傑、達維（Anton David）和莫勒（Arthur Möller）等人的見解，提出下列技能領域的教學目標：1.模仿；2.操作；3.精確化；4.行動劃分；5.自然化。由於審美教學比較少涉及技能領域的教學目標，所以瑞希特提出一套審美教育的教學目標模式，來取代傳統審美教學目標的表示方式。根據瑞希特的審美教育教學目標模式，主要包括下列層面：1.內容方面，涵蓋藝術形式、文本內容、空間組織、顏

色組織、組成關係、內容、環境和意義。2.行為方面，包括知覺、知識、理解、應用、分析、接受、反應、價值、價值順序和心理動作行為方式。

瑞希特強調審美教育的實施，必須包括下列幾種藝術（Richter, 1984: 24-27）：㈠模仿藝術，例如：繪畫、雕刻、戲劇等。㈡現代藝術，例如：舞蹈、文學、音樂等。㈢媒體，例如：電影、海報等。㈣通俗藝術，例如：漫畫、歌曲等。㈤設計藝術，例如：建築、歌劇等。他將藝術教學的過程區分為三個階段（Richter, 1984: 38-41）：㈠初級階段：大約是在學前時期，以兒童為中心，著重兒童知覺、情感和認知能力的培養，課程以表達和遊戲的材料為主。㈡中級階段：大約是在國中時期，以事物或學生為中心，根據生活和環境的經驗，從藝術和媒體中選擇材料，課程以表現和意義的呈現為主。㈢高級階段：大約是在高中時期，以自傳經驗為中心，注重藝術科學和藝術史方法的教學。其實，這種審美教育實施的階段並不完整，因為瑞希特忽略了青年階段和成人階段審美教育的規劃。

## 四、審美教育的治療理論

瑞希特在《教育的藝術治療》一書中，將審美教育的層次分為下列四部分（Richter, 1984: 12-16）：㈠藝術哲學層次：從知識理論、美學和藝術哲學的觀點，探討藝術的地位及其在教育過程中的作用。㈡藝術教育學層次：從藝術理論和藝術史的角度，探討審美教育的內容和目的。㈢藝術教學理論層次：從一般教學理論的立場，探討審美教育的教學理論。㈣藝術治療層次：從心理學、社會學和特殊教育學的觀點，探討審美教育治療的問題。從這個觀點來看，在著名的審美教育學家中，莫連豪爾（Klaus Mollenhauer, 1929-1998）強調審美教育的本質，說明審美解放的意義，屬於藝術哲學層次的代表人物。柯柏斯（Diedhart Kerbs, 1941-）注重審美教育的功能，並且主張審美教育歷史的探究，屬於藝術教育學層次的代表人物。奧圖（Gunter Otto, 1927-1999）致力於審美經驗的分析，系統地建立審美教學理論，屬於藝術教學層次的代表人物。瑞希特注重審美教育目的的探討，同時強調藝術教育在治療上的功能，屬於藝術治療層次的代表人物。瑞希特主張教育藝術治療的方式有下列幾種（Richter, 1984: 17-18）：

㈠課程組織活動：意即能夠在學校教學範圍內實施的教育治療措施。㈡額外課程活動：學校機構課程計畫外的教學活動。㈢校外社會教育活動：社會教育機構或社教人員舉辦的活動。㈣心理藝術治療活動：例如：「格式塔治療」、「創造性治療」等心理治療措施。教師可以運用「概念建構」、「心理轉換」和藝術治療等方式，進行審美教育治療的活動。

瑞希特主張藝術治療的教學，有下列四個階段（Richter, 1984: 132-138）：

## ㈠「導向階段」（Orientierungsphase）

在這個階段治療者可以和案主彼此認識，建立一個信任的環境，提出需要治療的問題，並且檢視治療的方案是否可行。主要的工作方式有下列幾項：1.採用音樂繪畫、自由繪畫或自由遊戲等方式建立一個信任的環境；2.理解案主社會關係的結構；3.經由遊戲認識彼此。

## ㈡「建立階段」（Aufbauphase）

在這個階段治療者必須讓案主從審美領域中獲得樂趣，在動作知識領域中解除發展的障礙，並且與其他案主形成一個團體。主要的工作方式有下列幾項：1.針對個人發展的障礙協助案主表達其需求；2.針對團體的需要，應用顏色、服飾和包裝等審美活動加以治療。

## ㈢「穩定階段」（Stabilisierungsphase）

在這個階段治療者必須將案主獲得的新的行為模式、技術能力、心理社會問題和社會行為模式，在動作知覺領域中加以穩定。主要的工作方式有下列幾項：1.採用繪畫治療和角色扮演的方法，解決案主的互動問題和溝通問題；2.經由方案導向的策略聯結多種學習的方式。

## ㈣「分化階段」（Differenzierungsphase）

在這個階段治療者必須將案主獲得的行為方式加以分化，接受批判問題的意識，要求社會的義務，使案主能夠具有解決生活實際問題的能力。主要的工作方式有下列幾項：1.將治療的方案導向解決生活實際問題的方向；2.從語意學、語法學、語用學和實際的觀點，來進行審美事物問題的分析。

綜合前面所述，瑞希特的教育美學深受席勒審美教育理論、黑格爾

美學思想、佛洛伊德精神分析理論和審美教育學家包赫觀點的影響，主張
審美教育具有許多功能，不僅能夠改變人類的氣質，培養個體的想像力，
增進人類的創造力，而且可以調和理性與感性，適當地抒發人類的情緒，
以美化情感的境界。瑞希特的審美教育理論除了探討審美教育的功能以外，
也從事教學目標的研究，瑞希特的審美教學目標理論深受布魯姆、克拉斯
霍、克勞爾等人行為目標理論的影響，應用教學目標分類的原則，將審美教
育與藝術教學結合起來。在審美教學目標的選擇上有其優點，例如：比較
能夠配合學校藝術教學的需要，且可以和一般教育目標結合，可以作為訂
定藝術教學目標的參考。瑞希特深受現代心理學和治療教育學的影響，他
將審美教育的觀念應用於藝術治療的過程中，並且把藝術治療的過程區分
為導向、建立、穩定和分化四個階段，相信經由藝術治療的教學，能夠幫
忙學習困擾和肢體殘障的人獲得教育治療，適應社會學習環境的要求，解
決個人學習困擾的問題。瑞希特的觀點使得審美教育不再侷限於審美經驗
分析、藝術教學理論和個體人格陶冶的探討，進而經由藝術治療與現代心
理學、治療教育學和特殊教育學產生關聯，對於審美教育領域的拓展具有
重要的貢獻。但是，瑞希特將審美教育的目標限制在藝術教學的層面，容
易造成審美教育目標窄化的問題，使得審美教育淪為藝術教學，這是相當
值得注意的。畢竟，審美教育不只是藝術教學，當然審美教育也不只是藝
術治療。因此，審美教學目標的訂定應該以審美教育的概念為基礎，配合
國家文化的傳統、社會潮流的趨勢、學校資源的特色和學生身心發展的階
段，由教師和學生共同參與，才能擬定適當的審美教學目標。瑞希特從實證
教育學的觀點出發，將審美教育學習的過程僅僅劃分為初級、中級和高級
三個階段，年齡分布從學前兒童到高中時期，在人類審美教育學習的過程
中顯得不夠完整。因為瑞希特忽略了個體在青年階段和成人階段審美教育
學習的過程，而且在每個階段審美教育學習內容的說明上，也不夠清楚。

## 第四節　巴托羅的宗教教育理論

巴托羅（Wolfgang Bartholomäus, 1934-2008）1934年出生於杜賓根，

1940年就讀國民學校，1944年就讀古文中學，1959年進入杜賓根大學，主修哲學、天主教宗教神學與教育學。1965年自大學畢業，獲得哲學、神學與教育學碩士學位，通過國家神職人員考試，進入美勒（Melle）的聖·馬克豪伊斯（St. Matthäus）教堂擔任神父。1967年進入慕尼黑大學就讀，攻讀宗教神學和溝通科學。1968年應聘慕尼黑大學，擔任宗教教育學講座的學術助理，巴托羅是著名宗教教育學家懷佛爾（Erich Feifel, 1925-2003）的學生，1972年獲得慕尼黑大學神學博士學位，而且擔任西德神學課程學院會議的祕書。1970年通過慕尼黑大學「教授備選資格審查」，晉升為宗教教育學的副教授。從1975年起，應聘杜賓根大學實踐神學講座，擔任學術諮議會和宗教教育學編外教授。1981年晉升為實踐神學講座，擔任宗教教育學和布道學說（Homiletik）的正教授。1989年轉到杜賓根大學教育科學研究所，擔任宗教教育學的講座教授。2003年自杜賓根大學教育科學研究所退休，2008年因病逝世於杜賓根（Tübingen）。專長領域為普通教育學、宗教教育學和性教育學，主要著作有《小布道學說》（*Kleine Predigtlehre*）、《天主教神學的學習》（*Studium Katholische Theologie*）、《經由教義問答的教會革新》（*Erneuerung der Kirche durch Katechese*）、《宗教教師與教會團體》（*Religionslehrer und Gemeinde*）、《教會與神學緊張領域中的宗教教學》（*Religionsunterricht im Spannungsfeld von Kirche und Theologie*）、《福音作為資訊》（*Evangelium als Information*）、《從頭開始學習成為基督徒》（*Christsein lernen von anfang an*）、《宗教教育學導論》（*Einführung in die Religionspädagogik*）、《出自愛的興趣》（*Lust aus Liebe*）、《慾望的激情—愛的語言》（*Glut der Begierde - Sprache der Liebe*）、《邁向愛》（*Unterwegs zum Lieben*）、《宗教作為機會或冒險》（*Religion als Chance oder Risiko*）、《DerDieDas我從其他開始》（*DerDieDas Andere geht mich a*n）等（Universitätsbibliothek Tübingen, 2013）。

## 一、宗教教育的意義與功能

　　巴托羅認為宗教不僅是人類存在的基礎，同時也是影響教育重要的力量。因此，宗教有其存在的必要。宗教教育不僅是提升人類精神不可或

缺的活動，而且可以解答生活意義和生命價值的問題，故而有其必要性
（Bartholomäus, 1983: 75-80）。他主張宗教教育以神為最後的目的，主要在
於經由神聖的意志，以達到人類化成的理想，期望通過教育活動，使人類
擺脫意識型態的束縛，獲得真正的自由，並且達成個體的自我實現（Bar-
tholomäus, 1983: 93-94）。倪普克主張宗教教育具有促進社會團結和協助人
類解放的功能，除此之外，宗教教育還能夠協助個人獲得正確的信仰，並
且形成完整的人格。因此，宗教教育與道德教育關係非常密切。回顧基督
宗教興起之初，宗教教育的形式缺乏組織，一直到了三世紀左右，才對接
受洗禮的人進行教義問答，開啟教會組織性布道的先例。這個時期並無針
對兒童需要所設的教義問答存在，不過教會團體安排有天主教育的活動，
來進行兒童的宗教教育。這是一種培養天主啟示和感官視野的教育，類
似於希臘人「派代亞」（Paideia）和猶太人「奴特西亞」（Nuthesia）的一
種教育活動（Bartholomäus, 1983: 3-4）。因此，許多學者開始研究宗教教
育的問題。神學家柯雷門斯（Clemens von Alexandrien, 150-215）著作《教授
學》（Paidagogos）一書，探討宗教教義問題內容的問題。他在書中排除
拯救與教育的差異，建立起神學與教育學聯繫的思想傳統，主張拯救與教
育有密不可分的關係。柯雷門斯強調拯救就是一種教育，教育的行動就是
一種拯救的活動。因此，神學就是治療教育學（Heilspädagogik），上帝和
耶穌成為人類的教師，教會成為教育機構，「聖禮」（Sakrament）成為教
育的工具。神學家奧古斯丁（Aurelius Augustine, 354-430）也曾經在其《論
望教規定》（De catechizandis rudibus）一書中，提出一套教義問答的理
論。他主張愛是最終的目的，教義問答的目的就在於彰顯愛，其採用的方
式是闡釋，經由教義問答的聆聽，可以使人產生信仰，經由信仰的產生，
可以使人心存希望，經由希望的存在，可以使人產生愛。奧古斯丁從基督
宗教的觀點出發，認為人類從被創造到今天就是一部治療的歷史，應該
經由教義問答的活動，將歷史中上帝治療的行動予以彰顯（Bartholomäus,
1983: 5-6）。

## 二、宗教教育的起源與演變

基督宗教在八世紀之後，逐漸主宰整個西洋文明，成為人類日常生活不可或缺的一環。隨著基督宗教的蓬勃發展，強調提供基本信仰知識的呼聲漸漸地受到重視，許多國家紛紛以基督宗教為國教，並且開始設立學校，進行宗教教義的教學。教會團體也利用洗禮的機會舉辦各種活動，並且深入教徒的家庭生活之中，進行基本信仰的教育（Bartholomäus, 1983: 8-12）。到了十六世紀，由於教皇與帝王爭奪權利，造成社會不安。同時基督教會內部意見不同，形成天主教會和基督教會對立的局面，加上許多教會橫行斂財，神職人員生活糜爛，不准信徒閱讀聖經，產生無數的弊端，神學家路德（Martin Luther, 1483-1546）因而積極進行宗教改革。他在《大教義問答手冊》（*Grossen Katechismus*）一書中，提倡教會應該舉辦組織性的教義問答，對神職人員進行計畫性的宗教教育。同時路德也在《小教義問答手冊》（*Kleine Katechismus*）一書中，呼籲教會對成人、兒童和社會大眾進行教義問答的教學（Bartholomäus, 1983: 14-18）。由於路德的大力提倡，使得宗教教育的活動逐漸普及開來，這在人類宗教教育歷史中，具有相當重要的意義。1598年宗教教學正式在史特拉斯堡（Strassburg）成為公立學校必修的一門課程，這對於宗教教育的推展具有重要的意義。巴托羅認為宗教教學的進行，至少造成四方面的解放（Bartholomäus, 1983: 25）：㈠教會事務能夠擺脫地主的控制；㈡宗教事務得以脫離教會的監督；㈢導致理性信仰的興起；㈣促成教義問答的教育化。這些因素對於宗教教育學的形成，產生絕對性的影響。

## 三、宗教教育學的對象與觀點

宗教教育學的對象是基督徒宗教的學習和教學，其內容非常多樣，包括教義問答、宗教教學、家庭教義問答、基督徒學說、家庭教育和青少年工作等，意即基督徒世界中學習與教學的歷程（Bartholomäus, 1983: 63）。宗教的意義非常難以確定，其原因不是因為宗教的定義太少，而是由於宗教的定義過多，因此讓人眼花撩亂，以至於無所適從。宗教可以理解為先

驗方面意義的確定，在社會方面具有統整和補償的功能，在個人方面則具有安慰和抗議的功能。宗教教育學探討的主題雖然以基督宗教爲主，但是其範圍並不限定於基督的信仰，而涵蓋了其他的宗教（Bartholomäus, 1983: 68-71）。宗教教育學學術理論的地位，在當代主要有三種看法：(一)主張宗教教育學是基督宗教教育學的一支，意即宗教教育學是教育學的一部分，這種說法以教育學家格特勒（J. Gottler）爲代表。(二)主張宗教教育學是一門神學的學科，這種看法以神學家班柏格（J. Bernberg）和派爾（R. Peil）爲代表。(三)主張宗教教育學介於教育學與神學之間，這種見解以教育學家麥爾（H. Mayer）和倪普克（Karl Ernst Nipkow）爲代表。但是麥爾認爲宗教教育是一門獨特的學科，既非教育學，亦非神學。倪普克則持相反的看法，他認爲宗教教育學既是普通教育學的一支，也是神學的一部分。事實上，格特勒誤將信仰和教義作爲教育學內在的規準，造成基督宗教教育學的獨立性與神學相互對立的現象，硬將宗教教育學劃入教育學的領域，這是無法令人接受的。班柏格和派爾雖然提出神學教育學，並且將其歸屬於神學之下，但是卻無法認識拯救與教育的差異，對於宗教教育學的建立幫助不大。倪普克宗教教育學眞理的標準，僅僅來自於神學部分，忽略教育學理論的採納，這與其宗教教育學既是教育學，同時也是神學的主張相互矛盾。

## 四、宗教教育學的研究方法

宗教教育學的研究方法，包括經驗、詮釋學和意識型態批判三種典範。宗教教育學的經驗研究給予人們許多宗教教育眞實的內容，並且對宗教教育的實際產生影響，但是並未給宗教教育學帶來綜合性的理論。儘管如此，經驗研究在宗教教育學中仍然有其必要，因爲經驗研究不僅有助於宗教學習和教學歷程中的個人、宗教教育歷程本身（包括基本假設、歷程和影響）、宗教教育機構和宗教教育歷程社會歷史條件的釐清，同時能夠系統地檢驗宗教教育學說的實際缺失。宗教教育學的詮釋學研究不僅可以作爲規範導向的方法，而且有助於情境分析後事實的理解，能夠爲經驗研究創造理論的基本假設，因此在宗教教育學研究中有其重要的地位。意識

型態批判可以運用深度心理學的理論，揭露宗教教育中各種產生影響的興趣，並且彰顯不明的意識，以彌補經驗研究和詮釋學研究的不足。因此，意識型態批判的研究方法仍然有其存在的必要（Bartholomäus, 1983: 119-120）。宗教教育實施的方法有三個步驟：首先是情境的分析，主要的目的在釐清問題的歷史社會情況，機構與結構的事實，確定宗教學習與教學的歷程，以及個人生活歷史與社會心理的可能性。其次是規範的導向，主要目的在探討規範詮釋和批判，在教會和國家、神學和教育學、科學的和日常生活的意識等方面的起源，最後尋求適當地觀點設計，以進行宗教教育的活動（Bartholomäus, 1983: 116-118）。

## 五、宗教教育的形式與目的

　　宗教教育行動的形式有「布道」（Verkündigung）、「教育」（Erziehung）和「教學」（Unterricht）等三種，宗教布道是教會為轉達末世論所保留的使命，其核心內容是耶穌基督中的神其聖行、神的統治和人類神聖的宣告。「布道」傳達上帝實現神聖統治的決定，將生活奠基於此種人神關係中，以開啟人類生活新的觀點。「布道」是教會轉播的主要活動，其談論的核心在神，主要目的在建立教會團體中的信仰，進行的場所在教會團體，主講人為委託人、見證人或信仰者，布道延續的時間並沒有一定的限制。「教育」來自於人類的願望，願意與他人分享生活的意義與生命的價值，使其獲得一種直接的關係。因此，出於其自身的存在，讓他願意將其部分付出，以試驗和證明生命的可能性。「教育」不僅指向人類人性的獲得，同時致力於人類自我的實現。「教育」起源於父母的意志，其談論的核心是人，主要的目的在基督宗教人性的獲得，「教育」內容為基督宗教視野中生活的智慧，進行的場所在家庭，主要施教者為倡議者、鼓勵者或伴隨者，「教育」進行的期間限制在兒童和青少年時期。「教學」首先在聯結所有的知識，其次必須引起學生的注意，並且說明教學的對象。教師是教學活動的核心，不但可以概覽神、世界與人類關係的結構，而且能夠揭露真相、真理和價值次序的祕密。雖然「教學」是學校的主要活動，但是其實施的範圍並不限於學校。宗教教學是學校的任務，其談論的核心

是宇宙，主要的目的在增進學生對於基督宗教存在方面的理解，「教學」的內容為生活的知識，進行的場所在學校，主講人是基督宗教的專業人員，宗教教學只在學校期間進行（Bartholomäus, 1983: 83-86）。依據教會宣告的和機構的兩種教育行動的功能，可以將宗教教育學區分為「教義問答法」（Katechetik）和「宗教教育學」（Religionspädagogik）兩門學科。教會運用教義問答法來指導布道活動的進行，並且利用宗教教育學來指導宗教教育和宗教教學的實施。宗教布道是一種宣告式的宗教教育，宗教教育和宗教教學則是一種機構式的宗教教育。宗教教育的實施必須將教會團體的教義問答、宗教的家庭教育、教會的青少年工作和學校的宗教教學相互結合，才能獲得令人滿意的效果（Bartholomäus, 1983: 103）。

　　總而言之，我國已陸續開放一般大學設立宗教學研究所和宗教學系所，如果能夠在課程規劃中，包括宗教教育學的課程，將有助於我國宗教教育理論的發展。其次，傳統大學的教育研究所幾乎都沒有宗教教育學的課程，這在教育主題的研究上是美中不足的，因為宗教教育是人格教育必要的一部分。所以，教育研究所應該改弦易轍，重視宗教教育理論的研究。再次，目前只有《輔仁大學學報》、《輔仁宗教研究》、《南華大學學報》、《教育研究集刊》和《教育科學期刊》等學術刊物，重視宗教教育問題的探討，但是在數量和質量上仍然有所不足，值得有關單位大力提倡。而且宗教教育相關的學術活動依然太少，截至目前為止，只有政治大學、輔仁大學、東海大學、南華大學、中原大學、玄奘大學、佛光大學舉辦過類似的學術研討會，在頻率和數量上還是相當不足。最後，九年一貫課程的七大學習領域，並未包含宗教主題的學習在內，應該進一步將其納入社會領域的課程之中，才能及早讓我們的學生，對於宗教流派的歷史、教儀、教義和教規有廣泛的認識，養成判斷正教和邪教的能力，同時增進不同宗教信仰之間的瞭解，以建立正確的宗教觀念，發揮人格教育的作用，使宗教教育落實於學校教育之中。果真如此，相信能夠減少許多宗教迷信和邪說惑眾的社會問題，並且化解國家社會的暴戾之氣，促進我國宗教教育學術的發展。

# 第九章

# 教育科學論

> 「將世界作為問題，
>
> 就是將自己作為實驗！」
>
> ——布洛赫（Ernst Bloch, 1885-1977）

「科學哲學」（Philosophy of Science）是哲學的一個分支學科，從反對形上學的立場出發，應用哲學反思的觀點，來探討科學的涵義、方法論、基本假設、知識理論、公理系統、哲學基礎和科學與哲學關係的問題（舒光，1987：1-27；Brugger, 1978）。「教育科學論」（Theory of Educational Science）擷取「科學哲學」的涵義，主要在探討教育科學的基本假設、主要問題、學術性質及其與其他科學的關係（Benner, 1996: 16-17）。德文「科學」（Wissenschaft）的意義是指有組織、有系統的知識，這種定義和英文有很大的差異。英文將「科學」（science）的涵義等同於「自然

科學」（Natural Science），因此從自然科學的觀點出發，來衡量科學的內涵，主張所有的科學必須具有自然科學的特性。這些自然科學的特性如下：㈠科學理論的內容必須非常明確，同時能夠應用數量表示，主張科學方法具有精確性；㈡事物的眞相只有一個，同時能夠重複驗證，不會因爲時空因素的改變而有所不同，主張科學眞理的單一性；㈢科學的觀察非常的客觀，不會受到主體意向的影響，強調科學方法具有客觀性；㈣科學研究假設的提出非常謹愼，不會受到主體情緒的影響，相信科學研究的過程具有中立性；㈤因爲科學研究的結果能夠類推到相同的情境中，認爲科學的理論具有普遍性。然而這些古典物理學的基本假設，已經開始產生動搖。首先，物理學家海森堡（Werner Heisenberg, 1901-1976）在1927年提出測不準原理，主張自然科學中研究的對象，已經不是自然本身，而是人類在提問的過程中設定的自然，原子因而不再是事物或對象本身，而是一種假設性的建構（Heisenberg, 1985: 147-148）。同時，即使是自然界中沒有生命的原子，在不同的時間和空間進行測量，其位置與速度測量的結果並不相同，顯示自然科學的方法有誤差存在，而且沒有絕對的精確性可言（Heisenberg, 1944）。其次，物理學家波爾[1]（Niels Bohr, 1885-1962）在1928年發表〈量子假設與原子論新的發展〉（Das Quantenpostulat und die neuere Entwicklung der Atomistik）一文，否定了古典物理學對原子現象因果的描述。因爲現象並不像古典物理學所主張的，可以作獨立和客觀的測量。任何原子現象的觀察都會與測量工具產生交互作用，現象與觀察工具均無法被視爲獨立自存的物理實體。原子現象須與量度工具共同界定，離開測量情境就無法對原子現象加以描述（Bohr, 1928: 245-257）。接著，科學哲學家庫恩（Thomas S. Kuhn, 1922-1996）在1962年出版《科學革命的結構》一

---

1　波爾（Niels Bohr, 1885-1962）是丹麥物理學家，早年擔任哥本哈根大學物理學教授，自1920年起擔任該大學理論物理學研究所所長，因爲對原子結構的研究貢獻很大，1922年獲得諾貝爾物理學獎。後來，被任命爲丹麥皇家科學院院長，同時也是英國皇家科學院、柏林科學院、哥廷根科學院、波隆納科學院和波士頓科學院的院士，1962年病逝於哥本哈根。

書，主張科學典範的轉移不純然是理論優劣的選擇，其實科學社群的價值判斷經常會涉入其中，影響科學典範、理論、方法和步驟的選擇，造成不同科學典範之間的轉換（Kuhn, 1996），顯示出自然科學既不是價值中立的，也不具有絕對的客觀性。最後，哲學家李歐塔（Jean-François Lyotard, 1924-1998）在1979年提出後現代知識狀況的報告，主張自然科學經由後設敘事的方式，以普遍的共識爲基礎，使其自身合法化，再以立法者的角色，設定一些條件作爲規範，支配其他學術領域的發展，成爲一種文化霸權，其實科學敘事根本不具有合法性（Lyotard, 1979）。因此，前述植基於自然科學典範的基本假設根本無法成立，而且不能達到絕對精確，完全客觀和敘事合法的境界。在這種情況下，教育學不能再以自然科學爲唯一的典範，而應該參考人文科學和社會科學的敘事方式，尋求其教育科學自身的主體性，建立具有特色的教育科學論，以改善教育的理論與教育的實際。本章將闡述赫爾巴特、斯普朗格、布瑞欽卡和邊納爾的觀點，探討其教育科學論的內涵。茲詳細說明如下：

## 第一節 赫爾巴特的教育科學論

赫爾巴特（Johann Friedrich Herbart, 1776-1841）1776年出生於歐登堡（Oldenburg），父親擔任政府法律顧問，母親才華洋溢，家庭環境很好。後來父母親因爲感情不融洽而離異，母親於1801年遷居巴黎。赫爾巴特自幼體弱多病，因此耽誤入學的機會，同時由於父母仳離，造成幼年鬱鬱寡歡的性格。赫爾巴特從小接受嚴格的家庭教育，喜歡學習希臘文、數學和邏輯學。12歲進入歐登堡拉丁學校，對於哲學和自然科學逐漸發生興趣，喜歡閱讀康德的哲學著作，1793年在中學畢業典禮上發表《有關國家內影響道德成長與墮落一般原因》的祝賀演說，深受大家的好評。因爲父親希望他將來成爲法官，所以赫爾巴特於1794年秋天進入耶納大學攻讀法學。但是他對法律實在沒有興趣，爲了不違背父親的意願，只好暗中研究哲學。當時耶納大學是德國哲學的重鎮，赫爾巴特因此成爲著名哲學家費希特的學生。1797年赫爾巴特離開耶納大學，在瑞士因特拉肯（Interlaken）

擔任家庭教師的工作，教育總督的三個孩子。三年家庭教師生涯所獲得的教育經驗，對赫爾巴特教育學術的發展有決定性的影響。1797年赫爾巴特前往柏格道夫，拜訪著名教育學家裴斯塔洛齊，並且參觀他所創辦的學校，兩人因此建立深厚的友誼。1800年赫爾巴特辭去家庭教師的職務，轉赴德國布萊梅大學，在好友史密特（Johann Schmidt）的資助下恢復中斷的哲學研究。兩年之後，赫爾巴特轉到哥廷根，在哥廷根大學獲得哲學博士學位。其後，哥廷根大學請他擔任教育學講師的工作，兼授哲學和心理學。1806年出版《普通教育學》，深受教育學術界重視，逐漸建立其聲譽。1809年赫爾巴特受聘寇尼斯堡大學，繼康德和克魯格之後，擔任哲學講座教授。在這段期間裡，他完成了普通教育學的體系。1811年赫爾巴特在寇尼斯堡大學和英國的德瑞克（Mary Drake）小姐結婚，1831年赫爾巴特曾經前往柏林大學應聘，希望繼承黑格爾的思想路線，可惜柏林大學已經另聘他人，以致赫爾巴特敗興而歸，遭受生平最大的學術挫折。1833年他結束寇尼斯堡大學哲學講座的工作，應哥廷根大學的邀請前往任教。1841年赫爾巴特聲望正隆之際，不幸地突患中風，最後終告不治去世（詹棟樑，1979; Benner, 1986）。

康德曾經在其《教育學演講錄》中，倡議建立一門教育科學，以改善教育藝術中機械主義的缺失，從未來的觀點培養更優秀的下一代（Kant, 1968, VI: 704）。但是康德終其一生，並未實現這個理想。後來教育學家赫爾巴特繼承康德在寇尼斯堡大學的哲學講座，進一步將康德所揭櫫的理想付諸實現，不僅在該大學建立教育學講座，同時完成普通教育學的體系，將教育學建構成為一門科學。赫爾巴特的普通教育學體系，主要包括「教育理論」、「陶冶理論」和「科學理論」三個部分。「教育理論」（Erziehungstheorie）探討「如何教育」的問題，「陶冶理論」（Bildungstheorie）探討「教育是什麼」的問題，「科學理論」（Wissenschaftstheorie）主要的目的在探討教育學的學術性質、教育學與其他科學的關係，以及教育理論與教育實踐之間的關係。茲詳細說明赫爾巴特普通教育學的主要內涵如下（Herbart, 1991）：

## 一、嚴格的管理

　　赫爾巴特將嚴格管理視為推展教育活動的核心要件，提出「先管後教」的觀點，管理是教育上必不能少的一條準繩。管理兒童的具體看法，分為下列六項：㈠寫作業或勞動：赫爾巴特認為寫作業是最好的管理方法，其他如透過手工藝、整理環境、戶外活動等。㈡監督：對學生的行為表現隨時作紀錄，還要經常提醒或督導。㈢威嚇：事先警告，不守紀律，必受懲罰。無論命令或禁止都要明確，以免管理成效不彰。㈣懲罰：違規必採懲罰。但是應依情節輕重，進行記缺點、罰站、打手心、禁止用餐或限制行動等懲罰。㈤權威與愛：權威和愛對於管理來說，優於其他任何粗糙的方法，教師必須有權威，透過權威的規範來管理兒童，贏得兒童的信賴；教師同時要有愛心，用以感化兒童不當的行為。

## 二、興趣的培養

　　赫爾巴特主張教育必須指導學生作多方面的學習，培養多方面的興趣，帶動各種能力的和諧發展，做好將來選擇職業的準備。他認為透過多方面興趣和學科知識聯結起來的做法，就是對教與學有機聯結的主張，師生互蒙其利、教學相長，而且強調學校類型的多樣化。赫爾巴特將興趣先分為「知識的興趣」（Interessen der Erkenntnis）和「同感的興趣」（Interessen der Teilnahme）兩項。「知識的興趣」主要包括（Herbart, 1991）：㈠經驗的興趣：指對外界事物的觀察，重視經驗感受的興趣，可以經由自然、物理、化學和地理等學科來培養。㈡思辨的興趣：指從事思索事物之間的關係和規律的興趣，可以經由文法、邏輯和數學等學科來培養。㈢審美的興趣：指評價和判斷自然、藝術和行為表現的興趣，可以經由文學、繪畫和音樂等學科來培養。「同感的興趣」則主要包括：㈠同情的興趣：指樂於和特定範圍的他人相處，而且同甘共苦的樂趣，可以經由本國語與外國語等學科來培養。㈡社會的興趣：願意與更多人接觸，關心社會和國家福祉的興趣，可以經由歷史、政治和法律等學科來培養。㈢宗教的興趣：崇敬和親近上帝的興趣，可以經由神學這個學科來培養。

## 三、教學的程序

　　赫爾巴特主張教學是教育重要的工具，如果沒有教學活動，教育的目標根本無法達成。興趣源自有趣的事物，創造和發展多方面的興趣是教學的工作，它是實現和完成交往與經驗的補充。赫爾巴特強調「教育性教學」（erziehender Unterricht），認為教師在進行教學活動時，只有將教育和教學結合在一起，才是真正完善的教學（Herbart, 1991）。赫爾巴特主張教學有下列四個步驟：㈠明瞭（Klarheit）：這個階段的教學必須將教材指示給學生，使其能明確的把握學習的內容。㈡聯合（Assoziation）：這個階段的教學必須使不同教材產生關聯，同時也要使新觀念和舊觀念互相結合。㈢系統（System）：這個階段的教學必須按部就班的教導，使學生獲得系統的知識。㈣方法（Methode）：這個階段的教學要運用哲學思考的方法，使學生能將其知識應用到日常生活中。相應於上述教學的步驟，學生的參與也有四種反應（Herbart, 1991）：㈠注意（Merken）：注意教師所提示的事項，經由意識的集中進行學習的準備。㈡期待（Erwarten）：期待可以產生一股內在的力量，增進學習的效果。㈢要求（Fordern）：學生經由期待產生要求，以實現其所欲達成的目標。㈣行動（Handeln）：將內在的意志實現出來，成為表現於外的行為。

## 四、課程與教學

　　赫爾巴特將教材分為三類（Herbart, 1991）：㈠「符號」（Zeichen）：例如：語言是一種符號，它本身沒有興趣可言，只有成為描述的媒介時才有意義。㈡「形式」（Formen）：形式是一種抽象的事物，無法直接引起吾人的興趣，所以形式必須與實際的事物結合，始能成為興趣的對象。㈢「事物」（Sachen）：包含自然和藝術兩者的產物，它能喚起直接的興趣。教學的方法有下列三種（Herbart, 1991）：㈠描述的教學（darstellender Unterricht）：描述的教學是利用「經驗」（Erfarung）和「交往」（Umgang）來進行活動的教學方法，因為兒童各方面的能力有限，有時也運用圖片來協助學生，以增進兒童學習的效果。㈡分析的教學（analytischer

Unterricht）：分析的教學是先將經驗分析成各種事實，再由事實分析成要素，最後再從要素中分析出特質的教學方法。㈢綜合的教學（synthetischer Unterricht）：綜合的教學是從各種特質出發，然後將分析得到的要素重新組合，以形成新概念的教學方法。

## 五、教育的目的

　　赫爾巴特1804年在〈論世界審美的表達作爲教育的主要課題〉一文中，主張教育的唯一或全部任務，可以包含於道德這一單一概念中（Herbart, 1986: 59）。赫爾巴特以生活實踐的論述立場，把「善意」（guter Wille）推到人與人實際存在倫理關係的探討。將「善意」分爲五項道德觀念，作爲倫理學的基本原理（Herbart, 1991）：㈠內在自由的觀念：遵從內在理性的判斷，然後在意見與行爲之間，力求一致與和諧，這是內心自由的極致表現。㈡完滿的觀念：當個人意見與行爲衝突聯結時，透過善意本身具有的強度、延伸、專心致志來消除對立或矛盾。㈢善意的觀念：當人我之間的意見和行爲產生隔閡時，則須藉著共同支持的「絕對的善」和仁慈的觀念，共謀相互的利益，養成助人爲樂、與人爲善的觀念。㈣正義的觀念：倘若人我衝突依舊不能善解時，則以正義作爲仲裁的準則，確立彼此遵守法律和道德規範的責任。㈤公平的觀念：當個人破壞社會秩序，違反法律規定時，便以法律來約束。赫爾巴特將教育的目的，分爲「選擇的目的」和「道德的目的」兩項。「選擇的目的」在培養和開展兒童多方面的興趣與能力，以符合未來社會發展的需要。而「道德的目的」則注重培養內心自由、完善、仁慈、律法、公平回報等五項道德的觀念。教育的目的在培養道德品格，教育的方法有管理、教學和訓練。教學是所有教育工具中最重要的，因爲經由兒童「思想圈」（Gedankenkreise）有系統的修正，可以教育學生成爲具有道德人格的人（Herbart, 1991）。他主張教育的本質在於協助受教者形成道德性，這也是整個教育的使命（Herbart, 1991）。赫爾巴特1831年在《簡明哲學百科全書》（*Kurz Enzyklopädie der Philosophie*）中，對教育的本質有相當精闢的論述。他認爲教育中各種的活動莫不是爲達成品格的陶冶，他說：「創造或改造一個人的整個品格，

是超出了教師的能力範圍，但是教師所能做的和我們期望他做的，就是使學生在品格的發展上避免迷惘和錯誤。」赫爾巴特主張學生品格的養成，不是單憑教學和各種試驗所能奏效，而是將道德的標準和判斷，經常地移植於學生的心靈形成統覺，才能培養一位具有品格的人。赫爾巴特認為教育的本質不存在於人類歷史的實際，而來自於人性歷史的目的中。陶冶理論不直接告訴我們教育的本質和使命，因為教育的本質經常隨著時空的不同而改變，但是它能夠協助我們從整個人類的歷史分析出人性的目的，找到教育的本質和使命。赫爾巴特認為個人品格的發展，培養社會性的道德，使其用於社會生活，將知識和意志相結合，並涵養多方面的興趣，以激發學生心理統覺的機能，以便吸取知識，從而健全人格，形成一個「文化人」，使知識和意志結合，才是他教育最高的理想（徐宗林，1983：226-227；Benner & Schmied-Kowarzik, 1967: 90-91）。

## 六、教育的科學

　　赫爾巴特主張教育科學與教育藝術的區分，在於科學能夠將學說的內容依關聯的順序加以組織，形成一個思想的過程，且能夠依其理由，從哲學思想推演出學說的內容。相反地，藝術只是為了達成某種特定目的，將一些技能集合起來罷了（Herbart, 1991）。因為普通教育學是一門有系統、有組織的學科，所以普通教育學是一門科學，而不是一門藝術。赫爾巴特的普通教育學是一門理論科學（Benner & Schmied-Kowarzik, 1967: 56），因為他從理論優位的觀點出發，建立許多教育理論，以指引教育活動的進行。所以，普通教育學是一門來自於教育實際，應用於教育實際的理論科學。但是教育理論並不完全符合教育實際的需要，因此如何緊密聯結教育理論和教育實際，成為教育科學理論探討的重要任務。赫爾巴特在其《普通教育學》中主張教育學如果要成為一門獨立自主的科學，就必須從教育學的觀點建立教育理論，才能擺脫主流科學統治的情況。但是教育工作者不能忽略其他科學的研究，他們仍然必須具備哲學、教育學和心理學的基礎，才能做好學校教學的工作，達成教育的目標（Herbart, 1991）。赫爾巴特也在1802年的《首次教育學演講錄》（*Die erste Vorlesung über Pädagogik*）中，提出圓融「教育智慧[2]」（Pädagogische Takt）的概念，作爲聯結教育理論和教育實際的橋梁（Herbart, 1991）。

　　綜合而言，赫爾巴特從「實在主義」（Realismus）的觀點出發，希望經由倫理學來決定教育的目的，經由心理學來發展教育的方法，將教育學建立成爲一門嚴謹的科學。赫爾巴特的科學理論已經開始注意教育研究對象的界定，從教育實際的問題出發來建立教育理論，而且對於教育、教學、管理和訓練等概念有深入的分析。在研究方法上仍然沿用哲學思辨的方法，來進行教育實際問題的探討。在教育理論的建構方面，提出教育理論、陶冶理論和科學理論，探討教育的方法、教育的本質、教育的目的、教育理論與實踐的關係，完成普通教育學體系的建構。在教育學術性質的探討上，從「理論優位」（Primat der Theorie）的觀點出發，將普通教育學建立成爲一門理論的科學。雖然赫爾巴特所謂圓融的「教育智慧」非常抽象，但是卻開啓了科學理論對教育理論與教育實際關係探討的風潮。

## 第二節　斯普朗格的教育科學論

　　教育學家斯普朗格（Eduard Spranger, 1882-1963）深受教育學家狄爾泰（Wilhelm Dilthey, 1833-1911）精神科學、包爾生（Friedrich Paulsen, 1846-1908）新德國觀念論哲學、李克特（Heinrich Rickert, 1863-1936）價值哲學、胡塞爾（Edmund Husserl, 1859-1938）現象學、史賓格勒（Oswald Spengler, 1880-1936）和湯恩比（Arnold J. Toynbee, 1889-1975）歷史哲學的影響。斯普朗格指出現代政治科學的發展，從孟德斯鳩（Baron de Montesquieu, 1689-1755）的時代起，提供我們一種觀點，那就是隨著意識不斷成長的實

---

2　赫爾巴特（Johann Friedrich Herbart, 1776-1841）主張教師在從事多年的教育工作之後，具有一種能夠將教育理論迅速轉化爲解決教育實際問題的能力，這種能力就稱爲圓融的教育智慧。赫爾巴特相信在實踐中自然形成的圓熟智慧，足以推演出教育本質在理論上的意義決定，因此它服務於理論。同時它又是實踐的直接橋梁，以迅速的判斷和決定，使具體的實踐逼近於教育理論所揭示的理想（Schmied-Kowarzik, 1974: 144）。

踐之需要，想要經由確定的知識影響國家的生活，建立一種普遍有效的理論是不可能的。同樣的，在教育學領域也是如此。教育制度組織的多方面性，明白的顯示出不確定的摸索。如果我們繼續追隨這種發展，教育將會不斷的改革和分化，永遠沒有結束的一天。斯普朗格認為教育缺乏理論，在教育活動喪失理論和組織時，他企圖反其道而行，提倡一種教育的哲學基礎，促進教育理論和教育組織的進步。從形上學基本的理念、半經驗的和半詮釋的心理學出發，對奠基於國民生活和文化系統的教育組織和教育理論，進行哲學的沉思以建立教育學。經由抽象與分析我們被引導到教育理論和教育組織的事實，雖然已經有一些研究的成果了，但是這種處理必須繼續的進行。斯普朗格主張教育學應該探討教育目的、教師人格、教學形式、教育基礎、教育理想和教育精神等問題，才能建立一門「哲學教育學」（Philosophische Pädagogik）。教育的目的是在培養一個完美的人，個人的完美可以由文化、人格和人性的和諧帶來。在教育中沒有審美的直覺是無法想像的，在道德的領域審美的直覺也能以教育的原理發揮作用。在此，教育先前的圖像不是邏輯—建構的哲學家，而是人格完美的詩人或生活藝術家。人性的理想可以從統一和審美的發展方向找到，從裴斯塔洛齊和福祿貝爾（Friedrich Wilhelm August Fröbel, 1782-1852）等教育天才的分析中，可以知道他們不僅具有道德的人格，而且具有教育愛的觀念，能夠結合人性、個性和審美的直覺，表現出教育的精神（Spranger, 1962: 190-207; Wikipedia, 2013b）。

斯普朗格主張關於教育本質的每一項基本的探討，都假定在一種普通文化哲學的範圍內，亦即哲學教育學奠基在文化哲學的假定上。他認為教育是被認識的文化活動、發展的幫助用目的做指引。人把握具有價值來自本身真正的沉思與力量，促使意義與道德內涵能夠達到文化世界。在德文中「陶冶」與「教育」兩個名詞經常劃分不清，而且時常交互使用。「陶冶」的意義只是「教育」的一面，幾乎可被認為是人的形成，也是審美的形式，或是在教育過程中的輔助教材那方面等。斯普朗格不去區別「陶冶」（Bildung）與「教育」（Erziehung）兩個名詞的意義，也不去尋求「陶冶」的根本意義，只強調徹底把握其倫理的價值保留與行為能

力。教育也含有文化生活關聯完整性的特殊意義，成為在精神早期共同接合分析出來所有結構力距中的一種新的與真正的意義。普通文化哲學可以區分為三種：一為文化的承載者，即人的主觀；二為文化財，即客觀—真實精神具有價值的陶冶財；三為文化理想，即集體或個人所肯定的意願和行為，可以作為引導的圖像。這三方面的文化可以被接受為一個特殊的價值強調，這些是為了教育的意義關聯和實際關聯的價值（Spranger, 1933: 7-24）。

斯普朗格主張教育學是教育的理論，教育是一種人的特殊活動，也是原始時代中沒有印象的理論，因為當時只傳授最簡單的生活技能，根本沒有使人印象深刻的理論。今天我們作為文化人，具有義務的教育任務，不僅要接受傳統的教育智慧，而且要提出科學的考量以證明事實。教育不只是精神本能的事件，而且還是沉思的問題與情況。這一門科學是要使教育，在我們實際的教育責任中獲得幫助，使現在的軌跡在將來獲得改變。沒有文化科學與社會科學能令人感到滿足，但是唯有把握現在，現在正是許多研究者誕生的時候，現在不只有時間的限定，而且還有地理和國家的限制。例如：美國和蘇俄雖然生活在不同的現在，但是我們可以嘗試著從我們的國家和時代，對問題增加更多的瞭解。經由我們的國民屬性、精神性質、經驗與成熟來限定，解決這些假定的問題。同時，盡可能的擴張歷史的範圍與文化的範圍。回溯到特殊的任務，實際的把握這些問題的意義（Spranger, 1948: 63），才能建立一門令人滿意的教育學，符合不同國家文化的需要，協助教師解決教育問題，改善教育實際的狀況。

斯普朗格曾經撰文探討教育學的「學術性質」（Wissenschaftscharak-ter），主張教育學科學性格的建立，不應該依循實證主義的觀點，因為教育學不是一門自然科學。斯普朗格認為科學是一種人類可以賴以生活的語句系統，人類生活於信念而非理論的真理中，這種真理可以從一個人到另一個人不斷地傳遞下去（Spranger, 1953: 341）。由此可見，斯普朗格定義下的科學，注重的不是理論的形式而是信念的系統。斯普朗格曾經比較教育、藝術和技術三者的性質，他認為教育不是技術，教育科學也不是技術學，因為教育依循的不是自然法則，而是教育的目的。同樣地，教育不是

藝術，教育科學也不是藝術學說，因為教育處理的不是沒有生命的材料，而是活生生的人（Spranger, 1957: 366-368）。斯普朗格強調教育學作為一門科學有其獨特的對象和主題，這與自然科學談到的自律有所不同。教育是教育學的核心現象，涉及人類文化和精神生活的關聯。教育科學的建立必須對教育協同體、教育財、可塑性和教育理想等因素加以探討，才能找出教育核心現象的基本結構，建立一門具有普效性的教育科學（Spranger, 1953: 342-344）。斯普朗格認為科學教育學的描述面，應該包括下列幾個領域（Spranger, 1953: 344）：㈠教育學歷史：主要探討教育理論的歷史，包括教育機構、教育協同體、教育組織、教育理想、教育財、可塑性的條件和兒童的精神史等。㈡現在教育狀況的描述：主要研究當前教育的狀況，包括其他民族與國家目前教育狀況的探討，並且提倡比較教育學的研究。㈢普通心理學、發展心理學和教育心理學的研究，包括可塑性、教學理論和教育學說等問題的研究。斯普朗格主張教育學是可教的，奠基在典型的文化結構關聯之上。教育科學的建立，不在於科學的證成或推演，而在於建立教育的規範，找到教育的理想，從生命存在中產生信仰，形成教育的意識，並且建立教育家的圖像，發揮教育愛的精神，注重自由、良心和信仰的人格教育，教育學的學術性質才能普遍地受到認同（Spranger, 1953: 347-348）。

綜合而言，斯普朗格的文化教育學深受狄爾泰精神科學、包爾生新德國觀念論哲學、李克特的價值哲學、胡塞爾現象學、史賓格勒和湯恩比歷史哲學的影響，將教育學視為精神科學的一支，並且從文化哲學的觀點來建構教育理論，企圖建立一門哲學教育學。在教育研究對象方面，把文化和教育產生關聯，區分教育現象與自然現象的不同，對於教育研究對象獨特性的確立貢獻很大。在教育研究方法上，採用詮釋學的方法進行教育理論的研究，產生相當深遠的影響。在教育理論的建構方面，對於教育理想、教育財、教育協同體、教育的本質、可塑性、教育愛和人格教育有獨到的見解。在教育科學性格的探討上，反對教育學向自然科學看齊，論述教育學的哲學基礎，並且主張建立教育學的獨特性，雖然相當具有創意，但是混淆了哲學與教育學的界線，不利於教育學獨特學術性質的形成。

## 第三節 布瑞欽卡的教育科學論

布瑞欽卡（Wolfgang Brezinka, 1928- ）是實證教育科學代表人物，1978年出版《教育後設理論》（*Metatheorie der Erziehung*），他在這本書中談到教育科學理論的問題。布瑞欽卡主張教育學從成立到現在，已經有兩百多年歷史。雖然許多學者都致力於建立一門教育的科學，但一直到今天為止，教育學是不是能夠成為一門科學，依然爭論不休。德文意義中的「教育學」（Pädagogik）是指教育的學說或教育的理論，但是這種教育理論究竟是一種實踐的理論，還是一種科學的理論，並沒有嚴格的區分。雖然德國早在1869年就有「科學教育學協會」（Verrein für wissenschaftliche Pädagogik）的組織，而且在1963年還成立「德國教育科學會」（Deutsche Gesellschaft für Erziehungs-wissenschaft）。許多人在大學中學習這門學科，不僅可以獲得學位，同時在一些國家「教育學」或「教育科學」的名稱，還可以獲得政府當局的承認，但是這些都無法阻擋教育學是否夠格稱為一門科學的懷疑（Brezinka, 1978: 1-2）。

布瑞欽卡指出：許多教育學家對於教育學學術性質的看法並不一致。首先，他說明德語區和英語區在教育科學觀點上的差異。在德語區教育學者認為教育成為一門獨立自主的科學不僅是必要的，而且是可能的。但是在英語區卻不這麼認為，他們主張教育學並不是一門獨立自主的科學，因此從多種科學的角度來處理教育問題（Brezinka, 1978: 3）。布瑞欽卡歸納德語區的教育科學主張，將其區分為三類（Brezinka, 1978: 5）：第一種觀點主張教育學是一門混合的規範給予─描述的（規範─描述的）學科。第二種觀點主張認為，教育學是一門哲學的學科。第三種觀點主張教育學是一門純粹經驗的科學。布瑞欽卡主張教育學不僅服務於理論的目的，同時也服務於實踐的目的。由於大家對教育學這門學科期望的不同，造成教育理論與教育實際關係看法的差異，是導致教育學學術性質觀點分歧的原因（Brezinka, 1978: 10）。

布瑞欽卡根據教育學術發展的歷史，將教育學的體系劃分為三個領

域。第一個領域是教育科學：主要在探討教育現象中的法則性敘述。第二個領域是教育哲學：主要從哲學解析的觀點分析教育觀念，透過理性批判，道德哲學建立有關教育的規範性命題系統。第三個領域是實踐教育學：主要在提供教育家行為指導的命題系統。這三種領域各有其特殊性，無法將這三個領域整合（楊深坑，1988b：211-212）。布瑞欽卡主張要建立不同於教育藝術學說的教育科學，最好從教育的概念和教育現象的多元性出發。他認為教育的概念可以理解為一種經由人類在其觀點下，尋求他人心理的傾向、有價值的能力或阻止惡劣傾向的形成，持續地改善的行動（Brezinka, 1978: 45）。布瑞欽卡強調教育現象具有多元性，這種多元性的形成，主要是由於教育目的、學生特質、教師性格、教育情境以及教育形式不同所致（Brezinka, 1978: 48-53）。

　　兩百多年來，許多教育學家企圖確定教育科學的對象，有些學者主張教育科學的對象是「教育的文化事實」（Kulturtatsachen Erziehung），有些學者主張教育科學的對象是「教育的實際」（Erziehungswirklichkeit）或「教育即實在」（Erziehung als Realität），有些學者主張教育科學的對象是「教育的現象」（Phänomen der Erziehung）。布瑞欽卡則認為這些觀點都不夠精確，容易引起誤解。他主張教育科學廣義的對象不僅只有教育的現象，還包括了所有與教育有關的現象；教育科學狹義的主要對象是：「教育的目的」、「教育的主體」、「教育的客體」以及「教育的措施」，包括教育的行動和教育的機構（Brezinke, 1978: 53-55）。布瑞欽卡認為：教育科學並不是一門自然科學、不是一門文化科學、不是一門精神科學，而是一門描述性價值中立的科學，屬於一門實證的社會科學，因為教育行動是社會互動關係中的一部分（Brezinka, 1978: 65-67）。

　　布瑞欽卡將教育學主要區分為兩大類：第一類是「科學教育學」（Wissenschaftliche Pädagogik）：這種教育科學符合分析哲學和教育後設理論科學的概念，主張教育科學的價值中立性。第二類是「世界觀教育學」（Weltanschauliche Pädagogik）：這種教育學主張教育理論的建立無法排除價值判斷、規範設定和特定立場，「基督教教育學」、「天主教教育學」、「政治教育學」、「國家社會主義教育學」、「馬克斯主義者教育

學」和「解放教育學」都是一種世界觀教育學（Brezinka, 1978: 73）。布瑞欽卡主張教育想要成為一門嚴謹的科學，必須注意語言精確的應用。他認為語言有下列三項目的：第一是對象和真相的表達，顯示出語言資訊的功能；第二是行為的敦促，顯示出語言命令的功能；第三是自身情感的表達和他人情感的激起，顯示出語言情感的功能。教育科學所運用的語言應該達到下列三項規準：第一是「清晰明白」（Klarheit）：任何教育科學命題或語句的表達，必須非常精確清晰明白，避免語言的多義性和模糊性。第二是「資訊內容」（Informationsgehalt）：任何教育科學的語句系統必須承載具體的內容，不能空洞無物過於抽象。第三是「能夠理解」（Verständ-lichkeit）：任何教育科學的語句系統必須清楚明白，讓人容易理解所要表達的意義。教育科學的語言如果能夠符合這些要求，才能協助教育科學成為一門精確的科學（Brezinka, 1978: 78-92）。

綜合而言，布瑞欽卡的教育科學理論是「理性主義」（Idealismus）、「經驗主義」（Empirismus）和「實用主義」（Pragmatismus）的綜合，對於教育科學的對象、教育科學的研究方法、教育科學的理論和教育科學的性質有相當完整的論述。在教育科學的對象方面，他主張教育科學的對象包括教育的目的、教育的主體（教師）、教育的客體（學生）、教育的措施（教育行動和教育機構）。在教育科學的研究方法方面，主張採用實證的研究方法來探討教育的現象，深受經驗主義的影響。在教育科學的理論方面，布瑞欽卡從「經驗主義」、「建構主義」（Konstruktivismus）和「先驗主義」（Apriorismus）的觀點，來探討教育的後設理論（Brezinka, 1978: 35）。在教育科學的性質方面，認為教育科學是一門價值中立實證的社會科學。布瑞欽卡主張教育科學的任務在於發現法則，建立教育理論，以解釋、預測和解決技術問題（Brezinka, 1978: 18）。這種觀點深受教育科學實在論的影響，相信教育研究者可以獨立於教育現象之外，對教育問題作解剖式的分析研究。但是這種教育科學的觀點根本忽略了自然科學與社會科學的差異，將人類活潑的生命現象等同於大自然中無生命的物質。因此，無法掌握到教育實際的真相。

## 第四節　邊納爾的教育科學論

　　邊納爾（Dietrich Benner, 1941- ）1941年生於萊蘭（Rheinland）的諾伊維德（Neuwied）鎮，1960年通過「高中畢業會考」（Abitur），進入波昂大學就讀，主修哲學與教育學。1962年轉入奧地利維也納大學就讀，主修歷史學、德國語文學、哲學和教育學。1965年隨著名哲學家海特爾[3]（Erich Heintel, 1912-2000）修讀博士課程，以〈理論與實踐：黑格爾與馬克斯系統理論的考察〉（Theorie und Praxis, Systemtheoretische Betrachtungen zu Hegel und Marx）一文，獲得維也納大學哲學博士，精通希臘文、拉丁文、法文和德文。曾經擔任德國教育科學會會長（1990-1994），柏林洪保特大學第四哲學院院長（1994-1996），柏林洪保特大學第四哲學院教育科學研究所講座教授。應聘擔任中國社會科學院《赫爾巴特全集》和《洪保特全集》翻譯顧問，1998年應邀至中國上海和北京等地講學，並且到臺灣的國立中正大學演講。2004年獲得中國華東師範大學（East China Normal University）頒贈榮譽教授的榮銜，2008年應聘波蘭國立華沙大學，擔任終生職講座教授，2009年獲得丹麥阿胡斯大學（Universität Aarhus）頒贈的榮譽博士學位，2011年獲得芬蘭亞堡學術大學（Åbo Akademi Universität）頒贈榮譽博士學位（Wikipedia, 2013a）。邊納爾主張從實踐學的觀點出發，不僅可以論證教育學是一門獨立自主的學科，而且能夠說明教育理論與教育實踐的關係。在論證教育學的學術性質方面，邊納爾在《普通教育學》一書中認為，教育領域隨著學科的分化，產生了各種不同的教育學科。雖然這些學科都在研究教育問題，但是彼此之間卻缺乏一致的任務和系統的劃分。教

---

3　海特爾（Erich Heintel, 1912-2000）1912年3月29日出生於維也納，1936年獲得維也納大學哲學博士學位，1939年在維也納大學通過教授備選資格審查。自1965年起擔任維也納大學哲學研究所講座教授，曾經是《維也納哲學年刊》（*Wiener Jahrbuch für Philosophie*）的主編，其哲學思想深受奧國哲學家萊林格（Robert Reininger, 1869-1955）和德國哲學家康德（Immanuel Kant, 1724-1804）的影響，2000年11月因病逝世於斯內貝爾格（Schneeberg）。

育學是一門科學，它具有特殊的對象，想要建立教育學系統的一致性，必須成立普通教育學對教育思想和行動加以探究。教育思想的聯結既非經由歷史科學和社會科學的重建，亦非通過詮釋學對我們的存有做超越時間的本質的確定，或是對教育問題理性論述先驗地反思，而應該透過行動理論和問題史的方式來加以證實（Benner, 1987: 14）。邊納爾從實踐學的觀點出發，分析人類完整實踐的次序，參酌奧地利哲學家海特爾（Erich Heintel, 1912-2000）著作《哲學的雙重迷宮》（*Die beiden Labyrinthe der Philosophie*）中，經由古代系統哲學與現代先驗哲學的聯結，建立人類行動實驗性質的看法，並且以人類共同實踐區分的形式，作爲人性分化的實踐學觀點，批判分析芬克在其著作《人類存在的基本現象》中，將工作、統治、愛情、死亡和遊戲五大人類存在的基本現象，列入自由性、語言性、歷史性和身體性四大存在特性中的觀點，原來邊納爾認爲人類存有的特性包括「自由性」、「歷史性」、「語言性」三項，因爲「身體性」無法超越時空而存在，所以被邊納爾排除在外（Benner, 1987: 20）。

　　但是後來邊納爾認爲「身體」（Körper）不僅是一種具體的存在，同時也是人類實踐的工具，所以從芬克的理論中加以接受（Benner, 2001b: 43）。邊納爾主張人類必須工作，經由自然的利用和保護，投入經濟的活動，以創造和獲得其生活的基礎。必須對其相互理解的規範和法則提出問題，進行倫理道德的肯定和發展。必須規劃和擬定其社會的未來，參與國家的政治活動。必須在美感的表達中超越現在，從事藝術的創作或鑑賞，以獲得自由。必須面對同類終結及其自身死亡的問題，尋求宗教的慰藉和信仰。人類位於兩代關係中，必須經由教育活動，從事文化傳承的工作。因此，人類完整的實踐包含經濟、倫理、教育、政治、藝術和宗教等六大領域，這些人類存在的基本現象彼此之間不是相互從屬的，也無法相互化約（Benner, 1987: 20）。教育是施教者秉持著善意，通過內在啓發和外在陶冶的方式，進行各種教導與學習的活動，引導受教者朝向正向價值，使其產生自我創化，以獲得知識、情意和技能，並且形成健全人格的歷程。因此，教育的本質具有其不同於其他社會系統的獨特性。既然教育的本質有其獨特性，那麼以教育實際爲研究對象的教育學，自然有其不同於其他

科學的地方。何況教育學已經建立許多教育理論和陶冶理論，同時形成了教育理論與實踐兼顧的學術性質。所以，教育學足以成為一門獨立自主的科學。

在闡明教育理論與教育實踐的關係方面，1967年邊納爾在《教育學基礎緒論》一書中，主張教育理論與教育實踐之間存在著「教育的差異」（pädagogische Differenz），教育學有其自身的結構，它是一種來自教育（實際），應用於教育（實際）的科學，教育學與教育兩者相互參照，教育有賴於教育學的指導，教育學來自教育情境，教育理論與教育實踐的聯結繫於教師，他不僅能夠在研究中將教育學作為科學，並且可以將教育學說化為實踐。教育學的建立必須奠基於「實踐優位」（Primat der Praxis）的基礎上，通過教師在教育歷程中才有可能將教育理論與教育實踐聯結起來（Benner & Schmied-Kowarzik, 1967）。但是教育學的建立如果僅僅來自於教育實際，應用於教育實際，這種教育理論建構的方式，會妨礙「理論教育學」（Theoretische Pädagogik）的發展，因為教育理論的建立不僅來自於教育實際的觀察，而且必須奠基在教育科學的研究之上。假如沒有一種與教育實踐相關的研究為基礎，教育學將無法成為一門理論與實踐兼顧的科學（Benner, 1991: 123-124）。因此，邊納爾在《教育科學主要思潮》一書中，提出了「教育科學研究的結構模式」（Strukturmodell erziehungswissenschaftlicher Forschung），說明理論（Theorie）、經驗（Empirie）、實踐（Praxis）三者之間的關係，希望將教育學建立成為一門理論與實踐兼顧的科學。他主張在教育科學的研究中包括三個層次，那就是「理論層次」、「實踐層次」和「經驗層次」。在理論層次涵蓋了「教育理論」、「學校理論」（Theorie der Schule）和「陶冶理論」，這些理論可以作為教育實踐的指導和意義的導向，並且發展教育機構和陶冶機構教育改革的概念。然後，在實踐層次進行「教育的實驗」（pädagogische Experiment），以驗證教育理論的正確與否。最後，進入經驗層次。在經驗層次中教育科學研究者可以獲得「詮釋的經驗」（heumeneutische Erfahrung）、「教育的經驗」（pädagogische Erfahrung）和「因果分析的經驗」（kausalanalytische Erfahrung），以作為再次建構和修正教育理論的參考。因此，理論與實踐

的關係在教育科學研究中，可以不斷的循環發展，拉近教育理論與教育實踐之間的差距，解決教育理論與教育實踐無法一致的問題（Benner, 2001a: 322-338; Benner, 2001b: 308-312）。

　　總而言之，邊納爾的教育科學論在教育研究的對象上，主張教育學[4]研究的對象是教育實際；教育研究可以採用實證分析、歷史詮釋和先驗批判的方法來進行；教育學的內容包括教育理論、陶冶理論、教育機構理論和教育科學理論四個部分；教育學是一門理論、實踐和經驗兼顧的科學。但是，經驗是一種實踐的知識，實踐是經驗的源頭，而經驗是實踐的結果，因此經驗與實踐的性質有重疊之處，而且莫連豪爾在〈教育與陶冶理論中遺忘的審美層面〉一文中，探討藝術與教育學的關係。他不僅批判邊納爾《普通教育學》內容的缺失，同時指出當代教育科學的發展忽略了審美層面的探討（Mollenhauer, 1990b: 3-17）。郎格萬也指出二十世紀實證教育學的科學化，使得理論的探究與實際的分析逐漸抽象化和主觀化，產生許多理論建構發展的問題。教育科學如果能夠注重藝術的概念，將能避免科學式反思的主觀性，並且將教育的理性客觀地表達出來（Langewand, 1990: 22-23）。亞里斯多德在《尼科麥遜倫理學》一書中，根據求知的對象、目的與方法的不同，將知識區分為三種類型（Aristotle, 1984）：理論（Theoria）的知識、實踐（Phronesis）的知識與創作（Poiesis）的知識。理論的知識是經由理性思維能力，以把握到事物普遍必然特質的知識；實踐的知識是人類據以做出正確行為抉擇的知識；創作的知識則是有關人類藝術創作的知識。從辯證實踐學的觀點來看，教育學的知識包括前述三種類型，將教育學視為一門理論科學、實踐科學、精神科學、社會科學或經驗科學都是偏頗的，因為教育理論不僅要沉思教育的本質，觀審教育現象的

---

4　「教育學」（Pädagogik）是教育與陶冶的學說、理論與科學，教育學在社會的許多領域中，涉及家庭、學校、休閒和職業等不同教育領域兒童與成人問題的探討。雖然，有些實證主義的學者想要區分奠基在經驗科學上的「教育科學」（Erziehungswissenschaft）與奠基在精神科學上的「教育學」的不同，但是在一般日常用語中，經常將這兩個術語視為同義語加以應用（Lenzen, 1995: 1105）。

變化，構思體系的關聯，必須具有理論性。同時，教育理論也必須來自教育的實際，才能解決教育問題，滿足教師的需求，注重應用的取向，必須具有實踐性。而且，教育理論必須指引教師教學行為的表現，呈顯教育藝術的性質，甚至藝術教育活動的推展，必須具有審美性。所以，教育學是一門理論、實踐和審美兼顧的科學。

# 第十章

# 傳統教育哲學

「必須將教育作為一門學術加以探討，
同時設立實驗學校進行教育研究，
以系統地建立教育理論。」
——康德（Immanuel Kant, 1724-1804）

　　教育哲學是教育科學領域一門非常重要的學科，也是其他教育理論的基礎。如果想要瞭解歐美教育哲學的趨勢，就必須探討教育哲學的演變，解釋教育哲學演變的原因，找出教育哲學發展的法則，釐清教育哲學的問題，才能掌握教育哲學的趨勢。教育哲學從哲學家康德（Immanuel Kant, 1724-1804）在1776年倡議以來，至今已經有兩百多年的歷史。其後，教育學家赫爾巴特於1806年創立普通教育學，企圖從倫理學的觀點來決定教育的目的，並且以心理學的觀點來發展教育的方法，將普通教育學建立成為

一門教育科學。經過許多教育學家的努力，普通教育學不僅擁有相當豐富的內容，同時已經成為德國綜合大學教育學院重要的一個部門（梁福鎮，1998：146）。普通教育學就是一門教育哲學，教育哲學是所有教育課程中成立最早的學科之一，在教育理論建構的歷程中占有重要的地位。雖然目前在英美教育哲學的研究有式微的傾向，但是在歐洲等地則依然蓬勃發展。在歐陸有許多教育哲學相關的研究機構存在，這些機構每年不僅補助教育哲學相關問題的研究，同時定期召開教育哲學的國際會議，以促進不同國家教育學術的交流，對於教育哲學的推展貢獻相當大。依據教育學家吳爾夫（Christoph Wulf, 1944-）《教育科學的概念與理論》、邊納爾（Dietrich Benner, 1941-）《教育科學主要思潮》、連琛（Dieter Lenzen, 1947-）《教育科學》等書的看法（Benner, 1991; Lenzen, 1998a; Wulf, 1983）和個人對教育哲學歷史的考察，教育哲學成為一門大學講堂的學科之後，在歐美的演變可以分為傳統教育哲學、詮釋教育哲學、實證教育哲學、批判教育哲學與多元教育哲學等五個時期。

　　傳統教育哲學時期，教育哲學剛剛自哲學領域獨立出來，由於本身的研究對象尚未確定，缺乏獨特的研究方法，不僅自創的理論很少，同時自身的學術造型尚未確定，因此以哲學思辨的方法來探討教育問題。傳統教育哲學不在於區分「教育學」（Pädagogik）與「教育科學」（Erziehungswissenschaft）的概念，也不在於討論一些過時的事物，而在於探討幾個世紀以來教育與教育科學的思想。著名的代表人物有康德、特拉普（Ernst Christian Trapp, 1745-1818）、裴斯塔洛齊（Johann Heinrich Pestalozzi, 1746-1827）、福祿貝爾（Friedrich Wilhelm August Fröbel, 1782-1852）、費希特（Johann Gottlieb Fichte, 1762-1814）、赫爾巴特（Johann Friedrich Herbart, 1776-1841）、洪保特（Wilhelm von Humboldt, 1767-1835）、黑格爾（Georg Wilhelm Friedrich Hegel, 1770-1831）、史萊爾瑪赫（Friedrich Ernst Daniel Schleiermacher, 1768-1834）等人，傳統教育哲學的內涵主要包括教育理論、

陶冶理論與教育學理論[1]。這個時期英美的教育哲學，採用傳統哲學思辨的方法，進行教育問題的探討。或是將歐陸的普通教育學和系統教育學翻譯成爲英文，再傳進英美的教育學術界。當時的美國教育哲學深受黑格爾主義和赫爾巴特主義的影響；英國教育哲學則受到洛克（John Locke, 1632-1704）、柏克萊（George Berkeley, 1685-1753）、休姆（David Hume, 1711-1776）傳統經驗論和邊沁（Jeremy Bentham, 1748-1832）、彌爾（John Stuart Mill, 1806-1873）效益論的影響。在這個時期，法國教育哲學深受笛卡爾、拉美特里（Julien Offray de La Mettrie, 1709-1751）和盧梭的影響，從傳統理性主義、唯物主義和自然主義的觀點，來探討教育相關的問題，但是尚未形成獨特的教育哲學派別。針對傳統教育哲學時期，部分著名的代表人物詳細說明如下：

## 第一節　康德的教育哲學

　　康德（Immanuel Kant, 1724-1804）1724年4月22日出生於東普魯士的首府寇尼斯堡（Königsberg），寇尼斯堡人口約5萬人，貿易發達，萬商雲集，是東普魯士的政治文化中心。父親約翰（Johann Georg Kant）是一位虔誠殷實的馬鞍工人。母親安娜（Anna Regina Reuter）是一位馬鞍工人的女兒，個性虔敬誠實，而且富於感情。由於雙親都是虔信派的教徒，因此康德也深受影響。康德在家排行第四，上有三位兄姊，但是兄姊都早夭，只剩下三個妹妹和一個弟弟。1732年康德8歲時進入腓特烈中學，跟隨一位虔信派神學家舒爾茲（F. A. Schulz, 1692-1763）求學。康德在此中學非常認真的學習教義、經典和拉丁文。1740年康德自腓特烈中學畢業，進入寇尼斯堡大學就讀，在舒爾茲的指導下攻讀神學。同時，將學習的範圍擴大到自然科學和哲學。在自然科學方面，康德對於牛頓的學說非常感興趣；在

---

[1]　教育理論（Erziehungstheorie）又稱教育學說（Erziehungslehre），陶冶理論又稱教育現象學（Erziehungs-phänomenologie），教育學理論又稱教育哲學（Philosophie der Erziehung）（Benner, 1991: 14-15）。

哲學方面，康德則師承理性主義學者柯奴琛（Martin Knutzen, 1713-1751）的哲學。後來，因為哲學恩師柯奴琛英年早逝，所以康德只好專注於牛頓力學，1746年以〈活力測定考〉這篇論文，完成其大學的學位。康德由於家境清寒，在父親去世以後，必須照顧弟妹的生活，因此在大學畢業後，就開始擔任家庭教師以維家計。在工作之餘，康德不忘繼續進修，1755年以〈論火〉（Über das Feuer）一文，獲得寇尼斯堡大學哲學博士學位。是年秋天，康德開始擔任寇尼斯堡大學義務講師。一直等到1770年一位數學教授逝世後，康德才有機會晉升為邏輯學和形上學的正教授。1786年和1788年康德曾經兩次被選為寇尼斯堡大學校長，1797年從寇尼斯堡大學退休，正式結束其教書的生涯。縱觀康德在寇尼斯堡大學四十餘年的教學生活，真可以用多彩多姿來形容。康德並非完全過著一種機械無趣的生活，有時他也會邀請三五朋友共餐，一面高談闊論，一面享受美食。或者欣賞優美的文學作品，例如：閱讀盧梭的小說《愛彌兒》，甚至因此忘記定時散步的活動，由此可知，康德的生活其實相當浪漫有趣。康德思想的發展可區分為兩個時期：第一個時期稱為「前批判期」（1750-1766）：主要著作有《形上學認識論第一原理新的解釋》、《物理的單子論》、《樂天論》、《論推論》、《有神論》、《負號量論》、《概念明析論》、《見靈者之夢》等。第二個時期是「批判時期」（1770-1790）：主要著作有《論現象界與物自身之形成與原理》、《給赫爾茲的信》、《純粹理性批判》（Kritik der reinen Vernunft）、《實踐理性批判》（Kritik der praktischen Vernunft）和《判斷力批判》（Kritik der Urteilskraft）等。大約從1785年以後，康德的身體漸漸衰弱，1797年停止大學的講課，1804年2月12日康德因病逝世於寇尼斯堡（歐陽教，1964：165-171）。

關於康德的哲學體系，首先應該指出的是：他的研究對象不是現實世界，而是人對現實世界的認識功能和實踐功能，不是客觀存在而是主觀意識。依傳統的分類，他把人的心理功能分為知、情、意三方面。他雖承認這三方面的互相聯繫，而在研究中卻把它們嚴格割裂開來，分別進行分析。在他的三大批判之中，第一部《純粹理性批判》實際上就是一般所謂哲學或形上學，專門研究認知的功能，推求人類知識在什麼條件之下才是

可能的；第二部《實踐理性批判》實際上就是一般所謂倫理學，專門研究意志的功能，研究人憑什麼最高原則去指導道德行為；第三部《判斷力批判》前半實際上就是一般所謂美學，後半是目的論，專門研究情感的功能，尋求人心在什麼條件之下才感覺事物美和完善（朱光潛，1982：5）。康德的第一部批判雖然名為《純粹理性批判》，實際上所討論的是人如何認識自然界的必然，心理方面主要是涉及認識功能。至於實際上和「知性」（Verstand）對立的「理性」（Vernunft），則主要用在肯定精神界自由方面，所以它主要是屬於《實踐理性批判》的範圍。康德的前兩部批判一個只涉及知性和自然界的必然，另一個涉及理性和精神界的自由，各自成為一個獨立封閉的系統，所以在兩者之間留下一條無法跨越的鴻溝。為了解決這個問題，康德經過長期的摸索，終於找到「判斷力」（Urteilskraft），作為溝通「純粹理性」（Reine Vernunft）和「實踐理性」（Praktische Vernunft）的橋梁。因為判斷力既略帶知性的性質，又略帶理性的性質；這與情感既略帶認識的性質，又略帶意志的性質，因而在認識與意志之間造成橋梁是一致的。這也和審美活動既見出自然界的必然，又見出精神界的自由，因而在這種境界之中造成橋梁是一致的。就是在這個意義上，《判斷力批判》填補了《純粹理性批判》和《實踐理性批判》所留下來的鴻溝（朱光潛，1982：8-10）。

## 一、知識論的主要內涵

　　康德將《純粹理性批判》一書分為兩部分：一部分是「先驗要素論」，一部分是「先驗方法論」。「先驗要素論」又分為「先驗感性論」與「先驗邏輯學」；「先驗邏輯學」再分為「先驗分析論」與「先驗辯證論」。在《純粹理性批判》中，康德首先論證了一切科學知識究竟是如何可能的，即討論這些門類科學成立的條件。然後，論證了靈魂、自由、上帝之類的宗教、道德的實體，因為完全離開經驗的理性思辨，作為認識對象如何的不可能，即不能成為科學知識，從而不能與科學知識混為一談。康德強調感性經驗是人類認識的根本材料，以區別於理性主義。同時又強調先驗的直觀形式和知性範疇，是人類認識的必要因素，以區別於經驗主

義。康德認為一切科學知識只能是感性與知性兩大因素所構成，是感性材料和知性形式的結合。康德通過強調知性與感性的結合，肯定普遍必然科學知識成立的可能，否定上帝作為認識對象的可能。一方面反對休姆的懷疑論；另一方面反對萊布尼茲的理性論，將兩者調和在自己的批判哲學中。康德認為知識都能通過邏輯判斷表現出來，邏輯判斷可以分為分析判斷和綜合判斷兩大類。所謂「分析判斷」（analytisches Urteil）是賓詞已隱含地包括在主詞之中，這種判斷是把包含在主詞中的東西推演出來，所以毋需依靠經驗就可以演繹出來，並且具有普遍性和必然性。「綜合判斷」（synthetisches Urteil）則不同，賓詞並未包含在主詞之中，不能從主詞中推演出來，只有經驗才能提供，它對主詞有所擴大，具有新的知識內容。但是這種知識沒有普遍的和必然的客觀有效性，因為它必須依賴人類的經驗來證實，而人類的經驗總是有限的和局部的，不能保證所獲得的知識有普遍必然的有效性。康德主張知識既然不能來自經驗的歸納，於是便只能來自「先驗」（a priori），這種判斷既非先驗分析判斷，亦非經驗綜合判斷，而是一種先天綜合判斷。康德的「批判哲學」（kritische Philosophie）稱為「先驗哲學」（Transzendentale Philosophie），批判哲學是要研究認識所有可能的一切先驗的條件、根源和形式，而不是去研究各種先天綜合判斷等知識的內容（李澤厚，1990：65-76；Kant, 1990a）。

康德的先驗感性論所要討論的是構成經驗直觀的內在感性形式：時間與空間，主要的目的在確保感性認識的普遍必然性（李澤厚，1990）。康德認為我們的感性具有內外兩種感官，外感官接觸到外在的對象，內感官則直觀到內在心緒的相連。由於外在存在的對象都存在於空間之中，而直觀內在心緒的相連都發生在時間之中，所以我們直觀中的一切事物，均無法脫離時間與空間的形式。個人所感知的材料會因時因地而異，但空時形式則人人不拘何時何地都相同。因此，時間和空間即為感性的先天形式（孫振清，1984）。這種先驗的空時形式就如同一副眼鏡，現象則如同眼鏡中所見的影像，我們永遠只能看到眼鏡中的影像，而不能看到外向的本質，因為所感知的對象均經感性的時空先驗形式的剪裁，而失去了對象本來的面目，所以我們所感知的現象世界，僅僅是一種觀念，而非真正的實

物（南庶熙，1971）。就此而言，空時形式不但是感性的先驗形式，更是
對感知現象主觀剪裁的形式。雖然空時形式是我們主觀上的先驗形式，但
若沒有經驗材料的提供，則變成空的形式，而無法形成感性直觀的知識，
所以空時雖非由經驗中得來，但卻必須與感性經驗相連，因此空時形式僅
適於經驗的現象界，而不適於物自身（李澤厚，1990）。

　　康德認爲必須經由先驗統覺的綜合統一，才能使悟性的先天範疇能
夠應用於對象而必然有效。先驗統覺指的是我思或自我意識的思維作用，
此種自我意識是自發性的行動，是統一一切經驗材料的基礎，而先驗統覺
的綜合統一即經由自我意識作用，將由直觀而來的表象納於範疇中，以得
到確實可靠的知識，所以範疇是先驗統覺的工具，而先驗統覺是一切綜合
統一作用的基礎（郭秋勳，1985）。這種人人相同的先驗統覺，對個人而
言是綜合統一的根源，對所有人而言則是普遍共同的統一性，個人的悟性
範疇卻與他人的悟性範疇相聯合，於是主觀範疇對客觀對象的適當性便由
此成立（南庶熙，1971）。但範疇與現象在類別上並不相同，所以康德提
出先驗的圖示作爲兩者的中介物。構成先驗圖示唯一形式的是時間，其構
成力量是想像力，由想像力而產生各種時間限定。由於時間限定的產生必
須以範疇爲基礎，所以是與範疇同類的，而且時間限定包含於一切經驗對
象之中，所以與現象也是同類的，所以時間的限定就是範疇的圖示（黃振
華，1976）。經由先驗圖示的中介，想像力就可將再造的表象，納入圖示
之中而進一步的綜合，使其成爲想像力的綜合體，即範疇的直接材料（孫
振青，1984）。因此，先驗圖示是現象與範疇之間的橋梁，而想像力對直
觀的綜合則提供了範疇綜合統一的材料。由於我們的認識要通過感性的空
時與悟性的範疇這兩種關卡，所以感性與悟性兩者缺一不可，感性的雜多
直觀首先要經過想像力的綜合，而形成某種綜合體，然後才能成爲範疇的
直接材料，悟性再藉著範疇將想像力提供的綜合體統一而形成對象，悟性
對於對象作判斷時即爲知識，而所有統一作用皆源於先驗統覺的想像與綜
合。而且，由感性與悟性結合所構成的先天綜合判斷屬於現象界，可以由
普遍必然的科學知識來證明（李澤厚，1990）。

　　先驗辯證論討論的是理性的概念，不同於一般所謂的理性，康德所稱

的理性是指人先天會要求把握絕對的和無條件的知識能力，亦即超越現象界去把握物自身的能力，但卻只能以悟性的範疇爲工具，以侷限於現象界的悟性範疇來規定物自身，這種侷限性會導致謬誤推理的產生（朱德生、冒從虎、雷永生，1987）。理性的主要功能在超越悟性於經驗界中相對的統一，以達到更終極和無條件的統一，經由理性的推理活動，以獲致先驗的理念。理性藉由推理以獲致靈魂、宇宙、上帝等三個理念，靈魂是統一內界精神現象的絕對者，宇宙是統一外界物理現象的絕對者，上帝則是統一內外兩界的絕對者。這三者都是超驗的理念，是超脫現象界之外的，是不可知的。所以，不能確認其存在，只能要求其存在，不屬於現有的世界，只屬於應有的世界（郭秋勳，1985）。故而與靈魂、宇宙、上帝相對應的心理學、宇宙論、神學等三項形上學，是不可知的和無法成立的（沈清松、孫振青，1991）。總而言之，康德爲了論證「先天綜合判斷如何可能」和「形上學如何可能」兩大問題，提出三種先天的認識能力：感性、悟性、理性。由先驗感性論來討論如何由感性產生直觀，由先驗分析論來討論如何由悟性產生概念與判斷，由先驗辯證論來討論如何經由理性產生理念。透過感性的材料與悟性的範疇兩者的綜合統一，先天綜合判斷於是被證成，但只存在於經驗的現象界之中，可以由普遍必然的科學知識來證明，而超越經驗的普遍理念則是透過理性統一悟性的判斷而形成。所以，理性超越經驗的現象界而進入本體界，由此論證出靈魂、宇宙、上帝相對應的心理學、宇宙論、神學等三項形上學無法成立。

## 二、倫理學的主要內涵

　　經驗論幸福主義把道德歸結爲追求快樂，認爲這是人的本性。但在康德看來，任何訴諸「人的本性」的事物，都不可能確立普遍必然的道德律令。只有訴諸人的純粹理性，才能建立這種普遍必然性。因爲幸福可以各有不同，而道德卻沒有價錢可講。道德律令作爲任何有理性者都適用的原理，對於有感性血肉存在的人來說，是一種必須無條件服從的「絕對命令」，這與以利益幸福爲基礎的「假言命令」不同。「義務」就是作所應該作的，就是執行「絕對命令」，一個爲了「義務」而行事的意志就是善

的意志。但如果只是符合「義務」或與「義務」相一致而行事，則不是一種善的意志。康德舉例說：一個商人不賣高價，童叟無欺，並不是為了「義務」，而只是為了自己的長遠利益，儘管行為是符合「義務」或與「義務」相一致，但這並不是道德。又如保存生命是一種「義務」，但同時也是一種自然需要，大多數人愛惜生命只是需要，所以無道德意義。但如痛苦和災難使人生成為負擔寧願死去，卻仍然堅強活下去，絕不去自殺，這就是為「義務」而不只是符合「義務」而生存，從而便有道德價值了。再如因同情心而對人仁慈，或為某目的而做好事，或某種行為產生好的結果等，都不是為了「義務」自身，所以都不算是道德。可見，道德倫理上所謂的「義務」，不僅與任何愛好、願望、效果無關，而且還正是在與後者的衝突對立中，才顯示出道德倫理崇高的本質。道德律令對人是帶有某種強制性質的，是人所特有的意志，因此人作為理性的存在，必須對願望幸福加以克制（李澤厚，1990；Kant, 1994）。

康德在《道德形上學的基礎》一書中，從批判哲學的觀點反思當時社會既存的道德規範。他主張有關道德問題的研究，應該從流行的世俗智慧的方式過渡到形上學的層次，再從形上學的層次過渡到實踐理性的批判（Kant, 1994: 25-71）。康德反對英國效益論的道德學說，認為意志他律（Heteronomie）並非道德真正的原理。他強調意志自律（Autonomie）才是道德最高的原理，一個意志能夠自律的人，才是真正擁有自由的人（Kant, 1994: 65-72）。其次，康德也在《實踐理性批判》一書中，探討人類意志的功能，研究人類憑藉什麼原則去指導道德行為。他不但預設意志自由、神存在和靈魂不朽（Kant, 1990b: 124-169），並且強調人類本身就是最終的目的，沒有其他的東西可以替代它。由於人類具有自由意志，能夠擺脫自然法則的限制。同時可以自己立法，達到意志自律的要求。因此，人類的生命才有別於其他動物（Kant, 1990b: 180）。康德在《道德形上學》一書中，進一步闡釋其道德哲學，此書包括「法律學說的形上學要素」和「道德學說的形上學要素」兩部分。康德在「法律學說的形上學要素」中，主要從私法和公法的角度來探討正義的理論，他區分來自法律的合法性與來自內在倫理的合法性之不同，並且用個人的義務來聯結兩者（Kant,

1968）。康德認爲如果一個人遵守諾言只是出於自身的義務，那麼這是一種道德的行爲；相反地，如果一個人遵守諾言是因爲外在的因素，那就只是一種合法的行爲。其次，康德在「道德學說的形上學要素」中，談到義務對個人和他人的意義。康德認爲人類的義務對其自身來說，不僅只是一種內在的審判，同時也是一個人所有義務的第一命令。義務不僅能夠增加人類本質的完美，並且能夠促進其道德的完善。康德強調一個人對他人具有「愛」（Liebe）與「尊重」（Achtung）的義務，而義務觀念有賴於道德教育和道德訓練的培養（Kant, 1968）。

## 三、美學的主要內涵

　　康德的《判斷力批判》分爲兩部分：第一個部分是「審美判斷力批判」、第二個部分是「目的判斷力批判」。「審美判斷力批判」又分爲兩部分：第一個部分是「美的分析」、第二個部分是「崇高的分析」。在「美的分析」中，康德一開始就花了很大篇幅來分析「審美判斷」和「美」的特質。他根據形式邏輯判斷的質、量、關係和模態四個環節來分析審美判斷。從質的環節來看，康德首先把審美判斷和邏輯判斷嚴格分開，認爲在肯定「這朵花是美的」，這個審美判斷中，「花」只涉及形式而不涉及內容意義，所以不涉及概念，「美」也不是作爲一種概念而聯繫到「花」的概念上去，而只作爲一種主觀的快感而與這快感的來源聯繫在一起。所以審美判斷不是一種邏輯的判斷，而是一種情感的判斷。其次，康德主張一個審美判斷只要涉及利害關係，就不是單純的審美判斷。審美判斷是一種不憑藉任何利害計較，而單憑快感或不快來對一個對象或一種形象顯現方式，進行判斷的能力（朱光潛，1982：11）。最後，康德強調，作爲趣味判斷的審美愉快，一方面不同於其他官能滿足時的愉快。動物性官能的愉快與生理需要有關。另一方面，審美愉快也不同於做好事後精神的愉快，純理性精神的愉快只與一定的倫理道德有關。生理的愉快和道德的愉快都與對象的存在有關，審美愉快或不快，作爲肯定與否定，則只與對象的形式有關（李澤厚，1990：480）。因此，康德認爲趣味是僅憑完全非功利的愉快或不愉快來判斷對象的能力或表象它的方法，這種愉快

的對象就是美（Kant, 1990c: 48）。

從量的環節來看，審美的對象都是個別事物或個別形象顯現，所以審美判斷在量上都是單稱判斷。一般單稱判斷都不能顯示出普遍性，審美判斷卻不然，它雖是單稱判斷，卻仍帶有普遍性（朱光潛，1982：14-17）。審美要求一種普遍必然的有效性，如同邏輯認識中的概念判斷一樣。但概念認識的普遍有效性是客觀的，審美判斷的有效性卻是主觀的。而剛好由於這種主觀判斷的有效性，才使審美作為趣味與其他感官的主觀性區別開來。康德所謂審美判斷的普遍性，例如：大家都感到這朵花美，在根本上不同於邏輯判斷那種客觀認識的普遍性。邏輯認識純粹是知性的功能，由範疇和概念所決定。審美判斷則不然，它雖然要求普遍有效，卻仍然只是一種人們主觀的感受狀態，不是由範疇和概念所能直接規定。審美判斷是想像力和知性概念處在一種協調的自由運動中，超越感性而又不離開感性，趨向概念而又無確定的概念，這就是產生審美愉快的原因。因此，康德主張美不涉及概念而普遍地使人愉快（李澤厚，1990：482-484；Kant, 1990c: 58）。從這個觀點來看，康德認為美是可以教的，而且審美判斷是具有普遍性的，不會因為個人主觀因素的影響而有所不同。所以，審美教育的教學可以成立。

從關係的環節來看，本來目的或合目的性總以一定的目的為依據，但是審美既與倫理、功用、慾望的快感無關，又沒有明確的概念邏輯活動，從而就與任何特定的目的無關。但是作為想像力與知性概念趨向於某種未確定概念的自由協調，審美又具有一種合目的性的性質。它不是某個具體客觀的目的，而是主觀上的一般合目的性，所以稱為沒有具體目的的一般合目的性。又由於這種合目的性只聯繫對象的形式，所以又稱為沒有目的的合目的性形式。其次，康德從關係方面來看審美判斷，將「美」區分為「自由美」和「依存美」，前者不以對象究竟是什麼的概念為前提，所以又稱為「純粹的美」或「自由的美」。後者卻要以這種概念與相應的對象為前提。自由美是事物固有的美，依存美卻是一種依賴於概念的美。因此，康德認為美是對象合目的性的形式，當它被感知時並未想到任何目的（朱光潛，1982：18；李澤厚，1990：485；Kant, 1990c: 77）。

　　從模態的環節來看，審美既然不是認識，沒有概念構造，是一種「不能明確說出的知性規律的判斷」，但又要求具有「普遍有效」的可傳達性。康德最後假定一種所謂先驗的「共通感」，來作為必要條件。只有在假定共通感的前提下，才可以下審美判斷。因此，康德主張審美的快感雖是個別對象形式在個別主體心裡所引起的一種私人的情感，卻帶有普遍性和必然性，它是可以普遍傳達的，因為人類具有「共感力」（sensus communis）。康德從這個觀點出發來定義美的概念，他主張美是不憑概念而被認作必然產生愉快的對象（朱光潛，1982：21-22；李澤厚，1990：487；Kant, 1990c: 81-82）。

　　在「崇高的分析」中，康德首先區分「崇高」（Erhaben）和「美」（Schön）的不同。第一就對象來說，美只涉及對象的形式，而崇高卻涉及「無形式」。因為形式都有限制，而崇高的對象卻是無形式限制的事物。第二就主觀心理反應來說，美感是單純的快感，崇高卻是由痛感轉化成的快感。崇高所生的愉快與其說是一種積極的快感，毋寧說是一種消極的快感。康德將崇高分為兩種：一種是數量的崇高，主要特點在於對象體積的無限大；他認為「數量的崇高」是由於自然對象的體積，超過想像力所能掌握，在人心中喚醒一種主觀合目的性的不確定形式，所以仍然屬於審美判斷力的範圍。另一種是力量的崇高，主要特點在於對象既引起恐懼，又引起崇敬的那種巨大的力量或氣魄。在「力量的崇高」中，審美心理感受的矛盾更加清楚，即一方面是想像力無力適應自然對象而感到恐懼，另一方面要求喚起理性理念來掌握和戰勝對象，從而由對對象的恐懼、避畏的痛感，轉化為對自身尊嚴肯定的快感（朱光潛，1982：29；李澤厚，1990：490；Kant, 1990c: 87-92）。

　　康德在《判斷力批判》一書中，除了談到藝術欣賞之外，也談到藝術創作的問題。康德首先指出藝術與自然的差異，他認為藝術有別於自然，藝術必須有創作的產品，但是自然卻只是在發展中發生作用而已。其次，康德認為藝術和科學也有所不同，正如能力有別於知識。因此，在藝術創作中，「知」（Wissen）不一定保證「能」（Können），重要的還是技術訓練的本領，但是康德也強調「能」要以「知」為基礎。最後，康德指出

「藝術」（Kunst）與「工藝」（Handwerk）的區別，藝術是自由的活動，工藝卻是賺取報酬的活動。人們把藝術看作彷彿是一種遊戲，本身是一種愉快的活動。工藝卻是一種勞動，本身是一種痛苦的事情。因此，藝術不同於工藝活動（朱光潛，1982：34-35；Kant, 1990c: 156-158）。

康德認為藝術的創作主要來自「天才」（Genie），天才是一種為藝術訂定規則的才能，同時也是藝術家創造的功能。康德強調天才本身是屬於自然的，天才就是一種天生的心理能力，通過這種能力，自然替藝術訂定規則（Kant, 1990c: 160-161）。康德主張科學無天才，只有藝術創作才有天才，因為科學是知性認識，有一定的範疇和原理指引，有一定可學可教的規範法則，任何人只要遵循這些指引，便可作出成績，而藝術作為審美理念的表現，卻是無法之法，無目的的目的性，它不可教，不能學，沒有固定的法則公式，純粹依靠藝術家去表現既具有理性內容，又不能用概念來表達的事物，以構成審美理念來創造美的理想，成為既是典範又是獨創的作品。康德指出不可模擬的「獨創性」和普遍意義的「典範性」，便是天才的兩大特徵。這裡所謂的天才不同於浪漫主義強調的神祕天賦，主要是指藝術創作過程中獨特的心理功能（李澤厚，1990：498-499）。

康德在《判斷力批判》一書中探討美的種類，將美區分為「自然美」和「藝術美」。他主張「自然美」（Naturschön）就是一種美的事物，「藝術美」（Kunstschön）則是對事物所作美的形象顯現或描繪。藝術美高於自然美的地方，在於藝術美能夠將自然中本是醜惡或不愉快的事物描寫的非常優美。但是康德認為藝術如果表現在自然中令人嫌惡的事物就會破壞美感，因為在自然中惹人嫌惡的事物，在藝術中仍然會令人嫌惡（朱光潛，1982：41-42）。康德在「美的分析」中討論了「美的理想」，所謂「美的理想」也就是「美的標準」。「美的標準」要涉及客觀的規則，但是審美並不涉及概念，所以審美趣味方面沒有客觀的規則。基於這個理由，康德認為不能有研究美的科學，只能有對審美判斷力的批判。審美既不能憑客觀規則，所以如果想尋求一種審美原則，透過明確的概念來提供美的普遍標準，那就是白費氣力。但是康德又承認在感覺的普遍可傳達性裡，我們仍可找到一種審美趣味的經驗性標準。這種標準是由範例證實

的，以所有人的「共感力」為依據。由於只有人才能按照理性來決定他的
目的，並且進一步用審美的方式，來判斷這兩者之間的關係，所以在世間
一切事物之中，只有人才可以有一個美的理想，正如在他身上的人性，作
為有理智的東西，才可以有完善的理想（朱光潛，1982：46-48）。

康德在審美分析論之後，進一步談到審美判斷力的辯證論。在這裡
康德提出趣味的「二律背反」（Antinomie），即一方面不基於概念，否則
就可以通過論證來判定爭辯；另一方面趣味必基於概念，否則就不能要求
別人必然同意此判斷。康德指出經驗理論美學否認概念，主張美在感官愉
快，理性主義美學認為美在感性認識的概念完善，他們或把審美當作純主
觀的，或把他當作純客觀的，都無法解決這個「二律背反」。康德為了解
決這個問題，指出正題裡所謂的「概念」是說確定的邏輯概念，反題所說
的「概念」則是指想像所趨向的非確定概念，這樣當然正反雙方都對了。
從而審美既不是主觀的感官愉快，也不是客觀的概念認識，「二律背反」
的解決指向一個「超感性的世界」（李澤厚，1990：500-501）。

## 四、教育學的主要內涵

康德在《教育學演講錄》中，倡議將教育作為一門學術加以探討，
同時設立實驗學校進行教育研究，以系統地建立教育理論（Kant, 1982: 17-
20）。康德主張教育的方式有兩種：一種是消極的教育，就是訓練，只
有在學生犯錯時才使用；另一種是積極的教育，屬於文化的教導（Kant,
1982: 18）。教育學說（Erziehungslehre）包含體格的教育和實踐（道德）的
教育兩類，體格的教育意謂著人的養護；實踐的教育是指人應被教育，使
其成為能自由行動的個體。實踐的教育又包含三個層面：其一是瑣碎——
機械的教育，著重技能；其二是實用的教育，著重智慧；最後是道德的教
育，著重道德的學習。康德主張一個受過教育和文化陶冶的人，要具有良
好的判斷能力。而優秀的記憶能力，有助於學識的擴充。可以應用蘇格拉
底的詰問法，來訓練學生的推理能力。從教學活動中，培養學生對某些問
題的思考，或找出理由來支持其論點，都是教學上可以利用的方式。康德
雖然受到盧梭教育思想的影響，但是他並不贊同兒童的教育，完全由私人

加以實施。康德對於公共教育的價值，抱持著肯定的態度。主張兒童在團體生活中，對於行為規範的學習，比私人教育的效果要好。康德是理想主義的教育家，不完全以社會生活的需要為目的。主張教育目標的擬定，必須與人類的理想相結合。康德認為道德教育的核心是品格的建立，品格就是按照行為的準則而行事。強調道德教育的實施，不能建立在外部行為的訓練上，而必須使受教者認識道德的規則，明瞭倫理道德的意義，而且習慣於道德原則的奉行。因為靠訓練建立的道德行為，缺乏深刻的認知，無法維持太久。康德主張在道德教育的實施上，不能讓獎懲的方式變成習慣，否則會讓受教者誤以為：善行必定有好報，惡行必定有惡報。等到進入社會之後，發現事實並非如此，就會從利害關係的考量出發，不再實踐道德的行為。因此，道德教育應該從個人的義務出發，自己訂定道德的原則，自己遵守道德的原則行事，不受個人利害關係的影響，才能培養一個自律的人（Kant, 1982）。

## 第二節　特拉普的教育哲學

特拉普（Ernst Christian Trapp, 1745-1818）1745年11月8日出生於霍爾斯坦的佛里德里希魯爾（Friedrichruhe），1760年進入塞格堡（Segeberg）的拉丁學校就讀，深受校長愛勒斯（Martin Ehlers）的影響。1765年進入哥廷根大學就讀，學習基督教神學、哲學和教育學。1768年在穆勒（Johann Peter Müller）和海納（Christian Gottlob Heyne）的指導之下，獲得哲學博士學位。同年，應聘塞拉堡拉丁學校，擔任學校教師。在愛勒斯之後，被任命為拉丁學校的校長。1772年應聘伊特若霍（Itzehoe）拉丁學校，擔任校長的職務。1776年應聘克里斯第安古文中學擔任副校長，1777年繼朗格（Friedrich Conrad Lange）之後，晉升為古文中學的校長。1778年應聘德紹的泛愛主義學校，從事教師的工作，與巴斯道成為同事。特拉普有鑑於教育改革僅僅依靠經驗是不夠的，必須致力於教育理論的研究，才能達成教育改革的理想。因此，在1779年接受教育部長亞伯拉罕（Karl Abraham Freiherr von Zedlitz）的邀請，擔任哈勒大學教育學講座教授的職務。1780

年出版了《教育學探究》（*Versuch einer Pädagogik*）一書，在這一本書裡，他提出了系統和實證取向的教育科學理論。1783年應聘漢堡教師養成所（Lehranstalt），擔任所長的職務。1786年成為布朗斯麥學校校長委員會的成員，從事學校改革和現代化的工作。1790年自學校校長委員會退休，遷居到吳爾芬畢特爾（Wolfenbüttel），而且建立一所女子學校，1818年4月18日逝世於吳爾芬畢特爾。特拉普的主要著作有《與青少年交談：有用知識的提升》（*Unterredungen mit der Jugend, Von der Beförderung der wirksamen Erkenntnis*）、《教育與教學做為獨特的藝術學習的必要性》（*Von der Notwendigkeit, Erziehen und Unterrichten als ein eigene Kunst zu studieren*）、《教育學探究》（*Versuch einer Pädagogik*）、《青少年日常手冊》（*Tägliches Handbuch für die Jugend*）、《布朗斯麥雜誌》（*Braunschweigisches Journal*）、《論教學》（*Vom Unterricht überhaupt*）等書（Böhm, 2000: 536）。

根據個人對特拉普相關文獻的分析顯示，其教育哲學的主要內涵如下：

## 一、教育科學的理念（Idee der Erziehungswissenschaft）

特拉普在《教育學探究》（*Versuch einer Pädagogik*）一書中，強調教育的藝術是一種必須謹慎從事的藝術，才不至於產生錯誤。因此，教育這種特別的藝術，必須由一些特殊的人來從事，才不會使教育的目標落空。雖然特拉普並未提出「專業化」的語詞，但是其思想已開啟教育學術專業化的理念。特拉普教育科學必須由特殊的人來研究，這樣的理念清楚顯示，教育科學的起始點在於對人性的透澈瞭解，必須先認識人，才能對人進行研究。特拉普的教育科學理念是：對人性的認識是教育過程運作和教育科學理論的先決假設。對於人性的認識，他主張要做多種角度的觀察。教育家可從其自身的觀點來觀察人性，問題是以此觀點來觀察人性最困難。他以一個四季氣候變化的嘗試性比喻，來說明觀察人性有一般化的規則和個體特殊性的關係。若從科學理論的觀點來看，人性應有好幾個層次通則化的可能性，有些具體，有些進一步的歸納，也許可以導向一個普遍化的規則。對於普遍化的規則，特拉普以四季做了一個比喻。我們可以知

道春夏秋冬一般的氣候規則，但四季中特殊的一天，只能放到這個架構來瞭解，不可能知道該天的天氣一定會如何。顯然的，特拉普已經注意到人的普遍性，也瞭解到在教育過程中必須注意人的特殊性。所以，人性的探討是他建立教育科學的起始步驟（楊深坑，2002：144-145; Trapp, 1977）。

　　特拉普認為人性的探討主要是透過觀察和經驗，但由於教育不一定能由經驗導引出正確的規則，甚至可能因為經驗的偶然性而會導向錯誤，所以觀察還不是教育的正確出路。此處並不意謂特拉普不重視經驗，他仍然非常重視經驗，只是此經驗不是偶然的或即興式的經驗，而是經過詳細規劃，採用特定方法和工具，對教育事實作系統研究的經驗。就當代的教育科學而言，特拉普所提出的研究也許顯得粗糙，但對於思辨色彩濃厚的十八世紀而言，特拉普的研究是較為科學的。例如：他說給予兒童玩具、書籍、模型去操作，再將各種活動的過程和結果，以數量化的方法紀錄下來。而且主張依照兒童的年齡、特質、操縱對象的變化及其某些反應、對於某些反應的數量皆一一紀錄，歸納出一些趨勢。同樣的，他亦將一些群組建立成為一個實驗社會，透過實驗情境來多方面觀察個別兒童的反應，並導出各種對於兒童的知識和見解。由這些知識和見解，才知如何對兒童進行個別的和團體的教育。亦即將個別兒童的觀察和一個群體，放到實驗情境中來觀察和進行實驗，注意兒童的作為及其原因，來建立一個教育的規則。有關教學的觀察，特拉普將教學單位劃分成幾個小單位，這已經接近當代行為目標的做法。將每個教學的小單位都盡可能詳細紀錄，才能對教育事實作正確的描述，這顯然已經是一種描述教育學，為德國描述教育學的先驅。特拉普主張應該對老師和學生，投注於某一教學材料的力量進行評估，並且對所教的價值和學習成就的好壞進行比較，亦即評估教學投入和學生的成就是否平衡，此即當代所說的「教學評量」。老師、學校皆應做詳細紀錄，以便進行教育的科學討論。因此，他進一步開展出其所謂的教育的科學體系（楊深坑，2002：145-146；Trapp, 1977）。

## 二、教育科學的方法（Methoden der Erziehungswissenschaft）

　　特拉普的方法論在其所處的時代是相當進步的教育研究方法論，其所謂的系統觀察，最後的目的是在建立正確而完備的教育學體系，使學校的教學和公共教育皆可進行改善。若體系完備，則整個教學和教育便會導向完美。若將特拉普的理論對比於十九世紀的教育學理論建構來看，十九世紀的教育學體系較偏向哲學且思辨色彩濃厚，即使赫爾巴特的教育學也不例外。雖然赫爾巴特以倫理學建構教育目的，以心理學建構教育方法，但實際上他所講的是一種思辨的心理學而非實驗心理學。基本上，十九世紀建基在思辨哲學的教育體系，是想將教育的系統建立成幾乎是完美的系統建構。特拉普則認為最終有效的教育學系統，必須不斷的努力才能完成。而在事實層面上，沒有一種所謂完備的教育學。特拉普明白指出，建基在經驗上的一些知識，原則上是可修正的，所以經驗不是一種最穩固的對象。對於一個審慎的教育學家而言，不管透過多少次的觀察，累積有多少的經驗，都不可能有完備的觀察。所以，每一種教育學體系都不太完備，它的基礎都有待於新的經驗和觀察，教育學體系的建立仍需不斷的進行規劃。特拉普所談的教育學體系，是由事實的描述開始，進一步的分析、解釋，最後到達理論體系的建立（楊深坑，2002：146-147；Trapp, 1977）。

## 三、教育改革的觀點（Perspektiven der Bildungsreform）

　　1792年特拉普曾經在〈論公共學校的必要性及其與國家和教會的關係〉一文中，主張國家應該負起興辦學校的責任，但是反對國家強迫國民接受公共的學校教育。他認為國家是一個擁有權力的團體，教會應該不是國家中的國家，也就是說教會不應該擁有權力。特拉普強調國家應該保護人民的財產和自由，不應該以強制的方式行使其權力。如果國家使用強制的方式，個人將喪失其財產和自由。他主張國家和教會不應該敵對，教會不應該濫用權力，以上帝之名、宗教著作之名、教會當局和宗教會議的名義，去維持宗教的學說，介入到學校的教學之中，否則將會傷害到「教學自由」（Lehrfreiheit）。國家應該設置公立的教育機構，但是也允許私立

學校的存在，以形成競爭的機制。同時讓家庭加入行列，共同關心孩子的教育，進行藝術和科學的教學。特拉普認為國家不應該忽視社會下層階級的教育，至少在歐洲不允許這樣做，因為連俄國都為社會的下層階級設置有教育的機構。他強調教師必須從國家獲得一份固定的薪水，如果薪水會受到貨幣貶值的影響，也可以用實物來支付給教師。但是不必讓教師的生活過於優裕，這樣會使教師忽略學校的教學，使學校單獨受到國家一方的監督。公立學校應該得到國家的資助，但是仍然必須收取學費，可是學費不能太貴，要讓一般家庭能夠支付，而貧窮的人可以從國家得到補助。除此之外，國家應該提供教學的材料，包括學校圖書館、學校展覽室、自然用品、藝術用品、物理設備、教師需要的著作、學校書籍和教科書等，以利學校教學活動的進行。同時教師應該儘量減少使用暴力，以建立人性化的學校（Trapp, 1792: 421-426）。最後，特拉普提出下列幾個重要的看法（Trapp, 1792: 421-426）：㈠國家應該提供教育，而非強迫國民接受教育。㈡教育必須從下層階級的觀點出發，教導學生讀、寫、算等實用的知識。㈢公共學校的經費必須由國家的公庫來支付。㈣不可以無理要求學校機構，有利於教會或增加國家權力的濫用。㈤如同在每個家庭中一樣，教育機構必須允許各種形式的私人教育，反對強迫而非提供國民接受的公共學校教育。

## 第三節　洪保特的教育哲學

洪保特（Wilhelm von Humboldt, 1767-1835）曾經擔任普魯士王國的文化與公共教學部部長，同時也是普通教育學重要的人物。1767年生於波茨坦（Potsdam），在家中排行老大，弟弟亞歷山大（Alexander von Humboldt 1769-1859）是非常著名的地理學家。他們兩人同時受教於改革教育學家康培（Joachim Heinrich Campe, 1746-1818）的門下，曾隨康培遊歷比利時的布魯塞爾、法國的巴黎和瑞士的伯恩，這些遊歷的經驗不僅增廣了洪保特的見聞，同時開闊了他的眼界。洪保特先後在法蘭克福大學和哥廷根大學就讀，主修法理學。在法蘭克福大學時，洪保特曾經隨黑爾茲（Henriette Herz）學習法律。在哥廷根大學時，洪保特曾經聆聽過畢特爾（J. S. Pütter）、斯洛徹（A. L. von Schlözer）和新人文主義者海納（Christoph G. Heyne）的課程。這些人對洪保特的哲學思想產生相當大的影響，1790年洪保特進入柏林高等法院，後來成為普魯士王國的立法委員。1791年與卡洛琳（Caroline von Dacheroden）小姐結婚，並且到法蘭西帝國的巴黎研究政治，逐漸對康德哲學的革命有所認識。不久之後，洪保特開始其在普魯士王國的公職生涯。當時，法蘭西大革命剛剛發生不久，眼見法蘭西帝國政治的動盪不安，對洪保特造成很大的衝擊。他一方面時常心存戒心，希望普魯士王國不要發生流血的革命；另一方面受到法蘭西大革命自由、平等、博愛精神的鼓舞，希望普魯士王國的政治能夠有所改善。因此，經常詢問自己這項革命對普魯士王國的意義。1793年起洪保特曾從事古代科學和教育理論的研究，1795年間，他進行語言科學的研究，並且到南歐的西班牙遊歷。洪保特對歷史哲學和語言哲學很有興趣，用以喚醒普魯士王國國民對該國歷史語言的認識。1801年出任普魯士王國駐羅馬的大使，1806年第一次普法戰爭爆發，普魯士王國戰敗，幾乎被法蘭西帝國滅亡。費希特（Johann Gottlieb Fichte, 1762-1814）在《告德意志同胞書》（*Reden an die deutsche Nation*）一書中，分析普魯士王國戰敗的原因，一是缺乏實施民族精神教育的學校制度；二是普魯士王國國民倫理道德的淪喪；三是政府與國民處於對立的狀態。他認為要復興日耳曼民族，就必須實施民族精神教育，培養國民倫理道德的觀念，消除政府與國民的對立（Fichte, 1978）。因此，洪保特透過學校制度的改革，實施民族精神與倫理道德的教學，希望結合教育與啟蒙的興趣，使普魯士王國再度興盛起來。洪保特於1810年以普魯士王國文化與公共教學部部長的身分，聯合費希特和史萊爾瑪赫（Friedrich Ernst Daniel Schleiermacher, 1768-1834）提出的大學計畫，共同參與柏林—腓特烈—威廉大學（Berlin- Friedrich-Wilhelms-Universität）的創立。洪保特一生擔任普魯士王國的公職，對於普魯士王國學校教育的改革貢獻卓著。1810年出使奧匈帝國，促使梅特涅與普魯士王國建立良好的外交關係，1817年出使大英帝國，1819年從普魯士王國的公職退休，隱居在鐵格爾堡中，專心從事寫作，1835年因病逝世於柏林（詹棟樑，1976a：

105-106; Benner, 1990: 11-13）。

　　洪保特不僅是一位著名的改革教育學家，同時也是一位重要的審美教育學家，對於普魯士教育制度的革新有很大的貢獻。洪保特是一位文化政治家，他提倡新人文主義，真正的目的是為了人的陶冶，希望經由陶冶使差異性達到完整性，而想要達到這個目的，必須道德與審美的性格處在和諧狀態。洪保特也是一位精神科學家，他認為語言的哲學考察，可以確立語言的重要性。因為語言和理性都是人類精神的基礎，反映人類精神陶冶的過程。經由洪保特的語言哲學的探討，促使比較語言和語言分析科學的發展，對文化哲學的推進很有貢獻。除此之外，洪保特又是一位人類學家，他研究人性和語言，提出語言就是表現民族特性精神力量的工具。他所以能夠成為人類學家，是因為他以人類學為基礎，進而瞭解各民族的特性和語言（詹棟樑，1976a：107-108）。洪保特曾經上書普魯士國王，說明博物館在社會教育方面的功能，建議王室在首都柏林設立博物館，以教育廣大民眾，提升普魯士國民的素養（Humboldt, 1810a: 245）。同時也在〈論精神的音樂〉一文中指出，音樂可以陶冶人類的性情，抒發個人的情感，呼籲大家應當重視其教育功能（Humboldt, 1809a: 38-39）。另外，洪保特也在《論圖畫教學》等著作中，批判當時藝術教育的缺失，主張廣泛設立藝術學校，選擇優良師資，採用適當的教學方法，進行繪畫的教學（Humboldt, 1809e: 196-197）。

　　洪保特的美學思想深受康德的影響，其語言哲學主要目的在於指出語言可以作為統一感性與理性的媒介，以解決康德在《純粹理性批判》和《實踐理性批判》所提出有關人類知識對立的問題。洪保特認為語言不僅能夠聯結先驗美學和先驗邏輯學，並且在確定的判斷力中扮演了決定性的角色。語言是美學和目的論反省判斷力的核心，它既是藝術中充滿藝術的工具，也是大自然中天生的藝術作品（Wohlfart, 1984: 167）。洪保特主張人類的意識和人類的語言是相互聯結密不可分的，因此，人類在沒有語言的情況下，想要進行思考的活動是不可能的（Humboldt, 1809b: 89）。從人類的思想和理解對於語言的依賴性來看，語言不僅僅只是一種工具，同時也是一種對於未知真理的發現。我們甚至可以說語言是人類思想建構的工

具（Humboldt, 1809d: 191），同時語言能夠激發人類的想像力。由這個觀點來看，洪保特的語言哲學在審美教育的實施上有重要的涵義。因為，語言既然能夠促進人類理性與感性的發展，而語言又可區分為一般的語言和藝術的語言。所以，審美教育的推展不限於八大藝術的範圍，甚至一般使用語言的學科也都具有審美教育的功能。

　　洪保特可以說是德意志新式大學，即柏林大學的直接創立者。洪保特出身貴族，是當時著名的哲學家、語言學家和政治家。1809年他擔任普魯士王國的文化與公共教學部的部長，所以柏林大學在他的努力之下，才能夠正式的成立起來。洪保特當初想要設立柏林大學時，也遭受了一些挫折。首先，普魯士王國為拿破崙所敗，當時財政相當困難。其次，當時專門技術學校逐漸有取代大學的趨勢。再來，普魯士王國許多的省城尚未設有大學，當時有權管轄的只有寇尼斯堡大學與法蘭克福大學，政府甚至計畫將哈勒大學遷往柏林，但是一直都無法實現。所以，吳爾夫、費希特、史萊爾瑪赫才為建立柏林大學到處奔走，一直到1808年的12月，法蘭西帝國的軍隊撤退，設校的計畫才有可能實現（詹棟樑，1976a：125-126）。洪保特主張新大學應該設在柏林，因為當時柏林已經有「科學與藝術研究院」（Akademien der Wissenschaft und Kunst）和「建築研究院」（Bau-Akademie），還有一些大的圖書館、天文臺、植物園、博物館、醫學機構和獸醫學校。這些都可以整合在未來新大學的研究設施中，以節省國家的支出，可以利用既有的資源，達到最大的效益。如果能夠設立大學，這些人員和機構的研究成果，就可以透過大學教學的功能，將其成果延續與發展下去（Humboldt, 1809d）。

　　洪保特在1810年經過和學者共同協商的結果，才決定在首都設立柏林大學。當時著名的學者費希特、史萊爾瑪赫、高斯（Carl Friedrich Gauss, 1777-1855）和其他學者，都被指定為柏林大學的講座教授，1811年費希特被選為首任的大學校長，在1810年的4月，因為人事有糾紛，洪保特請求國王暫時留任，到新大學完全設立為止。洪保特在任十八個月，曾經擬定一些改革學校教育的計畫。除了提出了普魯士王國的教育政策以外，也訂定了其他教育改革的意見書，例如：「寇尼斯堡教育制度意見書」

（Königsbergisches Schulwesen）和「立陶宛教育制度意見書」（Lithauisches Schulwesen），都是一些很有價值的建議。洪保特的基本哲學觀點，屬於新人文主義，對於以啓蒙思想爲背景的實在主義，抱持著反對的態度。他在學校教育上的見解，主張一切學校都不是爲了某一部分人而設的，任何一種學校都強調人的教育，也就是說爲了整個民族，才需要學校教育（詹棟樑，1976a：116-126）。洪保特主張一切教育都是普通教育，所有各種不同的職業教育，都只不過是普通教育的補充而已。其次，洪保特認爲各種不同的學校，彼此應該相互的配合，不應該自成一個特殊的範圍，把職業教育和學術教育嚴格分開辦理。因此，洪保特在教育改革計畫裡，把各級學校綜合起來，形成一個有機的組織。他把教育分爲「初級教育」（Elementarunterricht）、「學校教育」（Schulunterricht）和「大學教育」（Universitätsunterricht）三個階段，彼此聯繫起來，才能構成一種學校教育的制度。在國民學校裡，學生必須學會基本語言、算術和運算；中學是大學的預備，其教學目的在於官能的訓練和知識的獲得，沒有學術的領悟和技巧無法竟其功！當然古典語言教學是最適宜的科目，其他是數學和歷史，哲學也是重要科目（詹棟樑，1976a：118）。

洪保特對大學的理想，在其1810年的〈關於柏林高等學術機構的內在與外在組織〉一文中，有非常詳盡的說明。他主張大學是客觀科學與主觀教育的合一，一方面是學術研究；一方面是人格完整教育。洪保特反對大學純爲經濟的、社會的、國家的需求所左右，大學沒有義務爲學生將來的職業而訓練。大學自由的意義是學生受到保障，他們的學習不需要注意職業或社會義務，沒有任何強迫，也不必爲實際的生活去擔憂，所以大學代表著純粹，不必去考慮功利，大學開放給學生從事休閒或進行學術研究（詹棟樑，1976a：121；Humboldt, 1810b）。洪保特對大學的革新建立的原則共有四項（詹棟樑，1976a：121；Humboldt, 1810b）：㈠研究與教學的結合；㈡精神的自由；㈢學生的學術自由；㈣學術研究公開的功能。德國的大學向來分離在普通學校之外，自己形成一種特殊的地位，獨立的進行學術研究工作，和各級學校沒有配合的關係。洪保特則已經把大學列在學校教育系統之內，這是一種很勇敢的主張。除此之外，洪保特對於大學的精

神和任務，也有他自己的見解。洪保特在「立陶宛教育制度意見書」中，主張大學生在進入大學之前，應該具備兩種學習能力：一種是蒐集必須學習資料的能力；另一種是隨機蒐集想學資料的能力。亦即大學生必須一方面參與學習的活動；另一方面學會學習的方法（Humboldt, 1809d）。洪保特主張大學教授的主要任務並不是「教學」，大學生的任務也不是「學習」；大學生必須自己獨立去從事「研究」，至於大學教授的工作，則在於誘導大學生研究的興趣，指導大學生去從事研究工作（田培林，1976：558-889）。同時，洪保特主張可以經由大學與研究院之間的競爭，來提升它們的競爭力。一般人以為大學只具有傳遞知識的功能，而研究院則是以研究為主。洪保特則認為大學應該發揮研究的功能，因為大學中也有一些教師，進行知識生產的工作。而且，德意志地區的研究院，在知識的研究發展上貢獻不大。因此，為了發揮大學與研究院的功能，應該加強兩者的聯繫與互動，才能提升高等教育的競爭力。洪保特主張研究院中的每個研究者，有權要求在大學中進行教學；而在大學的課堂中，如果發現大學生具有基本的研究能力，應該指導大學生進行研究。所以，大學與研究院應該兼顧教學與研究的工作（Humboldt, 1810b）。

　　洪保特反對嚴格規定學科與系統的計畫課程，對大學裡的傳統講演方式起疑，而主張討論課程才是研究的中心。他也反對將學術性的知識，機械性地注入學生的腦中，而且很重視形式的學術訓練，以作學問的態度去研究，絲毫不受到任何特殊的實際應用所影響。為了達成以上的要求，學生被允許「獨立研究」與「自由研究」。所謂「獨立研究」不是一個人過著隱士一樣的生活，而是要將學術帶進研究的社群裡，要互相交換研究的經驗；所謂「自由研究」就是教授與學生的「學術自由」（akademische Freiheit）。洪保特這種思想，給德國大學帶來很大的影響，目前德國大學注重學術自由、教學自由、學習自由，就是受到洪保特理念的影響（詹棟樑，1976a：122-123）。後來，由於柏林大學在學術表現上成就非凡，因此歐洲、亞洲和美洲許多國家的大學都以柏林大學為學習對象。例如：東歐的捷克、北歐的瑞典和中歐的奧地利，這些國家都模仿柏林大學的精神建立大學的制度。亞洲的日本在1877年設立東京帝國大學，雖然包含

了不同國家的大學型態，但是東京帝國大學的法學院和醫學院，則完全模仿柏林大學的制度。當時美洲大學的發展，也受到柏林大學的影響。美國許多公私立大學的設立，都將柏林大學的精神作爲設立的典範（Röhrs, 1995）。總而言之，由於洪保特主張大學應該實施民族精神教育，注重完整人格的教育，兼顧教學與研究的工作，倡導學術自由的觀念，使得柏林大學成爲眞正代表德意志精神的大學，並且被歐美的現代大學奉爲典範，尊稱爲「現代大學之母」（Mutter der modernen Universitäten），對於普魯士王國大學教育制度的改革，洪保特貢獻最大。

## 第四節　黑格爾的教育哲學

黑格爾（Georg Wilhelm Friedrich Hegel, 1770-1831）1770年8月27日出生於斯圖嘉特，父親是佛爾登公爵領地稅務局的書記官。黑格爾是長子，下有一個妹妹和一個弟弟，黑格爾與妹妹克莉斯蒂安娜（Christiane Hegel）極爲親密，感情甚篤。弟弟路德維希（Ludwig Hegel）後來成爲一名軍官。黑格爾在斯圖嘉特就讀小學，1780年進入斯圖嘉特古文中學。在校期間非常好學深思，熱愛古典學科，以第一名的優異成績畢業。1788年黑格爾進入杜賓根大學神學院就讀，黑格爾獲得一份獎學金，住在神學院中，學習哲學與神學。在神學院期間，黑格爾與謝林（Friedrich Wilhelm Joseph von Schelling, 1775-1854）和賀德林（Friedrich Hölderlin, 1770-1843）建立了良好的友誼。1793年黑格爾從神學院畢業後，即前往瑞士伯恩，在一個貴族家庭裡擔任家庭教師。黑格爾設法繼續閱讀與思考，在伯恩度過四年的光陰。1797年初，黑格爾經由賀德林的介紹，高興的前往法蘭克福，擔任相似的家庭教師。1801年黑格爾在謝林的協助下，得到耶納大學的教席。當時耶納大學是德國著名的大學，教育學家席勒（Friedrich Schiller）、哲學家費希特（Johann Gottlieb Fichte, 1762-1814）和文學家史萊格爾（Friedrich Schlegel, 1772-1829）兄弟都在那裡。黑格爾到達耶納時，耶納大學已經開始沒落了。費希特已於1799年離開，謝林也在1803年他去，不過在耶納的數年，卻使黑格爾奠定了自己哲學體系的基礎，同時由於若干著作的發

表，使黑格爾在哲學界逐漸獲得好評（Rosenkranz, 1998）。

　　黑格爾最初只是耶納大學的私聘講師，1805年才正式晉升爲耶納大學的副教授，並且開始從事其哲學體系的主要著述。其中第一部分就是《精神現象學》（*Phänomenologie des Geistes*）。1806年10月拿破崙在耶納戰役之後，占領了整個城市。黑格爾在慌亂之中不得不攜帶《精神現象學》手稿走避他處，出人意料的是黑格爾房東的妻子，竟在此時爲他產下一名私生子。離開耶納之後，黑格爾在友人尼特哈莫（Friedrich Immanuel Niethammer, 1766-1848）的協助下，在班堡找到一份編輯《班堡日報》（*Bamberger Zeitung*）的工作，雖然黑格爾對報紙的編輯頗感興趣，但那究竟不是他的專長，因此在次年轉任紐倫堡中學校長。在紐倫堡期間，雖然學校預算緊縮，而且薪資偶爾會延遲，但是哲學課程的講授，顯然對他哲學思想的發展有很大的幫助。在這段期間裡，黑格爾不僅出版了其名著《邏輯科學》（*Wissenschaft der Logik*），同時也於1811年與紐倫堡元老院議員的女兒杜賀（Marie von Tucher）小姐結婚。他們婚後生有卡爾和伊曼紐兩個兒子，同時也把私生子路德維希帶回家中扶養（Rosenkranz, 1998）。

　　1816年黑格爾前往海德堡大學擔任哲學教授，他專心投入大學課程的講授。這時黑格爾已經完成其哲學體系的建構，在海德堡大學的第一年他就準備講授《哲學科學百科全書》（*Enzyklopädie der philosophischen Wissenschaften*），內容包括「邏輯科學」（Wissenschaft der Logik）、「自然哲學」（Philosophie der Natur）和「精神哲學」（Philosophie des Geistes）三部分，後來這本書於1817年出版。但是，黑格爾在海德堡大學的講課，並未引起學生學習哲學的興趣，這讓黑格爾在心理上有些失望。不過，黑格爾在德國哲學界的聲望逐漸達到巔峰，而柏林大學費希特哲學講座的職位仍然空缺，在普魯士王國教育部長亞登斯坦（Karl vom Stein zum Altenstein）的堅決聘請下，黑格爾於1818年正式到柏林大學，出任哲學教授職位。在柏林大學期間，黑格爾完成了《法理哲學》（*Grundlinien der Philosophie des Rechts*），並且累積了許多演講錄和手稿，這些文獻包括《歷史哲學》（*Philosophie der Historie*）、《美學》（*Ästhetik*）、《宗教哲學》（*Philosophie der Religion*）和《哲學史》（*Historie der Philosophie*）。1829年黑格爾

的聲望達到最高點，並且被任命爲柏林大學校長，1831年11月4日因感染
霍亂，突然意外地離開人間（Rosenkranz, 1998）。

　　黑格爾曾經在1806至1816年間，擔任過家庭教師和紐倫堡中學校長的
職務，具有豐富的教育經驗，同時著有許多重要的教育哲學論文。主要
包括《精神現象學》（*Phänomenologie des Geistes*）、《邏輯科學》（*Wis-
senschaft der Logik*）、《哲學百科全書》和《法理哲學》。黑格爾1807年
所著的《精神現象學》是一部不朽的教育哲學名作，主要在論述人類經
由懷疑、反思、否定、揚棄和綜合的活動，逐漸從意識、自我意識、理
性、精神、宗教，發展到絕對精神的過程（Hegel, 1988: V-VI）。在這本書
中，黑格爾認爲藝術是認識「絕對」的第一個型態，即在「直接性」中認
識「絕對」。換言之，在藝術中「絕對」被顯現於「直接性」之中，「感
性直觀」的形式是藝術的特徵，因爲藝術是用感性形象化的方式把眞實呈
現於意識（張世英，1995：240-241）。並且，將教育稱爲「異化的精神」
（Der entfremdete Geist），它不僅是一種人類意識化成的過程，同時也是
一種精神自外在世界向自己返回的活動。人類從最初的自然意識狀態，經
由懷疑否定而達到自我意識，教育的意義在否定之中因而得以顯現出來
（Schmied-Kowarzik, 1993: 171-172）。黑格爾主張就個別的個體來說，個體
的教育乃是實體本身的本質性環節，即是說，教育乃是實體在思維中的普
遍性向現實性的直接過渡；或者說，是實體簡單的靈魂，而借助於這個簡
單的靈魂，自在存在才得以成爲被承認的東西，成爲一種特定的存在。因
此，個體性的自身教育運動直接就是它向普遍的對象性本質的發展；也就
是說，就是它向現實世界的轉化。現實世界雖是通過個體性而形成的，在
自我意識看來卻是一種直接異化了的東西，而且對自我意識來說它有確定
不移的現實性。但是自我意識儘管確信這個世界是它自己的實體，卻同時
又須去控制這個世界；它所以能有統治這個世界的力量，是因爲它進行了
自我教育，從這一方面來看，教育的意思顯然就是自我意識在它本有的性
格和才能的力量所許可的範圍內，儘量把自己變化得符合於現實。在這
裡，表面看來好像是個體的暴力在壓制著實體賴以實現的東西。因爲，個
體的力量在於它把自己變化得符合於實體；也就是說，它把自己從其自身

中外化出來，從而使自己成為對象性的存在著的實體。因此，個體的教育和個體自己的現實性，即是實體本身的實現（Hegel, 1988: 324-325）。黑格爾肯定教育的重要性，主張教育的過程具有正、反、合辯證的性質，個體必須從自身外化，成為對立的事物，接受他人的教育，然後再向自身返回，進行自我的教育，揚棄對立尋求超越，從意識、自我意識、理性、精神、宗教，到達絕對精神，完成人類教育的過程。在他人教育中顯示出教育的本質，是施教者的內在啟發和外在陶冶；在自我教育中顯示出教育的本質，是受教者的自我的創化。因此，前述三者可以說是黑格爾教育本質的內涵。黑格爾的精神現象學注重確定知識獲得的方法，論述人類思想辯證發展的過程，不僅對於教育理論的建立具有啟示性，同時有助於我們對教育過程的理解。

黑格爾的《哲學百科全書》是唯一說明其哲學體系的著作，原來是想作為他在海德堡大學上課的教科書，但是由於該書用語晦澀難懂，最後只好作罷。黑格爾希望藉由此書用以說明「絕對精神」的概念，主張「絕對」就是「精神」，「精神」想成就自己的本性，就必須運用能力去實現其自身。「精神」不純然只是理性，「精神」是經過自我割離而成為「自然」，然後從自我割離回歸到本身的理性。黑格爾的《哲學百科全書》包括三部分，第一部分是「邏輯科學」（Wissenschaft der Logik），主要在修正和補充以前出版的《邏輯科學》一書；第二部分是「自然哲學」（Naturphilosophie），主要在探討物質、動物和植物等實際存在的事物；第三部分是「精神哲學」（Philosophie des Geistes），主要在心理、社會、政治、宗教、藝術和道德等問題（Hegel, 1991）。黑格爾的哲學體系主要包括三部分：㈠邏輯科學；㈡自然哲學；㈢精神哲學；這三部分構成一個三題論。邏輯將理念作為內自在而討論，這是正題。自然則是理念的他在，它是自在理念的對立體，這是反題。精神是理念與自然的統一，這是合題。黑格爾哲學體系的第一部分在探討純理的邏輯，此範疇體系就是我們所稱的理性。在範疇的體系中，理念是「自在」（Sich Sein），自然的理念是「他在」（Anderssein），精神是理念從「他在」回到「自在」。黑格爾的《邏輯科學》就在說明「絕對精神」自我發展的第一個階段，在

此「絕對精神」還沒有外化爲自然，人類還沒有出現，它純粹是抽象的邏輯概念。它由一個純粹抽象的概念發展過渡到另一個純粹抽象的概念，整個邏輯階段又可以區分爲三個部分，首先是「存有」（Sein），其次是「本質」（Wesen），最後是「概念」（Begriff）。所以，《邏輯科學》也就分爲「存有論」、「本質論」和「概念論」三章（Hegel, 1990; Hegel, 1992; Hegel, 1994）。「存有論」（Die Lehre vom Sein）相當於形式邏輯中的辭端論，其中每一個範疇都被直接地理解爲自我的同一，自我存在自本自根的單元。「本質論」（Die Lehre vom Wesen）由於展現中介和差異的元素，它是一種知性的原理，所以相當於判斷論。「概念論」（Die Lehre vom Begriff）由於是理性和在差異中而又同一的原理，相當於形式邏輯中的三段論。

　　黑格爾另外一本重要的哲學著作是《法理哲學》，在此他爲法律、道德和政治理念提出理論的建構，而且說明家庭、學校、市民社會、國家等各種機構的功能（Hegel, 1995: IX-IIX），對於教育在國家社會層面問題的探討相當重要。黑格爾把家庭、市民社會和國家，視爲倫理的三個不同的層級。家庭是藉著「愛」（Liebe）將個體性的意識統一起來，每個個體變成家庭的成員，這是自然的與最直接的倫理精神。市民社會是因爲成員的自然需求而形成的結合，藉以保障個人及其財產的共同體。國家則是倫理精神充分實現的統一體（Hegel, 1995: 149-155）。黑格爾主張家庭教育的主要環節是紀律，涵義在於破除子女的自我意志，清除純粹感性和本性的東西。從家庭關係說，教育的目的在於積極的灌輸倫理原則，以培養子女倫理生活的基礎；並且應用消極的教育方式，使子女超脫原來所處的直接性，而達到獨立性和自由的人格。黑格爾批評「遊戲教育學」[2]（Spielende Pädagogik）稚氣本身就具有自在價值，將教育降爲稚氣形式的主張，認爲這種教育學乃是把不成熟狀態中的兒童，設想爲已經成熟，並力求使他們滿足於這種狀態（Hegel, 1995: 158-159）。黑格爾強調教育的絕對規定就是

---

2　「遊戲教育學」是指盧梭和福祿貝爾等人主張以兒童爲中心，注重兒童興趣與需要的教育理論。

解放，以及達到更高解放的工作。這就是說，教育是推移到倫理無限主觀實體性的絕對交叉點，這種倫理的實體性不再是自然的，而是精神的提高到普遍性的形態（Hegel, 1995: 169）。黑格爾將教育區分爲理論教育和實踐教育，理論教育是在多樣有興趣的規定和對象上發展起來的，它不僅在於獲得各種觀念和知識，而且在於使思想靈活敏捷，能從一個觀念過渡到另一個觀念，以及把握複雜和普遍的關係。相反的，實踐教育首先在於使做事的需要和一般勤勞習慣自然的產生；其次在於使人的行動適應於物質的性質，並且適應別人的任性；最後在於通過這種訓練，而產生客觀活動的習慣和普遍有效的技能（Hegel, 1995: 173）。黑格爾主張家庭是自然道德再製的一種教育形式，教育不僅具有改革弊端，促成人類社會進步的作用，同時更具有維護階級利益，再製公民社會成員的功能（Schmied-Kowarzik, 1993: 174-175）。

　　黑格爾的美學深受柏拉圖和康德的影響，建立在其客觀唯心論哲學體系和辯證法的基礎上，他主張「美的理念」（Die Idee des Schönen）來自於柏拉圖，相信理性最高的行動是一種審美的行動，眞善美具有密切的關係，哲學家必須像詩人一樣，擁有審美的力量。人類如果沒有審美的意義將會像「學究的哲學家」一樣，生命毫無樂趣。精神哲學就是一種審美的哲學（Hegel, 1970a: 235）。黑格爾在《美學演講錄》裡一開始就宣布他所討論的並非一般的美，而只是藝術的美，並且認爲美學的正當名稱應該是「藝術哲學」（Kunstphilosophie）。美學家們批評到黑格爾時，大半都責備他忽視自然美，其實黑格爾並沒有忽視自然美，在《美學演講錄》中就有一章專講自然美。而且從「美是理念的感性顯現」這個定義看，黑格爾所瞭解的藝術必然要有自然爲理念的對立面，才能造成統一體。不過黑格爾輕視自然美，這確是一個事實（Hegel, 1970b: 13-14）。但是黑格爾也並非完全否認自然美，自然既然是邏輯概念的另一體，是精神這個統一體裡的一個否定面，它就有不同程度抽象的精神或理念的顯現，也就有不同程度的美，儘管這種美還是不完善的（朱光潛，1982：136-138）。黑格爾主張美就是理念的感性顯現（Hegel, 1970b: 151），這種理性與感性統一的說法，在美學史上具有重要的意義。因爲西方美學自從1750年包姆嘉頓創立

以來，經過許多學者的努力，終於成爲一個重要的學術領域。他們都主張
美學是一門研究感性的學問，其性質與邏輯學相對立。他們認爲美與理智
無關，與抽象思維無關，美只存在感性形象上，美的感受只是感官的享
受。但是黑格爾反對這種觀點，兼顧理性與感性，將理性提高到藝術中的
首要地位（朱光潛，1982：129-130；Hegel, 1970b: 29-40）。其次，黑格爾強
調理性與感性的統一，也就是內容與形式的統一，內容就是理性因素，
形式就是感性形象。進而批判康德的形式主義美學理論，可是康德美學
「爲藝術而藝術」的文藝觀，對於歐洲藝術的發展有很大的影響。畢竟黑
格爾的美學理論是孤立的，因爲在西方的美學和藝術實踐中，他的學說沒
有發生多大影響（朱光潛，1982：131）。從黑格爾的整個哲學體系來看，
絕對者是人類教育的理想，這種絕對者是個人自我實現的結果，也是眞善
美聖的統一者。所以，黑格爾顯然不是一位主智主義者，而是一位理想
主義者。當代教育學家李特、德波拉夫、海東、普萊納斯（Jürgen-Eckhardt
Pleines）、羅維希等人，都受黑格爾教育哲學的影響，因此形成「黑格爾
學派」（Hegelscher Schule）的教育學。

## 第五節　福祿貝爾的教育哲學

　　福祿貝爾（Friedrich Wilhelm August Fröbel, 1782-1852）1782年出生於圖
林根（Thüringen）的上白溪（Oberweissbach），母親在他9個月大時去世，
父親是一位牧師，終日忙於教會的事務，因而很少關心家庭與孩子。福祿
貝爾4歲時父親續弦，繼母寵愛親生兒子，福祿貝爾仍然無人可依，整天
孤獨的徘徊於花園和附近的山麓中。他喜歡與花草樹木相親，與鳥蟲禽魚
爲友，同時喜歡在屋裡觀察工人修建教堂，並且從中學習模仿，這可能是
福祿貝爾日後以積木作爲一種恩物，以發展建造本能的濫觴。父親因爲本
身的繁忙和福祿貝爾的駑鈍，失去教育孩子的熱心與耐心。1788年將他送
入當地的女子小學就讀。這個學校清潔安謐，充滿智慧秩序的氣氛，正適
合他內在天性的需要。福祿貝爾在班上學習聖歌，當中若干首常存心中，
每當他面臨困窘與苦惱時，往往可以鼓勵安慰他。福祿貝爾每逢主日上教

堂兩次，而且時常參加準備堅信禮的學習。他深受宗教的涵泳，在心靈中產生宗教的理想，渴望實現基督的善性與純淨。1792年夏天，舅父剛好到家中造訪，發現福祿貝爾周遭的環境相當不利，因而要求福祿貝爾與他同住。在舅父家的和平安謐與美麗環境影響之下，福祿貝爾的道德意識逐漸發展。1797年夏天，接受一位林務官的指導，擔任爲期兩年的學徒。這段期間他體驗了四種不同的生活：一是樸素與實用的生活；二是學習的生活，專心研究數學與語言；三是與森林相處的生活；四是增進植物知識的生活。1799年夏天，福祿貝爾結束學徒的生活，進入耶納大學就讀，主修自然哲學科。在耶納大學的兩年中，他深受巴特希（August Johann Batsch）動物學的影響。1801年福祿貝爾剛讀完三個學期，因爲經濟上的困難而離開耶納大學。1802年他的父親去世，20歲的福祿貝爾從此自謀生活。擔任過土地測量員、法院書記、私人祕書與建築師等職務，並且閱讀普洛希克（Pröschke）、諾華利斯（Friedrich Novalis）和安德特（Ernst Moritz Arndt）等學者的作品，從此認識環境對人類的重要性，瞭解個人與社會、國家及世界的關係（黃光雄，1998：181-184）。

　　1805年擔任法蘭克福「模範學校」（Musterschule）的教師，在那裡認識了裴斯塔洛齊（Johann Heinrich Pestalozzi）的理念。1806年在法蘭克福擔任一位貴族的家庭教師，他曾兩次拜訪裴斯塔洛齊。1808年開始在裴斯塔洛齊的伊佛登（Iferten）學校工作，後來因爲與伊佛登學校的教師理念不同，而在1811年離開伊佛登學校。1811年夏天，福祿貝爾首先進入哥廷根大學，次年又轉入柏林大學，學習自然科學和謝林（Friedrich Wilhelm Joseph von Schelling）的哲學，並且擔任「帕拉曼學校」（Plamannscher Schule）的教師。當時柏林是教育學者和愛國主義者的中心，其後他的學業因爲對抗拿破崙（Napoléon Bonaparte）的戰爭而中斷。在反抗拿破崙的戰爭中，他發展了民族意識與愛國熱忱，因此其教育理論帶有民族主義的色彩。1813年擔任「柏林礦物學博物館」（Museum Mineralogie Berlin）的助理，1816年在家鄉開辦「普通德國教育學校」（Allgemeine Deutsche Erziehungsanstalt）。1818年與威廉茵（Wilhelmine Henriette Hoffmeister）小姐結婚，婚後沒有生下任何子女。福祿貝爾在1820年出版《給我們的德意志

民族》（*An unser deutsches Volk*）一書，1826年出版泛論兒童教育工作的著作《人的教育》（*Die Menschenerziehung*）。1828年計畫在赫爾巴（Helba）創立一所國民教育學校，但是最後並沒有實現。後來，因爲被懷疑爲鼓吹革命，而受到政府當局的迫害，逃往鄰國瑞士避難。在瑞士柏格道夫（Burgerdorf）擔任一所孤兒院的院長。1836年回國之後，專門從事幼兒的學前教育工作，在布蘭肯堡（Blankenburg）開辦了一所學齡前幼兒的教育機構，福祿貝爾將其命名爲「幼兒園」（Kindergarten），創立了一套幼兒園教育體系，1844年出版了幼兒教育的專著《慈母曲與唱歌遊戲集》（*Mutter- und Koselieder*）。晚年因積極參加進步教師集會，呼籲政府撥款促進幼兒園的發展，被認爲是反政府行動而受到迫害，剝奪了他在普魯士王國從事教育活動的權利。1851年普魯士政府下令關閉境內全部的幼兒園。福祿貝爾對此非常憤慨，多次上書進行辯護，但是毫無結果。1852年，他在悲憤中離開了人世，被後人尊稱爲「幼兒園之父」（Vater der Kindergarten）。福祿貝爾有關幼兒教育的著作，經友人編輯出版，名爲《幼兒園教育學》（*Wikipedia, 2013j*）。

　　福祿貝爾在《人的教育》一書中，闡述他對教育涵義的理解和教育的目的。福祿貝爾認爲教育就是引導人增長自覺，達到純潔無瑕，能夠有意識地和自由地表現神的統一的內在法則，並且採用適當的教育方法和工具，使其成爲一個有思想和有智慧的人。他強調宗教在教育中的重要性，主張在一切事物中存在著和統治著一個永恆的法則。這個法則過去和現在都表現在外部、在自然中、在內部裡、在精神中，也表現在結合自然和精神的生活中，這是以一個滲透一切的、精力充沛的、富有生命的、自覺的全能法則，因而是永恆的以統一爲基礎。這個統一就是上帝，上帝是一切事物唯一的來源。在一切事物之中，都存在著和統治著神的統一或上帝，教育理論就是在認識和研究那永恆的法則，指導有思想、有智慧的人們，領悟他們的生活工作和完成他們使命的指導體系。教育實踐就是自己主動地應用這種知識，來指導發展和培養有理性的人們，以達成他們的命運。而教育的目的就是實現忠誠的、純潔的、寧靜的，也就是神聖的人生。啓迪智慧是人類的最高目的，是實現人類自決的最高宗旨。教育應該引導和

指導人，瞭解自己和關於自己的一切，與自然協調並與上帝統一。因而教育就該提高人對於自己和人類的認識、對於上帝和自然的認識，以及對於純潔和神聖的生命的認識。在施教者與受教者的關係上，福祿貝爾指出施教者應使個別的一般化和一般的個別化，並在生活中對兩者都予以闡明。他應該使外部變為內部、使內部變為外部，並指出兩者是必然統一的。人類應該根據無限考慮有限、根據有限考慮無限，並使兩者在生活中得到和諧。他還認為應該從人的任何方面看出神的實質，並從人的本性追溯到上帝，從生活的彼此關聯中，把兩者表露出來（Fröbel, 1826）。

　　福祿貝爾受到「德國觀念論」（Deutscher Idealismus）的影響，主張「萬有在神論」（Panentheismus）的世界觀，認為上帝是萬物的統一體，世界、自然和人都是上帝精神的自我揭示。萬物因上帝而生，故萬物也表現出神性。教育的主要目的不是教導許多繁雜的事實，卻應強調在萬物中那種永恆的統一性。他主張萬物具有象徵的意義，都顯示神聖的意義。例如：在植物中最欣賞百合花，認為百合花最具神祕性，是和平之花。德文的文字亦具有神意。強調人性即神性的顯現：萬物中人心最具神意，人的所有活動及作為，就是透過外在的方式使人與自然接觸，漸漸將內在神性予以外在化。福祿貝爾對學校究竟應該教些什麼，提出了自己的看法。他認為學校教學要引導兒童獲得三方面的知識：一是關於他自己及與人交換的知識和關於整個人類的知識；二是關於上帝、關於人類和一切事物的永恆條件及其由來的知識；三是有關基於永恆精神和依附於它的自然界和外部世界的知識。福祿貝爾提出要根據兒童發展的內在要求，來制定教育的法則。教育是以內部深處的考慮為基礎的。由於人們不能好好應用這個真理，或是經常違反了這個真理，對兒童的內部生活和對青年，從一定外部生活所表現的做了直接的推論，構成對抗和爭辯及在生活和教育方面屢犯錯誤的主要原因，因此教育的教學和訓練在根本原則上，必須是被動的和順應的，而不是命令的、絕對的、干涉的。福祿貝爾還強調要注意兒童的全面發展。在兒童期生活中的許多方面，都還沒有表現特殊的和固定的方向。繪畫配色的作業，並不是要培養一個未來的畫家；進行唱歌的教學，也不是有意地訓練一個未來的音樂家。設置這些功課的目的，只是使年輕

人獲得全面的發展，並且揭示他的本性。這些作業是供應學生精神生長必需的食糧。它們是促使他的精神舒暢生活，得到健康和開朗的媒介物。為了達到這個目的，在教學科目上，福祿貝爾臚列了四種課程：宗教與宗教教育、自然科學與數學、語言、藝術（Fröbel, 1826）。福祿貝爾強調學校與家庭在兒童成長中的作用和彼此合作的重要意義。他認為統一的學校和家庭生活是積極的教育生活，這包括下列幾方面的內容（Fröbel, 1826）：㈠喚醒、增強並培養兒童的宗教感；㈡關心身體，給予身體方面的知識，並且發展良好的體質；㈢對自然和外部世界的觀察和學習，要從最近的周圍環境到較遠的地方；㈣熟記關於自然和生活的一些短的詩篇；㈤語言的練習；㈥系統的手工練習；㈦線條的練習；㈧學習各種不同的和相似的彩色；㈨遊戲；㈩講述故事、傳記、寓言和神話故事。他主張幼稚園的任務是：培養學前兒童，讓他們做各種必要的活動；發展他們的體格，鍛鍊他們的外部感官，使兒童認識人和自然；使兒童在遊樂、嬉戲和天真活潑的活動中，去做好升學的準備。

# 第十一章

# 詮釋教育哲學

　　詮釋教育哲學時期教育學家開始反思近百年以來教育學術發展的情形，他們認為教育學術的發展如果仍然停留在其他科學理論的借用階段，將妨礙教育學術的進步，因此開始從事教育哲學研究對象的界定，從精神科學的觀點發展教育哲學自身的研究方法，特別是以詮釋學的方法來研究教育問題，不僅在教育領域中建立了許多理論，同時逐漸形成教育哲學兼顧理論與實踐的學術性質。從此歐陸和英美的教育哲學開始分道揚鑣，朝向不同的模式發展。歐陸將哲學觀點、理論和方法融入教育學之中，成為一門哲學教育學；而英美則借用哲學的觀點、理論和方法，來論述教育實際的問題，成為一門教育哲學。這就是為什麼歐陸許多國家有「教育學」傳統，而英美國家沒有「教育學」傳統的原因。詮釋教育哲學主要奠基於狄爾泰（Wilhelm Dilthey, 1833-1911）的歷史詮釋學與史萊爾瑪赫（Friedrich Ernst Daniel Schleiermacher, 1768-1834）的教育理論之上，

而和柏克曼（Hans Bokelmann）「歷史—重建的」和「存在—建構的」精神科學教育學對立，對教育實際進行「歷史—詮釋學的」分析（Benner, 1991: 199）。詮釋教育哲學時期著名的代表人物有狄爾泰、布伯（Martin Buber, 1878-1965）、赫尼希瓦（Richard Hönigswald, 1879-1947）、斯普朗格、諾爾（Herman Nohl, 1879-1960）、李特（Theodor Litt, 1880-1962）、魏尼格、佛利特納（Wilhelm Flitner, 1889-1990）、凱欣斯泰納（Georg Kerschensteiner, 1854-1932）、波爾諾（Otto Friedrich Bollnow, 1903-1991）等人，這個學派被後人稱爲「狄爾泰學派」（Dilthey Schule）。詮釋教育學又名精神科學的教育學，以「生命哲學」（Lebensphilosophie）、「歷史哲學」（Geschichtesphilosophie）、「文化哲學」（Kulturphilosophie）、詮釋學與現象學爲基礎，是教育學家狄爾泰所創立的一派教育學。相較於歐陸普通教育學的蓬勃發展，這個時期美國正處於教育哲學萌芽期。查布里斯（J. J. Chambliss）在《美國教育哲學的萌芽》一書中，指出當時教育哲學家思索教育問題的三大方向：其一是「歸納的經驗主義」（inductive empiricism），這是受到科學的影響，學者著重對兒童的研究，後來逐漸發展成教育心理學；其二是「理性主義」（rationalism），植基於先驗的立場處理自然科學無法處理的問題；其三是「自然的經驗主義」（naturalistic empiricism），這一派的立場以杜威爲代表，認爲先驗的立場沒有必要，而經驗也不能只狹隘的限制在科學檢測下的經驗。第一種立場後來脫離了教育哲學，成爲教育科學；第二種立場一直若隱若現的表現在教育哲學的探索中；第三種立場則成爲美國教育哲學的代表（簡成熙譯，2002：234；Chambliss, 1968）。這個時期英國的教育哲學除了傳統經驗主義、效益主義和霍布士（Thomas Hobbes, 1588-1679）唯物主義的影響之外，也開始受到德國觀念論的影響，特別是黑格爾主義的學說，對許多教育哲學家產生影響。此時，法國教育哲學除了延續傳統理性主義、唯物主義和自然主義之外，也受到赫爾巴特主義和柏格森（Henri Louis Bergson, 1859-1941）生命哲學的影響。同時，新教育運動的思想也開始萌芽。法國新教育運動的代表人物，主要包括費立葉（Aldophe Ferriére, 1879-1960）、佛雷納（Célestin Freinet, 1896-1966）、彌亞拉雷（Gaston Mialaret, 1918- ）等人，對於新教育

運動在觀念宣導、理念建立和教育改革上貢獻很大。針對詮釋教育哲學時
期部分著名的代表人物，詳細說明如下：

## 第一節　狄爾泰的教育哲學

　　狄爾泰（Wilhelm Dilthey, 1833-1911）1833年11月19日生於萊茵河畔的
比柏瑞希（Biebrich），父親是納紹公爵的宮廷牧師與顧問。母親是一位
虔誠的虔敬派教徒，對狄爾泰思想的發展有深遠的影響。狄爾泰是長子，
有兩個妹妹和一個弟弟，弟弟卡爾後來成為一位考古學與古典語言學教
授。么妹莉莉後來嫁給一位古典語言學家烏塞納（H. Usener）。狄爾泰在
比柏瑞希就讀小學，三年後轉入威斯巴登古文中學，以第一名的優異成
績畢業。1852年狄爾泰自威斯巴登中學畢業後，本想到海德堡大學攻讀法
學，但是因家人意願而修讀神學。狄爾泰在海德堡大學讀了三個學期，
在海德堡大學期間，他深受一位年輕講師費雪爾（Karl Fischer）的影響。
1853年冬天轉往柏林大學，狄爾泰在柏林大學神學院註冊入學。狄爾泰在
柏林大學期間，因為編輯史萊爾瑪赫遺稿和受到全德倫堡（F. A. Trendelen-
burg）、拉查魯斯（M. Lazarus）和蘭克（Leopold von Ranke）等人的影響，
使狄爾泰的興趣逐漸由神學轉向歷史與哲學。1856年夏天狄爾泰在家鄉通
過神學考試，曾在莫斯巴赫一間古老教堂布道過。同年11月初，狄爾泰在
柏林通過國家教育局考試，取得在中學任教的資格，後來在柏林的皇家法
文中學擔任助教的工作。1859年優納斯（L. Jonas）去世，狄爾泰接下了編
輯史萊爾瑪赫書信集的工作，並積極致力於一篇史萊爾瑪赫詮釋學、哲學
和神學中詮釋歷史關係的論文。1864年狄爾泰在柏林大學獲得哲學博士學
位。不久之後，狄爾泰以一篇論文獲得大學教授備選資格。1866年狄爾泰
任教於巴塞爾大學，1868年轉赴基爾大學，1881年再轉往布雷斯勞大學。
1882年狄爾泰才有機會回到柏林大學任教，此後一直在柏林大學任教到
1907年退休為止。退休後狄爾泰仍住在柏林，1911年因病逝世，主要著作
有《狄爾泰全集》（張旺山，1990：113-161）。

## 一、自然科學與精神科學的關係

狄爾泰畢生奉獻於釐清自然科學和精神科學的關係，並且爲精神科學建立穩固的理論基礎。他認爲數學和力學是自然科學的基礎科學，而詮釋學則是精神科學的基礎科學（葉坤靈，1999：30）。1875年狄爾泰發表〈人的研究〉（Das Studium der Menschen）一文，主張要瞭解人必須研究人，將人類心理狀況的研究，視爲生物學和社會科學的一部分，雖然研究時有科學層次的安排，但是要基於知識的條件，尤其要以知識的工具作爲第一線，以科學的方式來探討人的生活形式和發展，主張人的研究不能忽略社會生活的各項因素，包括理性的生活、語言、藝術、科學、道德、法律、政治等，所顯現出來的一些因素。狄爾泰認爲人是有理性的，也應具有人生觀與世界觀。人類學的意義就是人的科學，而哲學人類學所研究的是社會歷史的因素，並以其爲研究的基礎，更要促使心理與生理的合一。因此對於人類學的研究，應有生物學的協助，而將人的發展視爲有目標的活動。在研究人類學時，可應用其理論來探討人類各方面的生活，尤其是精神生活，對人類而言更顯得重要，因爲它是社會關聯中的文化中心，由於生活力量的作用而形成文化制度（詹棟樑，1995：348-349；Dilthey, 1974: 56；Dilthey, 1990: 40-41）。教育人的再發現，從心理學的觀點去探討，人的精神生活是社會與歷史各種因素交織關聯而成的。在人的發展過程中，賦予各種圖像、概念、價值、理想等，以形成意志的取向。這使人更爲穩定，並且具備應有的生活方向（Henningsen, 1981: 30）。狄爾泰主張教育的任務是個人的發展，而這種發展是經由顯著的制度作爲手段，以達到能夠獨立的作決定，同時以各種經驗來衡量。教育也就是在促使人的情感、意志與理念的發展。這些對於個人而言，就是教育的最後目的。因此，教育所要努力的是教育理想的表現，而教育理想又存在於社會理想之中，並且與教育理想發生關係。這一代的青年往往採教育理想與生活理想分離的觀點，這是不正確的，教育應該帶來各種能實現的目的（Groothoff & Hermann, 1971: 12）。

## 二、教師與學生的關係

後來，狄爾泰在1883年出版《精神科學導論》一書，書中將科學區分為自然科學和精神科學，並且主張自然科學以自然為研究對象，使用說明（Erklären）的方式，注重因果原理的研究。精神科學則以人類為研究對象，使用理解（Verstehen）的方法，強調結構關係的研究，所以兩者的性質全然不同。教育學以教育過程中的師生為研究對象，因此屬於精神科學的一部分（詹棟樑，1995：339；Dilthey, 1990: 14-21）。狄爾泰主張教育學要成為科學，只有從教師與學生的關係去描述才有可能。因為自己將師生關係的現象提出來，透過心理學的分析把它釐清，使得組成教育過程的每個過程的完整性能夠被描述出來，進而將規定過程完整性的要素形成公式，或者推演出法則。假如這種公式在特定條件下，能夠表達每個教育的影響要素，那麼這種公式也可以被稱為一個原理……。因此，經由師生關係的描述可以建立普效性的教育學。這種教育學是描述、分析、法則給予和原理的學說（Dilthey, 1986: 190）。他認為教師與學生的關係是教育的基礎，教育的概念指的是一種有計畫的活動，這是一種成年人有意安排以建立未成年人精神生活的活動。教師應該瞭解教育的概念，如英國哲學家洛克和德國哲學家康德一樣，將人視為自我目的。同時，要如基督宗教所說的「視人如己」（Dilthey, 1986: 190-191）！主張教育一方面要發展未成年人的天賦，另一方面也要配合社會的需要。教師應該認識學生的天賦，讓學生在教育後帶來意識，並且引導學生使其養成自我活動的習慣。教師的教育必須適合學生的天賦，讓學生朝未來職業活動的方向繼續發展，使學生和家長從技術和任意的控制中解放出來，與整個社會的需要相關聯，這才是一種偉大的教育藝術（Dilthey, 1986: 197-198）。強調教師在教育過程中應該聯結家庭與社會，並且教導青少年適應老年人的生活，使得青少年瞭解老年人的生活狀況。同時，教師應該作為青少年的「先前圖像」（Vorbild），積極影響青少年的行為，有計畫的進行教育活動，讓未成年人能夠適應社會的需要，使未成年人逐漸由不成熟達到成熟的狀態（Dilthey, 1986: 192-193）。主張精神生活可以建構一種發展，天賦自身包括了

完整的特性和成就。教師應該把握學生的特性，幫助學生發展其天賦，並且引導學生克服障礙向上提升，使學生將來能夠在社會中找到適合的職業（Dilthey, 1986: 199-200）。

## 三、人類的生命與本質

狄爾泰認為人的生命不只是與動物一樣有生物的因素，而且其因素是極為複雜的，即無數個別生命的累積，構成人類生命社會與歷史的真實性。希望與恐懼、思想與行動，構成了人是被創造的，道德指導他們的行為，宗教填補他們的心靈，所有藝術、文學和哲學，都是生命的一部分。狄爾泰主張生命不但是目的，而且也是唯一的，是哲學的主要材料，那些人們真正的經驗，是生活中的財富。依實證的觀點，人們所經驗的，只有感覺與印象，即一種形上的法則，用以抽象化人們的真實經驗，約束了人類知識的河流（Dilthey, 1974: SXXI）。狄爾泰認為歷史發展過程的原因與動力是可以獲得解釋的，因此整個歷史哲學是世界的反應，其背後是由所有的哲學與所有的世界觀所支持，這一切都是來自於生命。是以生物學是一門極為重要的科學，因為「生命」的概念是來自生物學的，它包括了精神、心靈、主觀等，生命具有普遍性和組織的實際性，所以生命是一個大的完整性（Dilthey, 1974: 5）。狄爾泰從這種生命哲學的觀點出發，重視人類生活的表現與理解，認為人類是一種歷史性的存有，可以從人類生命的層面來掌握，透過人類生命的表現來把握生命，以瞭解人類的本質（詹棟樑，1995：351-353）。

## 四、情感教育的意義

狄爾泰在1874年所著的《教育學》一書中，談到「情感教育」（Gefühlserziehung）的問題。他主張意志過程和情感過程作為一種狀態，在人類內在的意識中是能夠清楚的區分的。在意志過程和情感過程中，所有對象的彩色圖案最終如何成為眼睛感官能量範圍的一般條件、所有我們感官的知覺如何產生品質領域的多元性，和這些現象共同設定的生理依賴的系統如何形成，這些都屬於我們生理的性質，包含在情感、衝動和本能中，

它們是人類面對刺激作出反應的核心。這種系統決定我們的幸與不幸，也是所有社會生活和個人發展的跳板。我們的智慧如何是多元的？在意志過程與情感過程中一如何是多？情感生活和意志生活反應形式的多元，在情感、衝動和本能中是重要的，這些都是意志過程和情感過程領域決定性的知識，性格的統一性是發展的工作（Dilthey, 1986: 220-221）。狄爾泰強調因果性需求不僅是一種追求解釋的本能，同時也是所有歸納方法的基礎。這種需求位於人類精神的情感、衝動和本能的結構中，它不但是一種基礎，在兒童身上就有，而且不依賴於生活的目的。可以在學習過程中，經由興趣和慾望獲得實現。在此，開啓了教育的作用（Dilthey, 1986: 223）。人類倫理性的內容存在於基本衝動的聯結，以及如何在經由分散衝動中情感與意志的法則，形成性格的統一性。這裡涉及到個人與社會的發展，至於如何關聯個人與社會是人類與歷史最具深意的問題。個人只有在社會中，才能完成性格的統一，而且只有在個人中，教育才有可能促成人性的發展（Dilthey, 1986: 226）。

## 第二節　諾爾的教育哲學

諾爾（Herman Nohl, 1879-1960）1879年出生於柏林，1885年進入國民學校就讀，接受基礎教育。1889年進入古文中學就讀，學習希臘文、拉丁文和古典學科。1898年通過高中畢業會考，進入柏林大學哲學院就讀，主修哲學與教育學。諾爾是精神科學創始人哲學家狄爾泰和著名教育學家包爾生在柏林大學的學生，深受他們兩人在哲學與教育學思想上的影響。諾爾在獲得博士學位以後，成為狄爾泰的助理。1908年任教於耶納大學，擔任教育學教授。1920年轉任哥廷根大學，出任教育學教授，並且建立哥廷根學派，發揚文化教育學的精神。1937年納粹執政，迫使他離開哥廷根大學。第二次世界大戰結束，諾爾於1945年在哥廷根大學復職，一直擔任教育學教授，直到1949年退休為止，1960年9月27日逝世於哥廷根。諾爾的主要著作有《蘇格拉底與倫理學》（*Sokrates und Ethik*）、《繪畫的世界觀》（*Die Weltanschauungen der Malerei*）、《教育學與政治學論文集》

（*Pädagogische und politische Aufsätze*）、《德國教育運動及其理論》（*Die Pädagogische Bewegung in Deutschland und ihre Theorie*）、《哲學概論》（*Einführung in die Philosophie*）、《審美的實際》（*Die ästhetische Wirklichkeit*）、《性格與命運》（*Charakter und Schicksal*）、《道德基本經驗》（*Die sittliche Grunderfahrung*）、《三十年來的教育學》（*Pädagogik aus 30 Jahren*）、《現代教育的任務》（*Die Pädagogische Aufgabe der Gegenwart*）、《席勒演講錄》（*Friedrich Schiller. Eine Vorlesung*）、《教育學的過錯與任務》（*Schuld und Aufgabe der Pädagogik*）、《社會教育學的任務與途徑》（*Aufgaben und Wege zur Sozialpädagogik*）、《學校教育學論文集》（*Ausgewälte schulpädagogische Schriften*）、《教育學論文集》（*Ausgewälte Pädagogische Abhandlungen*）、《德意志運動》（*Die Deutsche Bewegung*）、《教育學手冊》（*Handbuch der Pädagogik*）等（Bartels, 1968: 314-315）。

## 一、教育關係與教育的意義

　　諾爾是創立「哥廷根學派」（Göttingener Schule）的教育學家，他繼承狄爾泰教育思想，重視師生關係、社會教育與美學問題的探討，認為教育關係是一種存在師生之間的互動關係，教育關係以師生的接觸作前提，它不是強迫的，而是以自由意志為基礎。教育與生活有密切的關係，它的目的在於精神生活的喚醒，只有經由統一的精神生活，教育的目的才能達到。諾爾主張社會教育就是對青年的幫助，就是透過教育建立受教者的勇氣與信心，而產生自助的力量。教育的意義在於協助下一代返回主體，使其獲得自由獨立的能力，以改善其生活（Nohl, 1949: 279-280）。諾爾認為社會教育就是對青年的幫助，這種幫助包含了「照顧」（Pflegen）在內，即用教育的力量使受教者建立勇氣與信心，而產生「自助」（Selbsthilfe）的能力，他在1947年〈現代的教育任務〉（Die Aufgabe der moderner Erziehung）和1952年〈教育即生活幫助〉（Erziehung als Lebenshilfe）兩篇論文中提出上述的概念。諾爾是文化學派重要的教育家，而文化學派的教育家大都把教育視為是一種幫助，諾爾自然也不例外。尤其他認為教育是一種生活的幫助，也就是在日常生活中給予學生幫助（詹棟樑，1995：370-

371）。諾爾將教育學的基礎分爲三方面：第一是「實際的—世俗的」基礎，第二是「社會的」基礎，第三是「人文的」基礎。他認爲所有的生活指向建立在我們國家意志統一與力量集中上，這就是早期所謂的國家公民教育。所謂國家公民教育就是一個民族用政治的方法來形成它，換句話說就是政治陶冶理想的實現，也就是政治教育的目的在於自由民主的實現，並且使一個國家成爲文化的國家（詹棟樑，1992：122）。

## 二、傳統教育的批判

諾爾在1920年所撰的〈新德意志教育〉一文中，批評以前教育的缺失。諾爾主張傳統教育將人類視爲科學進步的工具，雖然一再以人文主義的教育自居，但是卻淪爲一種技術的教育，一味強調客觀的知性，使得身體與精神合一，生動活潑，深具價值和別具創意的人性逐漸喪失。其次，這種科學的教育區分了「有教養者」（Gebildete）和「沒教養者」（Ungebildete），使得團體共同的生活不再可能，並且造成民族文化中個人精神性的喪失。最後，科學的教育不再具有理想，完全被專家主義和無所不知所占據。面對這種教育發展的危機，諾爾主張教育最終的任務在發展人性（Nohl, 1988: 9-11）。諾爾在《德國教育運動及其理論》一書中，指出傳統的文化是一種意識意志的文化，在這種文化中個人受到目的和成就的統治，思想和意志功能的教育占有重要的地位，精神原理優勢地位的過度緊張，造成安排意志的文化產生深度的抑制。諾爾認爲要解決這個問題，新的審美教育必須發現自然的韻律，以解放人類所有被壓抑的力量，也就是將人再度教育成爲一個人，使人的感性與理性兩方面得到均衡的發展（Nohl, 1933: 46）。

## 三、教育學的使命

教育學的課題不在於培養一位公民、牧師、法官或軍人，而在培養一位具有人格統一性和人性理想的人，這才是教育學最終的使命（Nohl,1933: 178）。諾爾在《審美的實際》一書中，探討文藝復興以來美學相關的問題。他將美學區分爲客觀美學、興趣美學、創造美學、先驗美

學、完滿美學和無窮美學等六類。並且，主張狄爾泰和尼采的美學無法與人類的生活分離，而且會隨著經驗和成就逐漸顯現出生活的重要性。不僅藝術的創造無法與生活分離，就是審美的實際也存在生活之中（Nohl, 1973: 195）。

綜合前面所述，諾爾的審美教育理論在審美教育的目的上，主張培養一個理性與感性和諧的人。在審美教育的功能上，諾爾相信審美教育能夠提高人性，改變個人的氣質，使個人的道德完美。在審美教育的課程上，諾爾認為審美教育活動的進行，應該與我們的生活產生密切的關聯，無論是審美教育課程的選擇，還是審美教育理論的建立，都應該以我們的生活為基礎，才能夠被施教者和受教者所接受。諾爾的教育改革理論注重當時學校教育缺失的批判，強調人格教育、教育關係和審美教育理論的建立，從社會教育的觀點出發，實際參與民眾高等學校的創立，對德國的社會教育運動貢獻很大。

## 第三節　李特的教育哲學

李特（Theodor Litt, 1880-1962）1880年出生於萊茵河畔的杜塞道夫（Düsseldorf）。父親斐迪南是杜塞道夫高級實科中學的教授，由於李特父親職業的關係，使他很早就對教育理論產生高度的興趣，同時對教育實際有深刻的認識，這種家庭背景對李特教育學術的發展產生很大的影響。李特小時候曾在「父母之家」（Elternhaus）接受教育，學習語言、文學和音樂。在國民學校畢業後，李特進入當地的古文中學就讀，在校期間由於成績優異，深獲學校教師的好評。在古文中學階段，他主要受到兩位教師的影響，一位是馬提亞斯（A. Matthias），他是古文中學的校長，對於德文教學歷史和改革有相當大的貢獻；另一位是考爾（P. Cauer），他也曾經擔任過文法高中的校長，精通古典語言學，出版許多有關中學教育和學校政策的著作。1899年李特進入波昂大學就讀，主修古典語言學、歷史以及哲學。1900年他轉學到柏林大學就讀，雖然沒有證據顯示李特曾經聆聽狄爾泰「文化哲學」（Kulturphilosophie）的課程，但是他確實與狄爾泰

的學生諾爾、斯普朗格、佛利塞仁─柯勒（Max Frischeisen-Kohler）和布伯（Mrtin Buber）等人有密切的交往。這不僅反應出李特與「狄爾泰學派」的關係，同時也可以解釋其提倡文化教育學的原因。1904年李特以一篇古典語言學，有關羅馬詩人佛拉庫斯（V. Flaccus）和拉貝歐（C. Labeo）的論文獲得哲學博士學位。在獲得學位之後，李特曾在波昂古文中學和科隆的佛里德里希─威廉古文中學任教。1916年李特的興趣轉移至哲學和教育學，同年出版《歷史教學與語言教學》一書。1919年李特獲得波昂大學教育學講座教授的職位，開始其教學研究的生涯。1920年轉到萊比錫大學擔任哲學與教育學教授，1931年被選為萊比錫大學校長。1937年由於不滿納粹政黨的主張，自萊比錫大學退休。接著不久，發生第二次世界大戰。1945年大戰後，才又回到萊比錫大學任教。1947年轉到波昂大學任教，建立教育科學研究所，直到1962年逝世為止。李特的教育學主要著作有《個人與社會》（*Individuum und Gemeinschaft*）、《人類與世界》（*Mensch und Welt*）、《教育學的可能性與範圍》（*Möglichkeiten und Grenzen der Päda-gogik*）、《輔導或任其生長》（*Führen oder Wachsenlassen*）、《自然科學與人類教育》（*Naturwissenschaft und Menschenbildung*）、《技術思想與人類教育》（*Technisches Denken und menschliche Bildung*）、《德國古典的教育理想與現代的工作世界》（*Das Bildungsideal der deutschen Klassik und die moderne Arbeitswelt*）、《職業教育、專業教育與人類教育》（*Berufsbildung, Fachbildung und Menschenbildung*）、《國家權力與道德》（*Staatsgewalt und Sittlichkeit*）、《德意志民族政治的自我教育》（*Die politische Selbsterziehung des deutschen Volks*）、《東西對立之光裡的科學與人類教育》（*Wissenschaft und Menschenbildung im Lichte des West-Ost-Gegensatzes*）、《民主的哲學與教育學》（*Zur Philosophie und Pädagogik der Demokratie*）、《教育與職業教育》（*Bildung und Berufsbildung*）、《現代哲學及其對教育理想的影響》（*Die Philosophie der Gegenwart und ihr Einfluss auf das Bildungsideal*）、《科學、教育、世界觀》（*Wissenschaft, Bildung, Weltanschauung*）、《活生生的裴斯塔洛齊》（*Der lebendige Pestalozzi*）、《教育學與文化》（*Pädagogik und Kultur*）等（詹棟樑，1976b：237；Klafki, 1982: 9-10）。

　　根據個人對李特相關文獻的分析，其教育思想最重要的有三項（詹棟樑，1976b：237-239；Klink, 1971: 33）：

## 一、教育的確立是歷史的

　　一般說來文化學派的教育家是注重歷史的，他們所以看中歷史的價值，是因爲文化與歷史有極大的相關，他們認爲文化的進步是透過歷史的演化而促成的。李特在1945年以後就致力於歷史陶冶問題的探討，曾經寫了三本這方面重要的著作。其歷史哲學受到托爾希（Ernst Troeltsch）、狄爾泰和辛莫爾（Georg Simmel）三人的影響。李特不但對歷史哲學深思，而且認爲陶冶的任務是歷史的語言和教學。

## 二、教育的本質是辯證的

　　李特的思想毫無疑問的是受到黑格爾的影響，吸收了黑格爾的辯證法，成爲其教育學方法的理論，尤其強調精神科學的方法問題，其結構即靠它來完成，而且發展成爲辯證思想的基礎，李特理想的形上學就脫胎於此。李特「精神的自我沉思」就是德國理想主義的思想特色。他的陶冶理想也朝著黑格爾絕對精神的方向發展，他的哲學與教育學的著作，常常採用對立的方式來討論問題，而且用綜合的方法來解決問題。

## 三、教育如何賦予意義解釋的多面性

　　李特是一位學識淵博的人，他具有豐富的學識，於是從各個角度來看教育，包括國家、政治、自由、生活秩序、行政等。教育如何賦予意義解釋的多面性？這是重要的任務。李特從前述的範圍去透視教育，而歸納成文化的理想，構築其文化哲學的內涵。因此教育是廣義的，其範圍很廣，文化教育學也是兼容並包的。李特認爲教育家必須知道：人不是永久停留在和諧上的。相反地，他要把握和正視其反面的生長本質。教育的任務在於瞭解人「相對的緊張」，來自這種緊張的關係，形成個人根據獨自決定的要求，這便是「緊張的智慧」。這種「緊張的智慧」可以使人自己首先

塑造其爲人，這便是陶冶的價值。這種情形就承認了「緊張的智慧」，在計畫中建立的無法揚棄的動機。

　　李特主張教育學方法的確立，應該做到下列幾件事情（詹棟樑，1976b：247-249; Litt, 1962）：

## 一、教育理論應有實際作爲基礎

　　教育理論首先應建立實際的基準線，並多方面給予限定，專爲某件事情而服務，並提供有關的科學作爲參考。理論與實際之間的關係，就如同自然科學與技術之間的關係一樣，技術在世界上的任務，由人依據人的需要與願望來操縱，引導其作用與改變；自然科學給予創造性的知識和眞實的關係，由人加以利用，實現其外在眞實性的目的。

## 二、教育理論具有主觀與客觀兩種性質

　　教育理論在思想關聯中，顯示出兩種契機：個人—非理性的契機（主觀）與歷史的契機（客觀）。主觀在於促使人對抗早已存在的事實，有所創造與關聯；客觀在於把握形式與一般法則，在思想運動中形成文化的環境。

## 三、教育思想史應有理論的安排

　　李特是看重歷史價值的，認爲教育的確立是歷史的。然而歷史有特殊性與個別性的條件限制，因此我們必須創造與工作，在文化發展的固定關聯裡，讓我們具有希望以打破現狀，達到較高的科學客觀性。教育思想史對於一般價值的要求，在於思想的空間不受特殊性的限制，因爲人雖然生活在連續的歷史中，但也是歷史的創造者。

## 四、教育理論應該使用心理學的方法

　　心理學的方法是自然科學的方法，尤其是透過正確法則控制的實驗，轉向精神的過程起碼有助於教育的實際，支持知識的理論和成爲相關科學

的立足點，也是精神研究的指導者。我們要以整體的眼光來看心理學，同時要瞭解個人人格生活的統一性，就像文化綜合世界生活的統一性一樣。

## 五、教育理論應該根據目的作可能性的選擇

目的並非自然科學所能給予，因為目的的獲得必須將各種事情的發生、立場和過程等作價值判斷，並且互相比較，尤其是來自「價值強調」（Wertakzent）一項。我們必須將目的限定在確實性上，這樣對於教育思想與教育實際皆有價值。一般人認為教育施為的主觀是精神的，教育目的的實現將是教育的客觀。因此，在人類的教育中，其本質的創造是教育方法之一，而被創造必須根據主觀與客觀。也唯有目的在教育客觀中實現，真正的教育精神才能產生。

李特是「文化教育學」（Kulturpädagogik）最早的倡議者，他主張教育學的研究在於尋求「歷史—文化關聯的結構分析」，因為人是歷史的中心，文化進步的推動者，也就是要站在人類學的觀點去分析。其次，人的存在承擔著其個人的責任與決定，也就是要為存在的任務負責。教育應該具有和諧的觀念，無論是古典的陶冶理想，或現代的情況，對於人的本質而言，都是成為正確的任務。站在人類學的觀點去看，古典的陶冶理想與現代的工作世界，兩者是對立的，但教育目標在尋求兩者的調和。教育的基礎是以文化哲學的觀點，及其普通的方法為基礎；也就是說，教育學是一種精神科學。它重視生活的充實，吾與汝的關係以理解為根本。對於教育任務的分析，要注意到教育實際的結構，例如：歷史生活的基本關係、教育的本質、藝術、國家等。教育中的「成長」與「引導」兩大任務，不容偏頗。「成長」是人的發展過程，在這發展過程中，教師把有價值的各項知能灌輸給學生，也就是引導學生能過文化生活，這稱為「精神的置換」（geistige Auseinandersetzung）；「引導」必須有人的理想圖像作目標，然後朝著目標引導兒童去發展。對精神科學的教育學思想的特性，李特強調教育和教育學具有歷史性，而教育學的中心意義是詮釋學。他重視教育關係，認為教育和教育學的要求建立在「相對的自律」（relative Autonomie）上，而教育在促成理論與實際的結構關係。李特主張精神科

學的教育科學有兩個重要的任務：一是促進兒童的發展、二是培養施教者的責任。另外，李特非常重視人與環境的關係，認為這種關係就如血與肉的關係一樣。人與環境形成聯結的空間，於是形成意識的關係，也有了主觀與客觀之分。環境被當成「客觀」來看待，人對環境是可以把握的，即可以做各種安排；人是主觀的，可以感覺出客觀事物的存在，甚至可以感覺出顏色與聲音，於是便顯示出意義，教育就是意義的把握。李特古典的人文主義可以形成教育的意志，引導人格朝向生活的理想前進（詹棟樑，1995：371-373；Litt, 1965: 122）。

## 第四節 佛利特納的教育哲學

佛利特納（Wilhelm Flitner, 1889-1990）1889年出生於圖林根（Thüringen）的柏爾卡（Berka），1895年進入國民學校就讀，成績表現非常優秀。1899年進入古文中學就讀，1909年進入慕尼黑大學和耶納大學求學，主修德國語文學、英國語文學、歷史學和哲學。耶納大學時期，佛利特納在「自由學生運動」（Freistudentenbewegung）中非常活躍，屬於狄特里希（Eugen Diederich）出版社「薩拉團體」（Serakreis）的成員。在那裡他認識了妻子伊莉莎白（Elisabeth Czapski），他們生下安德瑞亞斯（Andreas Flitner）。其後，安德瑞亞斯也成為一位教育學教授。1912年在諾爾（Herman Nohl, 1879-1960）、卡納普（Rudolf Carnap, 1891-1970）和萊茵（Wilhelm Rein, 1847-1929）指導之下，撰寫〈胡爾森及其自由人聯盟〉（August Ludwig Hülsen und dessen Bund der Freien Männer）的論文，獲得哲學博士學位。1914年至1918年，佛利特納參與第一次世界大戰。戰爭結束之後，他到一所「古文中學」（Gymnisium）教書。1919年參與耶納「民眾高等學校」（Volkhochschule）的創立，並且擔任該校的校長至1925年。1922年佛利特納以〈教學理論的基礎〉（Grundlagen der Didaktik）一文，通過耶納大學的「教授備選資格審查」。1923年參與國民教育制度理論的發展，自1925年起與費雪爾、李特、諾爾和斯普朗格共同創立《教育雜誌》（Die Erziehung），一直擔任主編至1935年為止。1926年應基爾教育學院（Pädagogische

Akademie Kiel）的邀請，擔任教育學與哲學的編外教授。1929年成為漢堡大學的正教授，擔任教育科學講座的講座教授和教育學研究所的所長。而且按照1926年的「師資培育法」（Lehrerbildungsgesetz）的規定，負責師資培育的工作。1933年佛利特納加入「國家社會主義教師聯盟」（NS-Lehrerbund）和「國家主義國民福利組織」（Nationalsozialistischen Volkwohlkfahrt），1935年之後逐漸脫離「國家社會主義」（Nationalsozialismus），由於妻子伊莉莎白是猶太人，1936年佛利特納被納粹當局解聘，離開了漢堡大學。1937年轉到一所新成立的教育高等學校任教。1945年二次大戰結束，佛利特納被任命為漢堡大學教育學研究所的所長，而且負責師資培育的工作，創立《收藏》（Die Sammlung）雜誌。1949年創立「基督教教育家」（Der Evangelische Erzieher），1955年與布列特納（Fritz Blättner）、波爾諾（Otto Friedrich Bollnow）、杜爾赫（Josef Dolch）和魏尼格（Erich Weniger）共同創立《教育學雜誌》（Zeitschrift für Pädagogik）。1951年至1961年擔任西德高等學校校長聯席會議「學校委員會」（Schulausschuss）的主席，在此期間深深影響西德後期文理中學的改革。佛利特納1963年獲得「托普費爾基金會」（Alfred Toepfer Stiftung）的哥德獎，1964年杜賓根大學神學院頒贈榮譽博士學位給他，1990年1月21日因病逝世於漢堡（Wikipedia, 2013h）。

## 一、教育學性質的轉變

佛利特納在《教育學》（Pädagogik）一書中，探討古希臘自辯者（Sophist）、蘇格拉底、柏拉圖到二十世紀教育思想的歷史，說明哲學與教育學的關係，以及教育學的性質逐漸從「精神科學」（Geisteswissenschaft）轉變為「事實科學」（Tatsachenwissenschaft）的現象。他指出柏拉圖的《理想國》（Republik）已經蘊含教育學的形式，從此教育的思想過程屬於哲學思辨，可以在倫理學、政治學和神學的探究中找到自身。十七世紀的歐洲，許多科學從理性和經驗出發，應用觀察對自然和內在世界進行研究，而且經由方法來發現自然和內在世界，希望利用這種方式安全的進行研究，以便透過知識來改善生活的實際。在這個時代中，拉克特

（Wolfgang Ratke, 1571-1635）和康美紐斯主張教育的自然方法。十八世紀盧梭和裴斯塔洛齊發展出心理的知識和社會世界的知識，建立教育思想全新的觀念，脫離古代思想的依賴，逐漸走向科學的形式。當時的教育學被特拉普、啓蒙理性主義者和赫爾巴特，應用豐富的經驗加以探討，而史萊爾瑪赫則將其建立爲反思的形式，成爲奠基在確切的歷史基礎上，聯結實踐的精神科學。十九世紀教育學被建構成一種實證的科學，經由裴斯塔洛齊和赫爾巴特追隨者影響之下的國民學校改革，教育學逐漸與古文中學和教會當局分離，形成教師職業科學的需求，特別是「國民學校教育學」（Volksschulpädagogik）、「古文中學教育學」（Gymnasialpädagogik）、「社會教育學」（Sozialpädagogik）和「國家教育學」（Nationalpädagogik）紛紛出現。另一方面受到自然科學影響的事實研究也逐漸興起。到了二十世紀，實證科學與教育反思的關係受到熱烈的討論。佛利特納認爲教育科學必須爲教育的生活服務，而且必須指引教育的實際，因此教育科學必須注重教育思想與「教育行動」（Pädagogisches Tun）。

## 二、教育理論與教育實踐的關係

教育學作爲精神科學則必須對教育的情境進行哲學的沉思，而教育行動實證的事實科學，則必須將人類世界的一部分作爲對象加以描述。在理論與實踐的關係上，佛利特納認爲主張教育科學的本質必須對抗日常生活的意見和偏好，以榮耀理論，但是對其實踐意義加以嘲笑。或是相反的，來自科技時代的思想方式，主張理論必須建立、領導、規範和控制教育實踐，這兩種觀點同樣都是錯誤的，就像將科技神化是疾病一樣。教育藝術與技術工作無法相比，教育科學與技術學或奠基於技術的科學不同，將兩者類比是無意義的。科學與哲學皆無法讓教育的行動法則，出自心理學或社會學確定的立場來描述，因爲心理學與社會學只是人類典型與普遍性質的確定，但是教育無法從這種普遍性推演出具體情況的作爲。教育不是一次性和不可創造的事物，而必須依賴於教育者形成的意志。人們希望透過科學、形上學和倫理學來決定這種意志，但是人們只能確定普遍和抽象的事物。在決定中人們也無法從普遍性來推演或邏輯的來決定，因此所

有的教育理論只能從其前提推演而來，科學理論根本無法控制實踐，實踐有其自身的來源基礎。除此之外，日常生活的意見主張理論與實踐相互對立，這涉及到一種自我的失望。實證的事實研究已經指出：沒有教育情境思想的伴隨，理論與實踐的鴻溝必須自己呈現，不是實踐走向錯誤，就是理論對自身失望，否則將陷入矛盾對立中。但是教育思想真正的建立於情境中，帶有實踐的性質；理論的真理同時也是實踐的真理，理論與實踐不是對立的，教育科學可以給予教育實踐兩方面，一方面是「單一的知識」（Einzelwissen），另一方面是「教育的陶冶」（pädagogische Bildung）。從事教育活動的人必須參與「教育的反思」（pädagogische Reflexion），而且必須按照「教育的倫理」（erzieherische Sitte）來行動。他將教育科學劃分為教育人類學、教育醫學、教育生物學、教育心理學、教育社會學、教育民族學、教育史、教育制度史、教育勢力與內容史、歷史教育學、系統教育學或普通教育學等學科（Flitner, 1983: 10-23）。

## 三、教育科學的重要概念

　　佛利特納主張教育科學的對象就是整個「教育實際」（Erziehungs-wirklichkeit），對「教育實際」科學的加以確定是基礎教育學和普通教育學的首要任務。這種實際是人類整體「生活實際」（Lebenswirklichkeit）中抽象可分離的一部分，意即我們所知有關教育的一切：我們經驗過的教育作用與活動，我們所執行意識的教育影響，我們知道所拒絕的事物，我們所承擔的教育責任。教育不只是朝向我們而來「在此存有」（Dasein）的所有信任過程而已，而進入屬於我們倫理的世界。因此，教育實際是現象的整體，在其中為了「教育的責任」（Erzieherische Verantwortung）能夠被發現，而且「教育責任」總是再度的被發現。「教育」（Erziehung）有主動與被動的意義，「教育」意謂著某一個人借助教育活動和教育影響引導著另一個人，他（她）可能是有意識或無意識的。「教育」也意謂著教育事件，某個人在教育過程中承受著或享受著，更進一步的意義則指這些過程的結果。「教育」位於人與人的生活關係中，例如：「教師與學生」（Erzieher und Zögling）的科學圖式關係中。「陶冶」（Bildung）這個

字來自十八世紀，用來指稱「受過教育者」（Gebilde）。「陶冶」作爲人類內在精神的建構，形成自人類天性及其歷史內容與使命。其意義是指精神的內在結構，也就是人類的人格。其後，「陶冶」與「教育」逐漸變成同義字。「陶冶」的主動意義是指一種影響的執行，對人類的內在加以塑造，因此「教育」就成爲一種建構的活動。「陶冶」的被動意義是指人類在教育過程中，內在形象逐漸形成和自己產生轉變。一個人的內在形象可以價值中立的被討論，或眞正價值中立的被判斷。佛利特納指出哲學人類學嘗試去解釋人類的概念，當普通教育學去處理教育現象時，普通教育學就成爲哲學人類學的一部分。而哲學人類學如果想要完成其使命，則必須對普通教育學的整體性加以指導。在進行研究和哲學思維上，這兩種方向存在著交互的關係。他主張有關人類的觀點來自基督宗教神學、柏拉圖／亞里斯多德理性主義和唯心主義哲學、實證科學（包括社會科學和自然科學）等三種來源。基督宗教的觀點將人類視爲世界創造者上帝的受造物和孩子，當創造的關係不是朝向不可經驗的神祕創造者上帝去思考，其整個今世性是無法理解的，這個層面的喪失是一種繁華的塵世生活的精神之死亡，這種關係是一種意志的關係，它受到倫理生活的影響，與來世和其他人發生關聯，伴隨著這種關係我們共同導向生活。罪惡帶來「意志關係」（Willensverhältnis）的斷裂，在信仰「基督」（Christus）作爲拯救者之中，將經驗到上帝自身使罪惡轉向和生活的更新，信仰生活使整個「實際」（Wirklichkeit）在「意志關係」中再度的朝向創造者上帝，人類經驗的實際將被分開至非信仰的罪惡和全新的信仰生活中。罪惡的一面被摧毀，信仰的生活整個存在，經由團體中的「基督」與上帝產生新的生活，這是教育的目的必須確定的（Flitner, 1983: 26-33）。

## 四、實證教育科學的批判

佛利特納認爲希臘哲學、理性主義和唯心主義的哲學家，看到受造物和事物中人類精神的本質，經由知識形式的能力和理性，以確定應用創造的邏各斯（Logos）和世界精神（Weltgeist）。人類的本性具有雙重性，他是兩個世界的公民，一個是塵世生活，另一個是精神世界。人類經由理

性產生理念的知識和行動的決定，生活被區分為被野蠻、原始、愚蠢和痛苦所束縛的「在此存有」，也就是自然的生活。以及精神的，較高的精神參與和精神提升的生活，也就是歷史的生活。從十七世紀開始，進行自然世界的方法分析，到了十八世紀開始重視歷史世界的方法分析，使得這種經驗的分析從形上學的假定中得到解放。形成人類學的第二種方式，其思想拒絕形上學的觀點，人類將「在此存有」轉向先驗的實際。相信經驗的「在此存有」就是人類形成最終的一切，人類必須出自塵世的依賴性加以解釋。從這種途徑出發，產生許多有關人類的材料，但是包含的概念只有一個，那就是以經驗取代形上學的思想。這種人類學將人類視為無終點的努力的自然形式，而且是在社會中生活和在歷史中存在的自然形式。生命的過程和死亡的過程被生物的理解，但是在形式中還有自然形式的發展、生活條件良好的適應和朝向死亡移動。伴隨著精神的協助、工具的創造和生活的奮鬥變為容易，使人類能夠改善其社會。作為工具活動的人在社會中發展其智能，持續不斷的改良工具，其理性自身總是愈來愈卓越，以便發現和掌握方法，使其應用更加容易。這種實證主義的學說在二十世紀強烈的主張普遍的意識，它改造了歐洲對人類的概念，而且逐漸的傳播到俄國和東方國家的文化中（Flitner, 1983: 34）。佛利特納認為實證的教育科學是錯誤的，因為它將整個教育過程視為集體的事業，教育者只是不自由的工具，教育的意義變成文化影響的訓練，教育的事件本質上是無意識的，只是從外在可以被描述的活動，傾向責任和理性自身可以維持整個抽離的事件（Flitner, 1983: 39）。主張「教育」對我們而言是作為觀察的對象，是一種歷史行動和責任的氛圍，引導我們朝向良心的事件，但是既外在於我們也在我們之中，我們反思的意識並未占據其動機和過程，這種聯結在歷史行動中不斷的被意向的和直接的認識，但是大部分不是透過反思的方式，而是被意識的和計畫的理性行動所認識，這種理性絕非歷史行動所能實現，而且會留下一些可疑的問題（Flitner, 1983: 53）。

## 五、普通教育學的任務

　　佛利特納主張普通教育學的任務在於科學的綜覽基本概念，解釋教育

事物，使其能夠被理解。他認爲教育範疇的結構，包括下列幾項（Flitner,
1983: 55-56）：

(一)「教育協同體」（Bildungsgemeinschaft）與「教育關係」（erz-
　　ieherischer Bezug），這種人格關係來自教育道德、秩序和生活世界
　　中教育制度的機構。

(二)這種生活世界包括精神的內容和個人生活關係的材料，作爲政
　　治—社會教育勢力的精神位於一端。

(三)在客觀—精神的意義內容中，人類的作品和教育內容位於另一
　　端。

(四)行動的人員包括學生方面必須具有「可塑性」（Bildsamkeit）；而
　　教師方面必須具有「教育意向性」（erzieherische Intention）。

(五)行動和事件自身包括學生方面的「教育過程」（Bildungsprozeß）；
　　教師方面的教育途徑與方法。

(六)行動和事件的作品與結果，包括學生方面的「陶冶」作爲「內在
　　的塑造」（innere Gestalt）；教師方面的目標設定。

　　佛利特納指出教育所需要的內容，早在教育關係中被形成。當教
育問題具體的形成之後，文化內容的形式會自己改變爲教育的內容，但
是這種改變不是理性的，不會單獨受到教育者教育影響作用的改變，而
是與所有的政府機構和歷史勢力共同作用，包括教育者、單一個人、負
有職責的人、審愼選擇或喜愛的人，這些都是影響內容的「教育勢力」
（erzieherische Mächte）。「教育勢力」又可以分爲「自然的教育勢力」
（natürliche Erziehungsmächte）和「精神的教育勢力」（geistliche Erziehun-
gsmächte）兩種，「自然的教育勢力」包括家庭、部落和公國等；「精
神的教育勢力」則包括教會、文化團體、經濟團體、工作團體和國家等
（Flitner, 1983: 88-92）。

　　佛利特納主張「教育過程」就是學生在教育機構中的整個過程，
教育機構的積極作用在於將「人類」（Menschen）塑造成爲一個有「人
格」（Person）的個體，這種積極作用就是眞正「人格化成」（Personwer-
dung）的塑造過程。教育途徑的範疇就在補充教育的過程，學生被包含在

達成目標的過程中，從目前不成熟和缺乏的狀態，朝向未來成熟和較好的狀態發展，使人類的生活層次逐漸提升。這種途徑在於提供學生「思想圖示」（Denkschema），從我們要求的知識提出途徑的觀念，設立未來理想的「圖像」（Bild），經由教育機構和「風俗習慣」（Sitte）的決定，包含正規的途徑和非正規的途徑，引導學生實現理想的圖像。想要達成這個目標，就需要採用有效的教育途徑，這種聯結教育途徑的形式就是「方法」（Methode）。教育的途徑和教育的方法有其歷史的生命，形成自「陶冶」的內容和教育勢力的精神，他們具有自己的風格。但是也有其自身內在的「法則性」（Gesetzlichkeit），可以讓人自己來沉思，他們有一部分內在於經由理性形成的道德之中。佛利特納認為「教育機構」（Erziehungswerk）的作用就在於人類的「陶冶」，作為「機構」（Werk）不在於製造一個人，而在於形成一個人，「陶冶」也就是內在的塑造，學生接受教育的「介入影響」（Einfluß），從真正歷史書寫的意義而言，就是這個人「陶冶」的歷史。教育機構成功的圖像符合教育的目的，陶冶就是根據「圖像」達到教育者想要的「理想性」（Idealität）之活動，因此「陶冶」有其重要的價值（Flitner, 1983: 96-104）。

## 第五節　波爾諾的教育哲學

波爾諾（Otto Friedrich Bollnow, 1903-1991）1903年3月14日出生於東普魯士的斯德汀（Stettin），二次大戰之後劃歸波蘭的西波蒙（Westpommern）省，父親是一位教師和校長。1909年進入國民學校就讀，成績表現相當優異。1913年進入古文中學就讀，1922年在安克拉姆（Anklam）通過高中畢業會考。其後，進入哥廷根大學就讀，跟隨波爾（Niels Bohr, 1885-1962）和波恩（Max Born, 1882-1970）學習數學與物理學。經由瓦根塞（Martin Wagenschein, 1896-1988）的介紹，到「歐登森林學校」（Odenwaldschule）擔任教師，並且向諾爾（Herman Nohl, 1879-1960）學習哲學與教育學。1925年獲得哥廷根大學哲學博士學位，1931年在哲學家密希（Georg Misch, 1878-1965）的指導之下，通過哥廷根大學的「教授備選資

格審查」。1933年11月11日加入支持希特勒和國家社會主義的團體,最初在哥廷根大學擔任私聘講師。1938年擔任哥廷根大學哲學與教育學的編外教授,而且擔任基森大學心理學與教育學講座的代理人。1939年應聘基森大學,擔任心理學與教育學的正教授。在正式從軍之前,波爾諾也到基爾大學短暫的停留,擔任過哲學與教育學的教授。二次大戰之後,1946年波爾諾到麥茲大學任教。1953年應聘杜賓根大學,擔任哲學與教育學講座的教授,一直到1970年退休爲止。1975年獲得史特拉斯堡大學的榮譽博士學位,1980年獲得德國弗亥茂爾文化獎(Kulturpreis der deutschen Freimaurer),1991年2月7日因病逝世於杜賓根(Wikipedia, 2013i)。

## 一、陶冶與邂逅的關係

波爾諾從生命哲學、現象學和存在哲學出發,對這些主題進行導論的撰寫,他發展狄爾泰(Wilhelm Dilthey, 1833-1911)的詮釋學,以說明教育學、歷史學和人類學問題的哲學基礎。波爾諾從「存在哲學」(Existenzphilosophie)的觀點,確定「人類化成」(Menschwerdung)不是不斷的過程,而是生理和心理斷裂的顯示。因此,波爾諾強調人類的生活由持續不斷的「逝去」(Verläufe)和斷斷續續的「變革」(Einschnitte)交織而成。基於這樣的原因,波爾諾主張爲了在持續不斷的範疇中沉思的教育學之擴展而辯護,以獲得教育斷斷續續的形式,這對波爾諾而言是教育的危機、喚醒、警告、諮詢、冒險和失敗。在這種情況下,古典教育學的「陶冶」(Bildung)概念和存在哲學的「邂逅」(Begegnung)概念,形成緊張的關係和補充的關係。他認爲如果要讓人類的精神成長以正確的方式進行,則「陶冶」和「邂逅」必須同等的重視而存在。波爾諾在知識層面之外,提出人際層面的假設,指出人類具有「社交性」(Gesellichkeit),因爲人類不喜歡獨處,人類是一種社交的形式。「社交性」是指一種不受拘束和無目的的「人類共同存有」(Zusammensein der Menschen),這對於「人類化成」具有建構性的意義。所以,他在晚期的《介於哲學與教育學之間》(*Zwischen Philosophie und Pädagogik*)一書中,提出「社交性對話」(geselliges Gespräch)的概念,以說明人際層面的重

要性（Bollnow, 1988: 68-72; Wikipedia, 2013i）。

## 二、理性的責任

波爾諾在《介於哲學與教育學之間》一書中，指出我們生活在一個深受毀滅戰爭威脅的世界，它似乎是一個純粹瘋狂的現象。今天許多強權爭奪著控制這個世界，而很少去關心人類的福祉，更糟的是人類面對恐懼被迫失去勇氣和聽天由命，無助的放棄轉變人類受到威脅的命運。在這種情況下，人類應該如何使自己可以對抗這樣的威脅？我們必須從人類自己的內在去發現，在人類核心所見到的理性中，在這種意義下我們要探討失去和平世界中理性的責任。他談到哲學家康德（Immanuel Kant, 1724-1804）崇尚「理性」（Vernunft），否定「熱情」（Leidenschaft）的價值，將其視為「理性」的傷害，其後在狂飆運動時期浪漫主義、尼采（Friedrich Nietzsche, 1844-1900）生命哲學和其他追隨者的努力之下，「熱情」再度的受到重視。「熱情」使人類的生命更加豐富和具有深度，但是「熱情」也容易造成災難，無止境升高的「熱情」可能成為犯罪的力量。「知性」（Verstand）是指按照邏輯法則來進行概念的思維，他追隨的是邏輯的性質，是一種純粹形式的能力。「知性」不必設定目的，而能在服務中自己進入罪行的目的內，科學服務於軍事工業就是一個顯著的例子。這當然不是說知性的使用已經是一種罪行，但是認為「知性」是道德中立的，這種觀點並不恰當。「理性」意謂著能力（Fähigkeit），在作為之內自己去沉思，人類的行為是否符合概念？是否正確？思考行為的後果，以及準備去承擔後果的責任。成功的「對話」（Gespräch）必須滿足兩項前提：人們必須對另一個人，他對話的夥伴，從根本上平等的加以承認，對話真正的第一個前提就是傾聽他人的能力。第二個前提就是開放的談論我們所想的，而不能有所保留。因此，教育者只有透過教育來教導青少年，在失去和平與威脅的世界中，具有責任的透過特別標準贏得和平與安全。教育學家要如何經由教育促進下一代的和平呢？首先，教育的任務在於解除「敵人的圖像」（Feindbilder），建立「其他的存有（Anders-sein）不是較少價值」的觀念，在彼此的人性中建立兄弟的情誼，而且依此觀點檢視學校書

籍的內容。其次,透過不同國家青少年交換和其他民族家庭的接受,不管是歐洲、美國、東亞國家或其他國家,要求學校進行相互的訪問和彼此的認識,以建立不同國家青少年之間的友誼。最後,對極端的政治潮流、權威的大眾運動和「恐怖主義」(Terrorismus)這些趨勢, 透過教育活動進行抵抗的影響作用。更重要的是,必須經由教育教導學生對話的準備和能力,認識造成敵意的基礎,增進彼此的相互理解,以解除不同國家之間的敵意,促進人類世界的和平(Bollnow, 1988: 10-23)。

## 三、師資培育的科學性

波爾諾主張師資培育的「科學性」(Wissenschaftlichkeit)問題長久以來都沒有爭論,有人認為師資培育的科學地位不足亟需一種協助,但是也有人認為師資培育已經過度理論,教師已經與其實際的任務疏離。只有當這裡討論科學的方式是清楚的,這些爭論的問題才能夠被解決。波爾諾討論的不是符應於教學科目的單一科學,例如語言科學和自然科學,也不是符應於教育者的科學,例如:必要的心理學和社會學知識,而是教育學作為教育科學的科學性質。他認為教育學是一種「實踐的理論」(Theorie der Praxis),「理論」(Theorie)的形成來自於對現存事物的「描述」(Beschreibung),「描述」是所有理論的開端。在描述中可以獲得事物的「意義」(Deutung),「意義」是指某些尚未理解的事物作為整體中某些充滿意義的部分來理解。由此建立的教育理論是一種人類學的理論,因為這樣的理論與人有關,而且這種人明確的說就是一種「教育人」(erziehender Mensch),所以教育理論就是一種人類學理論。教育理論必須從人類學的考察出發,強調其與人類生活的整體關係,人類學對人類的確定必須是暫時的,而且人類的本質無法以無時間性的方式來規定,因為我們不知道人類未來會帶來哪些新的可能性,是以教育學得到一種重要的結果:它必須從外部存在的事物,特別是保守的力量,帶來對教育學的要求。教育學必須有一個人類確定的圖像,來教育孩子們,為未來新的不可預見的可能性保持開放。教育理論的建立有三個課題:第一是將現象學作為「觀審的藝術」(Kunst des Sehen),使其成為對象訓練描述的藝術,如

同它自己從自己而來，不依賴於人類的判斷來敘述。第二是將詮釋學作為「理解的藝術」（Kunst des Verstehen），將描述現象的意義作為較大整體充滿意義的部分。第三是將詮釋學具體化的教育——人類學在特殊關係中應用於教育的人類，以開啟教育過程中深度的理解。在這種意義下被要求的理論，稱為「詮釋教育科學」（hermeneutische Erziehungswissenschaft）。波爾諾認為在教育理論的使用上，有下列五點意義：㈠教育理論敘述一種沉思，使教育者從習慣性的行為中退回去，贏得一種補償，從這種關係出發，它對象的生活著，而且它的深思熟慮是明顯的。㈡教育理論讓教育者從未檢視而接受的觀念中解放出來，它指出一個問題許多可能的面向，而且使至今自明內容的片面性更加清楚。㈢教育理論可以喚醒教育者行為完整的責任，教育理論可以顯示出變通方案，而且強迫教育者在行為中作出決定。㈣教育理論可以發展和擴展視野，在其中教育者可以理解其行為，教育理論給予教育者自由的綜覽和一種較大的安全性。㈤教育理論可以將教育自手工—技術的行為提升，而且要求一種創造性精神行為的尊嚴。教育理論最終的意義在於教育人類理解的喚醒，在這種意義中去保護教育理論，阻止教育理論僅僅成為一門技術學，這是所有師資培育最核心的任務（Bollnow, 1988: 77-91）。

# 第十二章

# 實證教育哲學

　　隨著十九世紀古典教育學家建立的教育哲學、陶冶理論、教育學說和教育經驗領域實證研究統一性的喪失,教育學逐漸在輔助學科中分化開來。同時,由於學校實際研究的需要和受到自然科學蓬勃發展的影響,許多教育學家開始批評詮釋教育哲學的理論過於主觀模糊,希望將教育學建立成為一門嚴謹客觀的教育科學。因此,在教育實際中應用教育行動和實證研究,探討教育的可能性與任務,將純粹的因素作為教育研究對象,建立以自然科學為典範的實證教育哲學(Benner, 1991: 137)。這個時期的教育哲學深受傳統經驗論、孔德(Auguste Comte, 1798-1857)實證主義[1]、邏輯經驗論、實用主義、行為主義和波柏(Karl Reimund Popper, 1902-

---

[1] 凡是要求任何科學必須以可感覺到的事實做出發點,並自限於描述可感覺事實及其規律的哲學看法,總稱為實證主義(Positivism),由法國哲學家孔德所提出(Brugger, 1978)。

1994）批判理性主義[2]的影響，著名的代表人物有雷伊（Wilhelm August Lay, 1862-1926）、繆曼（Ernst Meumann, 1862-1915）、皮特森（Peter Petersen, 1884-1952）、費雪爾（Aloys Fischer, 1880-1937）、羅特（Heinrich Roth, 1906-1983）、羅赫納（Rudolf Lochner, 1885-1978）、克勞爾（K. J. Klauer, 1929-）、阿利希（L. M. Alisch）、羅斯納（Lutz Rössner, 1932-）與布瑞欽卡（Wolfgang Brezinka, 1928-）等人。相較於歐陸，美國進入實用主義教育哲學時期。坎米斯基（J. S. Kaminsky）在「哈佛教育評論」（Harvard Educational Review）中，論述美國教育哲學的發展。他認為美國教育哲學和社會科學很早就結合在一起，這是因為兩者都有社會道德的使命；斯賓塞（Herbert Spencer）和杜威分別從社會問題出發，把教育問題帶入哲學探索之中。美國中南部擁護農民權益的民粹黨與進步主義，則成了教育哲學具體的社會綱領。並且經由社會的正義之士，廣泛的發出各種不平之鳴，促進各種社會改革，形成教育哲學關注的重點（簡成熙譯，2002：234-235; Kaminsky, 1992）。這個時期，英國的教育哲學逐漸注重分析取向，莫爾（George E. Moore）和羅素（Bertrand Russell）受到維也納學派邏輯實證論的影響，先後修正了源自古典經驗主義的傳統，主張「分析」作為哲學方法的重要性。莫爾提倡日常語言的研究，他反對唯心論者如黑格爾的辯證方法，主張哲學應該回到分析的方法。羅素指出他自己的哲學分析取向是受到佛列格（Gottlob Frege）和莫爾的啟發，羅素從世界含有事實開始，進而提倡邏輯原子論。維根斯坦（Ludwig Wittgenstein, 1889-1951）在1930年代放棄他先前在《邏輯哲學論叢》中，對於「意義」所採取限制性的和技術化的觀點，以及對於還原分析法的主張，折返到日常語言的研究上，強調語言結構的解析，以避免對語言的根本曲解，並提出語言的意義在於它們的使用。這個時期的維根斯坦雖然人在劍橋，但透過他的學生和班級上課的手稿，與牛津大學的莫爾的分析理論合流，注重研究日常語言的任務與

---

2　批判理性主義（Critical Rationalism）主張科學的命題既不能證明，也不能用經驗檢證其為真，他們寧願以假設的身分被提出和接受，直到有一天被經驗否證為止，由奧地利哲學家波柏所提出。

功能，共同帶領二次世界大戰之後日常語言哲學的風騷。1950年代末期和1960年代初期，由於哲學革命直接與間接的影響，特別是莫爾和維根斯坦的方法論，逐漸形成教育哲學的新觀念。像是利物浦大學的歐康諾（Daniel John O'Connor）、哈佛大學的謝富樂（Israel Scheffler, 1923-）和倫敦大學的皮特斯（Richard S. Peters）等教育哲學家，將哲學思考方法運用到教育實務和問題的解析，爲教育哲學的萌芽和茁壯奠立學術基礎，促成了整個教育分析哲學的興起（李奉儒，2004b：33-50）。這個時期，法國的教育哲學持續受到笛卡爾理性主義、盧梭自然主義和孔德實證哲學的影響，而且柏格森的生命哲學逐漸受到重視，開始影響教育哲學的觀點。針對實證教育哲學時期部分著名的代表人物，詳細說明如下：

## 第一節　繆曼的教育哲學

繆曼（Ernst Meumann, 1862-1915）1862年8月1日出生於克雷費爾德（Krefeld）的余爾丁根（Uerdingen），1868年進入國民學校就讀，1872年小學畢業之後，進入古文中學學習，1883年通過高中畢業會考，進入杜賓根大學，學習哲學、文化科學和基督教神學。1891年在席格華特（Christoph von Sigwart）指導之下，以〈概念聯合與再製的原理〉（Das Grundgesetz der Assoziation und Reproduktion der Vorstellungen）一文，獲得哲學博士學位。其後，應聘萊比錫大學實驗心理學研究所，擔任心理學之父馮德（Wilhelm Wundt, 1832-1920）的助教。1893年以〈節奏的心理學與美學之探究〉（Untersuchungen zur Psychologie und Ästhetik des Rhythmus）一文，通過「教授備選資格審查」，晉升爲哲學與心理學教授。1896年轉任蘇黎士大學，擔任哲學講座教授，建立心理學實驗室和心理學研究所。曾經先後任教於寇尼斯堡大學、敏斯特大學、哈勒大學和萊比錫大學，1911年擔任「學校改革聯盟」（Bund der Schulreform）的主席，而且轉到漢堡大學任教，建立漢堡移民研究所（Hamburger Kolonialinstitut）。1914年建立青少年課程研究所，1919年建立哲學講座、心理學講座和教育學講座，1915年因病逝世於漢堡（Wikipedia, 2013c）。

　　繆曼不僅是一位實驗心理學家，同時也是德國教育心理學和實驗教育學（Experimentelle Pädagogik）的創立者，他將心理學應用到教育學上，建立了教育學的經驗基礎。其主要的教育思想如下（詹棟樑，1995：395-397；Meumann, 1914）：

　　一、教育研究要增強教育研究的方法：實驗教育學支持正確的觀察與實驗，這是有效的經驗研究方法。

　　二、實驗教育學要強調學校教育的實際：學校教育是最實際的教育工作，實驗教育學便是在學校中實施。

　　三、兒童的經驗來自想像：兒童的世界是充滿幻想的，其所獲得的經驗常是靠想像得來，兒童在生活當中所扮演的角色，是對新奇經驗的吸收與聚集，此時成人必須加以輔導。

　　四、對於教育施為的研究要採批判驗證與理論關聯的方法：研究兒童的行為，在積極方面要著重產生某些行為原因的探討，透過系統的研究，從與生活相近的事物入手觀察；在消極方面，著重不良行為發生原因的探討。

　　五、採用比較與發展史的方法：教育施為的研究對於資料的獲得，是一件非常重要的事情。在事實的研究方面，相關的資料都要提出來，從生活中的各種資料去加以比較，然後進行瞭解。雖然每一個兒童的發展情形不同，就像每個民族或國家的發展情形不同一樣，但是這種研究的目的是在發現人類發展的一般法則。

　　六、兒童成就表現資料的蒐集：許多易得的資料應該加以蒐集，例如：兒童的寫字、繪畫、勞作等，可以客觀地予以評分或分等級，這種作法的價值，在於瞭解兒童當時的發展情形。

　　七、直接的觀察：將觀察的對象分為集體的觀察與個別的觀察兩種，將觀察的方法分為直接的觀察與間接的觀察兩種。應該強調的是直接的觀察，因為直接的觀察可以獲得比較正確的資料。其資料獲得的方法有測驗表方法、日記方法、在學校中個人讀物選擇的引導和心理要素的方法等四種。所謂心理要素的概念是指有關個人與生活環境的資料，應該盡可能完整的蒐集，這樣才能瞭解個人內在的本質。

八、實驗：倡導教育的實驗必須以心理學爲基礎，實驗的情境必須有教育科學作爲根據，而且必須安排明確的目的。實驗的一些條件必須固定和有限制，實驗的本質除了觀察以外，還需要加以研究。尤其要按計畫實施，考慮到一些變項的因素，也就是在不同的研究條件之下，要根據科學的觀點來加以驗證。每一項實驗都要客觀，能夠量化的儘量量化，因爲這樣可以被測量。

## 第二節　雷伊的教育哲學

雷伊（Wilhelm August Lay, 1862-1926）1862年7月30日出生於布萊斯高（Breisgau）的柏青根（Bötzingen），1868年進入國民學校就讀，1876年小學畢業之後，進入農業學校學習，因爲父親反對他繼續升學，希望他留在家中幫忙農務，所以只唸了一年就輟學。後來雷伊的父親去世，雷伊才轉入古文中學就讀。1880年進入卡斯魯爾（Karlsruhe）教師研習所，1883年通過教師資格考試，擔任史瑞斯漢（Schriesheim）國民學校教師。1884年進入佛萊堡大學和哈勒大學，學習自然科學和精神科學。1885年通過佛萊堡大學的實科中學教師考試，主修數學與自然科學。1886年在佛萊堡擔任實科中學教師，1892年成爲佛萊堡女子學校的首席教師。1893年轉到卡斯魯爾，擔任實科中學教師，教授自然科學和農業科學。1903年進入哈勒大學，在李爾（Alois Riehl）指導之下，以〈實驗教學理論〉（Experimentelle Didaktik）一文，獲得哲學博士學位。1914年成爲高級實科學校教師，1920年被任命爲卡斯魯爾大學的教師講座教授，1924年自卡斯魯爾大學退休，1926年5月9日因病逝世於卡斯魯爾（Wikipedia, 2013d）。

雷伊不僅與繆曼並稱爲德國「實證教育科學創立之父」（Gründungsväter der empirischen Erziehungswissenschaft），而且與繆曼共同創立「實驗教育學」（Experimentelle Pädagogik）。他比較重視學校的實際和處理教育問題所獲得經驗的價值，這種經驗稱爲「學校經驗」（Schulerfahrung）。他反對所謂「舊的教育學」（Alte Pädagogik），因爲這種教育學的基礎建立在感覺與內省上，缺乏客觀的科學性，所以其內容值得懷疑。因此，必須

建立「實驗教育學」，才能建立客觀的教育理論。雷伊的「實驗教育學」
具有科學性，其主要觀點如下（詹棟樑，1995：398-400; Lay, 1908）：

## 一、主張觀察

雷伊所主張的觀察與繆曼的主張相同，都注重直接的觀察。觀察必須
專心、有計畫和有目的。觀察必須建立規準，這樣才能客觀。在觀察時各
種情況和它的顯現，都要用眼睛去擷取和找尋。

## 二、採用統計

統計有兩種方式：一是個別觀察的統計；二是集體觀察的統計。前者
有如對某一個學生的觀察，包括身高、體重、發育狀況和錯誤的行為等；
後者則偏重對一個班級的觀察。在教學時應該建立教育的標準，尤其是一
個大團體或一個班級的教學為然。教學要重視兩項因素：一是教育的內在
因素，例如：遺傳；一是社會文化的因素，例如：社會實際。教學就是將
這兩項因素聯結起來，使其兼顧內在和外在的因素。教學是要以經驗的研
究來支持，而統計就是經驗研究的基礎。各方面假設得到的結果，都要加
以統計和比較，這樣就可以瞭解教學時所發生的各種問題。

## 三、訴求實驗

雷伊主張教育實驗，因為觀察與統計常常無法解決教育問題，必須輔
以實驗的方法才行。因為教育必須用科學來處理，才能發現實際的原因。
依據現在與過去的經驗，系統的觀察、統計與教育的輔助科學必須發生聯
結，而引導出一項科學的假設，因此實驗是必要的，實驗的結果帶來教育
的瞭解與標準，甚至科學的經驗，而產生正確性。教育實驗的步驟為假設
的確立、嘗試的方法與引導、在實際中的肯定。雷伊所謂的輔助科學包括
生物學、解剖學、生理學、衛生學、心理學、心理治療學、認識論、國民
經濟學、倫理學、美學與宗教哲學等，都扮演著重要的角色。教育實驗具
有刺激的作用，為了達到客觀的要求，在時間和形式上都要配合好，這樣
才能在教育原因和教育作用之間產生關聯，教育實驗最重要的是獲得教育

的經驗。

## 四、提高科學水準

教育研究由於有觀察、統計與實驗，這樣可以提高科學的水準。教育實驗必須具有目的，可以區分爲心理實驗、教育實驗、教學法—心理的實驗。教學的實驗是指預期完成實際的教育目標而言，而且盡可能的要與教學的實際配合，這樣教學的實驗才有實際的價值。

## 五、訂定教學的標準

成功的教學應該訂定教學的標準，而且透過教學的控制來控制。教學方法需要自然的衡量與心理的衡量並重，同時也需要各種觀念的溝通。

## 六、建立教育實驗室

教育實驗室負責指導教育實驗的進度，而且要進行統計資料的驗證，但是也不要忽略道德的培養、對宗教的虔誠和對民族的感情。

## 第三節　費雪爾的教育哲學

費雪爾（Aloys Fischer, 1880-1937）1880年4月1日出生於巴伐利亞的富爾特（Furth），1886年進入國民學校就讀，1891年獲得獎學金，進入人文主義的古文中學學習。1899年通過成熟證書考試，進入慕尼黑大學，主修古典語言學、德國語文學和歷史學。1902年通過國家教師資格考試，而且在李普斯（Theodor Lipps）門下攻讀博士課程。1903年擔任希爾德布蘭（Adolf von Hildebrand）的家庭教師，1904年以〈論符號關係〉（Über symbolische Relationen）一文，獲得哲學博士學位。其後，在慕尼黑古文中學擔任教師。1906年與塔爾曼（Jüdin Paula Thalmann）小姐結婚，婚後生下兩個兒子。1907年以〈美感價值的探究〉一文，通過慕尼黑大學「教授備選資格審查」。其後，擔任哲學私聘講師。1908年擔任巴伐利亞王子盧伊特波德和阿爾柏瑞希特（Prinzen Luitpold und Albrecht）的家庭教師，1910

年擔任教師協會教育學─心理學研究所所長。1914年擔任「教育學專著」（Pädagogische Monographien）系列的主編，1915年應聘慕尼黑大學，擔任哲學編外教授。1918年成為教育學的正教授，1920年成為教育學講座的講座教授。1924年擔任《工作學校》（Die Arbeitsschule）雜誌的主編，1925年擔任《教育》（Die Erziehung）雜誌的主編。1927年擔任慕尼黑大學哲學院的院長，1929年擔任心理學講座的講座教授。1937年11月23日因病逝世於慕尼黑（Wikipedia, 2013e）。

　　費雪爾於1914年出版《描述教育學》（Deskriptive Pädagogik），他認為理論家與實踐者在本質上完全不同。理論家的職責在於無私地描述教育現象，以系統地建構教育理論，實踐者的工作則在於將教育理論轉化為行動（Fischer, 1966: 84-85）。費雪爾是「新教育學」（Neupädagogik）的創始人，所謂「新教育學」以改革教育學為背景，而以教育科學為取向的一種教育學，這種教育科學的研究是經驗的方法與實用的方法兩者並用。費雪爾主張，教育學是「一種教育的原則科學」，其主要的教育思想如下（詹棟樑，1995：400-402; Fischer, 1966）：

## 一、教育是有目的的實際行動

　　教育是一種人性歷史與社會生活的活動，教育又可以被瞭解為一種固定的實際，也就是一種有目的的活動。因此，教育就是現代文化實際關係的事實。

## 二、經驗教育學是可以描述的

　　經驗教育學具有科學的性質，而科學用於教育是確定可以管理和引導的，同時與個人、社會、國家等方面發生生活上的關係。所以，教育不只是價值的創造和意志的決定，而且也是直接的為人類服務。因此，教育學的概念和命題，就是要求能證明真理和準確性，強調經驗教育學是可以描述的。

### 三、教育實際先於教育理論

　　教師在教學時必須瞭解所教的學科理論和教育過程的理論。因此，教育的任務要重視教育理論。但教育理論是從何而來呢？無可否認的，是從教育實際而來。所以教育實際先於教育理論，科學的教育學首先要重視教育事實的經驗研究。

### 四、描述教育學應該把握的重點

　　對於教育過程必須準確的描述與基本的分析，這是教育科學所要把握的決定性基礎。在描述時必須附帶有判斷與批評，以發現教育事實的眞偽。將描述的論題進一步的發展，那就是對於事實做解釋。在解釋時當然不能使用那些「閉鎖的理論」，必須與政治、社會、宗教等作多方面的配合。

### 五、描述教育學的基本問題

　　描述教育學對於教育施爲要確認其有無意義，如果沒有意義就不值得描述。因此描述教育學的任務，對於語言的意義要研究，這樣才能將事情的內涵，用語言將其概念正確的表達出來。教育科學是一門科學，自然也應該採用這種方法。教育科學要建立正確的原則，就是對於問題加以描述和解釋，而且建立一個系統。

### 六、對於教育問題必須做事實的觀察

　　教育理論從教育實際而來，但是教育理論有可以用於教育實際上，因爲教育事實需要做理論的描述，才能避免造成錯誤。

### 七、教育學講求經驗和實驗的研究方法

　　教育學要建立經驗的研究法和實驗的研究法，尤其是要建立教育科學的系統，這是教育科學最重要的任務。

## 第四節 皮特森的教育哲學

皮特森（Peter Petersen, 1884-1952）1884年6月26日出生於佛連斯堡的格森威爾（Grossenwiehe），1890年進入國民學校就讀，1896年進入佛連斯堡（Flensburg）古文中學求學。1904年古文中學畢業之後，進入萊比錫大學就讀，後來轉到基爾、哥本哈根和波森等大學求學，主修基督教神學，副修古典語言學、歷史學、心理學和國家經濟學。後來，跟隨心理學之父馮德（Wilhelm Wundt, 1832-1920）學習，1908年在蘭普里希特（Karl Lamprecht, 1855-1915）的指導之下，以〈馮德的哲學〉（Die Philosophie Wilhelm Wundts）一文完成大學的教育，獲得哲學碩士學位。1909年通過國家教師資格考試，在萊比錫和漢堡等地，擔任古文中學教師的職務。1912年擔任「學校改革聯盟」（Bund für Schulreform）的理事，1919年擔任漢堡「李希特華克學校」（Lichtwark-Schule）校長。同年，在漢堡大學通過「教授備選資格審查」（Habilitation）。1923年應聘耶納大學，因為教學研究成效卓著，繼著名教育學家萊茵（Wilhelm Rein, 1847-1929）之後，擔任教育學講座教授。曾經前往智利講學一年，1928年創立德國「中央教育與教學研究所」（Zentralinstitut für Erziehung und Unterricht）於柏林。1945年赴美國考察教育，研究教學方法，1952年3月21日因病逝世於耶納（Wikipedia, 2013f）。

皮特森不僅是實證教育學的奠基者，同時也是「耶納計畫」（Jena-Plan）的創立者。他嘗試著接受和整合國際改革教育學不同的取向，從人類「可誤性」（Fehlbarkeit）的觀點出發，提出一種學生在團體的善、愛、犧牲、協助、決定必要性和道德關聯性中體驗，進而實現人性學校觀念的教育。皮特森夫婦1927年所進行的「教育事實研究」，目的在發展適合教育科學使用的研究方法，以擺脫教育研究借用其他科學方法的困境。他們深信教育真相的存在，從每天實際教學的活動和青少年教育的使命中顯示，現存的哲學教育學根本無法加以處理（Petersen & Petersen, 1965: 95-96）。因此，提倡教育的實證研究。同年，根據「耶納計畫」創立「耶

納計畫學校」（Jena-Plan-Schule），以實現其教育改革的理念。皮特森的主要著作有《普通教育科學》（*Allgemeine Erziehungswissenschaft*）、《內在學校改革與新的教育》（*Innere Schulreform und Neue Erziehung*）、《新的歐洲教育運動》（*Die Neue europäische Erziehung*）、《耶納計畫簡介》（*Der kleine Jena-Plan*）、《耶納計畫》（*Der Jena-Plan*）、《現代教育學》（*Pädagogik der Gegenwart*）、《教學的領導學說》（*Führungslehre des Unterrichts*）、《教育實際中的人》（*Der Mensch in der Erziehungswirklichkeit*）、《教育事實研究》（*Die pädagogische Tatsachenforschung*）等書（田培林，1976：817-818；Böhm, 2000: 416）。

　　皮特森的教育理論深受馮德、蘭普里希特、裴斯塔洛齊、福祿貝爾和克伯屈的影響。馮德是世界著名的心理學家；蘭普里希特則是一位實證主義的歷史學家。皮特森在思想方面主張新實在主義（Neorealismus），就是受到馮德和蘭普里希特的影響。在耶納大學任教的萊茵是一位赫爾巴特學派的教育學家，在教育理論上也強調新實在主義。因此，皮特森才能夠在萊茵逝世之後，繼承其在耶納大學的職位。1924年皮特森出版了《普通教育科學》一書，主張教育科學是一門引導人的科學，教育學的中心概念在肯定整個人類的生活；教育科學必須強調教育事實的研究，而教育事實的研究項目包括教育學的研究、教育關係研究、教育活動研究、教育行動研究和教育成就研究。他主張教育事實研究宜採取觀察的方法，避免幻象教育科學的倡導，並且注重教育實際問題的研究（詹棟樑，1995：403-406；Petersen, 1924）。1927年世界教育改進會議在洛加諾（Locarno）舉行，皮特森出席會議期間，曾經根據當年出版的「耶納計畫簡介」（Der kleine Jena-Plan）一書，在會議中提出一種「耶納計畫學校」的想法。1923年皮特森出版了《耶納計畫》（*Der Jena-Plan*）兩冊巨著，根據新的教育原理，也就是實際與自動，來建立國民學校的教學原則，安排國民學校的生活環境，並且具體說明實驗學校的制度（田培林，1976：818-819）。皮特森創立的「耶納計畫學校」，最早只是一所讓耶納大學參與教育討論課程的學生，實習教育學理的「實習學校」（Übungsschule）。由於其教育實施的理念符合社會的需要，並且能夠改革當時學校教育的缺失。因此，深

獲各界的好評，逐漸地擴展到歐洲各國，甚至世界各地，成為「生活團體學校」（Lebensgemeinschaft-Schule）的先例。

## 第五節　布瑞欽卡的教育哲學

布瑞欽卡（Wolfgang Brezinka, 1928-）1928年6月9日出生於柏林，父親約瑟夫（Josef）是一位機械工程師，而母親希爾德嘉（Hildegard Brezinka）則是一位羅馬天主教徒。布瑞欽卡在家排行老大，下有兩位弟妹。小時候曾在柏林就讀國民學校，後來進入古文中學就讀。第二次世界大戰後，布瑞欽卡擔任過育幼院教師，1946年通過高中畢業會考，同年進入奧地利薩爾斯堡大學求學，主修哲學、心理學、教育學和民族課程。1949年完成大學學業後，轉到殷斯布魯克大學繼續深造，攻讀法律科學以及國家科學。1951年以〈科雷特斯梅爾、容格與斯普朗格心理學類型論在青少年性格理解上的意義〉一文，獲得哲學博士學位。布瑞欽卡畢業後在薩爾斯堡大學比較教育科學研究所擔任助教，1954年以〈教育即生活的協助〉一文獲得大學教授備選資格，轉到殷斯布魯克大學擔任教育學講師。1958年應聘維也納大學擔任講師，同年轉任維爾茲堡大學教育學副教授，1960年正式成為殷斯布魯克大學教育科學研究所教授。1967年轉任德國康斯坦茲大學教育科學教授，1968年成為康斯坦茲大學社會科學院院長。布瑞欽卡曾經應邀到南非自由州橘城大學、義大利布里森哲學—神學高等學校、奧地利佛利德堡大學擔任客座教授，1996年自康斯坦茲大學退休，現在定居於奧地利的斯圖白（Stubai），專心從事著述的工作（Ubl, 1997: 32-35）。布瑞欽卡的主要著作有《教育即生活的協助》（*Erziehung als ebenshilfe*）、《教育：可能的藝術》（*Erziehung: Kunst des Möglichen*）、《現代教育的情況與任務》（*Situation und Aufgaben der Erziehung in der Gegenwart*）、《教育的觀點與成就》（*Über Absicht und Erfolg der Erziehung*）、《從教育學到教育科學》（*Von der Pädagogik zur Erziehungswissenschaft*）、《新左派教育學》（*Die Pädagogik der Neuen Linken*）、《教育後設理論》（*Metatheorie der Erziehung*）、《教育科學的基本概念》（*Grundbegriffe der Erziehungswis-*

*senschaft*）、《教育目的、教育方法、教育成就》（*Erziehungsziele, Erzie-hungsmittel, Erziehungserfolg*）、《現代教育的目的》（*Erziehungsziele in der Gegenwart*）、《教師的職業倫理》（*Das Berufsethos der Lehrer*）、《價值不定社會的教育》（*Erziehung in einer wertunsicheren Gesellschaft*）、《卓越：教育目的的分析與評價》（*Tüchtigkeit: Analyse und Bewertung eines Erziehungszieles*）、《教育理論的啓蒙》（*Aufklärung über Erziehungstheorien*）、《現代的教育》（*Erziehen in der Gegenwart*）、《信仰、道德與教育》（*Glaube, Moral und Erziehung*）、《奧地利教育學》（*Die Pädagogik in Österreich*）等（Ubl, 1997: 40-41）。

　　布瑞欽卡因爲深受「維也納學派」（Wiener Schule）邏輯經驗論的影響，所以他認爲教育施爲是一種純粹可經驗的事實，可以經驗來加以核證。理論教育學的目的在於獲得一種法則性的知識，因此陳述的命題系統必須免除價值判斷（Brezinka, 1978: 273-274）。這種實證取向的觀點一直延續到60年代，在邏輯經驗論（Logische Empirismus）、批判理性主義（Kritische Rationalismus）和行爲主義（behaviorism）心理學的推波助瀾下，更是廣泛的應用在教育的研究中。布瑞欽卡在1978年出版的《教育後設理論》一書中，運用邏輯經驗論的「可檢證性原則」，企圖建立教育現象嚴密的因果解釋系統，對於教育理論在教育實際上的應用，也嘗試運用嚴格的邏輯技術來控制教育過程的績效（楊深坑，1988b：121）。布瑞欽卡主張教育科學的研究，應該以經驗科學爲基礎。他著重教育實際的價值，認爲教育實際必須被視爲重要的事實情況來看待。毫無疑問地，社會化的過程是與教育有關聯的。因此，教育實際可視爲「功能的教育」。其次，教育科學的研究方法應該多元化，兼採「正確的描述」（genaue Deskription）與「所屬的分析」（zugehörige Analyse）等方法來進行，對於教育事實直接的觀察和正確的批評，這些方法都很重要。他認爲教育科學應該具有系統，經驗科學雖然與形式科學不同，但是也需要系統，這樣對於實際才能檢驗。在研究的邏輯上，與自然科學的研究方法沒有什麼差別。因此，對於每一個個案的處理，也需要有假設，並顧及到各項因素的影響，在基本命題上，無論是假設或因素，必須是可以驗證的。布瑞欽卡

主張教育科學的研究應該採取實驗的策略，教育科學理想的研究模式，是在實驗時採用心理學的方法，分為實驗組與控制組，然後將兩組作比較。實驗在教育科學的研究中，是在促進教育學經驗的科學化。因此，經驗科學化的策略，最重要的就是方法意識的具備，如果欠缺方法意識，將帶來教育科學研究的危機（詹棟樑，1995：410-411）。

# ■ 第十三章 ■

# 批判教育哲學

　　批判教育哲學時期，許多教育學家受到法蘭克福學派霍克海默（Max Horkheimer, 1895-1973）、阿多諾（Theodor W. Adorno, 1903-1969）、馬庫塞（Herbert Marcuse, 1898-1979）、佛洛姆（Erich Fromm, 1900-1980）、阿培爾（Karl-Otto Apel, 1922-）、哈伯瑪斯[1]（Jürgen Habermas, 1929-）等人「批判理論」（Kritische Theorie）的影響，開始反思詮釋教育哲學和實證教育哲

---

[1] 哈伯瑪斯（Jürgen Habermas, 1929-）1929年出生於杜塞道夫，1948年在哥廷根、蘇黎士和波昂等大學就讀，修習哲學、歷史學、心理學、德國文學和經濟學，1954年獲得波昂大學的哲學博士學位。其後，應聘法蘭克福大學社會研究所，擔任阿多諾的助理。1961年轉任馬堡大學社會學研究所，通過大學教授備選資格審查。同年，應聘海德堡大學哲學研究所，擔任哲學副教授。1964年轉任法蘭克福大學，擔任哲學與社會學講座教授，1980年曾任馬克斯—普朗克研究所所長。1982年再度回到法蘭克福大學任教，現在已經從法蘭克福大學退休下來（Habermas, 1969: 2）。

學在教育研究方法和理論建構方面的缺失，以反省批判的方法來研究教育問題，著名的代表人物有布蘭克茲（Herwig Blankertz, 1927-1983）、連培特（Wolfgang Lempert, 1930-）、莫連豪爾（Klaus Mollenhauer, 1929-1998）、克拉夫基（Wolfgang Klafki, 1927-）與費雪爾（Wolfgang Fischer, 1928-1998）等人，批判教育哲學深受康德「批判哲學」（Kritische Philosophie）與法蘭克福學派批判理論的影響（Blankertz, 1979: 35）。法蘭克福學派的學者從佛洛伊德（Sigmund Freud, 1856-1939）的觀點出發，分析黑格爾與馬克斯的社會理論，創立「批判理論」，以解釋當代社會所發生的各種問題。相較於歐陸的批判教育哲學，美國教育哲學中的實用主義已經逐漸沒落，繼起的教育分析哲學正如日中天，著名的代表人物有謝富樂（Israel Scheffler, 1923-）、佛蘭克納（William K. Frankena, 1908-1994）和梭提斯（Jonas F. Soltis）等人。謝富樂在1953年的〈邁向分析的教育哲學〉（Toward the Analytic Philosophy of Education）一文中，提出「分析的教育哲學」的論點。並且，在1958年結合分析取向的哲學與教育的重要問題，出版《哲學與教育》（*Philosophy and Education*）一書。從書名和收錄的文章可知，「教育分析哲學」一詞在當時仍不是哲學家和教育思想家的共識。雖然如此，《哲學與教育》一書仍表達了運用哲學分析來闡明教育事務，以協助施教者理解哲學與教育之間可能的關係（李奉儒，2004b：52）。其後，嘉達瑪（Hans-Georg Gadamer, 1900-2002）應邀前往美國大學講學，歐陸詮釋學的傳統開始影響美國的教育哲學。後來，由於馬庫塞的倡導和哈伯瑪斯的宣揚，法蘭克福學派的批判理論也引進美國，加上佛雷勒（Paulo Freire, 1921-1997）受壓迫者教育學的影響，美國也興起「批判教育學」的風潮，「教育學[2]」的觀念開始傳入美國。此時，英國教育哲學正處於分析哲學獨擅

---

2　紀諾斯（Henry A. Giroux, 1943-）、麥克拉倫（Peter McLaren, 1948-）和亞波（Michael Apple, 1942-）等人的著作，深受馬克斯實踐哲學、法蘭克福學派批判理論和佛雷勒（Paulo Freire, 1921-1997）批判教育學觀念的影響，而且探討的內容不限於教學法和教學理論而已，也涉及教育的本質、教育的目的和其他的教育問題。因此，美國在「批判教育學」（Critical Pedagogy）興起之後，可以說已經開始有了「教育學」（Peda-

勝場的時刻，著名的代表人物有皮特斯、歐康諾、赫斯特等人。雖然英國
教育哲學有許多不同的流派，但是在這個時期並非主流。其後，歐陸的
現象學、詮釋學和批判理論才傳入英倫，英國教育哲學逐漸多元的發展
起來。這個時期，法國受到胡塞爾現象學、馬克斯主義、沙特（Jean-Paul
Sartre, 1905-1980）存在主義和尼采生命哲學的影響很大。隨著新教育運動
的展開，精神主義、心理主義和個人主義逐漸影響教育哲學。除此之外，
李維─史陀（Claude Lévi-Strauss, 1908-2009）結構主義也漸漸的興起，對法
國的教育哲學造成影響。針對批判教育哲學時期部分著名的代表人物，詳
細說明如下：

## 第一節　布蘭克茲的教育哲學

　　布蘭克茲（Herwig Blankertz, 1927-1983）曾任教於敏斯特大學，他是
解放教育學的重要人物，其教育理論深受康德、魏尼格、霍克海默與阿
多諾等人的影響。1927年9月22日出生於紹爾蘭（Sauerland）的盧頓塞德
（Lüdenscheid），1933年進入國民學校就讀，畢業後擔任建築工人，1946
年紡織學校就讀，1949年紡織學校畢業之後，曾在紡織工廠工作，1952年
進入哥廷根大學就讀，主修哲學、教育學和歷史學。1955年通過紡織學
校教師考試，在威廉哈芬（Wilhelmshavon）的教育高等學校擔任教師的職
務。1958年隨著名教育學家魏尼格（Erich Weniger）攻讀博士學位，1959
年應聘漢堡大學教育學研究所，擔任職業教育學講師。1962年在新康德主
義者李徹爾（Wolfgang Ritzel）的指導下，以一篇關於〈職業教育理論〉的
論文通過「教授備選資格審查」，應聘曼漢經濟高等學校，擔任普通教育
學教授。1963年轉到歐登堡教育高等學校，擔任哲學教授。1964年應聘柏
林自由大學，擔任經濟教育學教授。1969年轉到敏斯特大學，擔任哲學與
教育學教授。1972年擔任北萊茵─西法倫邦教育學講座教授，曾任北萊茵

---

gogy）的傳統，不再只是「教學法」或「教學論」而已。

一西法倫邦教育政策顧問，德國教育科學會會長（1974-1978），同時也是克拉根伏爾特大學教育科學、柏林馬克斯—普朗克教育研究所和畢勒斐數學教學理論研究所會員，不幸地於1983年8月26日因為意外車禍去世。主要著作有《教學法的理論與模式》（*Theorien und Modelle der Didaktik*）和《教育學史》（*Die Geschichte der Pädagogik*）等（Blankertz, 1982: 2）。

　　布蘭克茲主張「教學理論」（Didaktik）這個字來自於古希臘，最早的意義是教導（lehren）、教學（unterrichten）、清晰的辯論（klar auseinandersetzen）和證明（beweisen）。「教學理論」原來的涵義較教育領域使用的意義為廣，到了1657年康美紐斯（Johann Amos Comenius, 1592-1670）出版《大教授學》（*Große Didaktik*）時，才逐漸成為教育學中常用的名詞，其意義才確定下來（Blankertz, 1991: 13-14）。布蘭克茲則認為：一種教育理論如果不同時，也是一種社會理論，對於教育學這種富有解放責任的科學實在是無法想像。因為只有在自由的社會中，個體的自由才可能實現。唯有將教育學放在「成熟」（Mündigkeit）與「解放」（Emanzipation）辯證中，作為知識引導興趣的理論，從「理性優位」（Primat der Vernunft）的觀點出發，將教育的興趣建立在主體上，經由啟蒙和教育的過程，才能使個體的自我疏離獲得批判的超越（Blankertz, 1966: 74-75）。布蘭克茲認為：批判教育科學所謂的「批判」（Kritik），源自康德的批判哲學和法蘭克福學派的「批判理論」，教育必須改變人類初始的狀態，但是這種改變不是任意的，而是將其導向人類的成熟。教育科學必須將教育建立為解放的過程；意即人類自我的解放，其方法論應該兼顧經驗—分析與哲學—詮釋的方法和結果。歐洲傳統強調人文主義的教育學，其教育理論不僅假定兒童成長的過程需要適應，同時也需要疏離，教育科學的任務即在創造一個空間，以實現上述的觀點（Blankertz, 1979: 39-40）。

　　布蘭克茲在《教育學史》（*Geschichte der Pädagogik*）一書中，主張教育學的主題就是教育，教育可以使人發現不成熟的狀態。教育必須改變這種狀態，但不是任意的作為，而要導向一種人類成熟的絕對目的設定。教育學可以在哪裡找到成熟的標準呢？在探究了歐洲教育學歷史之後，顯示這種標準不是強制的被設定，而是存在教育的自我結構之中。這種結構

存在於教育協助與征服的緊張，而不是教育的規範命令之中。假如成人只有保留既與的願望，只有要求服從、練習、模仿和追隨，將會使目的立於教育的交回之中。因為下一代必須在自我責任和監督之下，自主的進行文化的傳遞。下一代將如何實現和維持其使命，無法從教育的內容預先的認識，因此在原理上是無法運作的。誰接受了教育的責任，誰就位於人類成熟絕對目的要求下既與歷史條件的脈絡之中。不管它有無意願、知不知道或相不相信，這些都是次要的。教育科學卻將其視為主要的事物來處理：教育科學將教育建構為一種解放的過程，亦即人類回到自己本身的解放。整個教育學和教育包含著一種科學主義而無法彌補的意義，這種意義是一種存在於歐洲教育傳統中被揚棄的實在。因此教育學雖然經由其歷史而被處理，但是教育學不允許再度走向科學主義，而應該與哲學和世俗智慧移交的批判功能相關聯（Blankertz, 1982: 306-307）。

## 第二節　連培特的教育哲學

連培特（Wolfgang Lempert, 1930- ）是批判教育學著名的代表人物，1930年生於布雷斯勞（Breslau），自1964年應聘柏林馬克斯—普朗克教育研究所，從事教育研究工作。主要著作有《職業教師》（*Der Gewerbelehrer*）、《職業師資培育與學校改革》（*Gewerbelehrerbildung und Schulreform*）、《教學持續時間、教育系統與教育成就》（*Lehrzeitdauer, Ausbildungssystem und Ausbildungserfolg*）、《學徒專注於教學職業》（*Die Konzentration der Lehrlinge auf Lehrberufe*）和《成就原理與解放》（*Leistungsprinzip und Emanzipation*）等（Lempert, 1971: 1）。連培特在《成就原理與解放》一書中，談到德國企業和學校中學徒教育訓練的問題。他指出專業勞工人數已經減少，而且只有男性勞工未接受學習的部分下降了，相反的女性勞工則上升了，整體而言一樣沒有什麼改變。只有在第一個機械化階段，人員精神和人力素質的整體需求有所提升。這種工作過程中自我控制和自我管理標準的要求，受到少數工作職位的限制。教育訓練辛勞的增加歸因於所有社會的，而非技術—組織的改變（Lempert, 1971: 9-10）。連培

特主張隨著科技的進步，勞力認證的標準愈來愈高，技術勞力逐漸取代非技術勞力，進而促成經濟的成長（Lempert, 1971: 38）。在這種情況下，教育應該與經濟、社會、政治配合，建立有價值的規範，使所建立的價值能提升，這樣才能使教育有充分的發展。在教育充分發展的社會中，每一個人應該獲得成就能力，因為這是教育發展的結果。然而，民主化的政治趨勢，個人的解放成為教育的本質，唯有個人的解放，才能接受更進一步的教育。其次，他重視教育過程中解放的意向，主張設立壓力團體的需要，以便用來解決問題，賦予解放的機會來解釋較早時期的權威性質。連培特認為教育過程的進行，對於所發生問題的解決，在特殊的尺度中，能夠解放就予以解放，使行為能自由呈現而不踰矩。他強調教育過程中可能發生的問題應事先判斷，但要瞭解實際情形，也應作經驗的分析。就解放的意向而言，要瞭解方法的限制，因此有需要採用詮釋學的方法來把握（Lempert, 1971）。

連培特認為成功的瞭解會涉及「語言宰制」（Sprachbeherrschung）問題，為了解放這種現象，必須經由對話來消除那些阻礙的因素，用教育的影響力去更正語言使用時的錯誤。連培特主張成就的動機應該被解放，這樣對於個性的變形才能獲得改善。也就是說成就的動機不應是一致性，應由每一個人的個性去決定。他強調解放的效果雖無法直接去衡量，但是最起碼是反應出強制的終結。解放的興趣在於揚棄非理性的宰制，使各種性質的強迫性獲得解放。由解放的興趣可以引導至理性的瞭解，當控制興趣知識的意義時，知識所引導的興趣就有真正的價值。於是技術的興趣與溝通的興趣在社會中解放後，就成為理性的知識。他認為解放的意向所具有的意義在於對教育強制做原因分析，找出其癥結之所在，然後予以解決（Lempert, 1971）。連培特主張技術的進步和合作新的形式導致工作方式的改變，職業教育和教育訓練逐漸受到重視，學校外青少年的教育訓練就成為公眾討論的焦點。介於高等學校改革法和青少年保守的職業教育法之間錯誤的關係，將來可能導致德國教育機會與生活機會不平等的增加。他從批判理論的觀點出發，對德國學徒制的弊端、職業教育的目的、職業教育的改革、教育訓練統計和教育研究的課題提出看法，主要的動機是希望

經由教育訓練和職業的活動，促成青少年達到眞正的解放。

## 第三節　莫連豪爾的教育哲學

　　莫連豪爾（Klaus Mollenhauer, 1928-1998）1928年10月31日出生於柏林，1934年進入國民學校就讀，1940年進入古文中學求學。就讀古文中學期間適逢第二次世界大戰，莫連豪爾擔任空中武器協助人員。1948年通過高中畢業會考，進入哥廷根教育高等學校就讀，1952年到布萊梅國民學校擔任教師。同年進入漢堡大學繼續求學，主修教育學、心理學和歷史學。其後，轉到哥廷根大學就讀，主修教育學、心理學、歷史學、文學和社會學。1958年在魏尼格（Erich Weniger, 1894-1961）指導之下，以〈工業社會中社會教育學的根源〉（Die Ursprünge der Sozialpädagogik in der industriellen Gesellschaft）一文，獲得哥廷根大學哲學博士學位。其後，擔任魏尼格和羅特（Heinrich Roth, 1906-1983）的助理。1958年起應聘哥廷根大學，擔任教育學教授。1962年擔任柏林自由大學學術諮議會的委員，1965年擔任柏林教育高等學校的編外教授。1966年應聘基爾大學，擔任教育學正教授。同時，擔任「德國教育諮議會」（Deutsche Bildungsrat）的委員。1969年轉到法蘭克福大學，擔任教育學正教授。1972年自法蘭克福大學退休，1996年應聘哥廷根大學，擔任教育學教授。莫連豪爾曾經在1968年和1987年兩度獲選爲柏林科學院的院士，柏林自由大學在1993年頒贈榮譽博士學位給他，1998年莫連豪爾因病逝世於哥廷根，2001年獲得「德國教育科學會」（Deutsche Gesellschaft für Erziehungswissenschaft）頒贈的「恩斯特—克利斯第安—特拉普獎」（Ernst Christian Trapp Preis），以紀念莫連豪爾在教育學術上重要的貢獻。主要著作有《教育與解放》（*Erziehung und Emanzipation*）、《教育歷程理論》（*Theorien zum Erziehungsprozess*）、《社會教育學導論》（*Einführung in die Sozialpädagogik*）、《遺忘的關係》（*Vergessene Zusammenhänge*）、《彎路》（*Umwege*）和《審美教育基本問題》（*Grundfragen ästhetischer Bildung*）等（Wikipedia, 2013g）。

　　莫連豪爾重視批判與解放在教育歷程中的應用，主張「批判」（Kritik）是理性條件互爲主體可檢證的分析，「解放」（Emanzipation）是社會中主體限制的解除（Mollenhauer, 1970: 11）。他強調教育歷程是一種互動的歷程，希望教育科學能夠將互動論的典範納入（Mollenhauer, 1982: 7）。莫連豪爾主張無論是教育學或社會教育學都要求解放，但是解放必須與理性配合，而解放是主觀的解放。人是在社會中生長的，並以社會生活條件爲出發點，因此人的理性必須與社會行爲配合，並以合乎社會行爲的準則爲限。其次，他非常重視教育的研究方法，把握解釋的程序、分類的問題和經驗陳述的基模，運用觀察、詰問和實驗的方法，達到客觀的要求。莫連豪爾注重教育的過程，從溝通理論、互動理論和唯物理論的觀點，探討經濟條件和互動關係之間辯證的溝通，以瞭解物質基礎的社會互動關係。他主張人有教育的需要，認爲個人的經驗有限，需要接受教育以充實其經驗，而接受教育也有助於人的思辨。莫連豪爾在其教育理論中，強調教育的任務就是要消除反抗，謀求生活的適應。適應就是創造的活動與安排，唯有創造的活動與安排才能完成教育的任務。他認爲適應就是人與社會發生關聯所帶來的成就，在適應的情形下，人與社會的關係形成一種主觀與外在實際之間的固定關係（詹棟樑，1995：634-644）。

　　莫連豪爾在《遺忘的關係：關於文化與教育》一書中，指出傳統教育偏重以語言作爲溝通工具的缺失。莫連豪爾主張教育是成人與兒童對立，將成人的生活形式以特定的秩序或結構呈現給兒童，在呈現的過程中主要採用語言的方式，經由語句來傳達特定概念和意義的內涵（Mollenhauer, 1994: 32-33）。莫連豪爾認爲語言不是教育唯一的工具，教育學家應該重視非語言材料的使用，特別是圖畫的應用，具有審美溝通的功能，能夠避免語言偏重邏輯思維的弊端，經由非語言的圖畫，拓展人類想像思維的空間，培養審美批判的能力（Mollenhauer, 1994: 40-45）。莫連豪爾也曾經在《彎路》一書中，從後現代主義的觀點分析教育學的問題。莫連豪爾主張教育學應該注重「陶冶」（Bildung）的研究，而非「教育」（Erziehung）的影響。「教育」是一種計畫性目的─手段導向的教育行動，而這種導向是不會成功的。因爲兒童教育的成功不是來自於行動的導向，而是來自於社會環境生活形式的陶冶。所以，教育學應該重視「陶冶」問題的探討。

其次，教育學家應該分析成人及其生活形式的關係。莫連豪爾認為任何家庭、學校、社會教育機構和諮詢機構都無法帶來秩序，陶冶比注重理性計算的教育重要。莫連豪爾強調教育不在於教育公民態度的培養，而在於引導兒童如何生活。教育應該通過審美產品的運用，兼顧理性的活動和感性的活動，以培養個人詮釋的能力和批判的觀點。同時，莫連豪爾相信經由美學層面的引進，可以擺脫教育學傳統的桎梏，擴展教育學研究的領域（Mollenhauer, 1986a: 9-11）。

莫連豪爾在〈教育詮釋學的說明〉一文中，分析教育詮釋學的涵義與功用。莫連豪爾首先說明教育詮釋學應該注重：㈠以何種方式可以成功的說明日常生活的本質；㈡如何將此種方法應用於一般的詮釋；㈢已知事物的表達來自於何種知識類型；㈣如何將主觀經驗化為普遍知識。其次，主張史萊爾瑪赫的普遍詮釋學注重文法的理解和心理的理解，在教育過程中具有深刻的意義。因為兒童在前語言時期的自我表達，可以從史萊爾瑪赫的詮釋學方法來說明。除此之外，教育詮釋學有助於審美對象的表達，同時審美對象的說明和審美判斷的進行，都可以運用教育詮釋學的方式來理解（Mollenhauer, 1986b: 120-134）。莫連豪爾在〈審美教育介於批判與自信之間〉一文中，說明了審美教育應該發展的方向。莫連豪爾反對邊納爾（Dietrich Benner, 1941-）從實踐學觀點所建立的普通教育學，因為在邊納爾的教育理論中，審美經驗成為奠基於實際的教育行動，這與審美經驗超越實際的性質違背，所以莫連豪爾不贊同邊納爾的說法。其次，莫連豪爾也反對奧圖和瑞希特將審美教育窄化為審美教學或藝術治療的活動。莫連豪爾主張審美教育應該從「字母化」（Alphabetisierung）做起，學習符號圖形的意義，進而找到「審美的自我」（Ästhetische Ich），培養審美批判的能力，以達到審美解放的理想（Mollenhauer, 1990a: 481-494）。

## 第四節 克拉夫基的教育哲學

克拉夫基（Wolfgang Klafki, 1927-）1927年9月1日出生於東普魯士的安格堡（Angerburg）。父親是一位公務人員，任職於當地高級中學的學習

事務處。克拉夫基在家排行第二，有兄弟各一位。1934年進入國民學校求學，1937年進入安格堡古文中學。1944年進入軍中服役，第二次世界大戰後曾擔任建築工人。1946年進入漢諾威教育高等學校就讀，1948年畢業後到漢諾威的林德霍斯特（Lindhorst）和律德斯費爾德（Lüdesfeld）國民學校擔任教師。1952年進入哥廷根大學，主修哲學、德國語文學與教育學，副修歷史、藝術史、心理學與社會學。1957年在著名教育學家魏尼格（Erich Weniger, 1894-1961）指導之下，獲得哲學博士學位。克拉夫基在畢業之後，應聘漢諾威教育高等學校擔任助教，1961年轉任敏斯特大學擔任助教，並且撰寫「教授備選資格」論文。1963年通過「教授備選資格審查」，應聘馬堡大學擔任教育科學研究所教育科學教授，1993年自馬堡大學退休，主要著作有《教育理論與教學理論研究》（*Studien zur Bildungstheorie und Didaktik*）、《範疇教育理論與基本的教育學問題》（*Das pädagogische Problem des Elementaren und die Theorie der kategorialen Bildung*）、《教育學中的辯證思想》（*Dialektisches Denken in der Pädagogik*）、《教育科學》（*Erziehungswissenschaft*）、《批判—建構教育科學的觀點》（*Aspekte kritisch-konstruktiver Erziehungswissenschaft*）、《教育理論與教學理論新近研究》（*Neue Studien zur Bildungstheorie und Didaktik*）等（Stubig, 1992: 9-10）。

　　克拉夫基將過去的教育理論分為「質料的教育理論」（materiale Bildungstheorie）與「形式的教育理論」（formale Bildungstheorie）。在質料的教育理論中是以教學內容，即客體為重點。與此相對的即是以學習者，即主體為重點的形式教育學說。克拉夫基將質料的教育理論分為兩個討論方向，分別是「學科主義的方向」與「古典的方向」。「學科主義的質料教育理論」主張只有個別的科學，例如：物理、化學、歷史等為學習內容，教材的編纂要依照學科本身的知識體系進行。這類說法的問題在於並不是每個學生都要成為學科專家。所以，如果只是依學科本身的系統來組織教材，將忽略學生的學習興趣，以及學習內容與學生生活世界聯結的可能性。至於「古典的質料教育理論」則強調學生對古代經典的學習，其問題在於這些經典與學生生活世界可能造成的脫節。例如：民主這個觀念在古代經典中，很難具有和當今社會直接關聯的具體說法（朱啓華，2002：

76；Klafki, 1963: 32）。這些均顯示，質料教育觀點的缺失在於未將學習的主體納入思考當中。克拉夫基則把與此相對的形式教育理論，區分為「功能性的教育觀點」和「方法性的教育觀點」。「功能性的教育觀點」強調學生能力的開展，尤其是透過數學和古典語言的學習。這個觀點的缺點在於將能力過度抽象化，忽略學科間的差異，例如：透過數學學習與拉丁文學習所得出的邏輯推理能力是不同的，數學推理能力強，不等於學習拉丁文就容易。也就是說，能力的開展和學科本身內容有密切關聯，而不是透過某些學科就能全面達成。另一方面，「方法性的教育觀點」重視在學習的過程中，教導學生某些學習方法，由此使學習者日後面對新的問題情境時，能夠自主的加以應用，自主的解決問題（朱啟華，2002：76；Klafki, 1966: 36）。

　　克拉夫基「批判—建構教學理論」中所謂的「批判」（Kritik），來自於「知識的興趣」（Erkenntnisinteresse），這種教學理論主要在學習過程中提供兒童、青少年和成人教育的幫助，以養成其能力為目的。教學方式在導向生活的各個領域，培養學生自我決定、共同決定和團結的能力，以要求受教者繼續的發展和改變。從持續改革的意義來看，必須克服強大社會反對勢力，同時與整個社會民主化的努力一起進行，這種教學方式才有可能。教學理論必須在教學過程中，一方面對抗自我決定、共同決定和團結能力發展的阻礙，另一方面促成上述教學過程的實現（Klafki, 1996: 89-90）。「建構」（Konstruktion）在行動、形成和改變的興趣中占有重要的地位，因為「建構」的概念有助於「實際關係」（Praxisbezug）的建立。因此，建構的教學理論目的在建立理論與實踐的關係，不像精神科學的教學理論，僅限於教育行動假設、可能性和界限等實踐者意識的啟蒙，而在於理論的率先行動，實踐可能模式的設計，為人文和民主的學校提供適合的教學，同時作為一種理論與實踐新的合作形式（Klafki, 1996: 90）。克拉夫基主張教學理論作為研究、理論和概念建構，其對象範圍的確定必須奠基在意義範圍的觀點和內部結構的觀點上（Klafki, 1996: 90）。教學理論是一種教與學的科學，近年來教學理論在德國教育學中與高等學校、民眾高等學校和企業學徒教育的教學產生關聯，同時逐漸增加它對學校外

和工會青少年教育工作的意義。教育學領域迫切地致力於發展教學理論的反思和教學理論的概念。面對這種發展，將教學理論視為著重在所有意向（目標達成）的形式、系統審慎考慮的教學（反思的學習幫助）和與此種教學關聯的學習的教育科學研究、理論建構和概念建構，是非常有意義的（Klafki, 1996: 90-91）。意向的教學和因此受影響的學習，將通過決定過程的假設、平行進展的過程和特定範圍的條件受到影響，教學理論是奠基在知識的準備之上。從下列兩方面可以進行教學有關的研究（Klafki, 1996: 92）：㈠社會化的研究（Sozialisationsforschung）：這種研究注重日常生活世界的研究、日常生活中功能進行的影響和學習的過程、晉用時的表現、能力、知識、特性、判斷的傾向、興趣、希望、恐懼、個人的障礙等；㈡機構的研究（Instituionsforschung）：這種研究注重各類學校、企業機構和休閒場所教學過程中，結構、規則、範圍、限制、改變可能性的分析。但是上述批判—建構教學理論社會化和機構的研究，必須與整個社會關係的反思相聯結。

　　克拉夫基認為教學理論的對象範圍，從教學理論和教學實際來看包括（Klafki, 1996: 92-93）：㈠進行決定（Entscheidungen）：包括決定的基礎和決定的過程：1.關於普通的和特殊的「教」與「學」的目的；2.導向目的教學主題與內容的選出；3.教學方法的確定（考慮社會組織的形式）；4.教學媒體的決定，應該從目標導向主題的觀點來呈現，並且依學習者的學習前提和學習的可能性加以調整；5.確定直接或間接影響教學的控制、判斷和懲罰措施。㈡聯繫過程（Prozesse）：這個過程必須符合決定的意向或與其相對立，同時聯繫施教者和受教者的行動，以及施教者和受教者間的社會關係。並且：1.一方面聯繫明確設定的或協調一致的目標、主題、方法和媒體有關的過程，包括明確的批判在內；2.另一方面關於「教育的後臺」（Pädagogische Hinterbühne）中，「非正式的」和「隱瞞的過程」，它具有一種「祕密的教學計畫」（Heimliche Lehrplan）的意義。在教學理論的研究上，克拉夫基深受哈伯瑪斯《論社會科學的邏輯》（*Zur Logik der Sozialwissenschaften*）一書的影響，他不僅繼承哈伯瑪斯對歷史—詮釋典範和實證—分析典範的批判，同時也將意識型態批判的典範納入，從研究方

法多元互補的觀點出發，採用這三種不同的方法，來進行教學理論的研究（Klafki, 1996: 100-114）。

## 第五節　費雪爾的教育哲學

費雪爾（Wolfgang Fischer, 1928-1998）1928年1月5日出生在萊比錫，1934年進入國民學校就讀，由於成績表現相當優異，1938年進入古文中學就讀，學習希臘文、拉丁文和古典理論課程。1946年進入敏斯特大學就讀，主修基督教神學、心理學、教育學與哲學，1953年獲得哲學博士學位。畢業之後，曾經在萊比錫從事青少年工作和多瑪斯文理中學（Thomas Gynasium）的宗教教師。1959年進入烏波塔教育高等學校（Pädagogische Hochschule Wuppertal）擔任講師的工作，1962年通過「教授備選資格審查」（Habilitation），晉升爲教育學教授。1964年轉到紐倫堡大學擔任教育學教授，1972年應聘杜斯堡大學擔任教育學教授，一直到1993年退休爲止。1998年6月12日費雪爾因病逝世於斯波克赫佛（Spockhövel）。費雪爾是批判教育哲學時期的代表人物，深受康德批判哲學、派徹特（Alfred Petzelt, 1886-1967）規範教育學、維根斯坦（Ludwig Wittgenstein, 1889-1951）語言哲學和李歐塔（Jean-François Lyotard, 1924-1998）後現代主義哲學的影響。從先驗批判的觀點出發，探討歷史中與當前的教育學問題。費雪爾研究的重點是教育學的哲學，不僅創立懷疑─先驗批判教育學；同時對蘇格拉底的教育理論有深入的研究（Borrelli & Ruhloff, 1996: 183），主要著作有《年青人》（*Der junge Menschen*）、《什麼是教育？》（*Was ist Erziehung*）、《學校與批判教育學》（*Schule und kritische Pädagogik*）、《學校作爲類似教育的組織》（*Schule als parapädagogische Organisation*）、《邁向懷疑─先驗批判教育學》（*Unterwegs zu einer skeptisch-transzendentalkritischen Pädagogik*）、《從起源到現在的教育學思想》（*Pädagogische Denken von den Anfängen bis zur Gegenwart*）、《懷疑與爭論》（*Skepsis und Widerstreit*）、《古代教育學選集》（*Kleine Texte zur Pädagogik in der Antike*），主編有《教育學論文集》（Böhm, 2000: 176）。

　　費雪爾在《學校與批判教育學》一書的導論中，指出人類對於學校的質疑並未完全沉寂下來。早在羅馬時代辛尼加（Seneca）就批判當時學校的教育，反對學校的教學返回公民的生活。他主張學校應該以作爲生活狀況解決的工具爲目的，培養年輕人道德、理性和人性。斯普朗格在〈學校基本法學說與學校政策的學術基礎〉一文中，指出公共學校在工業社會中有其必要性，因爲國家教育會對國民的生活產生長期的影響。福祿貝爾受到費希特的影響，認爲學校的存在有其重要性，學校教育就是一種家庭式的國家教育。史萊爾瑪赫則主張學校是一種在法則和處罰控制之下共同生活的準備，學校生活只有依循公眾生活的秩序和倫理才有可能。赫爾巴特的觀點傾向於補充式的學校教育，他認爲和負有國家責任的校長對立的青少年的個別性保持距離，會加重教育影響自由的喪失，而有利於統治者作爲一種公共的人格。洪保特主張公共教育在國家的統治中，總是一種政府的精神，注重公民和臣民，而非人類的教育。這些學者都對學校作爲一種公共的機構加以反思，探討學校在教育上的性質。當代的教育學家倫普夫（Horst Rumpf）、葉爾麥（Thomas Ellwein）、傅爾斯特瑙（Peter Fürstenau）、貝克爾（Hellmut Becker）、惠斯肯（Freerk Huisken）和尼森（Friedhelm Nyssen）等人，都曾經撰文批判學校的缺失，提出解決學校問題的看法。除此之外，奧國的教育學家伊里希也提出《反學校化社會》一書，批判傳統學校教育的錯誤，主張廢除學校這種教育機構，用教育網絡來取代傳統的學校。費雪爾認爲有必要從批判教育學的觀點出發，利用實證、歷史和比較的方式，來探究學校教育的問題，建立一種學校的教育理論（Fischer, 1972: 7-16）。

　　費雪爾在〈論學校與成就關係的系統問題〉一文中，探討學校與成就的關係。他主張現在的學校在教學和學習上，逐漸朝向成就原理的方向進行。學生應該按照其個人的天賦被要求達到特定的成就，學生判斷和分類的提出應該基於公開可檢證的成就之原因。在學生活動中趨近於知識和技能，或在資格認證中達成寄予的應然價值，這在學校中並不是新的事物。所幸，考試和審查都不是從今天才開始，在古希臘的文法學校就有考試和證書的要求。費雪爾主張從學校中一種或所有「成就原理」（Leistungsprinzip）自明的合法性，去建構學校成為「成就學校」（Leistungsschule）是不可能的，法律允許成就學校要求年輕人直接提出或計畫比較好的社會，以建立一種有用的和令人滿意的存在。這種存在不必聯結到一種對系統有益的創造性上，今天我們奠基在所有公民民主平等的基礎上，按照地位和薪資在法律上形成功績社會的階級。民主的憲法和工業的工作組織一般經由成就法則來管理，使得對社會負有義務的學校也不例外，在對學生的工作上也要講求成就。在這種情況下，不允許產生「壓力傷害者」（Streßgeschädigter）和「成就障礙者」（Leistungsbehinderter），教師必須使學習者在「成就要求」（Leistungsanforderung）和「能力形成」（Fähigkeitsstand）之間注意良好的適應，學校心理的服務和學校自由的假期等可以發揮作用。費雪爾認為一個在功績社會影響下的學校，必須是一種成就學校，這在學校的教學和學習中是正確的。現在的學校已經沉浸在成就原理中，而且朝向成就學校發展，將成為下一代的命運。有鑑於此，現在的學校是否真的已經準備好作為一種成就學校，或者至少朝向成就學校的方向發展，因為只有事實的材料不足以被人們接受，如何對學校中的成就原理加以辯護，這些都是值得我們去探討的問題（Fischer, 1972: 30-37）。

費雪爾在〈性教育與解放〉一文中，談到學校性教育實施的問題。他指出1970年漢堡公布學校性教育的綱要，主張教育自由、成熟和自我負責的人，將性慾作為興趣和生活快樂的泉源，使年輕人意識現在與未來的生活，而且能夠自己自由的決定。同時將其應用到性領域意見和判斷的確定，而非無思想的和忽視結果的性消費行為上。費雪爾主張性教育學涉及性慾、壓迫、反對、性別角色特定安排、欺騙、兒童與青少年對利害關係的「著魔現象」（Dämonisierung）、兒童性好奇的抑制、青少年名譽的誹謗等問題的處理，作為解放的性教育在教學和教育上，應該注重成熟、自律、批判能力、自我責任行動等觀念的培養，才能發現性教育中存在的意識型態，批判其錯誤不當之處，使學習者具有正確的性觀念。費雪爾認為批判教育學注重意識型態的批判，意識型態是一種虛假意識的運作。教育學應該自己原理的和理解的發現潛藏在隱密之處的政治經濟條件和使用的關係，將教育學安置在符合其觀點的社會中，教育學的整體或其對立的

部分是屬於社會的。教育學必須是一種批判理論，不能隱藏政治經濟私下進行的事物，使學習者「主題化」（Thematisierung）和「揚棄」（Aufheben）權力的限制，對性教育學來說，則必須取消幻想，阻止政治控制和經濟市場興趣的實施（Fischer, 1972: 99-118）。

　　費雪爾在〈價值中立的一些系統教育考察〉一文中，指出當前的教育學可以區分為三類。第一類是「價值中立教育學」（Wertneutrale Pädagogik），這一類的教育學不為價值系統的植入或移植服務，不同意和納入存在的價值內容或規範內容中，也不對價值世界進行體驗和聯結，不包含人類圖像和先前圖像的概念；第二類是「價值平等教育學」（Wertgleichgültige Pädagogik），這一類的教育學主張所有的價值都是平等的，沒有上下高低的不同，不判斷價值之間的差異，其實在性質上也是一種價值中立教育學；第三類是「價值多元教育學」（Wertpluralistische Pädagogik），這一類的教育學從多元主義的觀點出發，承認價值不是單一的，而是相當多元的東西，不對價值進行分析，在性質上也是一種價值中立教育學。費雪爾從歷史和系統兩方面對「價值中立教育學」進行探討，指出狄爾泰及其學生早就否定價值中立教育學，因為在教育學中含有許多理想、目的、價值、倫理系統、引導圖像和人類圖像；而且價值中立教育學必須在教育中提出符合價值和符合信念的聯結，系統的建構以證明「價值關聯教育學」（Wertgebundene Pädagogik）的錯誤，在這樣的過程中其實已經涉及價值的判斷，根本無法達到價值中立。所以，價值中立教育學是錯誤的。費雪爾認為教師都具有一種特定立場的價值、一種政治的確信、一種道德的信念、一種宗教的或世界觀的信仰，所以在教育中不是價值中立的，而是價值關聯的。我們必須建立一種「價值批判教育學」（Wertkritische Pädagogik），才能幫助學習者進行價值的判斷（Fischer, 1972: 119-132）。

　　費雪爾在〈學校教育性質的材料〉一文中，指出學校的教育性質有四項。第一是在教學中斷上，應該從學校管理優位的觀點來處理；第二是在教師的安排上，應該從學校管理優位的觀點來處理；第三是學生的處罰，應該從學校紀律優位的觀點來處理；第四是學校教科書的許可，應該從國家審查優位的觀點來處理，才能釐清學校的性質，解決學校遭遇的問題，

發揮學校作為一種公共機構的功能,達成學校教育的目標(Fischer, 1972: 133-152)。除此之外,在《學校與批判教育學》一書中,費雪爾的學生魯洛夫(Jörg Ruhloff)、葉希勒(Michael Eschler)和烏爾利希(Walter Ulrich),也對學校的民主化和行動導向的問題進行探討(Fischer, 1972),使費雪爾的教育機構論更加豐富。綜合而言,費雪爾的教育機構論深受康德批判哲學、法蘭克福學派批判理論和哈伯瑪斯溝通行動理論的影響,從先驗批判的觀點出發,想要釐清學校的性質,探討學校與成就的關係、性教育與解放、價值中立或關聯、學校民主化、行動導向和學校的教育性質等問題,建立一種學校的批判教育理論,說明學校教育機構的性質,批判學校中的意識型態,追求真正的自由解放,以達成學校教育的理想。

# 第十四章

# 多元教育哲學

　　在批判教育哲學之後，有許多教育學家提出教育實驗的理論，企圖將教育學建立成爲一門溝通科學、行動科學、生命科學、諮詢科學、實踐科學或理論、實踐與審美兼顧的科學。有的從現代主義的觀點出發，有的從後現代主義的角度立論，有的從綜合現代主義與後現代主義的立場出發，逐漸形成多元教育哲學論述不同的面貌。多元教育哲學時期開始於1960年代，在歐陸主要可以分爲「行動導向教育學」（Handlungsorientierte Pädagogik）、「反教育學」（Antipädagogik）和「後現代教育學」（Postmoderne Pädagogik）等陣營。「行動導向教育學」的學者因爲受到哈伯瑪斯（Jürgen Habermas, 1929-）於1968年出版《知識與興趣》一書的影響，逐漸意識到解放教育學如果只是注重意識型態的反省批判，根本無法促使人類經由教育的活動獲得啓蒙，進而達到自由解放的目的，因此開始探討教育行動理論，希望將教育理論的反思落實到教育實踐中，以達到人類化成的

理想。行動導向教育學包括夏勒（Klaus Schaller, 1925-）的溝通教育學、拉尚（Rudolf Lassahn, 1928-）的普通教育學、柯瓦契克（Wolfdietrich Schmied-Kowarzik, 1939-）的唯物主義教育學、普朗格（Klaus Prange, 1939-）的現象學教育學、赫爾梅（Karl Helmer）與魯洛夫（Jörg Ruhloff,1940-）的批判教育學、邊納爾（Dietrich Benner, 1941-）的實踐學教育學、歐克斯（Jürgen Oelkers, 1947-）的普通教育學和溫克勒（Michael Winkler, 1953-）的反思教育學等。

「反教育學」興起於1970年代，深受盧梭（Jean-Jacques Rousseau, 1712-1778）《愛彌兒》（*Emilé*）非直接教育方法的影響，反對「啟蒙教育學」（Aufklärungspädagogik）教育「萬能的要求」（Allmachtsanspruch），否定其教育思想的合法性。其次受到米德（Margaret Mead）文化人類學的影響，主張世代的鴻溝愈來愈大，未來是無法確定的觀點，反對尼采（Friedrich Nietzsche）和佛洛伊德（Sigmund Freud）的文化理論，認為強迫兒童將文化規範內化，而無法達到應用的境界。同時深受布伯（Martin Buber）對話哲學的影響，布伯認為教育關係已經不再以「權力意志」（Machtwillen）和「教育愛」（Pädagogische Eros），而是從「對話建構」（Dialog konstituieren）來加以理解，對話關係確定來自「理解要素」（Element der Umfassung），經由「相互經驗」（Erfahrung der Gegenseite）而持續，「教育關係」（pädagogische Bezug）是一種對話的，但是完全特定的關係。除此之外，也受到伊里希（Ivan Illich）廢除學校論的影響，伊里希主張學校作為工業化的機構，違反了所有人文主義的目的設定，僅僅擔心思想和行為的適應與調整，根本沒有辦法實現教育的使命。因此，布朗穆爾（Ekkehard von Braunmühl, 1940-）在1975年出版《反教育學：廢除教育的研究》（*Antipädagogik: Studien zur Abschaffung der Erziehung*）一書，火力全開的攻擊傳統的教育學，從教育實際的描述和評價出發，主張這種教育將會強制或操縱兒童，發展出兒童的「忠犬心靈」（Hundeseelen），使其成為一個「傀儡」（Marionette）。由此所建立的教育思想核心和結果是不民主的和反民主的，教育等同於管束、歪曲、訓練或操縱，所以教育行動宛若輕微的謀殺，或至少像是截肢，並不令人感到驚訝。布朗穆爾認為誰

想要教育兒童,將會摧毀兒童,任何教育的方式都是對兒童的虐待,因此必須廢除教育和告別過去的教育思想。歐斯特麥爾(Helmut Ostermeyer, 1928-1984)在1977年出版《理性的革命:從清除過去來拯救未來》(*Die Revolution der Vernunft: Rettung der Zukunft durch Sanierung der Vergangenheit*)一書,探討教育學和教育的必要性問題。他指出教育學並不存在其委託者,而是由教育學自己所製造出來的。對於教育必要性的確信,讓人感到巨大無比的失望,因為未曾看到過兒童的野性和自私,可以透過教育使其返回友善的、和平的和溫柔的狀態。相反的,教育的意識型態建立了所謂兒童教育的需求,成為對兒童壓制蹂躪和終生傷害的藉口,因此應該廢除教育。著名的代表人物有布朗穆爾、庫普佛(Heinrich Kuffer)和歐斯特麥爾等人(Oelkers & Lehmann, 1990: 19-20)。

「後現代教育學」的提出受到哲學家傅柯(Michel Foucault, 1926-1984)、布希亞(Jean Baudrillard, 1929-2007)、李歐塔(Jean-François Lyotard, 1924-1998)、德里達(Jacques Derrida, 1930-2004)、德勒茲(Gilles Deleuze, 1925-1995)和羅逖(Richard Rorty, 1931-2007)等人後現代主義的影響。「後現代教育學」主要包括連琛(Dieter Lenzen, 1947-)的反思教育科學、萊恩(Rolf Huschke-Rhein, 1937-)的系統與建構主義教育科學、萊希(Kersten Reich, 1948-)的建構主義教育學和特雷姆(Alfred K. Treml, 1944-)的演化教育學等不同的取向。相較於歐陸,美國教育哲學的發展由於現象學、詮釋學、批判理論、後現代主義(postmodernism)的傳入,加上女性主義、批判教育學(Critical Pedagogy)、新實用主義(Neopragmatism)和關懷倫理學的興起,逐漸展現教育哲學多元論述的面貌。此時,英國的教育分析哲學已經沒落,隨著不同哲學思潮的引進,英國教育哲學也呈現多元發展的面貌。這個時期,法國的教育哲學除了受到現象學、生命哲學、詮釋學、批判理論等現代主義的影響之外,也受到傅柯後現代主義、李歐塔後現代主義、布希亞擬像遊戲論、德里達解構主義、勒維納斯他者倫理學和李克爾(Paul Ricoeur)文本詮釋學的影響,使法國的教育哲學逐漸的朝向多元發展,開啟了法國教育哲學的新紀元。

## 第一節 後現代主義的流派

按照哈山（T. Husen）等人所編的《教育國際百科全書》（*The International Encyclopedia of Education*）中的說法，「後現代主義」這個名詞大約在1930與1940年代出現，最早主要是與藝術（包括建築與歷史）有關（Husen & Postlethwaite, 1994: 4639）。羅斯特（V. D. Rust）則認為「後現代主義」的觀念，事實上在1950年代就已經存在於社會科學、美學和文學的領域中。特別是建築與文學批評中，關於「現代主義」轉向「後現代主義」的討論則是一直延續著；而在社會科學中，「後現代主義」觀念的發展則可分成兩個時期：一是1950和1960年代關於「後工業主義」（postindustrialism）或「後資訊社會」（postinformation society）的討論；二是1980年代中期時，社會科學家再度興起討論「後現代主義」的熱潮，使得「後現代主義」成為當時學術思潮的主流（Rust, 1991: 610）。在現代主義與後現代主義的區別上，紀諾斯（Henry A. Giroux, 1943- ）主張現代主義重視批判的理性、行動能力和人類克服苦難的力量，強調建立一個倫理的、歷史的和政治的論述的重要性；後現代主義則強力地挑戰所有極權的論述，強調偶然性和特殊性，提供新的理論性語言，以發展差異政略，重新聯結個人與社會的關係（Giroux, 1992: 39-88）。亦即，現代主義主張理性中心、文化霸權、父權統治、系統觀點、歷史連續性、知識疆界、巨型敘事和人文主義等概念，後現代主義則強調非理性、歷史的斷裂、主體的批判、系統的解構、女性觀點、差異政略、不確定性和為弱勢族群發聲的立場。後現代時期的哲學，主要有下列幾個不同的流派：

### 一、後現代主義

傅柯在〈何謂啟蒙？〉（What is enlightenment?）一文中，主張不要從紀元來區分現代與後現代性，後現代性並不是一個歷史的時期，反而是一種與現代性對立的態度；所謂的態度是由某些人自願選擇的思考、感覺、行動和行為的方式（Foucault, 1997: 309）。李歐塔則主張現代與後

現代的區別在於形上學形式、知識的組織和正當性的敘事等方面的改變
（Lyotard, 1984）。傳統「基礎主義」（Foundationalism）的哲學，主張啓
蒙觀念下的自律主體，並不只適用於特定的文化或社會，而根植在一個
先驗的眞理，亦即人性的普遍本質（Carr, 1995: 79）。後現代主義在形上
學層面是反基礎主義的，對啓蒙的普遍、先驗和絕對論的推理概念提出
質疑，批評那些源自理性年代無所不包的世界觀，或是掌握所有問題，
並提出預先決定答案的進步觀，指出這都只是一種後設敘事或巨型敘事
（Lyotard, 1984）。後現代主義在知識論上反對傳統的單一眞理觀，否定
科學方法的普遍有效、知識的客觀性與價值中立，強調部分的、地區性的
和脈絡的知識，指出知識不再有單一和協調的共識，而主張多元詮釋和反
映多元觀點。法國哲學家李歐塔在《後現代狀況：一份知識的報告書》
中，高舉反西方理性主義和工具主義的大旗。他重視較小的地方自治體，
攻擊巨型敘事，驅逐知識分子等，這些目的均可視爲減少權威在知識和價
值生產中的分量，以增進個人的自我決定。後現代主義在倫理學層面是
「反權威主義」（Anti-authoritarianism）的，西方現代主義者自啓蒙運動以
來，對於人類智慧與社會和諧充滿信心，但是後現代主義者卻不以爲然，
他們認爲倫理規條只是在反映制定者的利益和價值而已（李奉儒，2004b：
328; Lyotard, 1984）。

## 二、新實用主義

　　美國哲學家羅逖以爲，系統哲學是一套以最終眞理爲依歸的哲學，
並認爲只要找到眞理就能應用於人類所有的層面，此即「實在主義」
（Realism）。在羅逖的觀念中，系統哲學即是以「基礎論」（foundational-
ism）、「本質論」（essentialism）和「再現論」（representationalism）所形
成的哲學體系。其新實用主義是一種反基礎論、反再現論和反本質論的哲
學。「基礎論」是指在知識論的論證中，主張知識要建立在無可置疑的基
礎上，來建構出客觀的知識（Jones, 1995）。羅逖認爲這樣的基礎是不可
能的，他以社會實踐來取代這樣的基礎。從社會實踐中推演出來的不是
客觀的眞理，只是現行社會中的約定俗成。羅逖在《哲學與自然之鏡》

（*Philosophy and the Mirror of Nature*）一書中，主張後現代主義應該抨擊知識論中預設的旁觀者角度，說明哲學家在藝術和科學之間所面對的緊張關係，而且預告一個哲學革命的來臨。它指出近代哲學將心靈比喻為一面可以反映實在的鏡子，知識作用的目標就是將實在忠實的再現出來。這使知識論變成重要的哲學，因為哲學的主要任務，就是從知識的角度測試和維修心靈的明鏡，使人們所宣稱的知識命題，能夠更加準確的反映實在。或者從語言學轉向的角度來看，哲學的研究工作必須使塑造人類心靈的語言，能夠更加準確的對應於實在或世界的終極結構（Rorty, 1979）。「再現論」假設客觀的實體存在，人的心靈如一面鏡子，知識論的任務就是去再現此一客觀的實體。羅逖反對再現論的理由是我們根本找不到一個中立的立場，可以原原本本的將所看到的東西如實的呈現。他用「上帝之眼」或「天鉤」來稱呼此一中立的立場，但是他否定這種中立觀點的可能性，主張我們的觀點只是某一時空下的偶然性，不具有客觀性可言（Rorty, 1991）。「本質論」主張事物有明確的實體可作為依據，肯定客觀真理的存在。羅逖反對這些觀點，主張「歷史主義」（historicism）、動態的宇宙觀，否定普遍的基準和實體的存在，認為一切都是環境的偶然性（Rorty, 1998）。

## 三、擬像遊戲論

法國哲學家布希亞在《擬像》（*simulation*）一書中，主張擬像不再是對一個領域的模擬、對一個指涉性存有的模擬，或是對一種本質的模擬。它不需要原物或實體，而是以模擬來產生真實：一種超真實。日常生活中常見的真實，例如：政治、社會、歷史、經濟等，都結合了超真實主義的擬像向度（Baudrillard, 1983a: 2, 147）。而資訊已將意義與社會瓦解成一種星雲散布的狀態，它導致的不是過多的創新，而是全然的「熵[1]」

---

[1]　熱力學第二定律：對於一個熱力系統來說，單方向的熱力演變可以定義一個熱力變數，作為量化的代表。這個變數就稱為系統的「熵」。有些學者也將「熵」，譯為「能趨疲」。

（Baudrillard, 1983b: 100）。布希亞在〈論虛無主義〉一文中，首度描述自己的理論為後現代性的分析。他將現代性說明成表象的徹底摧毀，世界的破除鬼魅，而且被棄置在詮釋與歷史的暴力之下。布希亞蔑視這個現代世界，而且宣稱它附屬於後現代性的革命。這是一個摧毀意義的廣泛過程，相當於早先對於表象的摧毀（Baudrillard, 1984: 38-39）。布希亞在〈西元兩千年已經來臨〉（The Year 2000 Has Already Happened）一文中，提出三種不同的詮釋，說明歷史的終結。第一種假說推演自天文物理學所提出的一種可能性：在宇宙逐漸加速擴張之下，將會使歷史消逝於失去一切意義的超空間中。第二項假說也推演自物理科學，但是情況卻恰恰相反。依據「熵」（entropy）這個概念，如果社會與大眾到達完全被動和無聊厭煩的地步，歷史將會內爆呈惰性的停滯狀態。第三項假說推演自科學工藝，主張在科技臻於完美境界時，事物的實質將迥異於過去。隨著立體音響日益完美，音樂將隨之消逝。同樣地，其他的現象一旦到達完美時也會消逝，最終我們將脫離歷史的真實進入擬像的真實，到達一個嶄新性質的經驗領域（Baudrillard, 1987: 40）。

## 四、解構主義

　　法國哲學家德里達提出的解構理論和策略，在後現代主義中具有重要的意義。他生於阿爾及利亞，出身猶太血統的家庭。1950年代就讀於巴黎高等師範學院期間，經歷法國思想革命的洗禮，從1960年代初期開始，就以尼采哲學作為基本動力，發揚黑格爾、胡塞爾和海德格的反思原則，繼承馬拉美（Stéphane Mallarmé）、布朗索（Maurice Blanchot）和巴岱（Georges Bataille）等人的語言批判路線，改造海德格解構的概念，批判傳統形上學和語音中心主義（高宣揚，1999：270-271）。德里達的主要著作還有《散播》、《哲學的邊緣》和《立場》等。2001年，德里達被邀訪問中國，並被北京大學等頒授榮譽博士學位。2004年10月因胰癌病逝巴黎。德里達原是「結構主義」（Structuralism）者李維—史陀（Claude Lévi-Strauss, 1908-2009）的追隨者，拋棄「存在主義」（existentialism）對主體的追求，而將世界視為一個「結構」（structure），對其進行共時研究和結

構分析。但是，德里達逐漸發現結構分析無力動搖資本主義和文化的結構，更無法擺脫權力中心的控制和話語的制約，因此對具中心的「結構」提出質疑，對隱身於結構主義內的思想源頭加以批判，主要包括「在場形上學[2]」（metaphysics of presence）、「語音中心主義[3]」（phonocentrism）、「邏各斯中心主義[4]」（logocentrism）、「種族中心主義[5]」（ethnocentrism）和「哲學詮釋學」（philosophical hermeneutics）等，進行消融西方哲學基礎的解構之旅，形成其消解中心和本源，顛覆二元對立形上學的解構理論（王岳川，1992）。德里達主張時間性就是歷史性可能的條件，而歷史性就是存有本身時間性的存在方式。解構不是要把過去埋葬在虛無中，而是要表明存在論傳統的限度。反思一種沒有綜合和沒有揚棄的對立統一是完全可能的，而這樣一種排除綜合和揚棄的解構，就是一種極端的含糊性，同樣也是一種無法經由傳統邏輯解決的疑難。因此，解構具有疑難的特徵（Derrida, 1986: 130-135）。

## 五、差異哲學

　　德勒茲受到二戰前後，法國哲學氛圍與自由的社會政治風氣影響，發動結構主義轉化到後結構主義的哲學風潮，以及參與激進政治的社會運動，並在其後面對反動的社會政治風氣，以哲學為武器提出開放的呼聲。其差異哲學（philosophy of difference）注重差異、重複、內在性、關係之外部性與脈絡和開放系統等概念，倒轉再現論哲學中「差異」（difference）與「同一」（identity）的關係，以「差異」與「重複」（repetition）概念構成了多元性實現化與不斷流變的運動，並以內在性本體論構成差異而

---

2　在場形上學指整個西方哲學史、語言和傳統強調對意義立即接近的慾望，因此建構一種在場超越不在場的本體論形上學，這種在場形上學忽略不在場的重要性，無法掌握非時間性存有的真理。

3　語音中心主義是指語音能夠呈現真理或意義的功能。

4　邏各斯中心主義意即以邏各斯（Logos）為基礎或中心的思想。

5　種族中心主義意謂著西方文化的優越地位，並以西方文化去同化或「漂白」其他民族的文化。

平等的多元性世界。對德勒茲而言，差異本身就是一種生成變化，並非
隸屬於同一性關係，也不是以否定邏輯運作的非某物，差異本身即是對
差異的肯定，是與自身差異的運動，在「永恆回歸」（eternal return）中以
重複的面貌出現。因此，「永恆回歸」的主體不是相同者，而是差異者；
不是相似者，而是不相似者（劉育忠，2010：70；Deleuze, 1994: 126）。德
勒茲提出「向域外開放」（open to the outside）的思考機制和「地下莖」
（rhizome）的思想影像，目的在於使思想由教條思想影像中解放出來，邁
向更多元的開放創造。德勒茲認為，世界本來是混雜一團的；世界無所謂
「秩序」（order）和「規則」（rule）。一切「秩序」和「規則」都是哲
學家根據自己的世界觀，而人為地整理和組織出來的。混沌的世界中，各
個「相區別」的事物之間相互滲透，以毫無秩序的天然方式相互交結，形
成無數相互重疊又相互穿梭的「皺褶」（the folds）。「皺褶」是德勒茲
從萊布尼茲「單子論」獲得的有關人對世界認識關係的建構圖示，意指由
相互區別而產生的相互類似，與由相互雷同而產生的相互類似，是根本不
一樣的。這就好像由不同曲線產生的相互類似，不同於由單調的直線所產
生的相互類似那樣。德勒茲認為整個世界不過是一種虛擬，只在將其傳遞
的靈魂皺褶中當下地存在，靈魂運用「內部皺褶」（the inner pleats），藉
以賦予自身一個對周圍世界的再現。換言之，世界其實是通過靈魂的內
部皺褶作用，被我們再現在一種虛擬性中，正是通過靈魂這種對世界的
「皺褶」，我們方得以認識與感知世界（高宣揚，2003；劉育忠，2010：
67-68；Deleuze, 2007: 23）。

## 六、建構主義

「建構主義」（constructuralism）最早起源於義大利的維柯（Giambat-
tista Battista Vico），他主張神自己知道真實的世界面貌如何，因為世界是
他自己所創造的。是以，人始終只能認知他自己所創造的世界，因為只
有建築師知道自己運用的材料和彼此關聯的事物。維柯的概念「運作」
（operation）成為激進建構主義立論的先驅，而且也是康德、杜威、布
里吉曼（Frederick Arthur Bridgman）、希嘉托（Silvio Ceccato）和皮亞傑

（Jean Piaget）等人思想理論的先聲（馮朝霖，2000：150）。基朗（David R. Geelan）從知識論的觀點，指出六種建構主義，包括個人建構主義、激進建構主義、社會建構主義、社會建構論、批判建構主義和脈絡建構主義（Geelan, 1997）。徐光台將前述的六種建構主義說明如下（徐光台，1999）：㈠個人建構主義：主張個體爲適應環境而主動地建構知識，知識是個體的、適應的，而不是客觀的。㈡激進建構主義：主張知識的建構，不在探索實在的外在世界，而是透過經驗的意義化，以達到存活的目的。㈢社會建構主義：主張知識的建構，不宜忽略社會因素的重要性。共事的社會效果和他人的贊同，修正了個人特質的科學概念。㈣社會建構論：主張知識不留存於個人或自然世界，而存在於社會之中。一切知識的構成，係透過「語言使用」與「意義生成」兩種歷程，此爲社會性的共識歷程。㈤批判建構主義：主張教與學都是社會建構的歷程，教師宜經由溝通的行動和解放的興趣，而改革既有的結構，以達成社會的重建。㈥脈絡建構主義：主張社會對於個人知識建構的影響，主要來自其文化。在社會文化脈絡中，個人發展組織和概念，而使其科學見解獲得意義。

## 七、女性主義

「女性主義」（feminism）一詞起源於十九世紀的法國，原指婦女運動的意思，在近兩個世紀以來，因爲使用相當的廣泛，而被賦予不同的意義。時至今日，女性主義是指爲了終止女性在社會生活中的附屬地位而做的種種努力（顧燕翎，1999：VII）。女性主義學者批評傳統知識論所宣稱的價值中立性是不存在的，主張認知者持某種立場是無可避免的，但是又不遺餘力的批評傳統知識論充斥著男性的立場。哲學家凱勒（Evelyn Fox Keller）曾經指出從十七世紀以來，中性的科學不斷的被賦予男性的色彩。培根就致力於提倡一種以男性的雄風，來征服女性本性的心理機制，要年輕的男性科學家們，把自然放在可掌握的各種實驗控制上。到了今天，科學征服自然的隱喻，也象徵著男性征服女性難以捉摸的祕密。而男性彼此之間也互相競爭，將第一個發現者，以某某學之父自居（Keller, 1985）。女性主義學者強調過去傳統西方倫理學忽視女性的權益，不過問

女性長期處於家庭私領域中的問題，顯現出高估男性的特質，而低估女性道德發展的傾向。姬莉根（Carol Gilligan）從佛洛伊德、皮亞傑、艾瑞克遜等知名心理學者對婦女道德、人格統整、自我認同等議題中，指出這些學者都預設了一些價值，然後從男女有別的發現中，指出女性的道德發展和自我認同等不如男性（Gilligan, 1982: 1-12）。她開始質疑柯柏格以「正義」（justice）為最高優位，並著重以普遍原則作形式推論的觀點，認為柯柏格所主張的「正義－權利導向倫理學」只是反映出男性的認知觀點。相對的，女性在思考道德抉擇時，是以不傷害他人的關懷為最高優位，著重在情境中做通盤的考慮，權衡出一種於己無損、於人無虧的責任，稱為「關懷－責任導向倫理學」（簡成熙，2000：187）。諾丁（Nel Noddings, 1929-）受到姬莉根的影響，主張傳統的倫理學是一種男性的倫理學，注重普遍性的道德原則，忽略注重道德情感的女性特質。因此，提出「關懷倫理學」（ethics of care）。諾丁強調「關懷」是倫理學的核心概念，人類必須作為關懷者和被關懷者，將關懷的概念從自己親近的人，逐漸擴展到世界上其他的事物（Noddings, 1984）。特朗脫（Joan Tronto）則認為，姬莉根與諾丁的主張過於突顯女性道德的特殊面，可算是一種「女性倫理學」（feminine ethics），這雖然可以彰顯女性的特質，但也容易陷入傳統性別的刻板印象。如果女性倫理學要能賦予倫理學新的意義，必須致力於解構道德與政治的邊界，道德本身不能畫地自限，而且要重構公私領域，這種「女性主義倫理學」（feminist ethics）才是值得努力的目標（簡成熙，2003：226; Tronto, 1993）。

## 第二節　後現代主義的教育

　　為了解決後現代主義哲學多元觀點的對立，德國哲學家衛爾希（Wolfgang Welsch）提出「橫繫理性」（transversale Vernunft）作為出路，其內涵主要受到華登費爾斯（Bernhard Waldenfels）、李歐塔、梅洛龐迪和康德判斷力概念的啟示。李歐塔曾經刻劃後現代生活型態的特徵為敏捷與巧妙生動（Lyotard, 1985: 87）；而衛爾希將其詮釋為遠離教條化、嚴肅與

僵化的一種軟性靈活的能力，強調其特徵為輕柔彈性，但是並非輕率；更精確的說即是具有生動活潑的聯繫性與轉換性，這種「橫繫理性」是後現代文明生活理想的基本能力（馮朝霖，2000：39-40; Welsch, 1997: 317）。前述這些後現代主義的觀點，對教育哲學的影響相當大。溫修（Konrad Wünsche, 1928- ）深受後現代主義哲學家傅柯和李歐塔觀點的影響，1985年在〈教育運動的終結性〉（Die Endlichkeit der Pädagogischen Bewegung）一文中，主張教育理論在教育的反思中證明自己，將自己置入社會的教育計畫之中。因此，教育學就歷史和系統來看具有運動的特性（Wünsche, 1985: 434）。教育學及其輔助科學，從心理學到教學科技都在尋求工具和途徑，將兒童作為兒童事件來加以發現和繼續發展。教育運動致力於經由兒童來超越社會的現況，父親的思想屬於被解構的世界。教育學的任務在於產生一個新的世界，經由兒童教育學解構父親世代有關的文化、規範、標準、比例和形式。同時教育學是一種實驗的科學，具有建構人性的特色（Wünsche, 1985: 437-439）。教師能夠利用教育學在教育過程中，透過教學的安排促進兒童的發展。我們應該將教育學視為人性的先鋒加以理解，從啟蒙時代以來的教育運動已經進入尾聲。溫修主張現代教育學是意識型態的擴張，反對系統教育學「目的論教師—學生—基模」（Teleologisches Lehrer-Schuler-Schema）的觀點，認為前幾個世紀「兒童性」（Kindheit）的發現是前述觀點的擴展，人類的化成在這種情況下是不可能的（Wünsche, 1985: 445-448）。

紀塞克（Hermann Giesecke, 1932- ）也受到後現代主義的影響，1985年在《教育的終結》（Ende der Erziehung）一書中，批判二十世紀社會的「教育學化」（Pädagogisierung），並且對教育實際轉為指導的實際提出批評。主張教育就是今天所謂的社會化，這種社會化會繼續被「最終目的」（Telos）所取消。強調盧梭是兒童性的發現者，而且也是教育專業和教育科學的發現者。主張家長與教師應該瞭解起源於十八世紀啟蒙時代的教育概念，到了今天已經無法解釋教育的實際。因為以前的教育概念完全把年長世代的價值觀念強加在兒童身上，忽略了兒童真正的興趣和需要。所以，傳統教育概念已經到了終結的時刻。紀塞克強調家長與教師應該重

視兒童的權益，將兒童視爲獨立自主的個體加以教育，反對教育理論的建立和教育科學的系統化，深受教育學家布朗穆爾和連琛觀點的影響（Gie-secke, 1985: 15-18）。連琛深受布希亞、傅柯和李歐塔後現代主義思想的影響。連琛曾經擔任德國教育科學會會長（1994-1998），1987年他在〈神話、隱喻和模擬〉（Mythos, Metapher, Simulation）一文中，認爲在教育科學中現代和後現代思想的關係依然尙無答案，對於向啓蒙時代回歸的教育科學來說，還沒有第二門學科如教育科學一樣尙未與哈伯瑪斯所謂的「現代計畫」（Projekt Moderne）相關聯。後現代理論的接受，表達了教育科學中存在批判的威脅。假如採取後結構主義和後現代思想分析的觀點，可能對奠基於教育實際的教育理論建構在描寫關係上造成震撼。連琛在此文中針對實在喪失和解構所產生後現代的不確定性加以探討，提出反目的論、反機械論和教育學終結的觀點，以尋求現代教育學可能與不可能的解決途徑（Lenzen, 1987: 41-60）。

　　連琛在其《行動與反思》一書中，提出其反思教育科學的主張。連琛的反思教育科學深受李歐塔後現代主義、傅柯權力關係哲學、盧曼社會系統理論、羅逖新實用主義、布希亞擬像遊戲論、布魯門貝爾格（Hans Blumenberg, 1920-1996）現象學和衛爾希後現代主義的影響，屬於一種後現代主義的教育學。連琛反思教育科學的主要涵義在：首先指出由於教育經費補助的衰退，使得教育科學研究的成效不彰，不足以指導教育改革的進行，教育當局逐漸對教育科學失去信心，同時由於部分學者未經批判的使用日常生活的觀點，忽略教育理論的重要性，偏重應用研究的型態，造成教育科學發展的危機。其次，分析當前的教育科學無法在獨創性上得到超越，陷入缺乏教育學特性的危機，而成爲一種喪失生命意義的事實科學。連琛主張教育科學的興起，來自於啓蒙時代康德的構想，到了今天已經和時代的生活脫節，無法反映我們現代的生活，如同胡塞爾在其危機著作中所說的：這種科學無法說出我們生命的痛苦。或者像是莫連豪爾所說：教育學的危機在於它還停留在十五世紀開始的現代計畫中。面對哈伯瑪斯所謂「現代計畫」的教育科學之式微，有必要超越政治趨勢轉向的敘述方式，詢問思想歷史的條件是否已經改變，以協助系統教育學、普通

教育學、教育理論和陶冶理論，成為教育科學的核心部分（Lenzen, 1996: 79）。接著，指出教育科學偏重實證觀點的缺失，主張教育科學應該朝向教育美學發展，才能培養個體自我創化和參贊化育的能力，調和人類反思與行動的對立，使人類與自然和諧相處，共同參與世界的演化。

海德[6]（Helmut Heid, 1934-）1998年在〈生態教育學？環境教育思想與行動假定的批判說明〉一文中，提出其生態教育學的理論。海德的生態教育學深受康德（Immanuel Kant, 1724-1804）批判哲學、黑格爾（Georg Wilhelm Friedrich Hegel, 1770-1831）辯證哲學、畢恩（Günther Bien, 1936-）環境哲學、雷莫特（Hermann Remmert, 1931-1994）生態學、希伯特（Horst Siebert, 1930-）環境生態理論和漢恩（Gerhard de Haan, 1951-）生態教育學的影響。海德主張人類喜歡被詮釋為演化的產物和要素，但是人類也是演化論的創造者。在環境教育的爭論中仍然尚未受到注意，所有這些自然真正的確定、人類的天性或人類世界的關係之爭論，都在對象語言和後設語言的語意學層次，亦即在理論詮釋爭論的脈絡中發生，不允許將其和臆想的無可質疑的客觀實在相混淆，對象是一種競爭的和需要不斷檢視的詮釋。人類自然的歸屬性在許多方式中被打破，第一，自然存在著很少自己能夠依賴的事物，對人類而言只能經由其知識來超越自然。第二，人類不只是自然詮釋及其自然關係的主體，而且也是自然的對立面。第三，人類是生理生發的和本體生發的外在者，在其求生需要的物質交換與自然永恆的形式中也能夠使自然中止。因此，人類不只是產物，同時也是演化的因素（Heid, 1998: 3）。海德主張誰要是同意自然具有獨特的權利，根本無法從確定的意義，而只能從一種理由需要決定的意義加以說明。在真理中只有

---

6　海德（Helmut Heid, 1934-）1934年出生於科隆，1964年獲得科隆大學的哲學博士學位，應聘科隆大學擔任助教的工作。1968年通過科隆大學的「教授備選資格審查」，應聘柏林自由大學經濟教育學講座，繼布蘭克茲之後，擔任講座教授的職務。1969年應聘到雷根斯堡擔任教育學講座教授，1982至1986年被選為德國教育科學會會長。1991至2000年擔任德國研究學會教育科學委員會的主席，2002年從雷根斯堡大學教育學講座退休下來（Böhm, 2000: 233）。

一項事物能夠完全的確定，那就是將對自然的侵犯當作有問題的行動。人類無法做別的事，只能根據人類可以決定的判斷、評價、意願和行動來作為。指責強調對抗自然獨特權利的傷害，在確定脈絡中強調人類自然的歸屬性，然而人類還是一方面站在自然的對立面去對抗自然；另一方面返回到條件的關係要求按照自然去行動。人類使自己超越自然法則的需要性去設計一套自然想像的準則，自然不再是對象或條件，而成為目的確定的人類行動之主體。因此，自然和人類相同，都擁有獨特的權利（Heid, 1998: 7-8）。海德主張「教育」（Bildung）是解決環境問題最重要的工具，經由環境保護觀念和生態倫理思想的教育，可以影響社會大眾的觀念，改變環境政策的方向，減少對自然環境的傷害，解決環境破壞的問題，對環境的保護做出積極的貢獻。但是，教育很難影響環境破壞的最終原因，只能夠使社會大眾產生環境保護的責任感。環境教育的任務在於批判的啓蒙，希望經由這種啓蒙，使社會大眾產生環境保護的行動，促成環境保護「實踐的政治化」（Politisierung der Praxis），以產生符合生態期望的行動，使實際的和教育的目的能夠實現，而非教育行動直接的目的（Heid, 1998: 16-22）。綜合前述，海德生態教育學的主要涵義在：指出人類與自然的關係，不應該是對立的，而應該是和諧相處的。他從生態教育學的觀點出發，說明自然有其獨特的權利，人類是整個生態環境問題的核心，雖然人類在自然中顯得無力，但是依然必須經由教育的活動，培養個體環境保護的觀念，使人類與自然和諧的相處，避免生態破壞的問題，才能達成生態教育的理想，而教育是環境保護最重要的力量，它在生態教育中扮演著非常重要的角色。海德的生態教育學不是一種「人類中心論」（Anthropocentrism）的學說，而是一種「生態中心論」（Ecocentrism）的主張。從地球演化的歷史來看，「人類中心論」過度強調人類的福祉，已經對生態造成嚴重的破壞；而「生態中心論」過度強調自然的法則，勢必使人類邁向滅亡的宿命。所以，這兩種觀點的教育理論都有所偏頗，應該從辯證實踐學的觀點出發，超越「人類中心論」與「生態中心論」的對立，兼顧人類的福祉與生態的維護，以建立適當的教育理論，才能解決人類面臨的環境危機。

## 第三節　後現代主義的反思

　　這些後現代教育學斥責系統教育學是意識型態，擴充的發展到最高點，教育的關係是表面的，教育使科學、藝術和生產等退步，並且要爲系統教育學下診斷（Benner & Göstemeyer, 1987: 76）。後現代主義對於系統教育學的攻擊、對形上學敘述內文的否定、對科學知識非人性後果的質疑、對以歐陸思想爲中心的叛離，以及對知識固定疆界的挑戰等命題，都成爲後現代教育發展的取向。但是，後現代教育學企圖捨棄系統教育學，切斷與傳統的關係，面臨否定的狀態，教育學術的危機跟著發生（詹棟樑，1999：716）。邊納爾（Dietrich Benner, 1941-）1999年在〈盧梭、汎愛主義與德國古典主義中現代兒童性的概念和教育〉一文中，針對後現代教育學所主張的「教育終結」、「教育擴張」、「兒童性消失」、「成人消失」和「兩代關係終結」等觀點，從普通教育學的角度提出批判。邊納爾指出，早先反教育學和今天後現代所謂「教育終結」和「兩代關係終結」的說法，正逐漸地與教育學擴張的觀點銜接在一起。在這種情況下，未來教育實際執行的行動者，將不再是教育人員、教授者和社會教育者，而是專業的生活伴隨者。這種生活伴隨者必須在所有的年齡階段中陪伴其當事人渡過，從胎兒開始，越過嬰兒、兒童、青少年、成年、老年一直到去世爲止。如果從前述的觀點來看，幾年前反教育學（Antipädagogik）「兒童性與教育終結」的看法，將從教育擴展到整個生命階段的形勢，由被確認、被讚美轉變爲被批判。如果要能夠想像經由專業教育者進行終生「生活伴隨」（Lebensbegleitung）和「終生學習」（Lebenslang lernen）的不同，必須把教育中「世代的差異」（Generationendifferenz）放棄或超越才有可能。終生學習可以使一個學會自我學習的人，不再需要一位老師。想要將教育者定義和替代成爲終生伴隨者，首先必須告別教育中「兩代的關係」。在告別「兩代的關係」之後，才能進入「兒童性、教育和兩代關係消失」的狀態，使教育和教育學不再陷入終結的困境，而經歷其領域權限的擴張（Benner, 1999b）。

　　從康德的觀點來看，成熟是一個人在經過努力之後，能夠在沒有外來的協助下，運用其自身理智的狀態。而持續終生專業的生活伴隨，將使個體終生無法達到成熟的境界。這種推論在確定的意義下，不僅對於教育職業領域新的定義有效，同時對於終生伴隨的職業意識型態也是有效的。在終生協助的依賴下，教育實際及其當事人將無法從教育協助的依賴性中解放出來，而只能夠從一種教育的部分專業朝下一個階段繼續前進（Benner, 1999b）。「教育的基本結構」（Grundstruktur des Pädagogischen）既不在於自然的教育者，也不在於提供終生伴隨服務的專業教育者，諾爾所確認的教育職業的分化和擴展，從教育理論和陶冶理論的觀點來看，只有在教育職業的實踐中，擺脫教育協助、反應和支持的需要，解除教育的代理和照顧，讓教育自身成為無用，教育才是合理的。如果沒有這種解放的機會和自由設定的觀點，現代教育根本不可能合理。這種看法並不是說專業的教育者只適合於或允許於兒童和青少年，而是我們希望教育的普遍化能夠具有可能性，同時承認其他生活形式（Lebensformen）和實踐形式（Praxisformen）的特殊性。因此設定教育領域的界限，並且必須阻止我們超越它。「教育的基本結構」早已經確定，其自身的終結不僅涉及預定，而且需要帶來（Benner, 1987: 23-24）。對於教育學家洪保特來說，所謂教師的任務在於盡可能的和多餘的工作，這種主張也適用於其他的教育職業。總而言之，教育如果在終生伴隨的意向下，經由轉換、互相交替的部分專業下進行，教育將無法非常有責任被實施，甚至造成一種反教育和反常的現象。因此，這種措施不僅不是對於當事人生活的協助，同時也不是對於將逝者接受其死亡的支持。教育協助終結的預期，對於所有年齡階段的教育行動是全然建構的。所以，不允許有伴隨整個人生的專業之教育實際存在，而應該在所有生命的階段中，依其需要給予教育的介入。從這種觀點來看，專業的教育應該放棄「教育萬能」的期待，承認教育有其無用之時，以克服終生教育所造成的缺失。無用的作為可以讓專業的教育顯示出沒有終生教育的可能性，並且放棄持續不斷伴隨的教育觀念（Benner, 1999b）。

　　後現代教育學由於受到許多的批評，現在也開始反思其自身的不足之處。目前教育哲學的發展可以說具有許多不同的觀點，但是並沒有形成一

個統合的學派（Borrelli & Ruhloff, 1996: III），可以姑且稱之爲「多元教育哲學時期」。這些教育理論正在進行不斷的對話，以尋找這個世紀教育學術發展的方向，謀求教育理論的建立和教育實際問題的解決。總之，教育哲學從康德在寇尼斯堡大學的演講至今，已經有兩百多年悠久的歷史。教育哲學在演進的過程中，擁有非常鮮明的階段性。但是這種階段性並非意謂著教育哲學的典範可以互相取代，而是在其悠久的演進歷史中，顯示出教育哲學典範的多元特性。教育哲學一直到今天爲止，雖然擁有不同的發展階段，但是每一個階段的研究取向依然存在，而且不斷的創新建構。在這種情況下，教育哲學因此得以生生不息，繼續向前蓬勃發展。其次，教育哲學從傳統教育哲學、詮釋教育哲學、實證教育哲學、批判教育哲學演變到多元教育哲學，不但建立了可觀的教育理論，同時產生了許多偉大的教育學家。他們致力於教育研究對象的界定、研究方法的探討、理論建構的分析和學術性質的建立，使得教育哲學成爲所有教育學科共同的基礎，對於教育基本概念的釐清、教育問題的解決、教育改革的推動和教育理想的達成作出相當重要的貢獻，值得我們對這門學術的歷史深入地加以探討，以作爲人類推展教育活動的參考。

# 第十五章

# 教育哲學的展望

「哲學就像一隻多頭怪獸，每一頭怪獸口中，

都說出一種不同的語言！」

——尼采（Friedrich Nietzsche, 1848-1900）

　　馬洛茲基（Winfried Marotzki, 1950- ）在1996年所撰的〈普通教育學新輪廓〉一文中，提出當前普通教育學發展所面臨的問題，以及將來可以努力的方向。主要的目的是希望針對當前普通教育學重要性逐漸喪失的爭論，提出自己重建普通教育學的看法。同時，從傳記研究的觀點倡議基礎理論與經驗研究銜接的見解（Marotzki, 1996a: 67）。田諾特（Heinz-Elmar Tenorth, 1944- ）1984年發表文章，批評教育哲學缺乏現存教育科學的研究，並且以自己知識的需要與實在相對立，可以說是一種沒有價值的理論探究，頂多只是一些古典教育家的詮釋罷了。這種教育哲學的研究

只具有保守和烏托邦的功能，缺乏分析、生產、理論範疇（例如：區分研究標準）的能力（Tenorth, 1984: 63-65）。其次，溫克勒（Michael Winkler, 1953- ）也指出，由於普通教育學過分執著於特殊的論辯，而其他的教育科學則注重實際知識的探討，這使得普通教育學核心學科的地位難以維持，因為普通教育學已經逐漸與教育實際脫節，造成其教育反思和意義的喪失（Winkler, 1994: 94-104）。另外，柯魯格（Heinz-Hermann Krüger, 1947- ）也批評普通教育學隨著成人教育和社會教育學等教育學科的發展，忽略了教育科學分化的過程、教育的過程和行動領域的研究。因此，普通教育學有必要重新賦予使命，在二十世紀末繼續對陶冶、教育和社會制度方面深入加以探討（Krüger & Rauschenbach, 1994: 125-128）。面對上述普通教育學所遭遇的危機，邊納爾（Dietrich Benner, 1941- ）主張在分化的教育科學之間，還可以找到一些彼此關聯的基本教育思想，從行動理論和問題史的觀點來重建普通教育學成為教育科學領域核心的學科（Benner, 1987: 15-17）。馬洛茲基則提出另一種主張，他認為要重建普通教育學，可以從實證的基礎出發，運用傳記研究的方法，來關聯所有的教育學科，拓展普通教育學研究的領域（Marotzki, 1996a: 69）。教育哲學（Philosophy of Education）以往一直是師資培育課程中一門基礎學科，有些師資培育機構甚至將其列為必修，不僅接受職前教育的學生必須修習，就連在職進修的老師也不能例外，由此可見教育哲學的重要。但是，這種情況逐漸產生變化，許多師資培育機構已經不再將教育哲學列為必修，同時在設置教育研究機構時，也刻意地將教育哲學排除。教育哲學的處境為什麼會如此呢？主要的原因是他們認為目前許多教育哲學的內容，已經背離了教育實際問題的探討。因此，無法發揮其解決教育問題，指引教師教育行動的功能。這樣嚴厲的批評，值得所有研究教育哲學者深思。首先，我們必須承認，當前教育哲學的探討，的確有脫離教育實際的弊端。同時教育哲學使用的術語過於艱深，無法讓大多數人理解。不僅影響學生修習的效果，而且降低學生探究的意願。其次，我們的教育哲學界非常缺乏方法論的訓練，只說要有獨立判斷思考的能力，但不知何謂獨立判斷思考。而且，目前國內大部分教育哲學家研究的多是西洋教育哲學，沒有正視臺灣教育問

題，沒有思考臺灣教育應有的方向。最後，教育哲學家很少做本土教育問題的思考，無法對臺灣的教育實際有重大貢獻（李雄揮，1997：11）。因此，受到社會大眾和教育學者的質疑。在這種情況下，教育哲學家唯有深刻的奠定方法論的基礎，關切我國教育理論建構的問題，從教育實際問題的角度出發，使用明確清晰的語言，進行教育理論的詮釋，重建教育學者對於教育哲學的信心，促使教育哲學成為一門兼顧理論、實踐與審美的科學，才能在競爭激烈的二十一世紀裡，有助於人類教育工作的推展。教育哲學的建構不能再回到傳統文化的思維中，因為傳統文化精華與糟粕共存，如果不仔細的過濾篩選，難免隱含許多錯誤的意識型態，而且傳統文化奠基在權威的政治制度之上，許多觀念已經不符合民主社會生活的要求。是以，將來我國教育哲學的建構，應該融合歐美、我國和其他文化的精髓，從當前政治制度的結構和教育實際的現況出發，提出一種培養健全人格，追求自我實現，建立自由民主社會與共謀人類永續發展的教育理論，才能讓我國擺脫學術殖民地的命運，走出歐美意識型態宰制的困境，開創出教育學術的康莊大道。本章將說明教育哲學的功能，分析教育哲學的涵義，並且提出教育哲學的展望，以提供我國作為發展教育學術的參考。

## 第一節　教育哲學的特徵

哈格爾（F. -P. Hager）曾經指出：「教育學與教育科學的基本任務有二個：一個是哲學系統化地研究教育與陶冶的基本問題；一個是歷史地探討教育與陶冶的發展和建立。」（Hager, 1988: 36）教育哲學的建立就在實現上述教育科學的基本任務。因為教育哲學屬於精神科學的一支，而精神科學的真理建立在歷史的與系統的思考彼此間，不能分離的交錯與相互的關係上（Flitner, 1974: 22）。從歐美綜合大學教育哲學部門組織、師資分布和課程內容的分析中，顯示出教育哲學具有下列重要的特徵：

## 一、教育哲學的課程領域相當廣泛

從歐美綜合大學的「課程目錄」（Vorlesungsverzeichnis）中，我們可以清楚的看出教育哲學的領域相當廣泛，主要包括：教育科學導論、教育學史、普通教育學、教育學方法論、教育倫理學、道德教育學、教育人類學、審美教育學、改革教育學、宗教教育學等。最近許多新興的領域也陸續在發展之中，例如：人格教育學、環境教育學、生態教育學、遊戲教育學、兒童哲學、人權教育學、演化教育學等。

## 二、教育哲學開設的科目非常多元

以「教育哲學」這門科目為例，各大學所開設的課程可以說涵蓋不同的國家（德國的赫爾巴特、法國的盧梭、瑞士的裴斯塔洛齊、俄國的馬卡連科、義大利的蒙特梭利、英國的洛克……）、不同的學派（康德學派、赫爾巴特學派、黑格爾學派、狄爾泰學派、馬克斯學派……）、不同的時代（古希臘、中世紀、啟蒙運動、近代、現代）和不同的觀點（系統教育學、反教育學、現代主義、後現代主義、建構主義、女性主義……），而且來自各種哲學的思潮，不斷的被應用到教育哲學的建構上，產生更多新興取向的教育哲學，稱得上是五彩繽紛、百家爭鳴。

## 三、教育哲學的課程內容相當明確

歐美綜合大學在教育哲學課程的開設上雖然非常多元，而且各大學擁有充分的學術自主權，但是其講授的內容卻相當明確，具有一致性的內容，不至於南轅北轍，彼此毫無共識。這是因為教育哲學自康德倡議以來，經過許多教育學者的努力，在研究對象、探討範圍、研究方法和學術性質等方面，都已經逐漸確定下來的緣故。在這種情況下，雖然各大學的課程相當多元，卻在多元性中保有許多共通性。例如：各大學都開設有「教育科學導論」、「教育學史」、「教育學方法論」、「教育哲學」、「道德教育」、「教學倫理」、「教育美學」、「教育倫理學」、「教育認識論」等課程，而其內容並無太大的差異。

## 四、教育哲學課程的開設具有系統性

　　歐美綜合大學教育哲學課程的教學，則分為「演講課程」（Vorlesung）、「練習課程」（Übung）、「前討論課程」（Vorseminar）、「主要討論課程」（Hauptseminar）、「高級討論課程」（Oberseminar）、「學術討論課程」（Kolloquium）等幾種形式，課程開設也配合教學的形式作循序漸進的安排。例如：「教育倫理學」這門課程可能就有「教育倫理學演講課程」、「教育倫理學準討論課程」、「教育倫理學高級討論課程」、「教育倫理學學術討論課程」等不同層次的分別，由此可見教育哲學課程的開設，非常具有系統性。

## 五、教育哲學注重教育學術性質的建立

　　這是教育哲學最重要的特色之一，它強調教育是一門具有明確研究對象、獨特探討方法、眾多教育理論和嚴謹學術性質的科學。大多數教育哲學的學者主張，教育學是一門兼顧理論、實踐與審美的精神科學，反對將教育哲學視為一門應用科學，偏重實際問題的解決，而忽略教育理論的建立。教育哲學學術性質的建立，相當受到教育學者的重視。

## 六、教育哲學注重人格教育問題的探討

　　從歐美綜合大學的「課程目錄」中，我們可以發現教育哲學領域的課程非常注重人格教育問題的探討。教育哲學在分析教育的本質和教育的目的時，都不約而同的指向人格教育的問題。因此，教育哲學就是一門「人格教育學」（Pädagogik der Person）。在教育哲學的課程中，包括許多相關的學科，其中教育人類學、教育倫理學、道德教育學、遊戲教育學、審美教育學和宗教教育學等科目，都在探討人格教育的問題，由此可見其在教育哲學課程中的重要性。

## 七、教育哲學課程強調研究方法基礎的分析

　　在歐美各大學開設的教育哲學課程中，教育學方法論占有相當重要

的地位。就課程的種類來看，包括實證教育哲學、詮釋教育哲學、批判教育哲學和多元教育哲學的研究方法，可以說相當完整。再就課程的內容來看，各個教育學派的研究方法，都強調其後設理論的分析，避免只知研究方法應用的步驟，而不知其基本假設的意義，造成研究方法誤用的缺失。所以，歐美教育哲學的探討都重視研究方法基礎的分析。

## 第二節　教育哲學的功能

　　教育哲學從1776年哲學家康德倡議以來，已經有兩百多年悠久的歷史，在這一段期間裡，教育哲學的內容逐漸從教育理論的探討，衍生到其他相關理論的分析，可以說研究的成果相當豐碩。因為教育哲學課程的發展，是由教育學者不斷地努力，漸漸地累積而成的，所以課程的開設相當多元，而且領域依然在不斷發展之中。從這個角度來看，教育哲學課程的演變是一個開放的系統，它會隨著時代思潮的起伏而不斷地更新。歐美對於教育哲學的發展是相當重視的，這一點可以從其綜合大學教育哲學系所設立的普及程度得到證明。當然教育哲學系所的成立並不限於一般的綜合大學，事實上許多科技大學、國防大學和教育高等學校，也都設有教育哲學課程。在這種教育學術環境中，自然促使許多學者進一步思索教育哲學學術性質的形成，致力於獨創體系的提出和教育理論的建立等問題，使得教育哲學不僅在教育理論的建構方面獲得相當可觀的成果，同時能夠有效地解決教育實際所發生的問題。具體來說，教育哲學具有下列幾項功能：

### 一、澄清教育概念的涵義，指引教育活動的進行

　　教育哲學可以協助教師澄清教育概念的涵義，建立正確的教育理念。例如：何謂「教育」（Erziehung）？何謂「陶冶」（Bildung）？這兩個概念有何不同？普通教育學可以提供正確的答案。在教育哲學的探討中，「教育」和「陶冶」概念是不同的。從廣義來看，教育是能夠使個體獲得教育意義所採取的一種持續影響的方式。狹義來看，教育是一種已受教育者有意識地帶著某種觀點，有責任感地影響未成年人，以引導其生活進

行的活動（Meinberg, 1991: 80）。根據教育學家麥柏格（Eckhard Meinberg）的看法，陶冶（Bildung）的原意是指在人類的心中樹立上帝的形象。這個字具有三種來源：第一種來自於愛克哈特（Meister Eckhart）的神祕神學思想，陶冶保有超驗的涵義。第二種來自文藝復興時期的生命哲學和神祕主義，陶冶的概念深受神學、神祕主義和哲學的影響，這種過程開始於啓蒙運動時期。在這段期間陶冶的概念逐漸包含了「成熟」和「自我啓蒙」的意義。第三種來自於德國古典教育家教育哲學的影響，特別是洪保特（Wilhelm von Humboldt, 1767-1835）的教育理論。陶冶的概念強調「自我—建構」，以自我啓蒙，進而成爲理性成熟的個體（Meinberg, 1991: 53-54）。根據麥柏格的看法，陶冶與教育的差異可以從下列兩方面來分析（Meinberg, 1991: 81）：㈠陶冶強調規範和陶冶價值的影響，教育則強調個人態度和意志的確定；㈡陶冶在教育活動中比較借助於外在決定，教育則比較借助於自己決定。從這個例子可以明白，教育哲學的探討，能夠協助教師澄清許多教育概念的涵義。

## 二、分析確定教育的本質，作為推展教育活動的依據

　　教育哲學的學習可以協助教師確定教育的本質，有助於教育活動的推展，以達成教育的目的。例如：教育的本質究竟是什麼？教育哲學可以解決這個問題。教育學家杜威（John Dewey, 1859-1952）主張：「教育即養育的、撫育的、教養的歷程。所謂養育、撫育、教養等，均含有注意生長的條件。我們時常談到栽培、教養、撫養等名詞，均表示教育所要達到的各種程度。從英文字源學來看，教育的意義就是引導和教養的歷程。」（Dewey, 1916: 12）教育學家涂爾幹（Émile Durkheim, 1858-1917）主張教育就是社會化的活動。他認爲：「教育乃是成年人施予未成年人的一種作用，其目的在引導兒童的身體、心智和德性方面往社會生活方向成熟，而這些條件乃兒童將來生活的一般社會和不同職業環境所需要的。」（Durkheim, 1956: 67-68）教育學家皮特斯（Richard S. Peters, 1919-2011）強調「教育即啓發」，它是一種合乎認知性與自願性的方式，來傳遞價值事物的歷程，以培育一個具有理性和道德特質的教育人（Peters, 1974: 102-107）。

教育學家斯普朗格（Eduard Spranger, 1882-1963）主張教育是一種意識的文化陶冶活動，其目的在協助人類通過自己的信念與力量，以理解、評價和形成其文化世界中的意義和道德的內容（Spranger, 1973: 18-26）。綜觀前述的教育本質理論，其論點都不盡完善。杜威的教育本質論，從生物學的觀點出發，將教育比擬爲生長，容易使人將教育歷程視作植物生長，誤認教育也像生命一樣，終有結束的一天。其次，杜威並未談到生長的方向，容易讓人有任其生長的印象，因此將教育的本質比喻爲植物生長並不恰當。涂爾幹從社會學的觀點出發，主張教育是一種社會化的過程，教育現象被化約爲社會現象，這使得教育的獨特性無法維持，不利於教育學術的發展。其次，教育不只是爲將來的職業或社會生活準備，而在培養改善社會的個體。因此，涂爾幹的教育本質論也有缺失。皮特斯從分析哲學的觀點出發，釐清教育的概念，提出教育的三項規準，認爲「教育即啓發」，以培養理性的教育人。固然能夠掌握部分教育的本質，但是其自願性的規準無法解釋若干教育現象，教育的本質還有外在陶冶的意義。因此，皮特斯的教育本質論仍然美中不足。斯普朗格從文化哲學的觀點出發，提出教育本質論，雖然能夠說明教育本質在陶冶方面的意義，但是無法就教育本質內在啓發的內容詳細說明。因此，對於教育本質的論證也不夠完整。中國漢代許愼的《說文解字》記載：「教，上所施，下所效也；育，養子使作善也。」教育具有「教化」、「陶冶」和「養育」的意義。其次，《論語·述而篇》中孔子教育學生的事蹟也開展出教育「啓發」的涵義。例如：子曰：「不憤不啓，不悱不發；舉一隅不以三隅反，則不復也」。因此，教育的意義一部分爲「教化」、一部分爲「養育」、一部分爲「啓發」。西洋教育的涵義則開始於拉丁文的「educare」動詞，具有「引出」的意思。如果從「education」這個名詞來看，其意義爲培養、馴服、陶成、教化、訓育。因此，教育的意義爲「引出」與「教養」兩種意義建構而成。綜合前面的敘述可知，教育的本質應當包括「教化」、「養育」、「啓發」、「引出」和「教養」等內涵。到了後現代時期，教育本質受到「自我組織理論」的影響，強調受教者自我創化的重要性。因此我們可以說，教育是施教者秉持著善意，通過內在啓發（Initiation）和外在陶冶

（Bildung）的方式，進行各種教導與學習的活動，引導受教者朝向正向價值，使其產生自我創化（Autopoiesis），以獲得知識、情意和技能，並且形成健全人格的歷程。

## 三、反省批判教育目的的缺失，以引導教育活動的進行

教育哲學注重教育目的理論的分析，可以協助教師反思教育目的的適切性，促成教育目的的改善。例如：教育目的的訂定應該注意哪些因素？教育哲學能夠提供教師正確的思考方向。德波拉夫（Josef Derbolav, 1912-1987）主張每個個體存在著發展的可能性，教育是一種輔助工具，其目的在將個體的潛能發展出來，教育的過程是個人自我實現的過程（Derbolav, 1980: 55-67）。霍克海默（Max Horkheimer, 1895-1973）與阿多諾（Theodor W. Adorno, 1903-1969）在《啟蒙的辯證》一書中，主張教育的目的不在於接受積極的意識型態，而在於使人經由反思與批判，從科學和社會的意識型態中解放，以真正達到啟蒙的理想。他主張過去家庭教育具有權威結構的性質，容易使兒童喪失自我判斷的能力，受到支配者的控制。教育的目的在培養人的善意，只有重視正義，才能建立一個理性的社會（Adorno & Horkheimer, 1990: 9-15）。柯瓦契克（Wolfdietrich Schmied-Kowarzik, 1939-）在其《辯證教育學》一書中，批判李特（Theodor Litt, 1880-1962）、費雪爾（Franz Fischer, 1929-1970）、德波拉夫人類學—個體的陶冶理論和阿多諾、海東（Heinz-Joachim Heydorn, 1916-1974）與馬克斯主義者（Marxist）歷史—社會的陶冶理論。主張自由社會的建立，需要健全的個人，而個人的自我實現只有在自由的社會中才有可能，因此教育的目的不能僅注重個人的自我實現，也不能只注重人類社會的改善，而應當兩者並重（Schmied-Kowarzik, 1974: 113）。因此，教育哲學的研究的確可以協助教師反思教育目的的適切性，有助於教育活動的順利進行。

## 四、選擇適當的教育方法，改善教學活動的效果

教育哲學的修習可以協助教師選擇適當的教育方法，以有效地達成教育的目的。例如：「教育方法應該如何應用才適當？」經由教育哲學的探

討，教師可以找到明確的答案。邊納爾（Dietrich Benner, 1941-）主張「積極教育」（positive Erziehung），強調教育行動規範和達成教育任務的策略，追求一種目的論——階層的次序觀念，在這種情形下教育理論和陶冶理論處於目的理性的關係，教育行動出自預定的道德或目的決定的力量，這不僅會阻礙人類反思和批判能力的發展，同時使教育活動缺乏學習的概念（Benner, 1991: 53）。相反地，「消極教育」強調教育行動的引導和教育任務的導向，不預定教育行動的規範和達成教育任務的策略，不主張教師直接的教導，允許學生主動地去經驗世界，自己決定行動的目標（Benner, 1991: 166-167）。但是，這種消極教育學允許學生自由的探索，不僅學習到的知識沒有系統，而且容易發生危險。整體來看，教育的實際不曾只是消極教育，同時也是一種積極教育。未成年人絕非從無創造他的世界，而是在他人決定的世界中出生，教育如果沒有積極的要求是無法想像的（Benner, 1991: 46）。因此，邊納爾主張「非肯定的教育」以辯證超越消極教育和積極教育方法的缺失。

## 五、掌握影響教育歷程的因素，提高學校教學活動的效果

教育哲學的學習可以協助教師注意影響教育歷程的因素，進而提高教學活動的效果。例如：「如何改善教育的歷程，以提高教學的效果？」教育哲學可以解答這個問題。魏尼格（Erich Weniger, 1894-1961）1930年在〈教育內容和教學計畫理論〉一文中提出其教學理論，他主張教學理論是教學的學說，教學並不僅僅只是教與學的交互作用而已，它包括教育過程中各種因素的關係。這種結構關係是教育事實的一部分，目的在教育和傳遞文化給下一代，我們稱為教學結構。教學結構是各種因素和關係具體的關聯，其目的在增進未成年人、施教者、價值世界、客觀精神、社會和成人世代間的接觸，並且屬於意識的教學結構的概念（Weniger, 1990: 200）。在教學理論中發現教育事實的基模：教師、學生、教材和教育目的，都無法促使教學過程合理的進行，因為這種基模不只處理教師和學生彼此之間教育的遭遇，還包含了對立兩代的願望和意志、生活的經驗和對生活的要求、過去和回憶。學生的可塑性作為教育工作的前提已經相當

多義，而且非常難以理解，成人背後不僅包含了個人未被意識的願望、經驗、個性和教育的意志，並且包含了國家、教會、經濟、社會、藝術、科學、法律和道德等教育勢力，教育過程的決定不只依賴於科學的教學，同時也受到教師人格和這些巨大外力的影響。教育的任務不僅隨著精神和社會發展的關係，同時也隨著學生自己的發展而轉變，因此，教材的選擇不能一成不變。魏尼格認為我們應該將周圍的環境作為青少年的生活世界，同時必須將學校視為自主的教育力量，教育內容選擇和專注問題的提出，在於沉思我們精神——歷史世界和具體情況中存在的專注，教育和教學的意義就是將存在的專注帶至意識的境界，然後自己安置在這種實在的關係中，以達成教育的任務（Weniger, 1990: 256-259）。

## 六、釐清確定教育的內容，培養學生健全的人格

教育哲學的探討可以協助教師把握教育的內容，從道德、認知、體育、審美和宗教等方面，進行健全人格的教育活動。例如：「人格教育的內容包括哪幾方面？」普通教育學可以協助教師釐清這個問題。從西洋歷史的演進來看，人類教育的興起，主要的目的在發展個體的潛能，培養社會的人才，以保存、傳遞和創造人類的文化。因此，學校教育的內容向來以人格教育為核心。為了培養具有健全人格的個體，許多哲學家紛紛提出不同的看法。古希臘哲學家柏拉圖（Plato, 427-347 B.C.）就曾在其著作《共和國》一書的第七卷中，詳細地闡述共和國公民的教育問題。他通過蘇格拉底（Socrates, 470-399 B.C.）與格勞康（Glaucon）的對話，主張共和國教育的項目包括體格訓練、音樂、算術、幾何、天文學、數學和辯證法（Plato, 1997）。雖然，柏拉圖主張的教育內容包括了德育、智育、體育和美育，但是其教育計畫一直沒有付諸實施。因此，並未對當時學校教育的實際產生影響。另一位古希臘哲學家亞里斯多德（Aristotle, 384-322 B.C.）也曾經在其著作《政治學》一書中，討論教育與政治學的關係。他認為教育是民主政治的基礎，教育的材料主要包括讀、寫、體操練習和音樂四部分（Aristotle, 1984: 2122）。其次，亞里斯多德曾經在其著作《尼科麥遜倫理學》一書中，討論道德品格與幸福人生的關係。他將卓越區分

為理智的卓越和道德的卓越，並且強調正確教育的重要性（Aristotle, 1984: 1742-1745）。此外，亞里斯多德也曾經在《論靈魂》一書中，將宇宙間生物的靈魂分為三種類型；最低級為植物魂，其機能為營養與生殖。中間級為動物魂，除了包含植物魂的功能外，還具有感覺、慾望和活動的能力。最高級為人類的靈魂，除了包含植物魂與動物魂的機能外，還有從事思維活動的理性（Aristotle, 1984: 652-656）。他並且將人類的靈魂區分為理性和非理性兩部分，主張理性包括純粹理性與非純粹理性，非理性包括動物性和植物性（Aristotle, 1984: 686-688）。植物性發展為體德，動物性與非純粹理性相混合，形成合理的情慾，發展成為行德，純粹理性發展成為智德（黃建中，1960：39），理性、情感和慾望三方面相互調和，使得人格和諧發展，達到至善的境界，這就是幸福圓滿的人生。綜上所述可知，亞里斯多德主張教育的內容應該以德育、智育和體育為主。由於亞里斯多德曾經擔任馬其頓國王亞歷山大的家庭教師，並且受到基督宗教士林哲學家的重視，所以其思想支配西洋教育達千年之久。

中世紀時期，士林哲學家奧古斯丁（Aurelius Augustine, 354-430）曾經在其名著《懺悔錄》一書中，主張教育的目的在培養一位基督徒，並且談到自己一生的遭遇。他指出教育的過程就在於能夠由感官事物向思想晉升，從理性進而達到上帝的境界（Augustine, 1991: 202）。此外，奧古斯丁也在其《論基督學說》一書中提到基督徒的教育，他認為應該將修辭學、雄辯術和各種科學納入教學活動中，並且強調基督宗教經典作為教育內容的重要性（Augustine, 1958: 136-138）。由於奧古斯丁等士林哲學家的倡導，使得宗教教育逐漸成為學校教育內容的一部分。另一位士林哲學家亞奎納斯（Thomas Aquinas, 1225-1274）也曾經在其著作《神學大全》一書中，談到人類本質的形式。他認為人類本質的形式是一種理智的靈魂，並且將人類的組成區分為身體（body）和靈魂（soul）兩部分，主張身體的形式是健康，而靈魂的形式則是知識（Aquinas, 1981: 76）。亞奎納斯比較「上帝」（God）、「天使」（angel）和「人類」（human being）三種不同的存在形式，主張人類是一種不完美的存在形式，雖然能夠獲得快樂，達成「普遍善」的要求，但是處於存在的下層，在決定的活動和能力上，

受到許多的限制。天使擁有部分的能力，其所處的狀況則比較好些，但是仍然不盡理想。只有上帝的本質沒有受到能力和活動的限制，祂是全知全能的存在形式（Aquinas, 1981: 77）。亞奎納斯主張教育是一種拯救和解放，同時也是人類普遍的義務。因此，只有借助教會的活動，注重德育、智育、體育和宗教教育，才能使人類的形式逐漸達到完美的境界（Ballauff, 1969: 421-425）。

到了近代，德國文學家席勒（Friedrich Schiller, 1759-1805）深感傳統教育無法達成健全人格涵養的理想，因此在其著作《審美教育書信集》一書中，首次提出審美教育的觀念。他主張人類在感覺、悟性和意志三種官能之外，還有一種美感官能，針對這種官能的教育稱爲審美教育（Schiller, 1993）。1793年席勒給丹麥王子克里斯提安（Friedrich Christian）寫了一些討論審美教育觀念的信函。次年席勒將這些信函的內容加以充實，並且陸續發表在《季節女神》（The Graces）雜誌中，最後將這二十七封信函集結成書，也就是《審美教育書信集》一書的由來（崔光宙，1992：2）。席勒親眼目睹法蘭西大革命的悲劇，同時鑑於十八世紀以來，因爲學科知識分工發展造成人格的分裂，因而提倡審美教育，以促進人類感性與理性的和諧發展。由於席勒不斷地提倡，學校教育的內容才將美育納入。十九世紀之初，個人主義的呼聲響徹雲霄，個性發展的教育大行其道；然而個人主義盛行的結果，社會卻深受其害，於是歐文（Robert Owen, 1771-1858）、聖西蒙（Henri de Saint Simon, 1760-1825）、傅立葉（F. M. Fonrier）、孔德（Auguste Comte, 1798-1857）等人，乃起而倡導社會本位思想，造成群育的興起（伍振鷟，1986：250）。因此，從西洋學校教育歷史的發展來看，學校教育的內容主要包括道德教育、認知教育、體格教育、合群教育、審美教育和宗教教育六個部分。

## 七、發現教育機構的問題，進行有效的教育改革

在現代與後現代的爭衡下，國家計畫性的改革與市場機能調節之間如何平衡，文化傳統、理論知識以及專業知識在教育改革中的角色定位，各種各類文化疆界的重新釐定，理性、感性、意志與嗜慾在人格形成中的地

位等，都成爲各國教育改革亟待面對的問題（楊深坑，1996：1-2）。教師是教育改革的核心，究竟應該「如何進行教育改革？」普通教育學的探討可以協助教師發現教育機構存在的問題，學習教育改革的策略，達成教育革新的目標，改善人類生活的狀況。樂爾斯（Hermann Röhrs, 1915-2012）就曾在其《改革教育學》一書中，主張教育改革不僅是一種歷史的現象，同時也是一種全世界共同的趨勢。改革教育學的核心基礎來自於「文化批判」（Kulturkritik）的概念，主要的目的在於探討從人類到人類生活所創造人爲環境建構的問題，以提升人類的歷史達到人性存在的境界（Röhrs, 1998: 25）。教育改革的首要工作在於發現教育問題，而教育問題的發現則有賴於教育哲學的反省批判。柯瓦契克主張人類生活的實踐不僅展現理性的層面，而且帶來異化的現象，因此，教育理論應該分析社會的矛盾，揭露社會化過程與教育系統中異化的部分，藉以從階級再製的關係中獲得解放（Schmied-Kowarzik, 1988: 86）。同時，教育改革想要達到的理想境界，也能夠經由教育哲學的分析而獲得。德國文學家席勒深感傳統教育無法達成健全人格涵養的理想，因此在《審美教育書信集》一書中，首次提出審美教育的觀念。他將藝術視爲「自由之女」（Tochter der Freiheit），並且作爲人類教育的基礎。希望經由審美教育的活動，建立一個「審美表象的王國」（Reich des ästhetischen Scheins）。這種教育哲學理想性的沉思，可以提供我們教育改革所要達到的遠景。

## 第三節　教育哲學的現況

　　在說明教育哲學的功能之後，我們想要分析我國教育哲學的現況。但是，想要說明臺灣教育哲學的現況，並不是一件容易的事情。因爲涉及的因素非常多，所以很難得到所有人的認同。不過，就特定的幾項觀點出發，倒是可以幫助我們找出一些相關的脈絡來，以下我們將從幾個層面來審視我國教育哲學的現況，茲詳細說明如下：

## 一、從發展模式方面來看

我國的發展模式比較類似英美等國「科際整合」的模式，將普通教育學稱爲「教育哲學」（Philosophy of Education），直接借用哲學理論來探討教育相關的問題。在「科際整合」模式下，教育哲學沒有獨特的研究對象，沒有自身的研究方法、沒有獨創的理論，更沒有獨特的學術性質。同時，教育哲學的內容會隨著其他哲學思潮的興起，而不斷地產生變化，雖然有與日漸進的優點，但是，借用的哲學理論之間難免互相矛盾，或是違反教育原理，以至於無法有效指引教育活動的推展，如何適當地轉化哲學理論，建構合理的教育理論，值得所有教育學者重視。

## 二、從學術架構方面來看

許多教育學家致力於證立教育研究對象的獨特性，建構獨特的教育詮釋學方法，創立許多教育理論，建立普通教育學兼顧理論、實踐與審美的學術性質。並且確定歐陸普通教育學的內容，至少包括教育本質理論、教育目的理論、教育方法理論、教育機構論、教育關係理論、教育科學理論和人格教育理論等七部分，同時系統地建立了教育科學導論、教育學史、普通教育學、教育學方法論、教育人類學、教育倫理學、道德教育學、審美教育學、改革教育學和宗教教育學等學科。而英、美教育哲學的內容，至少包括教育形上學、教育認識論、教育倫理學、教育美學、教育心靈論、教育方法論、教育目的論和教育科學論等八個部分。相反地，臺灣的教育哲學或普通教育學至今仍然缺乏自身的學術架構，目前大學教育系所常見的課程只有教育哲學、德育原理、美育原理、教育思想史和現代教育思潮等幾個科目，至於教育人類學、教育倫理學、教育學方法論、改革教育學和宗教教育學都尚在引進之中。

## 三、從學術團體方面來看

到目前爲止，我國還沒有普通教育學或教育哲學的學術團體成立，雖然國內學者也有讀書會的組織，但是參與的人數一向不多，而且能夠

發揮的功能也非常有限，不像「美國教育哲學會」（American Philosophy of Education Society）、「英國教育哲學會」（Philosophy of Education Society of Great Britain）或「德國教育科學會」（Deutsche Gesellschaft für Erziehungswissenschaft），能夠集合眾多的教育哲學的學者，擁有充裕的教育資源，可以創辦專業的教育哲學刊物，補助相關的研究計畫，促進教育學術的蓬勃發展。歐美教育哲學會的努力，值得我們作為借鏡。最近國內學者已經成立「臺灣教育哲學學會」，希望能夠充分發揮其功能，以促進我國教育哲學領域的蓬勃發展。

## 四、從學術研究方面來看

我國教育哲學的研究已經有五十餘年的歷史，早期偏重中國教育思想的探討，後來隨著英美歸國學者的提倡，大量地進行英美教育哲學理論的研究，或是透過英譯文獻得以略窺其他國家教育理論的堂奧。但是整體說來，對於英美以外國家教育理論的研究相當不足。特別是當代重要的詮釋學、現象學、批判理論、結構主義、建構主義、女性主義和後現代主義理論，多來自於英美以外的學術傳統，教育哲學的研究如果還故步自封，拘泥於英譯文獻的應用，將無法獲得寬廣的學術視野，同時也會形成教育學術偏頗發展的困境。

## 五、從教育文獻方面來看

教育哲學的傳統，除了中國、英國和美國之外，德國、法國、俄國、義大利和西班牙也非常重要。因此，教育文獻、書籍、期刊、雜誌和媒體的蒐集，不能夠再像以前一樣，只有中文、英文或日文的資料，應該有系統地培養研究其他國家教育學術的人才，有計畫地蒐集該國的教育資料，均衡我國教育學術的發展，開拓教育學者的國際視野，進行充分的對話溝通，以促進我國教育學術的發展。

## 六、從教育機構方面來看

目前我國還沒有教育哲學或普通教育學的研究所，甚至國家教育研究

院也尚未設立教育哲學研究所，教育哲學大多只是教育研究所中一個組罷了。但是教育研究所通常不分組招生，因此無法招收到素質較佳的學生，以從事教育哲學的研究。這是因為許多必備的基礎學科無法在教育（學程）系學到，例如：西洋哲學史、邏輯學、現象學、詮釋學、科學哲學、美學、宗教哲學等。在這種情況下，自然少有教育（學程）系的學生敢於從事教育哲學的研究。同時，國家科學委員會在提撥研究經費時，總是重視實證研究，通常給予較多的經費。相反地，基礎研究往往被忽視，無法獲得充分的支持。因此，成為教育哲學研究不興盛的重要原因。

## 七、從研究成果方面來看

根據「全國博碩士論文摘要檢索系統」的分析顯示，教育哲學方面的論文約有1556篇，其中一般教育哲學論文有834篇、道德教育論文有428篇、審美教育論文77篇、宗教教育論文92篇、人格教育論文103篇、智育哲學論文20篇、體育哲學論文2篇。從上述統計數字可以發現，以往教育哲學的研究比較偏重一般理論和道德教育問題的探討，對於審美教育、宗教教育、人格教育、體育哲學和智育哲學問題比較忽略，雖然最近幾年來已經有明顯改善的跡象，但是仍然需要進一步的鼓勵和推廣，才能促進教育哲學的蓬勃發展，奠定教育理論的基礎，改善學校教育的實際。

## 第四節　教育哲學的展望

教育哲學從1776年哲學家康德（Immanuel Kant, 1724-1804）倡議到今天，已經有兩百多年悠久的歷史。在這一段漫長的時間裡，許多教育學家不斷地探討教育研究對象的獨特性，並且從不同的觀點出發，企圖為教育哲學建立一種專屬的研究方法，雖然目前教育哲學領域中仍然存在著相當多的問題，但是在各種爭論之後，卻也為教育哲學帶來豐富的研究成果，使得教育哲學兼顧理論、實踐與審美的性質逐漸確定下來，這都是所有教育學者努力的心血結晶，值得我們加以重視。縱觀教育哲學的歷史可以明確的知道，這一門學科並未停止發展，隨著二十一世紀的到來，教育哲學

正由批判教育哲學，逐漸分化為人格教育學、普通教育學、反思教育科學、人權教育學、系統教育科學、批判教育學（Critical Pedagogy）、新實用主義、關懷倫理學、建構主義教育學和演化教育學等，幾個重要取向的多元教育哲學（梁福鎮，1998：137-152）。依照個人粗淺的看法，教育哲學未來的展望有下列幾項：

一、隨著生態教育學、遊戲教育學、教育人類學、教育倫理學、審美教育學、宗教教育學和改革教育學等學科的陸續引進，這方面的學術研究和課程內容會逐漸增加。隨著自然災難的增加，專業倫理的強調，生活品質的提高，宗教問題的探討和教育改革的需要，人格教育學、生態教育學、教育倫理學、審美教育學、宗教教育學、改革教育學和演化教育學的問題日益受到重視。

二、英譯文獻的研究逐漸達到飽和的狀態，隨著許多學術人才的返國，英美以外的教育哲學傳統逐漸興起，多語言的學術環境慢慢形成。特別是起於法國的結構主義、後現代主義和女性主義，德國的溝通教育學、人格教育學、唯物主義教育學、後現代教育學、建構主義教育學、反思教育科學，俄國的馬克斯主義教育學，美國的批判教育學和新實用主義教育哲學傳統，將逐漸引起大家研究的興趣。

三、到了後現代時期，研究方法的使用趨於多元，各種研究方法逐漸引進教育領域。其中，教育詮釋學、宗教聖像學[1]（Ikonologie）和教育傳記學等研究方法逐漸受到重視，教育哲學的研究方法將更加多元化。並且，教育學方法論的研究會相繼的出現。大學院校的研究生，逐漸投入教育學方法論的探討中，使得教育學方法論的研究逐漸受到重視。

四、教育哲學的研究將不再拘泥於使用質性的研究典範，實證的方法也逐漸受到重視，同時以往注重教育理論探討，忽略教育實際問題的缺

---

[1]　宗教聖像學（Ikonologie）是一門用來詮釋宗教繪畫象徵意義的學科，後來被德國藝術史家巴諾夫斯基（Erwin Panofsky, 1892-1968）進一步加以發展，使其成為一門詮釋藝術作品的方法學。現在被用於詮釋繪畫作品外在的形象，幫助鑑賞者瞭解藝術作品的特殊意義。

失，也會逐漸引起教育學者的重視，並且過去偏重質性研究的情況可以有所改善，對於教育哲學主題的擴展具有很大的作用。

　　五、教育哲學的探討逐漸形成中、英、美、德、法學術傳統分立的狀態，將來可能促成教育哲學比較研究的興起，有助於我國教育理論的國際化和更多獨創性教育理論的提出。教育學者也開始重視本土教育哲學的建立，以有效的解決教育實際發生的問題。

　　綜合而言，教育哲學是一門起源相當早的學科，在教育領域具有重要的地位。但是，由於教育哲學忽略教育實際問題的探討，其核心學科的地位正逐漸產生動搖。在這種情況下，教育哲學的學者除了專門學術問題的論述之外，也應該重視教育實際問題的探討，積極的參與兩性平權、環境保護、資訊科技、人權觀念、品格道德、生命關懷和基因倫理等議題的研究，以協助學校教師解決遭遇到的難題。而且，積極的培養學校教師獨立思考的能力，使其具有教育哲學的素養，能夠分辨教育歷程中的是非對錯，解決教育實際遭遇到的問題。在教育哲學的性質上，當前有一些教育學者將教育哲學視爲一門「理論的科學」（Theoretische Wissenschaft），主張教育哲學是一種理論的沉思，可以指導教育活動的進行，解決教育實際遭遇的問題。也有一些教育學者將教育哲學視爲一門「實踐的科學」（Praktische Wissenschaft），主張教育哲學是一種實踐的智慧，其理論來自於教育實際，應用於教育實際，可以將教育理論轉化爲教育實踐。還有一些教育學者將教育哲學視爲一種「詩性的科學」（Poetische Wissenschaft），主張教育哲學是一種審美思維的活動，不僅能夠詮釋教育系統運作的過程，而且能夠解釋個體學習的歷程。因此，從辯證實踐學的觀點來看，教育哲學已經不是一門單純借用其他科學理論來探討教育問題的學科。教育哲學不僅具有理論的作用，而且具有實踐的功能，甚至具有審美的性質。這可以從教育哲學演進的歷史，獲得相當明確的佐證。在二十一世紀開始之際，我們面對國際觀點與本土觀點、歐陸取向與英美取向、現代主義與後現代主義、正義倫理與關懷倫理、教育本位與科際整合、教育理論與教育實踐、人類中心與生態中心、啓發陶冶與自我創化的對立，應

該從辯證實踐學的立場出發，尋求對立觀點的揚棄，達到哲學理念的綜合。深刻的反思教育哲學發展的現況，避免這門學科的研究過度理論化，產生教育理論、學校實際與審美沉思分離的缺失，具有相當深刻的意義。因為教育哲學的學術性質兼具理論性、實踐性與審美性，唯有建立描述性、規範性與藝術性兼顧的教育哲學理論，才能真正裨益於學校教育活動的推展，發揮教育哲學真正的功能。

# 參考文獻

## 一、中文部分

方永泉（1999b）。教師作為一種轉化的知識份子——教育史角度的考察。
暨大學報，**3**(1)，99-126。

方志華（2000）。女性主義關懷倫理學對西方道德哲學進路的省思。**鵝湖月
刊**，**26**(4)，46-48。

王岳川（1992）。**後現代主義文化研究**。臺北市：淑馨。

王振宇（1999）。斯普朗格的文化教育思想及其對教育之啟示。**教育研究**，
**7**，383-396。

王麗雲（2000）。自傳／傳記／生命史在教育研究上的應用。載於國立中正
大學教育學研究所主編。**質的研究方法**（頁265-306）。高雄市：麗文。

田培林（1976）。**教育與文化**。上下冊。臺北市：五南。

田培林主編（1986）。**教育學新論**。臺北市：文景。

伍振鷟（1986）。群育。載於田培林主編。**教育學新論**（頁287-296）。臺北
市：文景。

伍振鷟主編（1989）。**教育哲學**。臺北市：師大書苑。

伍振鷟（1998）。教育、哲學與教育哲學的界說。載於伍振鷟、黃坤錦、蘇
永明、林逢祺合著。**教育哲學**（頁3-13）。臺北市：五南。

但昭偉（1999）。哲學心理學與教育。載於歐陽教主編。**教育哲學**（頁145-
168）。高雄：麗文。

沈清松、孫振青（1991）。**西洋哲學家與哲學專題**。臺北縣：空大。

吳俊升（1960）。**教育論叢**。臺北市：中華。

李永熾譯、工藤綏夫著（1981）。尼采其人及其思想。臺北市：水牛。

李奉儒（2003）。P. Freire 的批判教學論對於教師實踐教育改革的啟示。**教
育研究集刊**，**49**(3)，1-30。

李奉儒（2004a）。閱讀Paulo Freire：批判教學論的發軔與理論。**教育研究月刊**，**121**，22-35。

李奉儒（2004b）。**教育哲學——分析取向**。臺北市：揚智。

李雄揮（1997）。**教育哲學**。臺北市：師大書苑。

李澤厚（1990）。**批判哲學的批判**。臺北市：風雲時代。

朱光潛（1982）。**西方美學史**。臺北市：漢京。

朱啟華（2002）。探討德國教育學者Wolfgang Klafki教育理論之轉向。**教育研究集刊**，**48**(3)，71-92。

朱德生、冒從虎、雷永生（1987）。**西方認識論史綱**。臺北市：谷風。

林玉体（1982）。**邏輯**。臺北市：三民。

林建福（2001）。師生關係。載於林建福。**教育哲學——情緒層面的特殊觀照**（頁157-183）。臺北市：五南。

林逢祺（1988）。**皮特斯道德教育思想研究**。臺北市：國立臺灣師範大學教育研究所碩士論文。（尚未出版）

林逢祺（1999）。美學與教育。載於歐陽教主編。**教育哲學**（頁121-144）。高雄市：麗文。

南庶熙（1971）。**康德哲學大綱**。臺北市：正文。

孫振青（1984）。**康德的批判哲學**。臺北市：國立編譯館。

周珮儀（1997）。後現代課程理論。載於歐用生主編。**新世紀的教育發展**（頁129-148）。臺北市：師大書苑。

周珮儀（2001）。追求社會正義的課程理論——H. A. Giroux 課程理論之探究。**教育研究集刊**，**46**，1-30。

周德禎（1999）。教育社會學的研究方法（二）——質性研究。載於陳奎主編。**現代教育社會學**（頁51-68）。臺北市：師大書苑。

徐光台（1999）。建構主義與科學教育進步。**歐美研究**，**29**(4)，153-183。

徐宗林（1983）。**西洋教育思想史**。臺北市：文景。

高宣揚（1999）。**後現代論**。臺北市：五南。

高宣揚（2003）。**法國思想五十年**。臺北市：五南。

高強華（1988）。教育與認知發展。載於郭為藩、高強華主編。**教育學新論**

（頁18-25）。臺北市：正中。

高廣孚（1995）。**教育哲學**。臺北市：五南。

陳迺臣（1998）。**教育哲學**。臺北市：心理。

黃光雄（1998）。**西洋教育思想史研究**。臺北市：師大書苑。

黃月純（2001）。生命史研究在成人教育上的應用。**成人教育學刊，5**，219-248。

黃炳煌（1996）。教育與訓練。載於黃炳煌。**教育改革——理念、策略與措施**（頁75-82）。臺北市：心理。

黃建中（1960）。**教育哲學**。臺北市：教育部中教司。

黃振華（1976）。**康德哲學論文集**。臺北市：作者。

黃遙煌（1964）。盧梭教育思想。**臺灣省立師範大學教育研究集刊，7**，67-161。

黃嘉雄（1995）。**轉化社會結構的課程理論**。國立臺灣師範大學教育研究所博士論文。（尚未出版）

黃藿（2002a）。何謂教育哲學？哲學對教育的功用。載於黃藿、但昭偉編著。**教育哲學**（頁1-22）。臺北市：空中大學。

黃藿（2002b）。道德教育的哲學基礎。載於黃藿、但昭偉編著。**教育哲學**（頁233-268）。臺北市：空中大學。

崔光宙（1992）。**美感判斷發展研究**。臺北市：師大書苑。

崔光宙（2000）。美學中人的概念及其教育內涵。載於崔光宙、林逢祺主編。**教育美學**（頁179-224）。臺北市：五南。

游惠瑜（2005）。諾丁的關懷倫理學及其問題。**哲學與文化，32**(3)，95-109。

梁福鎮（1998）。**普通教育學課程研究**。嘉義：國立中正大學。（尚未出版）

梁福鎮（1999）。**普通教育學**。臺北市：師大書苑。

梁福鎮（2001）。**審美教育學：審美教育起源、演變與內涵的探究**。臺北市：五南。

梁福鎮（2004）。**改革教育學——起源、內涵與問題的探究**。臺北市：五

南。

梁福鎮（2005）。波姆人格教育學之探究。**彰化師大教育學報，8**，95-123。

梁福鎮（2006）。**教育哲學：辯證取向**。臺北市：五南。

溫明麗（1999）。知識論與教育。載於歐陽教主編。**教育哲學**（頁61-98）。
　　高雄市：麗文。

溫明麗（2005）。**諾丁《關懷》一書論點的省思**。2005年9月27日取自網址
　　http://140.122.109.96/sophia/pchome/frontpage/nodding.html

郭秋勳（1985）。康德、杜威知識論與教育理論之比較及其在職業教育上的
　　啟示。**國立彰化教育學院學報，10**，71-105。

郭實渝（1996）。後現代主義的教育哲學。載於邱兆偉主編。**教育哲學**（頁
　　237-275）。臺北市：師大書苑。

郭實渝（1999）。形上學與教育。載於歐陽教主編。**教育哲學**（頁37-60）。
　　高雄市：麗文。

簡成熙（1991）。英美教育分析哲學的發展及其啟示。**現代教育，7**(2)，99-
　　121。

簡成熙（1996）。分析哲學的教育哲學。載於邱兆偉主編。**教育哲學**（頁
　　169-203）。臺北市：師大書苑。

簡成熙（2000）。正義倫理與關懷倫理的論辯：女性倫理學的積極意義。**教
　　育資料集刊，25**，185-211。

簡成熙譯、George R. Knight 著（2002）。**教育哲學導論**。臺北市：五南。

簡成熙（2003）。女性主義的教育哲學。載於邱兆偉主編。**當代教育哲學**
　　（頁209-246）。臺北市：師大書苑。

簡茂發（1986）。智育。載於田培林主編。**教育學新論**（頁260-268）。臺北
　　市：文景。

賈馥茗（1997）。**教育的本質**。臺北市：五南。

賈馥茗（2004）。**教育倫理學**。臺北市：五南。

楊士毅（1987）。**懷海德哲學**。臺北市：東大。

楊深坑（1988a）。**柏拉圖美育思想研究**。臺北市：水牛。

楊深坑（1988b）。**理論、詮釋與實踐**。臺北市：師大書苑。

楊深坑（1996）。序。載於中華民國比較教育學會主編。教育改革——從傳統到後現代（頁1-2）。臺北市：師大書苑。

楊深坑（2002）。**科學理論與教育學發展**。臺北市：心理。

趙衛民（1994）。尼采的權力意志哲學。**哲學雜誌，10**，62-88。

劉千美（1993）。從席勒的《美育書信》論美感教育的理想。**哲學雜誌，3**，178-196。

劉文潭（1997）。**現代美學**。臺北市：臺灣商務。

劉育忠（2010）。**教育學的再想像：德勒茲思想與教育哲學**。臺北市：巨流。

劉崎（1991）。譯者序。載於劉崎譯，尼采著。**悲劇的誕生**（頁1-4）。臺北市：志文。

劉福增（1988）。**語言哲學**。臺北市：東大。

鄔昆如（1971）。**西洋哲學史**。臺北市：正中。

鄔昆如（1988）。現象學方法。**臺大哲學評論，11**，5-6。

鄔昆如（1990）。**哲學概論**。臺北市：五南。

詹棟樑（1976a）。洪保特的人文主義教育思想。載於賈馥茗、黃昆輝主編。**教育論叢第二集**（頁105-136）。臺北市：文景。

詹棟樑（1976b）。李特的教育思想與陶冶思想。**國立臺灣師範大學教育研究集刊，18**，237-259。

詹棟樑（1977）。斯普朗格的文化教育學思想。**國立臺灣師範大學教育研究集刊，19**，337-391。

詹棟樑（1979）。**赫爾巴特教育思想研究**。臺北市：水牛。

詹棟樑（1980）。斯普朗格對於師生關係的主張。**臺灣教育，351**，9-14。

詹棟樑（1981）。**斯普朗格文化教育學思想及其影響**。臺北市：文景。

詹棟樑（1986）。**教育人類學**。臺北市：五南。

詹棟樑（1992）。**社會教育學**。臺北市：五南。

詹棟樑（1993）。**現代教育哲學**。臺北市：五南。

詹棟樑（1995）。**現代教育思潮**。臺北市：五南。

詹棟樑（1996）。**教育倫理學**。臺北市：明文。

詹棟樑（1997）。**教育倫理學導論**。臺北市：五南。

詹棟樑（1999）。**教育哲學**。臺北市：五南。

張世英（1995）。**論黑格爾的精神哲學**。臺北市：唐山。

張春興（1981）。**心理學**。臺北市：東華。

張旺山（1990）。**狄爾泰**。臺北市：東大。

張淳惠（2001）。斯普朗格的文化教育思想。**教育研究，9**，63-73。

馮朝霖（1993）。德國教育哲史科目教學與研究之探討。**教育與心理研究，16**，145-173。

馮朝霖（1994）。自我創化與教育——自我組織理論之教育學義涵初探。**教育與心理研究，17**，263-282。

馮朝霖（1999）。啓蒙、團體與責任——論教師組織之實踐理性。**教育研究，66**，76-85。

馮朝霖（2000）。**教育哲學專論——主體、情性與創化**。臺北市：元照。

郭實渝（1999）。形上學與教育。載於歐陽教主編。**教育哲學**（頁37-59）。高雄市：麗文。

葉坤靈（1999）。狄爾泰精神科學導論及生命哲學的教育蘊義。**中等教育，50**(3)，27-41。

歐陽教（1964）。康德的哲學與教育思想。**臺灣省立師範大學教育研究集刊，7**，163-274。

歐陽教（1973）。**教育哲學導論**。臺北市：文景。

歐陽教（1986）。**德育原理**。臺北市：文景。

鄭重信（1978）。文化教育學研究。**國立臺灣師範大學教育研究集刊，20**，121-145。

鄭照順（1979）。淺談斯普朗格的文化教育學。**師友，133**，27-29。

顧燕翎（1999）。導言。載於顧燕翎主編。**女性主義——理論與流派**（頁VII-XVII）。臺北市：女書。

韓景春（1966）。**涂爾幹教育思想研究**。臺北市：嘉新水泥。

# 二、外文部分

Adorno, T. W. (1970). *Erziehung zur Mündigkeit*. Frankfurt/M: Suhrkamp Verlag.

Adorno, T. W. (1990). Theorie der Halbbildung. In ders.: *Gesammelte Schriften*. Bd. 8. (98-113). Frankfurt/M: Suhrkamp Verlag.

Adorno, T. W. & Horkheimer, M. (1990). Dialektik der Aufklärung. In ders.: *Gesammelte Schriften*. Bd. 3. Frankfurt/M.: Suhrkamp Verlag.

Apel, K. -O. (1992). Normatively Grounding "Critical Theory" through Recourse to the Lifeworld? A transcendental-Pragmatic Attempt to Think with Habermas against Habermas. In Axel Honneth, Thomas McCarthy, Claus Offe, & Albrecht Wellmer (Eds.). *Philosophical Interventions in the Unfinished Project of Enlightenment* (125-170). Massachusetts: MIT Press.

Aquinas, T. (1981). *St. Thomas Aquinas Summa Theologica*. New York: Thomas More Press.

Aristotle (1984). *The Complete Works of Aristotle*. Edited by John Barnes. New Jersey: Princeton University Press.

Augustine (1958). *On Christian Doctrine*. New York: Macmillan Publishing Company.

Augustine (1991). *Confessions*. Translated by Henry Chadwick. Oxford: Oxford University Press.

Bähr, H. W. & Wenke, H. (Hrsg.) (1964). *Eduard Spranger, sein Werk und sein Leben*. Heidelberg: Quelle & Meyer Verlag.

Ballauff, T. (1966). *Philosophische Begründungen der Pädagogik*. Die Frage nach Ursprung und Maß der Bildung. Berlin: Duncker & Humblot Verlag.

Ballauff, T. (1969). *Pädagogik. Eine Geschichte der Erziehung und Bildung*. Freiburg: Alber Verlag.

Ballauff, T. (1970). *Systematische Pädagogik* (3 Auflage). Heidelberg: Quelle & Meyer Verlag.

Ballauff, T. (1979). Pädagogik der selbstlosen Verantwortung der Wahrheit oder

Bildung als "Revolution der Denkungsart". In Schaller, K. (Hrsg.). *Erziehungswissenschaft der Gegenwart* (8-27). Bochum: Kamp Verlag.

Ballauff, T. (1985). *Lehrer seine inst und jetzt. Auf der Suche nach dem verlorenen Lehrer*. Essen: Neue Dteutsche Schule Verlag.

Barker, S. F. (1980). *The elements of logic*. New York: McGraw-Hill.

Bartels, K. (1968). *Die Pädagogik Herman Nohls*. Weinheim: Beltz Verlag.

Bartholomäus, W. (1983). *Einführung in die Religionspädagogik*. München: Kösel Verlag.

Baudrillard, J. (1983a). *Simulations*. New York: Semiotext(e).

Baudrillard, J. (1983b). *In the Shadow of the Silent Majorities*. New York: Semiotext(e).

Baudrillard, J. (1984). On Nihilism. *On the Beach*, 6(Spring), 38-39.

Baudrillard, J. (1987). The Year 2000 Has Already Happened. In Arthur and Marilouise Kroker (Eds.). *Body Invaders: Panic Sex in America, Moral: The New World Perspectives* (35-44). New York: St. Martin's Press.

Behn, S. (1930). Philosophie der Werte als Grundwissenschaft der pädagogischen Zieltheorie. In Eggersdorfer, F.u.a. (Hrsg.). *Handbuch der Erziehungswissenschaft. II. Teil: Grundwissenschaften der Pädagogik*. Band 1. München: Univ. -Dr. Wolf Verlag.

Benner, D. (1986). *Die Pädagogik Herbarts*. München: Juventa Verlag.

Benner, D. (1987). *Allgemiene Pädagogik*. München: Juventa Verlag.

Benner, D. (1990). *Wilhelm von Humboldts Bildungstheorie*. München: Juventa Verlag.

Benner, D. (1991). *Hauptströmungen der Erziehungswissenschaft*. Weinheim: Beltz Verlag.

Benner, D. (1995a). Ansätze systematischer Pädagogik. In Lenzen, D. (Hrsg.). *Pädagogische Grundbegriffe*. Band 2 (1231-1246). Hamburg: Rowohlt Verlag.

Benner, D. (1995b). *Studien zur Theorie der Erziehung und Bildung*. München: Juventa Verlag.

Benner, D. (1996). *Studien zur Theorie der Erziehungswissenschaft*. München: Juventa Verlag.

Benner, D. (1998). Systematische Pädagogik und historische Rekonstruktion. In Brinkmann, W. & Petersen, J. (Hrsg.). *Theorien und Modelle der Allgemeine Pädagogik* (117-136). Donauwörth: Auer Verlag.

Benner, D. (1999b). Der Begriff moderner Kindheit und Erziehung bei Rousseau, im Philanthropismus und in der deutschen Klassik. *Zeitschrift für Pädagogik, 45*(1), 1-18.

Benner, D. & Brüggen, F. (1996). Das Konzept der Perfectibilite dei Jean-Jacques Rousseau. In Hansmann, O. (Hsrg.). *Seminar: Der pädagogisches Rousseau* (12-48). Weinheim: Beltz Verlag.

Benner, D. & Göstemeyer, K. -F. (1987). Postmoderne Pädagogik: Analyse oder Affirmation eines gesellschaftlichen Wandels. *Zeitschrift für Pädagogik, 33*(1), 61-82.

Benner, D. & Schmied-Kowarzik, W. (1967). *Prolegomena zur Grundlegung der Pädagogik I: Herbarts praktische Philosophie und Pädagogik*. Ratingen: Henn Verlag.

Benning, A. (1980). *Ethik der Erziehung*. Freiburg: Herder Verlag.

Bergmann, H. (1996). Die Ranking-Funktion der Pestalozzi-CD-ROM als Interpretationshilfe. *Pädagogische Rundschau, 50*(1), 109-115.

Bertlein, H. (1960). *Das Selbstverständnis der Jugend heute*. Hannover: Schroedel Verlag.

Best, S. & Kellner, D. (1991). *Postmodern Theory: Critical Interrogations*. New York: The Guilford Press.

Blankertz, H. (1966). Pädagogische Theorie und empirische Forschung. In *Neue Folge der Erganzungshefte zur Vierteljahresschrift für wissenschaftliche Pädagogik, 5*, 65-78.

Blankertz, H. (1979). Kritische Erziehungswissenschaft. In Schaller, K. (Hrsg.).

*Erziehungswissenschaft der Gegenwart* (28-45). Bochum: Kamp Verlag.

Blankertz, H. (1982). *Die Geschichte der Pädagogik*. Wetzlar: Büchse der Pandora Verlag.

Blankertz, H. (1991). *Theorien und Modelle der Didaktik*. München: Juventa Verlag.

Bleicher, J. (1980). *Contemporary Hermeneutics*. London: Routledge & Jegan Paul.

Böhm, W. (1997). *Entwürfe zu einer Pädagogik der Person*. Bad Heilbrunn: Verlag Julius Klinkhardt.

Böhm, W. (2000). *Wörterbuch der Pädagogik*. Stuttgart: Alfred Kröner Verlag.

Bohr, N. (1928). Das Quantenpostulat und die neuere Entwicklung der Atomistik. *Naturwissenschaft*, Bd. 16, 245-257.

Bokelmann, H. (1970). Pädagogik: Erziehung, Erziehungswissenschaft. In Speck, J. (Hrsg.). *Handbuch pädagogischer Grundbegriffe*. Bd. II (178-267). München: Kösel Verlag.

Bollnow, O. F. (1988). *Zwischen Philosophie und Pädagogik. Vorträge und Aufsätze*. N. F. Weitz Verlag.

Borrelli, M. (Hrsg.) (1993). *Deutsche Gegenwartspädagogik. Band I*. Baltmannsweiler: Schneider Verlag.

Borrelli, M. & Ruhloff, J. (Hrsg.) (1996). *Deutusche Gegenwartspädagogik*. Baltmannsweiler: Schneider Verlag.

Bosshart, E. (1934). *Die systematischen Grundlagen der Pädagogik Eduard Sprangers*. Leipzig: Hirzel Verlag.

Bower, R. R. (1989). *American Men and Women of Science*. 17th Edition. New York. G-I, V.3., 155.

Brezinka, W. (1978). *Metatheorie der Erziehung*. München: Reinhardt Verlag.

Broudy, H. S. (1961). *Building a Philosophy of Education*. New Jersy: Prentice-Hall Inc.

Broudy, H. S. (1994). *Enlightened Cherishing. An Essay on Aesthetic Education*.

Urbana and Chicago: University of Illinois Press.

Brugger, W. (1978). *Philosophisches Wörterbuch*. Freiburg: Herder Verlag. Caputo, J. (1987). *Radical Hermeneutics: Repetition, deconstruction, and the hermeneutic project*. Bloominton: Indiana University Press.

Carr, D. (1995). Education and democracy: Confronting the postmodern challenge. *Journal of Philosophy of Education, 29*(1), 75-91.

Carr, D. (2000). *Professionalism and ethics in teaching*. London: Routledge.

Carritt, E. F. (1931). *Philosophies of Beauty from Socrates to Robert Bridges*. Oxford: Oxford University Press.

Chambliss, J. J. (1968). *The Origins of American Philosophy of Education: Its Development as a Distinct Discipline, 1803-1913*. The Hague. Nietherlands: Martinus Nijhoff.

Chazan, B. (1971). 'The limits of philosophy of education." *Educational philosophy and theory, 25*(April), 55-62.

Chen, H. M. (2000). *Die Bedeutung des erzieherischen Verhältnisses bei Pestalozzi*. Frankfurt/M.: Peter Lang Verlag.

Copi, I. M. (1968). *Introduction to logic*. New York: Macmillan. Danner, H. (1994). *Methoden geisteswissenschaftlicher Pädagogik*. München: UTB Verlag.

Deleuze, G. (1994). Difference and Repitition (P. Patton Trans.). New York: Colombia University Press.

Deleuze, G. (2007). The fold: Leibniz and the Baroque (T. Conley Trans.). Minneapolis: University of Minnesota Press.

Derbolav, J. (1969). Das Selbstverständnis der Erziehungswissenschaft. In Oppolzer, S. (Hrsg.). *Denkformen und Forschungsmethoden der Erziehungswissenschaft*. Band. 1. (119-158). München: Ehrenwirth Verlag.

Derbolav, J. (1971). *Systematische Perspektiven der Pädagogik*. Heidelberg: Winter Verlag.

Derbolav, J. (1980). Pädagogische Anthropologie als Theorie der individuellen Selbstverwirklichung. In Eckard König & Horst Ramsenthaler (Hrsg.). *Dis-*

*kussion Pädagogische Anthropologie* (55-67). Bonn: Fink Verlag.

Derbolav, J. (1987). *Grundriß einer Gesamtpädagogik*. Frankfurt/M.: Diesterweg Verlag.

Derrida, J. (1986). *Mémoires-for Paul de Man*. New York: Columbia University Press.

Derrida, J. & Kittler, F. (2000). *Nietzsche: Politik des Eigennamens*. Berlin: Merve Verlag.

Dewey, J. (1916). *Demacrecy and Education*. New York: The Macmillan Company.

Dewey, J. (1930). *Human nature and conduct*. New York: Henry Holt Company.

Dilthey, W. (1968). Der Aufbau der geschichtlichen Welt in den Geisteswissenschaften. In ders.: *Gesammelte Shriften*. Band VII. Stuttgart: Teubner Verlag.

Dilthey, W. (1974). Die geistige Welt, Einleitung in die Philosophie des Lebens. Erste Halfte, Abhundlungen zur Grundlegung der Geisteswissenschaften. In ders.: *Gesammelte Schriften*. Band V. Stuttgart: Teubner Verlag.

Dilthey, W. (1985a). Leben Schleiermachers. In ders: *Gesamelte Schriften*. Bd. XIV. Stuttgart: Teubner Verlag.

Dilthey, W. (1985b). Zur preußischen Geschichte. In ders: *Gesamelte Schriften*. Bd. XII. Stuttgart: Teubner Verlag.

Dilthey, W. (1986). Pädagogik, Geschichte und Grundlinen des System. In ders: *Gesammelte Schriften*. Band 9. Stuttgart: Teubner Verlag.

Dilthey, W. (1988). Zur Geistesgeschichte des 19. Jahrhunderts. In ders: *Gesamelte Schriften*. Bd. XVII. Stuttgart: Teubner Verlag.

Dilthey, W. (1990). Einfuhrung in die Geisteswissenschaften. In ders.: *Gesammelte Schriften*. Band I. Stuttgart: Teubner Verlag.

Dilthey, W. (1991). Die Jugendgeschichte Hegels. In ders: *Gesamelte Schriften*. Bd. XV. Stuttgart: Teubner Verlag.

Durkheim, E. (1956). *Education and Sociology*. London: Collier-Macmillan Limited.

Esser, H. (1987). Zum Verhältnis von qualitativen und quantitativen Methoden in der Sozialforschung, oder: Über den Nutzen methodologischer Regeln bei der Diskussion von Scheinkontroversen. In Voges, W. (Hrsg.). *Methoden der Biographie-und Lebenslaufforschung* (87-101). Opladen: Leske+Budrich.

Fichte, J. G. F. (1978). *Reden an die deutsche Nation.* Hamburg: Felix Meiner Verlag.

Fischer, A. (1966). Deskriptive Pädagogik. In Oppolzer, S. (Hrsg.). *Denkformen und Forschungsmethoden der Erziehungswissenschaft.* Bd.1. (83-99). München: Ehrenwirth Verlag.

Fischer, W. (1972). *Schule und Kritische Pädagogik. Fünf Studien zu einer pädagogischen Theorie der Schule.* Heidelberg: Quelle & Meyer Verlag.

Flitner, W. (1961). *Europäische Gesittung. Ursprung und Aufbau abendländischer Lebensformen.* Stuttgart: Artemis Verlag.

Flitner, W. (1974). *Allgemeine Pädagogik.* Stuttgart: Klett-Cotta Verlag.

Flitner, W. (1983). *Pädagogik.* In ders Gesammelte Schriften. Band 2. Paderborn: Ferdinand Schöningh Verlag.

Foucault, M. (1997). *Ethics: Subjectivity and truth.* Edited by P. Robinow. New York: The New Press.

Freire, P. (1970). *Pedagogy of the oppressed.* London: Penguin.

Freire, P. (1973). *Education for critical consciousness.* New York: Continum.

Freire, P. (1985). *The politics of education: culture, power and liberation.* South Hadley. M. A.: Bergin & Garvey.

Fröbel, F. W. A. (1826). *Die Menschenerziehung,* die *Erziehungs-, Unterrichts- und Lehrkunst: angestrebt in der allgemeinen deutschen Erziehungsanstalt zu Keilhau.* Keilhau [u.a.]: Verlag der allgemeine deutschen Erziehungsanstalt.

Fuhr, T. (1998). *Ethik des Erziehens. Pädagogische Handlungsethik und ihre Grundlegung in der elterlichen Erziehung.* Weinheim: Deutscher Studien Verlag.

Gadamer, H. -G. (1990). *Hermeneutik I: Wahrheit und Methode.* Tübingen: Mohr

Siebeck Verlag.

Gamm, H. -J. (1979). *Allgemeine Pädagogik*. Hamburg: Rowohlt Verlag.

Gamm, H. -J. (1988). *Pädagogische Ethik*. Weinheim: Beltz Verlag.

Gamm, H. -J. (1991). *Pädagogik und Poesie*. Weinheim: Deutscher Studien Verlag.

Geelan, D. R. (1997). Epistemological anarchy and the many forms of constructivism. *Science and Education, 6*, 15-28.

Gerhardt, V. (1995). *Friedrich Nietzsche*. München: C. H. Beck Verlag.

Gilligan, C. (1982). *In a different voice*. Cambridge: Harvard University Press.

Giroux, H. A. (1985). *Education under Siege*. London: Routeledge & Kegan Paul.

Giroux, H. A. (1988). *Schooling and the struggle for public life: critial Pedagogy in the Modern Age*. Minneapolis: University of Minnesota Press.

Giroux, H. A. (1991). *Postmodernism, Feminism, and Cultural Politics*. New York: State University of New York Press.

Giroux, H. A. (1992). *Border crossing: Cultural workers and the politics of education*. New York: Routledge.

Gisecke, H. (1985). *Das Ende der Erziehung. Neue Chance für Familie und Schule*. Stuttgart: Kleet Verlag.

Glaser, B. & Strauss, A. (1965). *Awareness or dying*. Chicago: Aldine.

Glaser, R. (1962). Psychology and Instructional Technology. In Glaser, R. (Ed.). *Taining Research and education* (1-30). Pittsburgh: University of pittsburgh Press.

Glaser, R. (1976). Cognitive Psychology and Instructional Design. In Klahr, D. (Ed.). *Cognition and Instruction. Hillsdale* (303-315). New Jersy: Erlbaum.

Glaser, R. & Bassok, M. (1989). Learning theory and the study of Instruction. *Annual Review of Psychology, 40*, 631-666.

Gordon, P. (Ed.) (1980). *The Study of Education. Inaugural Lectures*. 3 volumes. London: The Woburn Press.

Groothoff, H. -H. & Hermann, U. (1971). *Wilhelm Dilthey. Schriften zur Pädagogik*. Paderborn: Schöningh Verlag.

Grünewald, D., Kirchner, C., Kirschenmann, J., Schulz, F. & Wichelhaus, B. (1999). Mit-Denken-Gunter Otto zum Gedenken. *Kunst+Unterricht*, Heft 230/231, 4-5.

Habermas, J. (1969). *Technik und Wissenschaft als Ideologie*. Frankfurt/M.: Suhrkamp Verlag.

Habermas, J. (1981a). *Theorie des kommunikativen Handelns*. Band1. Frankfurt/M.: Suhrkamp Verlag.

Habermas, J. (1981b). *Theorie des kommunikativen Handelns*. Band2. Frankfurt/ M.: Suhrkamp Verlag.

Hager, F. P. (1988). Grundaufgaben der historisch-systematischen Pädagogik und ihre Beziehung zur Philosophie. *Pädagogische Rundschau, 42*, 35-46.

Hager, F. -P. (1993). Das Menschenbild Pestalozzis in seiner religiösen Tiefen-dimension. In Menze, C., Bunk, G. B. & Ofenbach, B. (Hrsg.). *Menschen-bilder—Festschrift für Rudolf Lassahn* (99-124). Frankfurt/M.: Peter Lang Verlag.

Hegel, G. W. F. (1970a). Das älteste Systemprogramm des deutschen Idealismus. In ders.: *Werke in zwanaig Bänden* (233-236). Frankfurt/M.: Suhrkamp Ver-lag.

Hegel, G. W. F. (1970b). Vorlesungen über die Ästhetik. In ders.: *Werke in zwanzig Bänden*. Band 13. Frankfurt/M.: Suhrkamp Verlag.

Hegel, G. W. F. (1988). *Phänomenologie des Geistes*. Hamburg: Meiner Verlag.

Hegel, G. W. F. (1990). *Wissenschaft der Logik. Die Lehre vom Sein*. Hamburg: Fe-lix Meiner Verlag.

Hegel, G. W. F. (1991). *Enzyklopädie der philosophischen Wissenschaften*. Ham-burg: Felix Meiner Verlag.

Hegel, G. W. F. (1992). *Wissenschaft der Logik. Die Lehre vom Wesen*. Hamburg: Felix Meiner Verlag.

Hegel, G. W. F. (1994). *Wissenschaft der Logik. Die Lehre vom Begriff*. Hamburg: Felix Meiner Verlag.

Hegel, G. F. W. (1995). *Grundlinien der Philosophie des Rechts*. Hamburg: Meiner Verlag.

Heid, H. (1998). Ökologische Pädagogik? In Borrelli, M. & Ruhloff, J. (Hrsg.). *Deutsche Gegenwartspädagogik*. Band III. (3-25). Baltmannsweiler: Schneider Verlag.

Heidegger, M. (1957). *Sein und Zeit*. Tübingen: Niemeyer Verlag.

Heisenberg, W. (1944). *Wandlungen in den Grundlagen der Naturwissenschaft: 6 Vorträge*. Leipzig: Hirzel Verlag.

Heisenberg, W. (1985). *Der Teil und das Ganze: Gespräche im Umkreis der Atomphysik*. München: Deutscher Taschenbuch Verlag .

Henningsen, J. (1981). Wilhelm Dilthey: Die gefahrliche Geschichtlichkeit. *Erziehen heute, 31*(4), 21-34.

Herbart, J. F. (1986). *Systematische Pädagogik*. Herausgegeben von Dietrich Benner und Wolfdietrich Schmied-Kowarzik. Stuttgart: Klett-Cotta Verlag.

Herbart, J. F. (1991). *Sämtliche Werke*. 12 Bände. Herausgegeben von Gustav Hartenstein. München: Mikrofiches Verlag.

Hermann, U. (1977). Ernst Christian Trapp (1745-1818): Person und Werk. In Trapp, E. C. *Versuch einer Pädagogik* (419-448). Paderborn: Schöningh Verlag.

Hessen, J. (1973). *Wertphilosophie.* Paderborn: Fedinand Schöningh Verlag.

Humboldt, W. v. (1807). Geschichte der Verfalls und Unterganges der griechischen Freistaaten. In A. Flitner & K. Giel (Hrsg.) (1986). *Wilhelm von Humboldt Werke Band 2. Schriften zur Altertumskunde und Ästhetik. Die Vasken* (73-124). Stuttgart: J. G. Cotta'sche Buchhandlung.

Humboldt, W. v. (1809a). Über geistliche Musik. In ders.: *Werke*. Band IV*: Schriften zur Politik und zum Bildungswesen* (38-41). Stuttgart: Klett-Cotta Verlag.

Humboldt, W. v. (1809b). Gutachten über die Organisation der Ober-Examinations-Kommission. In ders.: *Werke. Band IV: Schriften zur Politik und zum Bildung-*

*swesen* (77-89). Stuttgart: Klett-Cotta Verlag.

Humboldt, W. v. (1809d). Der Königsberger und der Litauische Schulplan. In ders: *Werke*. Band IV: *Schriften zur Politik und zum Bildungswesen* (168-195). Stuttgart: Klett-Cotta Verlag.

Humboldt, W. v. (1809e). Über den Unterricht im Zeichnen. In ders.: *Werke*. Band IV: *Schriften zur Politik und zum Bildungswesen* (196-197). Stuttgart: Klett-Cotta Verlag.

Humboldt, W. v. (1810a). Zur Einrichtung eines Museums in Berlin. In ders: *Werke*. Band IV: *Schriften zur Politik und zum Bildungswesen* (245-246). Stuttgart: Klett-Cotta Verlag.

Humboldt, W. v. (1810b). Über die innere und äußere Organsation der höheren wissenschaftlichen Anstalten in Berlin. In ders: *Werke*. Band IV: *Schriften zur Politik und zum Bildungswesen* (255-266). Stuttgart: Klett-Cotta Verlag.

Humboldt, W. v. (1830). Über Schiller und den Gang seiner Geistesentwicklung. In A. Flitner & K. Giel (Hrsg.) (1986). *Wilhelm von Humboldt Werke Band 2. Schriften zur Altertumskunde und Ästhetik. Die Vasken* (357-394). Stuttgart: J. G. Cotta'sche Buchhandlung.

Husserl, E. (1992). Die Krisis der europäischen Wissenschaften und die transzendentale Phänomenologie. In ders.: *Gesammelte Schriften*. Band 8. Herausgegeben von Elisabeth Stroke (165-276). Hamburg: Meiner Verlag. Johnson, A. H. (1949). *The Wit and Wisdom of John Dewey*. London: The Beacon Press.

Jonas, H. (1985). Das Prinzip Verantwortung: Versuch einer Ethik für die technologische Zivilisation. Frankfurt/M.: Insel Verlag.

Jonas, H. (2001). *The phenomenon of life: Toward a philosophical biology*. Illinois: Northwestern University Press.

Jones, O. R. (1995). Foundationalism. In Ted Hondrich (Ed.). *The Oxford companion to philosophy* (289). Oxford: Oxford University Press.

Kaiser, A. (1976). Praxeologie: Integrationstheorie der Gesellschaft-Zwangstheorie der Politik. In Derbolav, J. (Hrsg.). *Kritik und Metakritik der Praxeologie, im besonderen der politischen Strukturtheorie* (64-68). Kastellaun: Henn Verlag.

Kaminsky, J. S. (1992). A Pre-History of Educational Philosophy in the United States: 1861 to 1914. *Harvard Educational Review, 62*(2), 179-198.

Kant, I. (1968). *Werke in 9 Bänden*. Berlin: de Gruyter Verlag.

Kant, I. (1982). Vorlesung über Pädagogik. In ders.: *Ausgewählte Schriften zur Pädagogik und ihrer Begrundung* (7-59). Paderborn: Schöningh Verlag.

Kant, I. (1990a). *Kritik der reinen Vernunft*. Hamburg: Meiner Verlag.

Kant, I. (1990b). *Kritik der praktischen Vernunft*. Hamburg: Meiner Verlag.

Kant, I. (1990c). *Kritik der Urteilskraft*. Hamburg: Felix Meiner Verlag.

Kant, I. (1994). *Grundlegung zur Metaphysik der Sitten*. Hamburg: Meiner Verlag.

Kaplan, A. (1961). *The new world of philosophy*. New York: Random House.

Keller, E. F. (1985). *Reflections on Gender and Science*. New Haven, C. T. & London: Yale University Press.

Klafki, W. (1963). *Das pädagogische Problem des Elementaren und die Theorie der kategorialen Bildung*. Weinheim: Deutscher Studien Verlag.

Klafki, W. (1966). *Studien zur Bildungstheorie und Didaktik*. Weinheim: Deutscher Studien Verlag.

Klafki, W. (1978). Normen und Ziele in der Erziehung. In ders.: *Funk-Kolleg Erziehungswissenschaft*. Bd. 2 (13-51). Frankfurt/M.: Fischer Taschenbücher Verlag.

Klafki, W. (1982). *Die Pädagogik Theodor Litts*. Konigstein/Ts.: Scriptor Verlag.

Klafki, W. (1996). *Neue Studien zur Bildungstheorie und Didaktik*. Weinheim: Beltz Verlag.

Klink, J. -G. (1971). *Gegenwartspädagogik*. Bochum: Kamp Verlag.

Knight, G. R. (1998). *Issues and alternatives in educational philosophy*. 3rd Edition. Berrien Springs. Michigan: Andrews University Press.

König, F. K. (1979). Erziehung zum Geistigen. In *Frankfurter Allgemeine Zeitung*. Frankfurt/M. vom 19.4.1979.10.

Koller, H. -C. (1990). *Die Liebe zum Kind und das Begehren des Erziehers — Erziehungskonzeption und Schreibweise pädagogischer Texte von Pestalozzi und Jean Paul*. Weinheim: Deutscher Studien Verlag.

Krüger, H. -H. (1996). Bilanz und Zukunft der erziehungswissenschaftlichen Biographieforschung. In Krüger, H. -H. & Marotzki, W. (Hrsg.). *Erziehungswissenschaftliche Biographieforschung* (32-54). Opladen Leske + Budrich Verlag.

Krüger, H. -H. (1998). Wozu noch Allgemeine Pädagogik? Notieren zur Entwicklung und Neuvermessung der Erziehungswissenschaft. In Brinkmann, W. & Petersen, J. (Hrsg.). *Theorien und Modelle der Allgemeine Pädagogik* (101-116). Donauwörth: Auer Verlag.

Krüger, H. -H. & Deppe, U. (2010). Erziehungswissenschaftliche Biographieforschung. In B. Friebertshäuser, A. Langer & A. Prengel (Hrsg.). *Handbuch Qualitative Forschungsmethoden in der Erziehungswissenschaft* (61-72). München: Juventa Verlag.

Kuhn, T. S. (1996). *The structure of scientific revolutions*. Chicago: University of Chicago Press.

Laclau, E. (1988). Politics and the limits of modernity. In Ross, A. (Ed.). *Universal abandon? The Politics of Postmodernism* (63-82). Minneapolis: University of Minnesota Press.

Langewand, A. (1990). Von der Erziehungskunst zur Erziehungswissenschaft. In Lenzen, D. (Hrsg.). *Kunst und Pädagogik* (18-27). Darmstadt: Wissenschaftliche Buchgesellschaft.

Lay, W. A. (1908). *Experimentelle Pädagogik mit besonderer Rücksicht auf die Erziehung durch die Tat*. Leipzig: Fischer Verlag.

Leithäuser, T. & Volmerg, B. (1979). *Anleitung zur Empirischen Hermeneutik. Psychoanalytische Textinterpretation als sozialwissenschaftliches Verfahren*. Frankfurt/M.: Suhrkamp Verlag.

Lempert, W. (1971). *Leistungsprinzip und Emanzipation*. Frankfurt/M.: Suhrkamp

Verlag.

Lenzen, D. (1987). Mythos, Metapher und Simulation. Zu den Aussichten Systematischer Pädagogik in der Postmoderne. *Zeitschrift für Pädagogik, 33,* 41-60.

Lenzen, D. (Hrsg.) (1994). *Pädagogische Grundbegriffe.* Band 1. Hamburg: Rowohlt Verlag.

Lenzen, D. (1995). Pädagogik-Erziehungswissenschaft. In Lenzen, D. (Hrsg.). *Pädagogische Grundbegriffe.* Band 2. (1105-1117). Hamburg: Rowohlt Verlag.

Lenzen, D. (1996). *Handlung und Reflexion.* Weinheim: Beltz Verlag.

Lenzen, D. (Hrsg.) (1998a). *Erziehungswissenschaft. Ein Grundkurs.* Hamburg: Rowohlt Taschenbuch Verlag.

Lenzen, D. (1998b). Allgemeine Pädagogik-Teil- oder Leitdisziplin der Erziehungswissenschaft? In Brinkmann, W. & Petersen, J. (Hrsg.). *Theorien und Modelle der Allgemeine Pädagogik* (32-54). Donauwörth: Auer Verlag.

Liang, F. (1997). *Pädagogische Handlungstheorie zwischen Negativität und Positivität: Eine systematische Studie zum Verhältnis von negativer und positiver Pädagogik im Beispil erziehungs-und bildungstheoretischen Reflexionen Wolfdietrich Schmied-Kowarziks.* Berlin: Dissertation der Humboldt Universität.

Litt, T. (1946). *Pestalozzi: Zum 200jährigen Geburtstag.* Berlin: Volk & Wissen Verlag.

Litt, T. (1959). *Hegel: Versuch einer kritische Erneuerung.* Heidelberg: Quelle & Meyer Verlag.

Litt, T. (1962). *Führen oder wachsenlassen: Eine Erörterung der paedagogischen Grundproblems.* Stuttgart: Klett-Kotta Verlag.

Litt, T. (1965). *Pädagogik und Kultur.* Herausgegeben von Friedheim Nicolin. Bad Hilbrunn/Obb.: Verlag Julius Klinkhardt.

Locke, J. (1996). *Some thoughts concerning education; and, of the conduct of the understanding.* edited, with introduction and notes, by Ruth W. Grant and Nathan Tarcov. Indianapolis: Hackett Publisher Company.

Löwisch, D. -J. (1995). *Einführung in pädagogische Ethik*. Darmstadt: Wissenschaftliche Buchgesellschaft Verlag.

Lorenzer, A. (Hrsg.) (1986). *Kulturanalysen*. Frankfurt/M.: Fischer Verlag.

Lyotard, J. -F. (1979). *La condition postmoderne: rapport sur le savoir*. Paris: Editions de Minuit.

Lyotard, J. -F. (1984). *The Postmodern Condition: A report on knowledge*. Translated by Bennington, G. & Massumi, B. Minneapolis: University of Minnesota Press.

Maier, K. E. (1986). *Grundriß moralische Erziehung*. Bad Heilbrunn/Obb.: Klinkhardt Verlag.

Marotzki, W. (1996a). Neue Konturen Allgemeiner Pädagogik. In Borrelli, M. & Ruhloff, J. (Hrsg.). Deutsche Gegenwartspädagogik (67-84). Baltmannsweiler: Schneider Verlag.

Marotzki, W. (1996b). Forschungsmethoden der erziehungswissenschaftlichen Biographieforschung. In Krüger, H. -H. & Marotzki, W. (Hrsg.). *Erziehungswissenschaftliche Biographieforschung* (55-89). Opladen: Leske + Budrich.

Marotzki, W. (1999). Froschungsmethoden und–methologie der Erziehungswissenschaftlichen Biographieforschung. In Marotzki, W. & Krüger, H. -H. (Hrsg.). *Handbuch erziehungswissenschaftliche Biographieforschung* (109-134). Opladen: Leske + Budrich.

Meier, U. P. (1987). *Pestalozzis Pädagogik der sehenden Liebe: zur Dialektik von Engagement und Reflexion im Bildungsgeschehen*. Bern: Haupt Verlag.

Meinberg, E. (1991). *Hauptprobleme der Sportspädagogik*. Darmstadt: Wissenschaftliche Buchgesellschaft.

Meumann, E. (1914). *Abriß der experimentellen Pädagogik*. Leipzig: Engelmann Verlag.

Mollenhauer, K. (1970). *Erziehung und Emanzipation*. München: Juventa Verlag.

Mollenhauer, K. (1982). *Theorien zum Erziehungsprozess*. München: Juventa Verlag.

Mollenhauer, K. (1986a). Anmerkungen zu einer pädagogischen Hermeneutik. In ders: *Umwege. Über Bildung, Kunst und Interaktion* (120-136). München: Juventa Verlag.

Mollenhauer, K. (1986b). *Umwege. Über Bildung, Kunst und Interaktion.* München: Juventa Verlag.

Mollenhauer, K. (1990a). Ästhetische Bildung zwischen Kritik und Selbstgewissheit. *Zeitschrift für Pädagogik, 26,* N. 4, 481-494.

Mollenhauer, K. (1990b). Die vergessene Dimension des Ästhetischen in der Erziehungs-und Bildungstheorie. In Lenzen, D. (Hrsg.). *Kunst und Pädagogik* (3-17). Darmstadt: Wissenschaftliche Buchgesellschaft.

Mollenhauer, K. (1994). *Vergessene Zusammenhänge. Über Kultur und Erziehung.* München: Juventa Verlag.

Mouffe, M. (1988). Radical democracy: Modern or Postmodern? In Ross, A. M. (Ed.). *Universal Abadon? The Politics of Postmodernism* (31-45). Minneapolis: University of Minnesota Press.

Nietzsche, F. (1988). Die Geburt der Tragödie. In ders.: *Friedrich Nietzsche: sämtliche Werke.* Kritische Studienausgabe. Herausgegeben von Giorgio Colli und Mazzino Montinari. KSA 1. (9-156). München: Deutscher Taschenbuch Verlag.

Nietzsche, F. (1995). Über die Zukunft unserer Bildungsanstalten. In: Flitner, W. & Kudritzki, G. (Hrsg.). *Die deutsche Reformpädagogik* (37-41). Berlin: de Gruyter Verlag.

Nietzsche, F. (1999). Die fröhliche Wissenschaft. In ders.: *Friedrich Nietzsche: sämtliche Werke.* Kritische Studienausgabe. Herausgegeben von Giorgio Colli und Mazzino Montinari. KSA 3. ( 343-651). München: Deutscher Taschenbuch Verlag.

Noddings, N. (1984). *Caring: a feminine approach to ethics and moral education.* California: University of California Press.

Nohl, H. (1935). *Die pädagogische Bewegung in Deutschland und Ihre Theorie*. Frankfurt/M.: Vittorio Klostermann GmbH.

Nohl, H. (1949). *Pädagogik aus dreißig Jahren*. Frankfurt/M.: Schulte-Bulmke Verlag.

Nohl, H. (1954). *Friedrich Schiller. Eine Vorlesung*. Frankfurt/M.: Schulte-Bulmke Verlag.

Nohl, H. (1973). *Die ästhetische Wirklichkeit*. Frankfurt/M.: Vittorio Klostermann GmbH..

Nohl, H. (1988). Die neue deutsche Bildung. In ders.: *Die pädagogische Bewegung in Deutschland und ihre Theorie* (9-20). Frankfurt/M.: Vittorio Klostermann GmbH.

Oelkers, J. & Lehmann, T. (1990). *Antipädagogik. Herausforderung und Kritik*. Weinheim: Beltz Verlag.

Oelkers, J. (1992). *Pädagogische Ethik. Eine Einführung in Probleme, Paradoxien und Perspektiven*. München: Juventa Verlag.

Otto, G. (1969). *Kunst als Prozess im Unterricht*. Braunschweig: Georg Westermann Verlag.

Otto, G. (1974). *Didaktik der Ästhetischen Erziehung*. Braunschweig: Georg Westermann Verlag.

Otto, G. (Hrsg.) (1975). *Texte zur Äesthetischen Erziehung*. Braunschweig: Georg Westermann Verlag.

Otto, G. (1998). *Lernen und Lehren zwischen Didaktik und Ästhetik*. Bd. I: *Ästhetische Erfahrung und Lernen*. Leipzig: Kallmeyersche Verlagbuchhandlung.

Paffrath, F. H. (1994). *Die Wendung aufs Subjekt. Pädagogische Perspektiven im Werk Theodor W. Adornos*. Weinheim: Deutscher Studien Verlag.

Pestalozzi, J. H. (1950). *Die Abendstunde eines Einsiedlers*. Oldenburg: Stalling Verlag.

Peters, R. S. (Eds.) (1966a). *Ethics and Education*. Illinois: Scott, Foresman and Company.

Peters, R. S. (1966b). *The philosophy of education*. In Tibble, J. W. (Ed.). The Study of Education (59-89). London: Routledge & Kegan Paul.

Peters, R. S. (1974). Education as Initiation. In Peters, R.S. (Eds.). *Authority, Responsibility and Education* (81-107). London: George Allen & Unmin Ltd.

Peters, R. S. (Ed.) (1981). *Essays on Educators*. London: George Allen & Unwin.

Petersen, P. (1924). *Allgemeine Erziehungswissenschaft*. Berlin: de Gruyter Verlag.

Petersen, P. & E. Petersen (1965). *Die pädagogische Tatsachforschung*. Paderborn: Schöningh Verlag.

Plato (1997). *Complete works*. Edited by Cooper, J. M. & Hutchinson, D. S. Indianapolis: Hackett Publishing Company.

Prondczynsky, A. v. (1993). *Pädagogik und Poiesis. Eine verdrängte Dimension des Theorie-Praxis-Verhältnisses*. Opladen: Leske + Budrich.

Richter, H. -G. (1975). Ästhetische Erziehung und Moderne Kunst. Ratingen: Aloys Henn Verlag.

Richter, H. -G. (1976). *Lehrziele in der ästhetischen Erziehung*. Düsseldorf: Pädagogische Verlag Schwann.

Richter, H. -G. (1984). *Pädagogische Kunsttherapie*. Düsseldorf: Pädagogische Verlag Schwan.

Ricoeur, P. (1981). The task of hermeneutics. In *Hermeneutics and the Human Sciences*. Edited by J. B. Thompson. Cambridge: University of Cambridge Press.

Ricoeur, P. (1991). *From Text to Action*. Illinois: Northwestern University Press.

Röhrs, H. (1995). *Der Einfluß der klassischen deutschen Universitätsidee auf die Higher Education in America*. Weinheim: Deutscher Studien Verlag.

Röhrs, H. (1998). *Reformpädagogik und innere Bildungsreform*. Weinheim: Deutscher Studien Verlag.

Roessler, W. (1957). *Jugend im Erziehungsfeld*. Düsseldorf: Schwann Verlag.

Rorty, R. (1979). *Philosophy and the mirror of nature*. Princeton: Princeton University Press.

Rorty, R. (1991). *Objectivity, relativism, and truth. Philosophical papers*. Vol. 1.

Cambridge: Cambridge University Press.

Rorty, R. (1998). *Truth and progress. Philosophical papers.* Vol. 3. Cambridge: Cambridge University Press.

Rosenkranz, K. (1845). *Aus Hegels Leben.* Leipzig: Wiegand Verlag.

Rosenkranz, K. (1998). *Georg Wilhelm Friedrich Hegels Leben.* Darmstadt: Wissenschaftliche Buchgesellschaft.

Rosenkranz, K. (1994). *Die Pädagogik als System.* München: Sauer Verlag.

Rousseau, J. -J. (1994). *Discourse on political economy and the social contract.* Translated with introduction and notes by Christopher Betts. Oxford: Oxford University Press.

Rousseau, J. J. (1995). *Emilé oder Über die Erziehung.* Paderborn: Schöningh Verlag.

Rülcker, C. & Rülcker, T. (1978). *Sozial Normen und schulische Erziehung, Moral Handeln als Problem in einer demokratischen Gesellschaft.* Heidelberg: Quelle & Meyer Verlag.

Rust, V. D. (1991). Postmodernism and its comparative education implications. *Comparative Education, 4,* 610.

Rutt, T. (1978). Bildungstheoretische Beiträge in den Werken Max Schelers. *Pädagogische Rundschau, 8,* 589-614.

Schaller, K. (1978). *Wissen und Handeln-Aussichten ihrer Vermittlung in einer kommunikativen Pädagogik.* In: Schaller, K. (1987). *Pädagogik der Kommunikation* (128-140). Sankt Augustin: Verlag Hans Richarz.

Schaller, K. (Hrsg.) (1979). *Erziehungswissenschaft der Gegenwart.* Bochum: Kamp Verlag.

Schaller, K. (1980). *Was ist eigentlich die Pädagogik der Kommunikation?* In Schaller, K. (1987). *Pädagogik der Kommunikation* (141-149). Sankt Augustin: Verlag Hans Richarz.

Schaller, K. (1984a). *Die pädagogische Atmosphäre in einer Pädagogik der Kommunikation.* In Schaller, K. (1987). *Pädagogik der Kommunikation* (230-241).

Sankt Augustin: Verlag Hans Richarz.

Schaller, K. (1984b). *Kritische Erziehungswissenschaft an Ausgang ihrer Epoche?* In: Schaller, K. (1987). *Pädagogik der Kommunikation* (242-257). Sankt Augustin: Verlag Hans Richarz.

Schaller, K. (1987). *Ausblick auf die Kommunikative Didaktik.* In: Schaller, K. (1987). *Pädagogik der Kommunikation* (70-96). Sankt Augustin: Verlag Hans Richarz.

Schiller, F. (1993). *Sämtliche Werke.* 5 Bände. München: Hanser Verlag.

Schleiermacher, F. E. D. (1957). *Pädagogische Schriften.* 2 Bände. Düsseldorf: Küpper vorm Bondi Verlag.

Schleiermacher, F. E. D. (1983). Theorie der Erziehung. In: ders.: *Ausgewählte Pädagogische Schriften* (36-243). Paderborn: Schöningh Verlag.

Schleiermacher, F. E. D. (1990). The Hermeneutics: Outline of the 1819 Lectures. In Ormiston, G. L. & Schrift, A. D. (Eds.). *The Hermeneutic Tradition. From Ast to Ricoeur* (85-100). New York: State University of New York Press.

Schmied-Kowarzik, W. (1974). *Dialektische Pädagogik.* München: Kösel Verlag.

Schmied-Kowarzik, W. (1988). *Kritische Theorie und revolutionäre Praxis.* Bochum: Germinal-Verlag.

Schmied-Kowarzik, W. (1991). *Franz Rosenzweig.* Freiburg: Alber Verlag.

Schmied-Kowarzik, W. (1993). *Bildung, Emanzipation und Sittlichkeit.* Weinheim: Deutscher Studien Verlag.

Schmied-Kowarzik, W. (1995). *Richard Hönigswalds Philosophie der Pädagogik.* Würzburg: Königshausen und Neumann Verlag.

Schulze, T. (1996). Erziehungswissenschaftliche Biographieforschung. Anfänge, Fortschritte, Ausblicke. In Krüger, H. -H. & Marotzki, W. (1996). *Erziehungswissenschaftliche Biographieforschung* (10-31). Opladen: Leske + Budrich Verlag.

Seebohm, T. M. (1984). *Philosophie der Logik.* Freiburg: Karl Alber Verlag.

Soltis, J. F. (1971). "Analysis and anomalies in philosophy of education." *Educa-*

*tional philosophy and theory*, 3, 37-50.

Speck, O. (1996). *Erziehung und Achtung vor dem Anderen*. München: Reinhardt Verlag.

Spiegelberg, H. (1982). *The phenomenological Moment: A historical Introduction*. London: Martinus Nijhoff Publishers.

Spranger, E. (1933). Umrisse der philosophischen Pädagogik. In Spranger, E. (1973). *Philosophische Pädagogik* (7-61). Heidelberg: Quelle & Meyer Verlag.

Spranger, E. (1948). Philosophische Grundlegung der Pädagogik. In Spranger, E. (1973). *Philosophische Pädagogik* (62-140). Heidelberg: Quelle & Meyer Verlag.

Spranger, E. (1951). Erziehungsethik. In Spranger, E. (1969). *Geist der Erziehung*. Herausgegeben von Bäuer, G. & Flitner, A. (406-419). Heidelberg: Quelle & Meyer Verlag.

Spranger, E. (1953). Ist Pädagogik eine Wissenschaft? In Spranger, E. *Philosophische Pädagogik* (341-350). Heidelberg: Quelle & Meyer Verlag.

Spranger, E. (1955). Der Eigengeist der Volksschule. In Englert, L. (Hrsg.). *Schule und Lehrer* (315-327). Heidelberg: Quelle & Meyer Verlag.

Spranger, E. (1957). Vom Wissenschaftscharakter der Pädagogik. In Spranger, E. (1973). *Philosophische Pädagogik* (365-376). Heidelberg: Quelle & Meyer Verlag.

Spranger, E. (1958). *Der Geborene Erzieher*. Heidelberg: Quelle & Meyer Verlag.

Spranger, E. (1962). *Das Gesetz der ungewollten Nebenwirkungen in der Erziehung*. Heidelberg: Quelle & Meyer Verlag.

Spranger, E. (1963). *Die pädagogische Liebe*. In ders.: Der Geborene Erzieher (80-106). Heidelberg: Quelle & Meyer Verlag.

Spranger, E. (1966). *Lebensformen*. Heidelberg: Quelle & Meyer Verlag.

Spranger, E. (1969). *Geist der Erziehung*. Herausgegeben von Gottfried Bräuer und Andreas Flitner. Heidelberg: Quelle & Meyer Verlag.

Spranger, E. (1973). *Philosophische Pädagogik.* Heidelberg: Quelle & Meyer Verlag.

Strauss, L. A. (1987). *Qualitative analysis for social scientists.* New York: Cambridge University Press.

Strauss, A., & Corbin, J. (1990). *Basics of qualitative research: Grounded theory procedures and techniques.* California: Sage.

Strike, K. A. & Soltis, J. F. (1985). *The ethics of teaching.* New York: Teachers College Press.

Stubig, H. (Hrsg.) (1992). *Bibliographie Wolfgang Klafki.* Weinheim: Beltz Verlag.

Tenorth, H. -E. (1984). Engagierte Beobachter, distanzierte Akteure. Eine Ermunterung, pädagogische Grundprobleme wieder zu erörtern. *Zeitschrift für Pädagogik, 41,* 3-12.

Trapp, E. C. (1792). Von der Notwendigkeit öffentlicher Schulen und ihrem Verhältnisse zu Staat und Kirche. In Benner, D. & Kemper, H. (Hrsg.) (2000). *Quellentexte zur Theorie und Geschichte der Reformpädagogik. Teil 1: Die padagogische Bewegung von der Aufklärung bis zum Neuhumanismus* (421-426). Weinheim: Deutscher Studien Verlag.

Trapp, E. C. (1977). *Versuch einer Pädagogik.* Herausgegeben von Ulrich Hermann. Paderborn: Schöningh Verlag.

Treml, A. K. (2000). *Allgemeine Pädagogik.* Stuttgart: Verlag W. Kohlhammer.

Tröhler, D. (2006). Lehrerbildung, Nation und pädagogische Historiographie. Die 'Geschichten der Pädagogik' in Frankreich und Deutschland nach 1871. *Zeitschrift für Pädagogik 52* (4), 540-554.

Tronto, J. (1993). *Moral boundaries: A political argument for an ethic of care.* New York: Routledge.

Ubl, S. (Hrsg.) (1997). *Wolfgang Brezinka fünfzig Jahre erlebte Pädagogik.* Weinheim: Beltz Verlag.

Universitätsbibliothek Tübingen (2013). *Katholische praktische Theologen.* Retrieved 11.01.2013 from http://www.uni-tuebingen.de/einrichtungen/ universitaetsbibliothek/fachgebiete/sondersammelgebiete/ssg-1-theologie/theologie-in-tuebingen/kath-praktische.html

Vogel, L. (1996). Mortality and morality: A search for the good after Auschwitz. Illinois: Northwestern University Press.

Welsch, W. (1997). *Unsere Postmoderne Moderne*. 5 Auflage. Weinheim: Akademie Verlag.

Weniger, E. (1990). Theorie der Bildungsinhalte und des Lehrplans. In ders.: *Ausgewählte Schriften zur geisteswissenschaftlichen Pädagogik*. Weinheim: Beltz Verlag.

Wikipedia (2013a). *Dietrich Benner*. Retrieved 11.01.2013 from http://de.wikipedia.org/wiki/Dietrich_Benner

Wikipedia (2013b). *Eduard Spranger*. Retrieved 11.01.2013 from http://de.wikipedia.org/wiki/Eduard_Spranger

Wikipedia (2013c). *Ernst Meumann*. Retrieved 11.01.2013 from http://de.wikipedia.org/wiki/Ernst_Meumann

Wikipedia (2013d). *Wilhelm August Lay*. Retrieved 11.01.2013 from http://de.wikipedia.org/wiki/Wilhelm_August_Lay

Wikipedia (2013e). *Aloys Fischer*. Retrieved 11.01.2013 from http://de.wikipedia.org/wiki/Aloys_Fischer

Wikipedia (2013f). Peter Petersen. Retrieved 11.01.2013 from http://de.wikipedia.org/wiki/Peter_Petersen_(P%C3%A4dagoge)

Wikipedia (2013g). *Klaus Mollenhauer*. Retrieved 11.01.2013 from http://en.wikipedia.org/wiki/Klaus_Mollenhauer

Wikipedia (2013h). *Wilhelm Flitner*. Retrieved 11.01.2013 from http://de.wikipedia.org/wiki/Wilhelm_Flitner

Wikipedia (2013i). *Otto Friedrich Bollnow*. Retrieved 11.01.2013 from http://de.wikipedia.org/wiki/Otto_Friedrich_Bollnow

Wikipedia (2013j). *Friedrich Wilhelm August Fröbel*. Retrieved 11.01.2013 from http://de.wikipedia.org/wiki/Friedrich_Wilhelm_August_Fr%C3%B6bel

Wild, L. (1955). *The challenge of existentialism*. Bloomington: University of Indiana Press.

Windelband, W. (1993). *Lehrbuch der Geschichte der Philosophie*. 6. Auflage. Tübingen: Mohr Siebeck Verlag.

Winkler, M. (1994). Wo bleibt das Allgemeine? Vom Aufstieg der Allgemeinen Pädagogik zum Fall der Allgemeinen Pädagogik. In Kruger, H. -H. & Rauschenbach, T. (Hrsg.). *Erziehungswissenschaft. Die Disziplin am Beginn einer neuen Epoche* (93-114). Weinheim: Beltz Verlag.

Winkler, M. (1998). Maria und die positive Haltung-auch ein Zugang zur Allgemeinen Pädagogik. In Brinkmann, W. & Petersen, J. (Hrsg.). *Theorien und Modelle der Allgemeine Pädagogik* (55-86). Donauwörth: Auer Verlag.

Wittgenstein, L. (1971). *Tractatus logico-philosophicus*. London: Routledge & Kegan Paul Ltd..

Wohlfart, G. (1984). *Denken der Sprache*. München: Karl Alber Verlag.

Wünsche, K. (1985). Die Endlichkeit der pädagogischen Bewegung. *Neue Sammlung, 25* , 433-449.

Wulf, C. (1983). *Theorien und Konzepte der Erziehungswissenschaft*. München: Juventa Verlag.

# 您，按讚了沒？
# 趕緊加入我們的粉絲專頁喲！

教育人文＆影視新聞傳播～五南書香　等你來挖寶

## 【五南圖書 教育／傳播網】粉絲專頁提供──

● 書籍出版資訊（包括**五南**教科書、知識用書，**書泉**生活用書等）
● 不定時小驚喜（如贈書活動或書籍折扣等）
● 粉絲可詢問／訂購書籍或出版寫作、留言分享心情或資訊交流

## 【五南圖書 教育／傳播網】臉書粉絲專頁

網址：http://www.facebook.com/wunan.t8

請此處加入按讚

封面圖不定期會更換

## ■ 其他相關粉絲專頁

五南圖書出版股份有限公司
WU-NAN BOOK COMPANY LTD.

五南圖書 法律／政治／公共行政
五南財經異想世界
五南圖書中等教育編輯室
五南圖書 史哲／藝術／社會類
五南圖書 科學總部
台灣書房
富野由悠季《影像的原則》台灣版　10月上市！！
魔法青春旅程─4到9年級學生性教育的第一本書

國家圖書館出版品預行編目資料

教育哲學:起源、內涵與問題的探究／梁福鎮
　著. ― 初版. ― 臺北市：五南, 2016.02
　　面；　公分.

ISBN 978-957-11-8469-2（平裝）

1.教育哲學

520.11　　　　　　　　　104028986

1IJ6

# 教育哲學
## 起源、內涵與問題的探究

作　　者 ― 梁福鎮(229.1)

發 行 人 ― 楊榮川

總 編 輯 ― 王翠華

主　　編 ― 陳念祖

責任編輯 ― 李敏華

封面設計 ― 陳翰陞

出 版 者 ― 五南圖書出版股份有限公司

地　　址：106台北市大安區和平東路二段339號4樓

電　　話：(02)2705-5066　　傳　真：(02)2706-6100

網　　址：http://www.wunan.com.tw

電子郵件：wunan@wunan.com.tw

劃撥帳號：01068953

戶　　名：五南圖書出版股份有限公司

法律顧問　林勝安律師事務所　林勝安律師

出版日期　2016年 2 月初版一刷

定　　價　新臺幣530元